D1719266

HEIDELBERG
Jahrbuch zur Geschichte der Stadt 2008

Jahrgang 12

**Herausgegeben vom
Heidelberger Geschichtsverein**

Redaktion:
Jochen Goetze, Ingrid Moraw,
Petra Nellen, Reinhard Riese, Julia Scialpi

für den Vorstand:
Hans-Martin Mumm und Norbert Giovannini

KURPFÄLZISCHER VERLAG

Die Deutsche Bibliothek – CIP-Einheitsaufnahme
Heidelberg: Jahrbuch zur Geschichte der Stadt / hrsg. vom
Heidelberger Geschichtsverein. – Heidelberg: Kurpfälzischer Verl.
Erscheint jährl. – Aufnahme nach Jg. 1.1996
Jg. 1. 1996-

2007
© Copyright bei den Autoren

Bestellungen über den Herausgeber:
Heidelberger Geschichtsverein e. V.
c / o Hans-Martin Mumm
Kaiserstraße 10
69115 Heidelberg
c / o Hansjoachim Räther
Klingentorstraße 6
69117 Heidelberg

Kurpfälzischer Verlag Dr. Hermann Lehmann – Heidelberg
Gestaltung und Herstellung: Ulrike Meutzner, Worms
Druckerei: Neumann Druck, Heidelberg

ISBN 978 - 3 - 924566 - 31 - 9
ISSN 1432 - 6116

Inhaltsverzeichnis

Vorwort

Die Erwägungen der Unesco, Heidelberg den Status des Weltkulturerbes – bislang jedenfalls – nicht zu gewähren, sind undurchsichtig. Der Antrag war gut begründet, und im Vergleich mit anderen, anerkannten Welterbestätten steht Heidelberg mit seiner Landschaft, dem Schloss, dem mittelalterlichen Grundriss und der barock-historistischen Denkmaldichte der Altstadt gut da. Abzuwarten ist die schriftliche Fassung der Absage, die auf Hinweise auszuwerten ist, ob das Antragsverfahren fortgesetzt, modifiziert oder abgebrochen werden soll. Fest steht aber schon jetzt, dass das Ansehen Heidelbergs durch diese Behandlung Schaden genommen hat; und derzeit ist nicht absehbar, welche bauliche Entwicklung der Altstadt die Nichtanerkennung auslösen wird.

Auch wenn der Denkmalschutz nicht als Ziel in der Satzung des Heidelberger Geschichtsvereins verankert ist, lässt uns diese Entwicklung nicht unberührt. Denn damit eine bauliche Anlage zu einem Denkmal oder gar zur Welterbestätte wird, muss sie mehr sein als nur alt, zeittypisch und möglichst gut erhalten. Ihr Schutz gelingt nur dann, wenn ihre Geschichte erforscht, wenn Geschichten über sie erzählt und wenn sie von einer an Geschichte interessierten Öffentlichkeit als Denkmal angenommen wird. Genau daran arbeitet der Geschichtsverein, und unser Jahrbuch liefert seit zwölf Jahren Beiträge, die das Kulturerbe Heidelberg – in den Grundzügen wie im Detail – pflegen und stärken.

Das gilt auch wieder für den vorliegenden Band. In der Geschichte der kurfürstlichen Kanzlei, deren Archäologie vorgestellt wird, und des Hoftheaters, dargestellt anhand neu erschlossener Quellen, wird die europäische Vorrangstellung der Kurpfalz deutlich; ein kritischer Blick fällt dagegen auf den berühmten Schlossplan Johann Wilhelms aus der Zeit um 1700, der vielleicht doch nicht nach Heidelberg gehört. Die Trennmauer in der Heiliggeistkirche hatte im 18. Jahrhundert reichsweite konfessionspolitische Bedeutung, und ihre endgültige Niederlegung markierte 1936 den verspäteten Abschluss des badischen Kulturkampfs.

Der Zeit der Romantik widmen sich ein Porträt der Schriftstellerin Helmina von Chézy und die Untersuchung der Familiengeschichte der Grafen von Jenison-Walworth. Studien zum Indologen Heinrich Zimmer und dem Kulturwissenschaftler und Politiker Alfred Weber würdigen zwei bedeutende und zugleich markant gegensätzliche Gelehrte in der ersten Hälfte des 20. Jahrhunderts. Jugendsozialisation und Handeln im gesellschaftlichen Umfeld während der NS-Zeit wird in eindrucksvoller Weise sichtbar in den Jugenderinnerungen des aus Handschuhsheim stammenden Sozialwissenschaftlers Heiner Markmann, Eindrücke, die ergänzt werden durch Auszüge aus dem Tagebuch Otto Frommels über das Kriegsende 1945. Einen aktuellen Bezug findet auch die umfangreiche Studie zu Leben und Werk von Heidelbergs erster Ehrenbürgerin, der Mäzenatin Anna Blum. Und ein Jahr nach ihrem Tod beginnt nun die biografische und deutende Arbeit an Person und Gesamtwerk der Lyrikerin Hilde Domin.

Ein Schnelldurchgang vom Brückentor bis zum Kühlen Grund geht der Frage nach, ob es eine Vor- und Frühgeschichte des Stadtmarketings gibt. Die Geschichtswerkstatt Handschuhsheim stellt sich vor, Ausgrabungsberichte schließen den Aufsatzteil ab. Im

Rezensionsteil mischen sich wieder Überraschungen mit Bekanntem. Bei den Listen der Neuerscheinungen haben wir – wie stets vergeblich – Vollständigkeit angestrebt.

Bei der Benennung des Jahrbuchs ist ab dieser Ausgabe das jeweilige Folgejahr maßgeblich; die zuletzt gewählte doppelte Jahresbezeichnung hatte verschiedentlich das Missverständnis einer biennalen Erscheinungsweise ausgelöst. Ab jetzt also: Der 12. Jahrgang erscheint im Herbst 2007 und heißt „Heidelberg. Jahrbuch zur Geschichte der Stadt 2008", weil er überwiegend erst 2008 im Buchhandel wahrgenommen wird.

Auf Kontinuität und Pünktlichkeit der Erscheinungsweise sind wir nicht wenig stolz. Zum Gelingen tragen viele bei, denen wir Dank schulden: der um Julia Scialpi erweiterte Redaktion, den Autorinnen und Autoren, Ulrike Meutzner, der Herstellerin, dem Kurpfälzischen Verlag von Dr. Hermann Lehmann, der Druckerei, dem Vertrieb, den Mitgliedern des Vereins für die Finanzierung, den Anzeigenkunden, dem Buchhandel und – am Ende der Kette – den Leserinnen und Leser. Ein besonderer Dank gilt all denen, die das Jahrbuch zu Weihnachten oder aus anderen Anlässen verschenken.

Heidelberg, im August 2007
Hans-Martin Mumm,
Dr. Norbert Giovannini

Bärbel Rudin

Liselotte von der Pfalz als Theaterpatin

Komödianten unter kurpfälzischer Patronage

„Wir haben auch commedianten hir, den Hans Ernst mit seiner bande; sie haben ge-stern 'pfuidian hinaus hinaus mit dir, pfui pfui o pfuidian hinaus und [all, die] solche seyn' gespillet", meldet am 5. Dezember 1667 ein Brief der 15-jährigen Liselotte von der Pfalz, bestimmt für „Madame de Harling Ë Luneburg".[1] Fünf Jahre zuvor war die Kurprinzessin aus der Obhut ihrer hannoverschen Tante Sophie nach Heidelberg zu-rückgekehrt und verrät inzwischen im launigen Schriftverkehr mit „ma Tante" und ihrer ehemaligen Erzieherin Anna Katharina von Harling schon viel von dem geistvollen Plaudertalent, das sie für die Nachwelt berühmt gemacht hat.

„Wir haben auch commedianten hir ...". Die Betonung liegt auf „auch". Denn seit ein paar Monaten laufen Gerüchte um über eine in Niedersachsen bereits eingetrof-fene französische Schauspielergesellschaft, die demnächst an den welfischen Höfen in Osnabrück, Celle und Hannover zur wechselweisen kulturellen Profilierung fest ange-stellt werden soll[2] und derzeit bei der herzoglichen Zusammenkunft in Lüneburg den entscheidenden Probelauf absolviert.[3] Von dort stammen aus der Harling-Korrespon-denz nun endlich konkretere Informationen, eingetrübt zwar durch mangelnde Franzö-sischkenntnisse, aber offenbar hellauf entzückt über die darstellerische Eleganz und den allseit bewunderten Kostümreichtum der Franzosen. Mit so splendiden Kunstge-nüssen können die für ein Gastspiel im Winter 1667/68 aufs Heidelberger Schloss be-rufenen, vor kurzem „churpfältzisch" privilegierten einheimischen Akteure natürlich nicht aufwarten. Trotzdem wünscht Liselotte, dass Frau von Harling „hir wer und ein weil unsere teütschen [Komödianten] mit zuhörte, weil ihr doch schreibet, daß ihr die frantzösische Commedien nicht versteht. Ich zweiffle nicht, daß die anderen nicht sol-len hüpscher sein, aber wan man die sprach nicht recht versteht, so kan man doch nicht wohl drauß kommen."[4]

1. Pfudian und Mutter Annecken, Liselottes Lebensbegleiter

Freilich: Hat sie selbst denn das Liedchen vom Pfudian aus der tags zuvor gespielten Singposse recht verstanden? Gerne zitiert sie es noch viele Jahre später zur Kommen-tierung politischer und privater Unziemlichkeiten und bemerkt 1713 gegenüber ihrer Halbschwester, der Raugräfin Luise, die man sich als knapp siebenjähriges Kind in der nicht ganz jugendfreien Aufführung vorstellen muss: „Ich glaub, Ihr werdet Eüch die-ßes possenspiel[s] noch woll erinern."[5]

Die kleine Gesangsburleske mit so großer interfamiliärer Langzeitwirkung um-fasst im Druck bloß vier Blatt. Sie basiert auf einem ähnlich handlichen Begleitheft zu der „Singende[n] Klucht" Domine Johannes, ofte den jaloersen Pekelharing, dem Senkrechtstarter der Amsterdamer Schouwburg aus dem Jahr 1658.[6] Der deutsche Bearbeiter, anonym wie sein Vorbild, trifft den Ton gar nicht so schlecht, verrennt sich allerdings bisweilen vor lauter Eifer, die holländischen Verse in möglichst textgetreuer Sangbarkeit wiederzugeben.[7]

Komischer Antiheld ist Pickelhering, die stehende lustige Figur auch der deutschen Komödianten. Hier gibt er einen eifersüchtigen Müller, dessen Frau sich für die kurze Zeit seiner geschäftlichen Abwesenheit verpflichtet hat, alle Liebesanträge Fremder mit nichts als Nein abzuwehren. Bei einem Aufschneider aus dem schönen Land Barbaria und dem närrischen Pedanten Domine Johannes gelingt ihr das. Der dritte Galan jedoch durchschaut den rhetorischen Mechanismus. Er weiß seine Fragen so zu stellen, dass stetes „Nein, nein, nein, nein" ihn sicher zum Ziel seiner amoureusen Wünsche bringt. Beim Weggang begegnen ihm der heimkehrende Müllersmann und die beiden

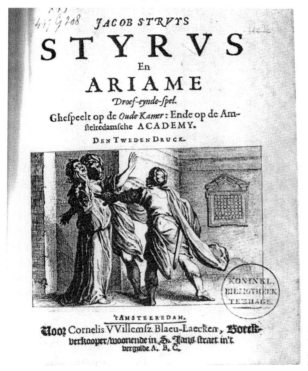

Abb. 1: Liselottes Lieblingsstück mit anmutigem Gesang: Pyrus en Ariame von Jacob Struys, Titelblatt der Ausgabe 1631.

erfolglosen Konkurrenten, denen er die „wunderlich Geschicht" prahlerisch zum Besten gibt. Als Pickelhering begreift, dass von seiner Frau die Rede und er der Hahnrei ist, verfällt er in unflätige Schmähungen, muss aber die darüber Erboste am Ende, weil der Liebhaber vorgibt, alles nur geträumt zu haben, demütig um Verzeihung bitten.

Den turbulenten Ehedisput strukturiert ein mindestens acht Mal gesungener Refrain. Er beginnt mit der ungelenk am holländischen Wortlaut klebenden Übertragung des Schimpfrufs „O fy dich an, henaus!", was sich in einer von Pickelherings Schmäh-Tiraden z. B. folgendermaßen anhört:

„Vnd wann sie sich nur nider legt,
rumpump geht ab jhr Geschoß,
daß ich mit grossem erschrecken
darvon erwachen moß.
Ey pfuy dich [oder: die] an hinauß!"

Bärbel Rudin

Den jeweiligen Kommentar der versteckt lauschenden Frau – in der deutschen Druck-
fassung „Hinauß mit dir beij weit!" – vernahm man bei der Heidelberger Aufführung
offenbar näher am Holländischen: „Henaus met dy, fy fy!" Auch die Replik des Liebha-
bers: „Ey pfuy die an hinauß | Vnd alle solche Säw" wurde nach der weniger drastischen
holländischen Formulierung („en daer de sulche zy") vorgetragen. Nochmal das Ganze,
nochmal die komische Choreographie echter und vorgespiegelter Empörung, nochmal
drei, vier Drehungen weiter im gesungenen Schlagabtausch – ein Heidenspaß für Liselotte und ihre Geschwister! Zugleich ein klassisches Beispiel interaktiver Kommunikation: Den übersetzerischen Murks in diesem Ohrwurm hat das jugendliche Publikum
des Hans Ernst und seiner Bande schlichtweg verhört, den Refrain sich umgedeutet,
umgesungen zum Rausschmeißerlied vom Pfudian, über dessen Anwendungstauglich-
keit im gemeinen Leben die Herzogin von Orléans 1699 schreibt: „Da konnte man auff
singen, wie in den teütschen possenspiel:

> O Pfudian hinauß,
> Hinauß mit dir, pfui pfui,
> O Pfudian hinauß
> Undt all, die solche sein."[8]

Ein anderes Vermächtnis der deutschen Komödianten, wovon Liselotte bis ins hohe
Alter zehren sollte, kündigt der Theaterbrief vom 5. Dezember 1667 gerade erst erwar-
tungsvoll an: „Morgen werden sie von Pirus und Ariane spillen undt alsdan werden wir
wieder ein anmütiges gesang hören." Obwohl die Forschung erstaunlich lange über
dieses Stück gerätselt hat,[9] kann seine Enttarnung nur als sehr bescheidenes Verdienst
gelten.[10] Denn Pirus heißt im Original Styrus und ist der Titelheld eines ebenfalls
holländischen Bühnenwerks: Die Tragödie „Styrus en Ariame" des u.a. auch mit dem
Romeo und Julia-Stoff erfolgreichen Dramatikers Jacob Struys wurde 1629 durch die
Akademie der Amsterdamer Rederijker uraufgeführt und stand seit 1644 in den zwei
Jahrzehnten bis zum Umbau der Schouwburg mit fast einem halben Hundert Vorstellungen ohne Unterbrechung dort in Repertoire.[11]

Der Dauerbrenner spielt in Frankreich und handelt von der neurotischen Liebesaf-
färe eines Jungakademikers. Durch ruchlosen Lebenswandel seelisch zerrüttet, ersticht
Styrus in blinder Eifersucht den Schwager seiner Geliebten, tötet unbeabsichtigt auch
diese und vollendet das Blutbad im Selbstmord. Das Titelkupfer der zweiten (1631)
von zahlreichen Buchausgaben zeigt den affektgeladenen Moment des Anschlags auf
Ariame (Abb. 1). Aber es sind nicht deren schwermütige Lieder,[12] sondern Pickelherings
Lebensweisheiten in seinem jammervoll-komischen Auftritt als Tattergreisin, die Liselotte über schwierige Zeitläufte hinweg begleiten. „Das macht mich gantz zu einem alt
müttergen wie mutter Anecken, wen Ihr Eüch noch dieser commedie erinert", schreibt
sie 1678 dem Raugrafen Carllutz. Ähnlich 1707, in Anspielung auf zunehmende Gebre-
chen, oder 1719: „Ich glaube, ich könte sagen wie Pickelhäring, wen er Mutter Annecken
spielt: Daß thut daß liebe alter."[13]

2. Ästhetische Erziehung auf kurfürstliche Manier

Die Briefe von Madame sind voll der Reminiszenzen an das Gastspiel der „teutschen commedianten" am Hof ihres Vaters, des pfälzischen Kurfürsten Karl Ludwig

(1648 – 80). Dieser, ein Theaterconnaisseur von hohen Graden, aufgewachsen im Exil zu Den Haag und geprägt durch die europaweit beispiellose Urbanität der niederländischen Bühnenkultur, dürfte die Einstudierung der Eifersuchtstragödie höchstselbst angeordnet haben. Er kannte Johann Ernst Hof(f)mann und Peter Schwarz, die beiden Chefs des „Hochteutschen" Bühnenunternehmens, seit dessen Gründung im Heidelberger Winter 1656/57. Schon damals hatten seine Schützlinge „nicht allein an Kleidern und anderer Zubehör, sondern bevoraus an schönen neuen Comoedien ziemlich zugenommen, wornach die Liebhaber, die der alten Dingen überdrüssig, ein großes verlangen" trugen.[14] Damals – gegen Ende des puritanischen Theaterverbots in Großbritannien (1642 – 60) – war die Strahlkraft der englischen Komödianten auf dem Festland bereits gebrochen, hatte auch in ihrer deutschen Nachkriegsdomäne der Ablösungsprozess von den professionellen Lehrmeistern und der Marktverfall ihrer Textformate begonnen.

Jetzt, bei der abermaligen Indienstnahme von Hoffmann & Schwarz, wurde der kulturgeographische Richtungswechsel hin zur niederländischen Dramatik entscheidend vorangetrieben durch die vertragliche Bestimmung, dass sie für jede „Comoedie, so Churpfalz Ihnen auswendig zu lernen geben und [sie] wohl auswendig recitieren", 10 Reichstaler erhalten sollten. Gegen altbackene „extempore discours" und englische „Pickelhäringspossen" im Stil von „Crispin und Crispinianus" oder „Der Fund, den Teufel zu betrügen" kamen finanzielle Daumenschrauben zum Einsatz (6 Reichstaler). Repertoirestücke wurden geduldet, sofern „wohl stylisirt" (8 Reichstaler), Legendenstoffe auf gut kalvinistisch „ausgeschlossen".[15] Mit William Rowleys pausbäckiger Komödie „A Shoemaker, a Gentleman" (1638), deren als Schusterlehrlinge getarnte prinzliche Helden Crispin und Crispinianus heißen, und Robert Davenports „Pleasant and Witty Comedy, called A New Trick to cheat the Deville" (1639) indizierte Karl Ludwig volkstümliche Überbleibsel der englischen Ära, die sich jenseits der Hofsphäre teils noch mehr als ein Jahrhundert, zuletzt auf Marionetten-, Handwerker- und Vorstadtbühnen, hielten.[16] Derlei verbot sich nach dem Vertrag vom 1. Dezember 1667 aus ökonomischen Gründen.

Die Truppe litt zu Beginn ihres Heidelberger Aufenthalts sowieso unter erheblichen Einbußen. Im November hatte sie es auf nur vier Vorstellungen gebracht und sich beklagt, „daß Zeit Ihrer Churfürstl. Dhlt. Unpäßlichkeit sie keine Comoedie bey Hof zu agiren gehabt". Nun mussten, zunächst bis Weihnachten, eilfertig Rollen einstudiert, womöglich Verdeutschungen erst angefertigt und sonst unbedingt nur Stücke der Kategorie „wohl stylisirt" zur Darstellung ausgewählt werden. Die Straf- und Lockmittel des ästhetischen Erziehungsprogramms zeigten Wirkung. Im Dezember wurde „für Ihre Churfürstl. Durchlaucht zur Pfalz agirt":

am 2. „Der unschuldig verdambte."
      4. „Der Wettstreit der Verzweifelnden."
      6. „Pirus und Ariame."
      9. „Der gezwungene Freund."
    11. „Die mahlende Liebe von Odia und Prospero."
    13. „Von dem christl. Bassa Ibrahim."
    16. „Die epirische Krönung."
    17. „L'Argia, Prinzessin von Nigroponte."

Bärbel Rudin

18. „Der durchlauchtige Mahler.“
19. „Die epirische Krönung (zum anderen Mahle).“
20. „Die tolle Hochzeit von der böß Katharina.“
22. „Die Olympia auf Ihrer Churfürstl. Durchl. Geburtstag.[17]“

3. Blickwende nach Holland und Italien und ein englisches Favoritstück

Auf „Styrus und Ariame“ folgte also am 9. Dezember Lope de Vegas Komödie „El amigo por fuerza“, von Isaak Vos ins Holländische übersetzt unter dem Titel „Gedwongen vrient.“[18] Die abenteuerliche Liebesgeschichte voller Witz und Geistesgegenwart rangierte seit 1646 auch unter den ganz großen Zugstücken („publiekstrekkers“) der Amsterdamer Schouwburg.[19] Als nächstes konnte der kurfürstliche Zuchtmeister seiner Familie, den Gästen und dem geladenen Publikum, wozu neben dem Hofstaat auch der Kanzlei-, Militär- und Universitätsstab sowie der Stadtrat mit Frauen und Kindern zählte,[20] „Die mahlende Liebe von Celia und Prospero“ vorführen lassen. Das war Lope de Vegas turbulentes Intrigenverwirrspiel „El Molino“, vermittelt auf dem für den deutschen Endverbrauch typischen Transferweg über die Niederlande durch Theodoor Rodenburghs Bearbeitung „Hertoginne Celia en grave Prospero“ (1617).[21] Sie wurde, gerade in vierter Auflage erschienen, seit 1658 alljährlich an der Schouwburg repetiert.[22] Rasch ausgedient hatte dort hingegen Shakespeares Der Widerspenstigen Zähmung in der wortgetreuen Übersetzung De dolle bruyloft (1654) von Abraham Sybant.[23] Das am elften Spieltag doch wohl etwas erschöpfte Heidelberger Stammpublikum hat sich hoffentlich trotzdem amüsiert. Die deutsche Prosafassung kursierte schon eine Weile.[24]

Wie fleißig sich Hans Ernst und seine Bande um Karl Ludwigs Favoritstücke, die er „Ihnen auswendig zu lernen“ gab, mühten, erhärtet auf geradezu spektakuläre Weise am 16. und 19. Dezember „Die epirische Krönung“. Notate über eine etliche Jahre jüngere Darbietung dieser Dreifachen Krönung von Epiro, als deren Hauptfigur eine Königin Cleopatra erscheint,[25] haben die Forschung auf der Suche nach dem Textfundament im Stoffkreis der ägyptischen Cleopatra[26] bisher regelrecht genarrt. Tatsächlich heißt die Dame nämlich Sophia und wird in James Shirleys Tragikomödie „The Coronation“ (1640) als „supposed heir to the crown of Epire“ durch die Enttarnung brüderlicher Miterben in arge Bredouille gebracht. Die Namen der übrigen dramatis personae sind in der deutschen Version beibehalten.[27] Dass bereits die Komödie „von conte die Monte Negro“, womit Karl Ludwig 1658 bei der Frankfurter Kaiserwahl ausgesuchte Gäste amüsierte,[28] eine Schöpfung des Briten war,[29] unterstreicht die besondere Vorliebe des Kurpfälzers für den entschiedenen Royalisten (1596 – 1666) und letzten großen Dramatiker der carolinischen Ära. Die von Liselotte erinnerte väterliche Bemerkung, wonach „keine schönere commedien in der welt sein alß die englische,“ passt in diesen Zeitrahmen.[30]

Was Hoffmann & Schwarz sonst noch zu bieten hatten, macht sich auch nicht schlecht: Vom schlesischen Kunstdrama immerhin Lohensteins Frühwerk Ibrahim Bassa und – im Januar dann – Andreas Gryphius' Scherzspiel Peter Squenz. Das ließ sich der kurfürstliche Kunstrichter sogar eine Extrabelohnung kosten.[31] In Kassel, wohin bekanntlich Teile der kurfürstlichen Bibliothek vererbt wurden, liegt im goldgepressten Einband das Widmungsexemplar des „Auff Italienische Manier“ zu Karl Ludwigs Geburtstag inszenierten musikalischen Festspiels Die Egyptische Olympia, oder Der flüchtige Virenus,[32] Zeugnis der Pilotfunktion, die Hans Ernst mit seiner Bande in der Hinwendung zur italienischen Dramatik ausübte, seitdem er 1659 – 62 in Innsbruck für die Tiroler Linie der Habsburger das erste deutschsprachige Hoftheater geleitet hatte.[33] Von dort stammen auch die fürs Schauspiel adaptierten Opernlibretti „L'Argia" und Der Durchlauchtige Mahler.[34]

Unter den studierten Dramaturgen des Unternehmens hatte seit den Heidelberger Gründerjahren ein gewisser Hans Martin gewirkt, der nach der Priesterweihe als typischer Renegat in einem Bekehrungsroman 1661 den Sündenpfuhl seines komödiantischen Vorlebens brandmarkte. Unter dem Ordensnamens Laurentius von Schnüffis ist der Konstanzer Kapuzinerpater, geistliche Liederdichter und kaiserlich gekrönte Poet in die Literaturgeschichte eingegangen. Liselotte lernte sein Drama Liebesverzweiflung als Wettstreit der Verzweifelnden mit den herzrührenden Liedern von Königskindern, die das Inzesttabu plagt, am 4. Dezember kennen. Deren „anmütiges Gesang" klingt in ihrem Brief tags darauf trotz aller Begeisterung über das Pfuian-Nachspiel noch nach. Ein Konvolut von Spielbüchern der Truppe, heute in Karlsruhe versammelt, birgt die Autorhandschrift dieses italienisch beeinflussten Werkes.[35] Sonst noch sind Textdokumente eines überaus nachhaltigen Kulturtransfers, den das Unternehmen leistete, gestreut von Innsbruck über Laibach bis Wien sowie entlang der am Frankfurter Messkalender orientierten Rhein-Main-Magistrale.

4. Kurpfälzische Theaterpatenschaft

Es handelte sich, kurz gesagt, um die zwischen Julischen Alpen, Donau und Rhein dominierende Avantgarde der Trümmergeneration. Von Aussichten auf eine Bestallung „an zweyen Chur- und Fürstlichen Höfen" und der Erwartung, dass die Truppe „dann, in Comoedi- und andern Diensten, eine geraume und vielleicht gar die übrige Lebens-Zeit zubringen" werde, ist bereits gegen Ende April 1667 in Augsburg die Rede.[36] Als „Directeur der für diesem Insbruggischen, hin füro aber Churpfälzischen Compagnie Comoedianten" meldete sich Hoffmann Mitte Juli aus Straßburg.[37] Das Engagement war also lange vorbereitet, der vor wenigen Jahren im Dachgeschoß des Dicken Turms hergerichtete, jedoch unbeheizbare Theaterraum[38] beim Eintreffen des Ensembles, etwa Anfang November, vermutlich noch zu benutzen. Ob bei Kälteeinbrüchen das Lokal gewechselt oder nicht vielmehr von vorneherein eine Saalbühne im Schloss selbst etabliert wurde, bleibt unklar. 1670 musste, wie Liselotte klagte, das anlässlich des Besuchs ihrer französischen Tante (und Ehestifterin) Anna Gonzaga oben im Turm geplante „Ballet des Dieux", in dem sie den Part der Aurora innehatte, „weilen es damals noch zu kalt war", verschoben werden.[39]

Mit der Hoffnung auf feste Besoldung hatten sich Hoffmann, Schwarz & Co. allerdings schwer verrechnet. Mehr als die temporäre Berufung einheimischer Künstler, denen er durch Titelprädikat und Privilegierung öffentliches Ansehen sowie innerhalb der Landesgrenzen Abspielrechte verlieh, konnte sich der pfälzische Kurfürst gar nicht leisten. Aber eine über das Klassensystem des Aufführungshonorars hinausgehende Vergütung seinem „Belieben" anheimstellen, je nachdem er „durch Ihre actiones contentiert" würde,[40] das war machbar. Nur so ließen sich dem Repertoire der „Churpfälzischen Compagnie Comoedianten" seine ästhetischen Standards einschreiben, die abstrahlten auf die illiteraten Publikumsschichten des kriegszerstörten Landes.

Diesen kulturellen Auftrag symbolisiert ein 1914 an entlegener Stelle veröffentlichter Kupferstich aus der Sammlung des Wiener Burgschauspielers Hugo Thimig.[41] Er zeigt in einem Palmblätterrahmen, den Insignien des Ruhmes, das von Amor gekrönte Bildnis des Komödianten Johannes Ernestus Hoffmann vor dem Hintergrund des Heidelberger Schlosses (Abb. 2). Es ist, bis vor fünf Jahren unbekannt, das älteste deutsche Schauspielerporträt und in der gesellschaftlichen Rangordnung, die es für die Kunst

Abb. 2: Das älteste deutsche Schauspielerportrait: Apotheose des „Churpfälzischen Comoedianten" Johann Ernst Hoffmann (gest. 1669).

Liselotte als Theaterpatin

des Theaters behauptet, hierzulande ikonographisch beispiellos.[42] Eine ihres Prestiges bewusste Persönlichkeit wird in ihrer beruflichen Qualifikation, das Herz zu rühren, Passionen zu wecken, als Individuum und Repräsentant landesherrlicher Kulturpolitik gefeiert. Diese Aussage untermauert in der zeitgenössischen Öffentlichkeit der Name des Graphikers: Mathias van Somer, ein Holländer, zeichnete für eine Porträtserie von Zelebritäten des Geistes, die 1664 in Heidelberg erschien, verantwortlich.[43] Den frankophilen Bestrebungen an den niedersächsischen Höfen Paroli zu bieten, mag eine Nebenabsicht gewesen sein.

Zu Hoffmann unterhielt der Kurfürst ein besonderes Patronatsverhältnis. Auf dem Regensburger Reichstag des Jahres 1664 hatte er eingewilligt, gemeinsam mit dem Erbprinzen Ferdinand Maximilian von Baden-Baden, dem französischen Gesandten und drei adeligen Damen die Gevatterschaft für einen Sohn des Prinzipalsehepaars Johann Ernst und Maria Ursula Hoffmann zu übernehmen. So wurde das Kind am 23. Juli in der Dompfarrei St. Ulrich, ganz nach der Rangfolge seiner Paten, auf die Namen Carl Ferdinand Rupert Franziskus getauft.[44] Die drei Grazien müssen jene „nicht übel anstehende[n] Person[en]" gewesen sein, welche als Stellvertreter der Reichsstädte Nürnberg, Augsburg und Frankfurt a. M. den Taufzeremonien beiwohnten. Die Magistrate erfuhren davon freilich erst nach Vollzug und natürlich jeweils in Verbindung mit dem vorauseilenden Gesuch um Auftrittsgenehmigung. In Frankfurt schickte man sich „christbillig" darein, ließ aber, um sich beim Taufgeschenk weder unnötig zu verausgaben noch zu blamieren, über die Regensburger Gesandtschaft ausforschen, was die zu vermutenden „Mitgevatter" spendierten. Es waren 10 Reichstaler. Die Spekulation auf Spielgenehmigung schlug wegen der heraufziehenden Türkengefahr in allen drei Fällen fehl.[45]

Das Gevatterbitten nicht nur bei städtischen Konzessionsgebern, ein in der ambulanten Theaterbranche gern gepflegtes Mittel zur Geschäftspflege und Klientelbildung, wurde von den Prinzipalen der ehemals „churpfälzischen", dann „Innsbruckischen Compagnie" besonders ausgiebig betrieben. So etwa hatte Graf Friedrich Casimir zu Hanau-Lichtenberg 1658 in Straßburg für den Stammhalter der Komödianten Peter und Rebecca Schwarz die Patenschaft übernommen.[46] Der Zufall wollte es, dass er jetzt, am 1. Januar 1668, bei der Taufe zweier Brüder dieses Knaben in der Heidelberger Heiliggeistkirche nochmal christlichen Beistand ausüben konnte. Gevatter der Zwillinge Carl und Ludwig Schwarz waren:

> „Ihr Durchl. Carl Ludwig P. C. Elector
> Ihr Durchl. Carl: ChurPrintz
> Durchl. Louyse [!] Elisabetha Churprinceßin
> Ihr Gn. Louyse v. Degenfeldt
> I. Gn. Friedrich Caßimir Graff zu Hanau
> I. Gn. Friedrich Moritz Gr. zu Decklenburg."[47]

Keine Sorge, die Kurprinzessin kam, trotz sichtlicher Verwirrung des amtierenden Geistlichen, als Patentante der Komödiantenkinder natürlich zu ihrem Recht. Dabei verwundert es nicht, dass einzig die Namen der vier prominentesten Gevatter – Karl-Charlotte, Ludwig-Louise – doppelt und dreifach vergeben wurden. Der Hanauer Graf und dessen mit Liselotte fast gleichaltriger Neffe Friedrich Moritz zu Bentheim-Tecklenburg, die

Bärbel Rudin

das illustre Aufgebot vervollständigten, hatten sowieso keine Chance. Friedrich hieß ja schon der fast zehn Jahre ältere Bruder der Täuflinge. Ob die beiden Herren wohl wussten, dass sie auch als Stellvertreter der (noch ahnungslosen) Reichsstädte Nürnberg und Frankfurt fungierten? Das gewiss recht ansehnliche kurfürstliche Geldgeschenk an die stolzen Eltern muss die Staatskasse finanziert haben. Karl Ludwigs aus den Jahren 1667 – 69 überliefertes persönliches Ausgabenbuch verzeichnet nur im Dezember ein Douceur von 6 Gulden, verabreicht „Des Komoedianten Hans Ernsten zwey Kindern", und im Januar als Anerkennung für einen Spaßmacher aus dem Gefolge des Grafen von Hanau, den „Narren Namens Imele", 3 Gulden.[48]

Die Strategie, reichsstädtischen Magistraten das christliche Liebeswerk der Gevatterschaft mehr oder minder dezent als Gleitmittel des Wohlwollens im Geschäftsverkehr anzutragen, verfing allerdings diesmal nicht. In Nürnberg konnte man sich keiner „bekanntschaft" mit „Peter Schwarzen, comoedianten zu Haidelberg" entsinnen,[49] und beim indignierten Frankfurter Stadtregiment bedurfte es für die Ostermesse erst einer Interzession des Kurfürsten, um nach der aufgedrungenen Mitgevatterschaft die Wogen wieder zu glätten.[50] Doch das alles zählte nicht mehr, als Karl Ludwig im August 1668 aus Frankenthal an seine Signora schrieb: „ich werde zittern, wie der bawman in der comoedie."[51] Die mühsam errungene Neutralität im Reich gegenüber dem Zugriff Ludwigs XIV. auf die Niederlande hielt dem französischen Politikwechsel der Einzelbündnisse nicht stand. Der Holländische Krieg mit seinen blutigen Nebenschauplätzen am Oberrhein bereitete sich vor.

5. Abwanderung nach Böhmen

Hans Ernst Hoffmann starb 1669 auf der Route zwischen Frankfurt und Köln.[52] Das Unternehmen zerfiel.[53] Seine Witwe trat in markgräflich baden-badische Dienste. Für ein paar Jahre noch traktierte diese „Gesellschaft Badischer Comoedianten" im Einzugsgebiet zwischen Rhein, Main-Franken und Oberschwaben ihr Publikum mit den szenischen Phantasien der europäischen Hochkulturen. Der Reichskrieg mit Frankreich vertrieb sie. Die abgespaltene Gegenpartei unter Führung von Schwarz und einem langjährigen Kollegen hat auf der Anreise zu ihren ehemaligen habsburgischen Absatzmärkten bei einem Zwischenstopp in Rothenburg o.d.T. per Handzettel am

Abb. 3: Das Lieblingsstück der Patentante. Theaterzettel des Prinzipals Peter Schwarz 1669 in Rothenburg o.d.T.

20. September 1669 eingeladen zu einer „fürtrefflichen und ausbündigen / gantz na-
gelneuen / wahrhafftigen Historien / welche zu Bordeaux in Gasconien / einer Pro-
vintz in Franckreich gewiß geschehen / aber noch weil die Welt stehet von keinen
Comödianten in dieser Statt agiret worden / genant: Der Eyfersüchtige Student / und
Tyrannische Liebhaber." (Abb. 3) Wir kennen die Novität: Das Heidelberger Favoritstück
Styrus und Ariame. Es ist hierzulande noch gespielt worden, als Liselotte 1720, erschöpft
von einem längeren Spaziergang in St. Cloud, wieder mal Pickelhering mit einem
Spruch von Mutter Annecken zitierte: „das thut daß liebe alter."[54]

Die zersprengten Reste des Künstlerverbandes, Alte und Junge, fanden am fürstlich
Eggenbergischen Hoftheater in Böhmisch Krumau (1676 – 91), wieder zusammen.[55]
Das barocke Ensemble von Schloss und Stadt Cesk Krumlov zählt heute zum Weltkul-
turerbe. Erst unlängst gelang der Nachweis, dass eines der berühmtesten Bühnen-
denkmäler des 17. Jahrhunderts, die bereits 1865 veröffentlichte Handschrift von Romio
und Julie, in Krumau zu Papier gebracht worden ist – letztlich nur ein Beispiel unter
vielen für die Filiation von Spielvorlagen aus dem Fundus von Hoffmann-Schwarz.[56]
Eine konkludente Darstellung ihrer Vorreiterschaft oder eine repräsentative Textedition
existiert freilich nicht. Die Liebesverzweiflung liegt seit über 40 Jahren in einer maschi-
nenschriftlichen Grazer Dissertation vor, wurde aber bei deren unlängst sehr opulenter
Drucklegung nicht mit aufgenommen.[57] Warum auch! Von der um 1670 am Oberrhein
entstandenen Prosaübersetzung Die zwey Brüder ungleiches Humors – alias L'École
des Maris – wissen aktuelle Darstellungen der deutschen Moliére-Rezeption nichts.[58]
Ja, warum sollten sie! Und so weiter und so fort. Die theaterkulturelle Strahlkraft der
pfälzischen und baden-badischen Höfe in der frühen Neuzeit, der eine reformiert, der
andere katholisch, darf als Geheimtipp gehandelt werden, stets selektiv und stets
verspätet wahrgenommen. Ob sich das je ändert, steht – um mit der Herzogin von
Orléans zu sprechen – bei den Göttern, „wie die teütschen commedianten alß pflegen
zu sagen."[59]

Anmerkungen:
1   Eduard Bodemann (Hg.): Briefe der Herzogin Elisabeth Charlotte von Orléans an ihre frühere
    Hofmeisterin A. K. v. Harling, geb. v. Uffeln, und deren Gemahl, Geh. Rath. Fr. von Harling in
    Hannover. Hannover u. Leipzig 1895. Reprint: Hildesheim 2004, S. 6.
2   Rosemarie Elisabeth Wallbrecht: Das Theater des Barockzeitalters an den welfischen Höfen
    Hannover und Celle. Hildesheim 1974 (Quellen und Darstellungen zur Geschichte Niedersach-
    sens 83), S. 124f.
3   Eduard Bodemann: Aufenthalt der Herzöge Georg Wilhelm und Ernst August in Lüneburg
    1667. Excerpt aus Zegemann's handschriftlicher Lüneburg. Chronik, Zeitschrift des historisch-
    en Vereins für Niedersachsen 29 (1879), S. 351f.
4   Wie Anm. 1.
5   Wilhelm Ludwig Holland (Hg.): Briefe der Herzogin Elisabeth Charlotte von Orléans aus den
    Jahren 1676 – 1722, Bd. 1 – 6. Stuttgart, Tübingen 1867 – 81, Reprint Hildesheim 1988 (Bibliothek
    des Litterarischen Vereins in Stuttgart), hier Bd. 2, S. 347.
6   E. Oey-de Vita, M[arja] Geesink: Academie en Schouwburg. Amsterdams toneelrepertoire 1617
    – 1665, Amsterdam 1983, S. 132ff., 163.
7   Beide Texte in Konkordanz bei Johannes Bolte: Die Singspiele der englischen Komödianten
    und ihrer Nachfolger in Deutschland, Holland und Skandinavien. Hamburg, Leipzig 1893, Re-
    print Nendeln / Liechtenstein 1977 (Theatergeschichtliche Forschungen VII.), S. 110 – 128; Bolte
    (S. 31ff.) räumte der deutschen Singposse noch irrtümlich Priorität ein.

Bärbel Rudin

8   Holland: Briefe (wie Anm. 5), I, S. 142.

9   Johannes Bolte: Schauspiele am Heidelberger Hofe 1650 – 1687, Euphorion. Zeitschrift für Literaturgeschichte 31, 1930, S. 578 – 591, hier: S. 584.

10   Hans-Joachim Kurz(†) u. Bärbel Rudin: Pickelhering, rechte Frauenzimmer, berühmte Autoren. Zur Ankündigungspraxis der Wanderbühne im 17. Jahrhundert, in: Wanderbühne. Theaterkunst als fahrendes Gewerbe, Berlin 1988 (Kleine Schriften der Gesellschaft für Theatergeschichte H. 34 / 35), S. 29 – 60, hier: S. 43f.

11   Oey-de Vita / Geesink, Academie en Schouwburg (wie Anm. 6), S. 35 f., 53, 99ff.,194.

12   Vgl. Tot vermaeck van alle sang-lievende Lieden. Het zeventiende-eeuwse Nederlandse lied in handschrift en druk. Red.: Ingeborg de Cooman [u.a.]. Antwerpen 2004, S. 56.

13   Holland: Briefe (wie Anm. 5), I, S. 3; II, S. 4; IV, S. 52. Vgl. auch VI, S. 471 u. ö.

14   Stadtarchiv Frankfurt a. M., Ratssupplikationen, fol. 104r, vom 17.3.1657, Eingabe von „Hanß Ernst Hofmann und Peter Schwartz, Meister der Hochteutschen Compagni Comoedianten".

15   Karl Speyer: Beiträge zur Geschichte des Theaters am kurpfälzischen Hofe zur Zeit Karl Ludwigs, Mannheimer Geschichtsblätter 23, 1922, Sp.80 – 82, hier: Sp. 80f.

16   Bärbel Rudin: Fräulein Dorothea und der blaue Montag. Die Diokletianische Christenverfolgung in zwei Repertoirestücken der deutschen Wanderbühne, in Adam J. Bisanz,. Raymond Trousson (Hg.): Elemente der Literatur. Beiträge zur Stoff-, Motiv- und Themenforschung, Bd. 1. Stuttgart 1980 (Kröner Themata 702), S. 95 – 113, hier S. 96 – 99.

17   Speyer: Beiträge (wie Anm. 15), Sp. 82. Die Nachspiele sind in der Quelle leider nicht verzeichnet.

18   J[onas] A[ndries] van Praag: La Comedia espagnole aux Pays-Bas au XVIIe et au XVIIIe siècle. Amsterdam [1924], S. 44.

19   Oey-de Vita / Geesink, Academie en Schouwburg (wie Anm. 6), S. 105ff., 167 (53 Aufführungen bis 1665); Mieke B. Smits-Veldt: Het Nederlandse Renaissancetoneel. Utrecht 1991, S. 108ff.

20   Speyer: Beiträge (wie Anm. 15), Sp. 81.

21   Van Praag: Comedia espagnole (wie Anm. 18), S. 61.

22   Oey-de Vita / Geesink, Academie en Schouwburg (wie Anm. 6), S. 134ff., 159.

23   Ebd., S. 125ff., 163.

24   Herbert Junkers: Niederländische Schauspieler und niederländisches Schauspiel im 17. und 18. Jahrhundert in Deutschland, Haag 1936, S. 185ff. In dieses Standardwerk sind die Heidelberger Spieldaten leider nicht eingegangen.

25   Paul Zimmermann: Herzog Ferdinand Albrechts I. zu Braunschweig und Lüneburg theatralische Aufführungen im Schlosse zu Bevern, Jahrbuch des Geschichtsvereins für das Herzogtum Braunschweig 3, 1904, S. 111 – 156, hier: S. 151.

26   Junkers: Niederländische Schauspieler (wie Anm. 24), S. 223ff.

27   James Shirley: The Dramatic Works and Poems. Ed. with notes by William Glifford and Alexander Dyce. Vol. 3. London 1833. Reprint: New York 1966, S. 457ff.

28   Wilhelm Ludwig Holland (Hg.): Schreiben des Kurfürsten von der Pfalz und der Seinen, Tübingen 1884 (Bibliothek des Litterarischen Vereins in Stuttgart 167), S. 48.

29   Die Adaption ist als zeitnahes Spielbuch erhalten, worüber die Verf. demnächst berichten wird.

30   Holland: Briefe (wie Anm. 5), I, S. 82; II, S. 597. In diesen Kontext gehört auch das kurfürstliche Auftragswerk der Verdeutschung von Ben Jonsons akademischer Seianus-Tragödie (1605) durch einen Engländer. Zweck der Übung war eine Liebhaberaufführung, die Kurprinz Karl mit rund 30 Pagen und Studenten wohl bald nach Liselottes Rückkehr aus Hannover (1663) bestritt. Vgl. Johannes Bolte: Ben Jonsons Seianus am Heidelberger Hofe, Jahrbuch der Deutschen Shakespeare-Gesellschaft 24, 1889, S. 72 – 88.

31   M[aximilian] Huffschmid: Aufzeichnungen des Benjamin von Münchingen, Mannheimer Geschichtsblätter 17, 1916, Sp. 77 – 87, hier: Sp. 80. Unter den kleineren Ausgaben im Januar 1668: „Den Kommoedianten, weil sie vor Kurpfalz den Peter Squenz agirt".

32   [Friedrich Walter:] Die ägyptische Olympia. (Eine Heidelberger Theateraufführung von 1667), Mannheimer Geschichtsblätter 26, 1925, Sp. 40 – 43; Bolte: Heidelberg (wie Anm. 9), S. 587ff.

33   Bärbel Rudin: Von Alexanders Mord-Banquet bis zur Kindheit Mosis. Eine unbekannte Kollektion von Theaterzetteln der Wanderbühne, Daphnis. Zeitschrift für Mittlere Deutsche Literatur und Kultur der Frühen Neuzeit 35, 2006, S. 193 – 261, hier: S. 230ff. mit aktuell weiterführender

Literatur. Quelle des „Freuden-Spiels" war eine Florentiner Intrigenpastorale von Andrea Salvadori (1622).

34 Apollonio Apollonis L'Argia war 1655 bei der Durchreise der schwedischen Königin als Festoper in Szene gegangen, L'Orontea (alias Der Durchlauchtige Mahler) des Erfolgsautors Giacinto Andrea Cicognini ein Jahr später, beide mit der Musik Marc 'Antonio Cestis. Vgl. Bärbel Rudin: Ein Würzburger Theaterprogramm des Beneydeten Glücks von 1684. Zur Geschichte des italienischen Dramas auf de Wanderbühne, Mainfränkisches Jahrbuch für Geschichte und Kunst 27, 1975, S. 98 – 105, hier: S. 98, 103f.

35 Ruth Gstach: Die Liebes Verzweiffelung. Neue Quellen zu Leben und Werk des Barockdichters Laurentius von Schnüffis. Phil. Diss, Innsbruck 1974 [Masch.]; z.T. gekürzt u. d. T.: Mirant. Komödiant und Mönch. Leben und Werk des Barockdichters Laurentius von Schnifis, Graz / Feldkirch 2003 (Schriften der Vorarlberger Landesbibliothek 7).

36 Stadtarchiv Augsburg, Theaterakten vor 1700, S. 76, Eingabe von Hans Ernst Hoffmann et Cons. vom 23. April 1667. Mit dem fürstlichen Hof war wohl der zu Baden-Baden gemeint.

37 Max Fehr: Die wandernden Theatertruppen in der Schweiz. Verzeichnis der Truppen, Aufführungen und Spieldaten für das XVII. und XVIII. Jahrhundert. Einsiedeln 1949 (Jahrbuch der Schweizerischen Gesellschaft für Theaterkultur 18), S. 115f.

38 Vgl. die Rekonstruktion von Karl Freund: Die Theater an den kurpfälzischen Höfen in Heidelberg, Mannheim und Schwetzingen (1500 – 1800), Zentralblatt der Bauverwaltung 43, 1923, S. 601 – 607, 616 – 619, hier: S. 602. Dagegen mit Vorsicht: Lili Fehrle-Burger: Das Heidelberger Hoftheater. Heidelberg 1964 (Sonderdruck aus Ruperto-Carola. XVI. Bd.35), S. 31ff.

39 Carl Speyer: Zwei Ballett-Aufführungen im Heidelberger Schlosse 1670 und 1671, Mannheimer Geschichtsblätter 26, 1925, Sp. 173 – 181, hier: Sp.174 – 179.

40 Speyer: Beiträge (wie Anm. 15), Sp. 81.

41 Theater-Kalender auf das Jahr 1914, hg. von Hans Landsberg u. Arthur Rundt, Berlin (1913), Abb. S. 40 / 41, hier ins 18. Jahrhundert verlegt (S. 90).

42 Bärbel Rudin: Hans Ernst mit seiner Bande. Das älteste deutsche Schauspielerporträt, Bühnengenossenschaft 11, 2002, S. 8f. Teile dieses Aufsatzes sind im vorliegenden Beitrag mit verarbeitet worden.

43 Bibliotheca chalcographica, hoc est virtute et eruditione clarorum Virorum Imagines. Pars 9. Heidelberg 1664, Gesamtausgabe 1669. In den Jahren 1668 / 69 schuf van Somer eine Stichfolge mit Porträts der Regensburger Reichstagsgesandten.

44 Dompfarrei Regensburg-St. Ulrich, Taufbuch 1664, S. 78, Eintrag vom 23. Juli.

45 E[lisabeth] Mentzel: Die drei ältesten erhaltenen Frankfurter Theaterzettel, Archiv für Frankfurts Geschichte und Kunst 3. F. 5, 1896, S. 172 – 231, hier S. 188f.

46 Bärbel Rudin: Das fürstlich Eggenbergische Hoftheater in Böhmisch Krumau (1676 – 1691). Zur ästhetischen Allianz zwischen Wanderbühne und Hofkultur, Daphnis. Zeitschrift für Mittlere Deutsche Literatur 25, 1996, S. 467 – 488, hier S. 477, Anm. 28.

47 Evangelisches Kirchengemeindeamt Heidelberg, Taufbuch Heilig-Geist, Bd. 6, sub dato.

48 Huffschmid: Aufzeichnungen (wie Anm. 31), Sp. 79f.

49 Theodor Hampe, Die Entwicklung des Theaterwesens in Nürnberg von der zweiten Hälfte des 15. Jahrhunderts bis 1806. II. Teil. In: Mitteilungen des Vereins für Geschichte der Stadt Nürnberg 13 (1899), S. 98 – 237, hier: S. 163.

50 E[lisabeth] Mentzel: Geschichte der Schauspielkunst in Frankfurt a. M. von ihren Anfängen bis zur Eröffnung des städtischen Komödienhauses. Frankfurt a.M. 1882 (Archiv für Frankfurts Geschichte und Kunst, NF 9), S. 95ff.

51 Holland: Schreiben (wie Anm. 28), S. 195.

52 Da es nicht allzu häufig vorkommt, dass ein „Commediant erstochen worden", wie im Februar 1669 bei einem Tumult auf dem Marktplatz in Marburg / Lahn, muss man annehmen, dass es sich um Hoffmann handelte. Die dort nicht näher bezeichnete Truppe hatte im November 1668, direkt nach der Frankfurter Herbstmesse, den Tanzboden bezogen (Hessisches Staatsarchiv Marburg, Bestand 330 Dep. Stadt Marburg, I, Abt., Nr. 38, Ratsprotokolle vom 13.11.1668, 10. und 12.2.1669). Die lokalen Kirchenbücher geben zu dem Todesfall keine Auskunft, die Bestattung wurde demnach in eine Landpfarrei ausgelagert.

53 Kurz, Rudin: Ankündigungspraxis (wie Anm. 10), S. 41ff.

54 Bodemann: Briefe (wie Anm. 1), S. 172.

55 Rudin: Böhmisch Krumau (wie Anm. 46), S. 474ff.

56 Ebd., S. 481ff.

57 Vgl. Anm. 35.

58 Bärbel Rudin: „Internationaltheater". Repertoirebildung und Publikumskontrolle in der Epoche der Wanderbühne. In: Horst Fassel (Hg.): Das Deutsche Staatstheater Temeswar nach 50 Jahren vor dem Hintergrund deutscher Theaterentwicklung in Europa und im Banat seit dem 18. Jahrhundert Tübingen, Temeswar 2005 (Thalia Germanica 7), S. 17 – 27, hier S. 22f.

59 Holland: Briefe (wie Anm. 5), IV, S. 36; V, S. 66.

Peter Koppenhöfer

„Hier war es auf Erden, wo ich zum Erstenmal die Schönheit fand."

Helmina von Chézys erste Heidelberg-Aufenthalte 1810 – 1815

Wenn heute noch etwas über Helmina von Chézy (1783 – 1856) zu lesen ist, dann ist das oft geschrieben aus der Sicht eines eher mitleidig Urteilenden: Sie gilt als eine in ihrer Zeit überschätzte, zu Recht vergessene Autorin, der oft auch noch persönliche Mängel

Abb. 1: Helmina von Chézy. Nachweis: Die Musik XIV (1915), Halbmonatsschrift Hg. Bernhard Schuster, Beilagen zum 1. Februarheft.

wie Gefühlsüberschwang oder chaotisches Wesen, – typische Weiblichkeitsattribute – nachgesagt werden. Bei einer genaueren Betrachtung verliert sich jedoch vieles davon. In der folgenden Recherche sollen nicht die literarischen Fähigkeiten Helminas von Chézy im Mittelpunkt stehen, sondern ihre damalige Lebensführung in Heidelberg. Möglicherweise lässt sich einiges von dem, was ihr nachgesagt wird, auf (männliches) Ressentiment zurückführen.

Helmina von Chézy[1] wurde 1783 als Enkelin von Anna Luise Karsch in Berlin geboren, die eine der ersten deutschen Dichterinnen war, und von ihr wurde sie auch zeitweilig erzogen. Schon als Kind war sie einbezogen in die Welt der Berliner Salons, lernte u.a. E. T. A. Hoffmann, Jean Paul und die emigrierte Gräfin und Romanautorin Madame de

Genlis kennen. Nachdem eine bereits mit 16 Jahren eingegangene Ehe mit einem preußischen Freiherrn gescheitert war, folgte sie 1801 18-jährig einer Einladung der Genlis nach Paris. Dort bewegte sie sich im Kreis der deutschen Kolonie. Dazu gehörte z.B. der Magnetiseur Mesmer, die Dichter Klinger, Arnim, Oehlenschläger, der Komponist Reichhardt, der Gedichte von ihr vertonte. Sie wohnte zeitweilig im Haus von Friedrich und Dorothea Schlegel, wo sie ihren zweiten Mann, den Sanskritspezialisten Professor Léonard de Chézy, kennen lernte. Das Paar bekam zwei Söhne, lebte sich jedoch auseinander. Helmina versuchte zu dem Geld, das sie von ihrem Ehemann erhielt, durch journalistische Arbeiten hinzuzuverdienen. Sie gab für Cotta eine Zeitschrift heraus (unter ihrem Namen) und schrieb als Pariser Korrespondentin für das bekannte Weimarer „Journal des Luxus und der Moden".

Der erste Heidelberg-Aufenthalt 1810 / 1811
Flucht nach Heidelberg 1810

Den Sommer 1809 verbrachte Helmina allein mit ihren Söhnen Wilhelm (geb. 1806) und Max (geb. 1808) in Montmorency nördlich von Paris. Im November zog sie in eine eigene kleine Wohnung in Paris: „Dies war der traurigste Winter meines Lebens,"[2] meinte sie später. Finanziell schlecht gestellt, versuchte sie ihre Lage durch Übersetzungen zu verbessern. Schon im Herbst 1809 hatte August Wilhelm Schlegel, der ihr Geld lieh, sie dazu ermutigt. Er regte an, seine eigenen nachmalig berühmten Wiener Vorlesungen "Über dramatische Kunst und Litteratur" in Frankreich „einzuführen" (Brief aus Coppet 16.11.).[3]

In einem nicht erhaltenen Brief an Friedrich Schlegel (Wien) kündigte sie Anfang 1810 an, dass sie sich von ihrem Mann trennen und nach Deutschland zurückkehren wolle. Schlegel antwortete (15.4.1810):

> „Ihr letzter Brief hat mich fast erschreckt. Denn wenn ich Sie mir auch mit manchen Sorgen kämpfend dachte, so glaubte ich doch nie, daß es zu einer so unerwarteten und traurigen Trennung kommen würde! ... Ist das Unglück unvermeidlich, müssen Sie nach Deutschland, was der Himmel verhüthe, so rathe ich Ihnen zu Heidelberg oder Frankfurt, da finden Sie eher eine Existenz, wie Sie sie in diesem unglücklichen Falle haben müssen. Meine dortigen Freunde werden auch Sie gern aufnehmen."[4]

Bemerkenswert negativ beurteilte der Verfasser der revolutionären „Lucinde" ihren geplanten Lebensentwurf einer mit ihren Kindern allein lebenden Frau. Mit den Heidelberger Bekannten waren die Brüder Boisserée gemeint, die die Chézy selber bereits im Pariser Haushalt der Schlegels kennengelernt hatte.

Zum Zeitpunkt dieses Briefs hatte sich die Situation jedoch bereits grundlegend verändert. Helmina hatte im März 1810 zur Arbeit an der Übersetzung Adalbert von Chamisso herangezogen, der kurz zuvor im Februar aus Berlin nach Paris gekommen war.[5] Beide kannten sich aus Berlin, als Chamisso noch Page am Königshof gewesen war. Bei der Übersetzungsarbeit verliebten sie sich ineinander und begannen eine intensive Beziehung.

Diese kurze, zumindest für Helmina folgenreiche und ihr weiteres Leben verändernde Liebe ist durch Briefe belegt. Die Chézy-Briefe sind nur in Zitaten erhalten, die Chamisso für einen Freund abgeschrieben hat, sowie durch eine spätere Verwendung in einem fiktionalen Text. 1824 verwendete die Autorin nämlich den Briefwechsel leicht verändert in der Erzählung: „Das stille Julchen".[6] Beider Gefühle schlugen sich auch in

Peter Koppenhöfer

Gedichten nieder. Man kann überdies annehmen, dass die „Mina" im „Schlemihl" Helminas Namen sowie Züge von ihr trägt.[7]

Nur drei Monate dauerte dieses Zusammensein. Helmina zog Mitte Mai wieder mit ihren Kindern nach Montmorency, wo Chamisso sie besuchte, aber bereits Mitte Juli nach Chaumont / Loire zu Mme de Stael aufbrach, um dort mit Wilhelm August Schlegel – er war Hauslehrer der Staelschen Kinder – die begonnene Übersetzung abzuschließen. In dieser Zeit wusste Helmina, dass sie schwanger war und dass sie sich schnell entscheiden musste. Chamisso war stellungslos: Er war mit der Hoffnung auf eine Gymnasialprofessur nach Frankreich gekommen, was sich zerschlug. Wenn sie ihm folgen würde, müsste sie ihre beiden Söhne beim Vater zurücklassen. Sie konnte sich auch nicht scheiden lassen, denn sie war sicher, dabei die Kinder zu verlieren.[8] Es musste ihr also darauf ankommen, die Schwangerschaft geheim zu halten, nicht nur vor ihrem Mann, sondern zur eigenen Sicherheit auch vor Chamisso. Das war am besten möglich, wenn sie so schnell wie möglich nach Deutschland ging.

Nach Aussprachen mit ihrem Mann erlaubte ihr dieser die Rückkehr nach Deutschland, obwohl er sie eigentlich lieber nach Südfrankreich geschickt hätte. Er sicherte ihr mit den Kindern eine monatliche Unterstützung von 200 Franken zu.[9] Da sie als Frau nicht geschäftsfähig war, „gingen beide zum Herrn General v. Krusemark, dem damaligen Gesandten, um meinen Paß ausfertigen zu lassen, der auf Berlin ausgestellt wurde, wohin ich nicht zu kommen gedachte. Ich ging nach Heidelberg ..."[10] Sie hatte da schon insgeheim eine Entscheidung getroffen. In ihren beiden Erinnerungstexten, den „Erinnerungen" von 1818 und in der posthum veröffentlichten Autobiografie „Unvergessenes" wird die Schwangerschaft verschwiegen. Diese Lücke füllte sie mit anderen Reisemotiven. So heißt es in der Biografie von 1818:

„... ich trug schon einen Abscheu vor allem, was Französisch war und unter Napoleons Szepter stand, im Herzen, und weigerte mich, wo anders, als nach Deutschland hinzugehen" (S. 177).

Am 14. September verließ sie mit den beiden Kindern Paris. Das Ehepaar Chézy blieb weiter im Briefkontakt, sehen sollten sie sich jedoch nicht mehr. Eine solche Reise und viele, die ihr folgten, mussten für die bürgerlichen Kreise Deutschlands etwas Ungeheuerliches gewesen sein: Eine alleinstehende Frau mit Kindern, die nicht zu ihrem Mann oder zu Verwandten fuhr, sondern in eine Zukunft, die sie sich selbst bestimmen wollte. Das war ein extremer Verstoß gegen das Frauenbild nicht nur jener Zeit. Für die Autorin war es eine Initiation: In den nächsten 10, 15 Jahren sollte sie immer wieder zu solchen Reisen aufbrechen. Aber in ihren Erinnerungen von 1818 stilisierte Helmina diese Rebellion als Rückkehr ins Vaterland und in die alte Ordnung. In Homburg begrüßte sie den seit 10 Jahren nicht mehr gehörten Nachtwächtergesang. „Der Franzose hat nichts im gewöhnlichen Treiben des Volkslebens, was an fromme alte Sitte erinnert ..." (Aurikeln, S. 181).

In Heidelberg dürften die Chézys in der letzten Septemberwoche 1810 angekommen sein.[11]

„Ich stieg im badischen Hof ab, wo ich sogleich erfuhr, daß ... Schillers edle Wittwe mit ihren liebenswürdigen Kindern meine Nachbarin sey. Diese liebreiche Frau sagte mir, dass ich wohl gethan, diese Gegend zu wählen, hier könne ein wundes Herz genesen" (Aurikeln, S. 185).

Helmina muss von einnehmendem Wesen gewesen sein und ihre besondere Fähigkeit war es offenbar, schnell Bekanntschaften zu machen. Sie verkehrte mit der aus Gesundheitsgründen mit ihren Kindern in Heidelberg weilenden Autorin Amalie von

Helvig. Da gab es also Parallelen. Allerdings lebte Amalie von Helvig nur vorübergehend getrennt von ihrem Mann und konnte auch auf viel größerem Fuß mit Bediensteten leben. Beim Besuch des Schlosses knüpfte Helmina die Bekanntschaft mit dem dort zeichnenden französischen Grafen von Graimberg, der ebenfalls soeben in der Stadt angekommen war (am 4. Oktober). Die wichtigsten Freunde waren jedoch zunächst die Brüder Boisserée, die ihr in vielerlei Hinsicht geholfen haben. Weitere Bekanntschaften, die sie in ihren Erinnerungen nennt, sind möglicherweise erst nach der Geburt ihres Kindes entstanden oder erst beim zweiten Heidelberg-Aufenthalt 1814/15.

Bemerkenswert ist, dass sie auch engeren Kontakt zu Leuten außerhalb dieser wohlsituierten Gesellschaft pflegte. Aus finanziellen Gründen musste sie eine Wohnung suchen und fand eine einigermaßen passende „im untern Stock, etwas dumpf und unbequem" im Burgweg oberhalb des Kornmarkts. Das war in dem engen Abschnitt neben der jetzigen Bergbahnstation, wo Erdgeschosswohnungen auch heute sehr dunkel sind. Sie lernte die Vormieter kennen, zwei Studenten, Carl Thorbecke, selber als Autor hervorgetreten, und Leopold von Gerlach.[12] Gerlach war der Bruder einer Berliner Jugendfreundin, was gleich einen persönlicheren Ton gestattete. Aber als junge Frau mit Studenten Umgang zu pflegen, mit ihnen Spaziergänge zu machen, verstieß erheblich gegen die Konvention. Aus Gerlachs Briefen wissen wir, dass die jungen Leute sich oft trafen. Am 9. Oktober, also kaum 14 Tage nach der Ankunft Helminas, schrieb er:

> „Auch ich habe hier eine quasi Pariserin kennen gelernt, Frau von Chézy, ... Thorbecke und ich sind sehr viel mit ihr zusammen."[13]

Am 9. Dezember notierte er:

> „Außerdem lebe ich hier unter den hiesigen Dichterinnen der Frau v. Chézy und der Amalie v. Imhof verehelichter Helvig. ... Übrigens bin ich bei beiden und sie beide bei mir sehr in Gunst. Es lässt sich gut mit solchen Weibern umgehn, besser als mit ihren Gedichten."[14]

Abb. 2: In einem dieser Häuser wohnte Helmina von Chézy 1810/11 und hier wurde ihr und Chamissos Sohn geboren.

Helmina hat zu jener Zeit noch keine Haushälterin gehabt, vielleicht jemanden, der sich um die Kinder kümmerte. Da sie allein in der Wohnung lebte, forderte ein solcher Umgang die gesellschaftliche Missbilligung geradezu heraus.

Peter Koppenhöfer

Dazu kamen noch Beziehungen zu anderen Leuten, die in der guten Gesellschaft zumindest umstritten waren:

> „Einer meiner liebsten Spaziergänge, den ich auch öfter mit meinem Freund Horstig machte, führte nach dem schönen Neuenheim ...“

Die Familie Horstig war etwas chaotisch. Carl Gottlieb Horstig (1763 – 1835), ein in Frühpension versetzter Pfarrer, hatte erfolglos versucht, an der Universität Fuß zu fassen. Suzette Horstig war wie ihr Mann journalistisch tätig, beide hatten sich damit Feinde gemacht. Das Ehepaar hatte viele Kinder, berühmt-berüchtigt waren ihre Erziehungsmethoden.[15] Die Horstigs waren zu dem Zeitpunkt bereits Besitzer der Mildenburg am Main, aber anscheinend hielten sie sich (oder nur er allein?) noch für kurze Zeit in Heidelberg auf. Sie müssen sich ebenfalls um die unkonventionell lebende Chézy-Familie gekümmert haben. Daraus ergab sich dann die Einladung auf die Burg, der Helmina 1812 gefolgt ist.

Noch mehr am Rande der guten Heidelberger Gesellschaft dürfte sich eine Frau bewegt haben, in deren Schicksal Helmina wohl viel Vergleichbares gesehen hat: „die Professorin Fischer“, ebenfalls eine Schriftstellerin. Dass zwischen diesen beiden Autorinnen ebenfalls eine ziemlich enge Beziehung bestand, ist bisher noch nicht bemerkt worden. Caroline Auguste Fischer (1764 – 1822) war die Tochter eines Braunschweiger Hofmusikers und heiratete den dänischen Hofprediger Christiani. Diesen verließ sie jedoch, um mit dem Schriftsteller Christian August Fischer in wilder Ehe zusammenzuleben. Die dänische Ehe wurde geschieden, der Sohn blieb beim Vater.[16] Sie begann sich schriftstellerisch zu betätigen und veröffentlichte mehrere Bücher. 1808 legalisierte sie die Beziehung mit Christian August Fischer, der inzwischen Literaturprofessor in Würzburg geworden war. Nur wenige Monate später trennten sie sich jedoch. Er gab ihr Geld, das sie zur Einrichtung einer Leihbibliothek in Heidelberg benutzte.[17] Da sie für ihren Unterhalt arbeiten musste, waren ihr sicher die besseren Kreise verschlossen. Obwohl einigermaßen erfolgreiche Autorin, die längere Zeit in der Stadt war und hier publizierte, wird sie offenbar in keiner anderen Heidelberger Quelle erwähnt. Im Unterschied zur Chézy hielt sie sich übrigens an die Regeln und publizierte anonym. Es war typisch für Helmina, dass sie sich von deren Außenseiterposition nicht abschrecken ließ, sondern sich ihr anschloss: Der Naturgenuss Heidelbergs, schreibt sie,

> „wurde dadurch erhöht, dass ich nun mir noch ganz unbekannte Werke durch die Freundlichkeit der Madame Fischer erhielt, welche mich stets nach Gefallen in ihrer Bibliothek wählen ließ, und mir immer das Neueste schickte. Diese vielgeprüfte, höchst interessante Frau ist die bescheidene Verfasserin einiger sehr lieben deutschen Bücher, unter denen mich ein Roman: Margarethe, ganz vorzüglich angezogen hat. ... Sie war mir, als einer schutzlosen Pilgerin, sehr freundlich, und ich verdanke ihr manche angenehme Stunde.“[18]

Der Abschnitt verweist auf letzte Schwangerschaftswochen und Kindbettzeit, in der Helmina Muße genug hatte, die Leihbibliothek zu benutzen und sich in zeitgenössische Publikationen einzulesen. Die Autobiografie umschreibt das folgendermaßen:

> „Ich lebte beinahe ganz einsam...“ Die Zimmer lagen „dem schönen Bleichplatz nahe, an dessen Rand ein starker lebendiger Quell unaufhörlich rieselt, über welchen hin herrliche Obstbäume den Fels hinauf gepflanzt sind. Hier waren die Mondabende mir unaussprechlich süß, wenn ich mit meinen Kindern auf der steinernen Bank von Epheu umrankt, an der Gartenmauer saß, und die Giebel der Schlossruine aus dem Grün des Waldes auftauchte. Ein schmales Gässchen windet sich von diesem Hause nach dem Kornmarkt hin; Abends drang ein heller Schein vom wunderlieblichen, in Stein gehauenen, stets reichlich erleuchteten Marienbilde in dies Gässchen und erleuchtete, und erhellte meine und der Kinder einsame

Schritte bis zur Hausthür, indeß rings umher Alles still war. Nie vergeß' ich, mit welchem süßen Gefühl von Zuversicht bleibender Ruhe des Daseyns ich an solchen Spätherbst-Abenden
heimging ..."

Geburt des Sohnes

Sie muss sich aus Ehekatastrophe und Liebesunglück gerettet gefühlt haben in diesem
Heidelberger Idyll, das ihr die Stadt ans Herz wachsen ließ. Die Erinnerungen von 1818
brechen allerdings mit Weihnachten ab, vielleicht weil die Autorin sich keinesfalls mit
dem kurzen Dasein ihres dritten Kindes konfrontieren wollte.

Am 7. Januar 1811 wurde der Sohn von Helmina von Chézy und Adalbert von Chamisso geboren und (wohl in der Jesuitenkirche) am 10. Januar getauft. Der Eintrag im
Standesbuch lautet:

> „Friedrich, Sulpitius, Leopold Anton eheliches Kind des Anton Leonhard Chézy Professors der
> orientalischen Sprachen in Paris und der Wilhelmina von Klencke. Die Pathen waren Friederich
> Wilken Professor von hier und Sulpitius Boisserée von Köln. Obige Pathen waren zugleich die
> Taufzeugen."[19]

Nach der bisherigen Darstellung müssen die Namen der beiden Taufpaten überra-
schen. In den autobiografischen Texten taucht Wilken so gut wie gar nicht auf, die
Boisserée-Brüder nur mit ihrer Gemäldesammlung. Diese Taufpaten sind aus den gedruckten Erinnerungstexten so verschwunden wie ihr Patenkind, und das hing sicher
zusammen. Merkwürdig ist auch, dass diese Taufe im Tagebuch von Sulpiz Boisserée
nicht vorkommt. Allerdings steht darin gleichzeitig etwas eher Negatives über Helmina. Unter dem Datum des 6. Januar, also vier Tage vor der Taufe, notierte Boisserée:

> „[Es] war mein Wohlbefinden in diesem Winter nur durch zwei Dinge dann und wann unter-
> brochen; durch die Mißbilligung meines freundschaftlichen Umgangs mit der W[am-
> bold] ... und durch die Not und Gemeinheit der Chézy, die, ... von allen Menschen verlassen
> und mißhandelt, unseren Rat und Beistand als von alten Bekannten in Anspruch nahm – ich
> sah bei ihr alles von der christlichen mitleidigen großmütigen Seite an und bekam darüber
> den Nahmen eines barmherzigen Bruders, noch ohne Spott und Nebenbeziehung."[20]

Boisserée hat sich also intensiv um die kleine Familie gekümmert. Rätselhaft bleibt,
was er unter der „Gemeinheit" Helminas versteht. Wie soll sich die Autorin in irgend
einer Weise moralisch gemein gegenüber einem ihrer wichtigsten Helfer benommen
haben? Möglicherweise hatte er herausbekommen, dass der Pariser Professor nicht der
Vater des Kindes war. Aber warum gab er sich dann zum Paten her und unterstützte
damit den falschen Taufeintrag? Vielleicht bezieht sich die Kritik auch auf das be-
schriebene, sich „gemein" machende Verhalten Helminas, das die Erwartungen an eine
Dame so brüsk enttäuschte. Jedenfalls zeugt die Tagebuchnotiz von einer Abkühlung
der Freundschaft, was allerdings keinen Abbruch der Beziehungen bedeutete. Helmina
hat offenbar noch im Frühjahr oder Sommer 1811 jenen ersten Artikel geschrieben, der
mithalf die Heidelberger Gemäldesammlung überregional bekannt zu machen.[21] Auch
später, als beide in München wohnten, haben sie weiter so nahen Kontakt gehalten,
dass Boisserée ihr in schwierigen Lagen half.[22]

Der zweite Pate, Friedrich Wilken, war Geschichtsprofessor und Leiter der Heidelberger Universitätsbibliothek. Dass Helmina ihn kennen lernte und dass gerade er Pate
wurde, könnte mit Wilkens Orientalismus-Studien zusammen hängen, dem Fachge-
biet von Helminas Gatten. Jedenfalls ging gerade von ihm dann die eine existenzielle
Bedrohung aus. Wilken bemühte sich damals um Kontakte nach Paris, um Teile der

Peter Koppenhöfer

entführten Bibliotheca Palatina von dort zurückzuerhalten. So unternahm er im März 1811 eine Reise dorthin, und es war klar, dass er dort Léopold de Chézy treffen würde. Helmina hatte von dieser Fahrt offenbar spät erfahren und war zu einem dringlichen Bittbrief genötigt. Dieses Schreiben hat sich erhalten:[23]

> „Heute um halb sechs schellte ich behende an Ihrer Hausthüre, ich wollte Sie noch sprechen, die Scheu gewann die Oberhand, als Niemand mir öffnete, ich ging zurück. Die ganze Nacht hab ich in schweren Kämpfen zugebracht ..."

Sie beschwört ihn „bei allem was Ihnen lieb u heilig ist, bey dem Antheil den Sie an uns nehmen, u bey der Pflicht die Sie an meinem neugeborenen Sohn übernommen haben", ihr und ihrem Mann einen wichtigen Dienst zu leisten:

> „... denn der jetzige Augenblick ist nicht recht zur Entdeckung. – Ich erwarte ihn im Herbst, dann wird alles gut seyn! Bis dahin muß ihm verborgen bleiben, dass ich ihm noch einen Sohn geboren, denn ich hab es ihm aus höchst wichtigen Gründen verschwiegen."

Er solle ihren Mann wegen der Gesundheit der Kinder beruhigen und Bekannten gegenüber das Gespräch über sie, Helmina, besser ganz vermeiden. Sie schließt:

> „Ich opfere mich in diesem Augenblick ganz auf, gebe Ihnen zu einer bösen Meinung von mir Anlaß, trenne vielleicht das liebliche Band der Geselligkeit zwischen uns. Es sey. Es geschieht mit blutendem Herzen, aber mein Zweck ist edel vor Gott u meinem Gewissen. Trauen Sie mir nichts unwürdiges zu. – Auch Sulpiz darf nichts erfahren. Niemand, wer es sey ..."

Sie fügt noch die dringliche Bitte an, ihr sofort mitzuteilen, falls er nicht schweigen könne, damit sie ihrem Manne noch vorher schreiben könne. Das Schreiben wirkte, Wilken verriet nichts in Paris. Aber wie sich zeigen wird, zog er doch seine Konsequenzen daraus.

Über das nächste halbe Jahr in Heidelberg wissen wir wenig. Der Briefwechsel mit Chamisso setzte sich etwas verlangsamt fort: „Ja, das ist der dritte Brief, den ich unbeantwortet gelassen, liebes Herz!", schreibt sie am 30.1.1811. Die treffend umschreibende Entschuldigung war: „Ich schreibe seit langer Zeit gar nichts als höchst selten einen Brief; ich beschäftige mich viel mit weiblichen Arbeiten."[24] Sie verheimlichte weiter konsequent die Geburt seines Sohnes. Diese außergewöhnliche Selbstkontrolle kontrastiert ganz offensichtlich zu den von (männlichen) Zeitgenossen überlieferten Chézy-Eigenschaften, die sie als spontan, chaotisch, emotional unkontrolliert charakterisieren.

Erst drei Jahre später, lange nach dem Tod des Kindes, wird sie Chamisso gegenüber die Wahrheit andeuten. Die Chamisso-Briefstelle, die Klarheit über die Vaterschaft gibt, ist in den bisherigen deutschen Veröffentlichungen übersehen worden. Einem von Varnhagen in die Welt gesetztes Gerücht folgend, wurde dagegen kolportiert, dass der österreichische Orientalist Hammer-Purgstall der Vater gewesen sei. In Varnhagens Nachlass gibt es einen undatierten Zettel mit der Notiz:

> „Chamisso hatte mit Helminen eine Liebschaft, sie glaubte sich eine Zeitlang von ihm schwanger, in welchem Falle sich Chamisso an sie gebunden geglaubt hätte. Sie erkannte später den Irrthum. Schwanger war sie allerdings, aber nicht von Chamisso, sondern von Hammer dem Wiener Orientalisten, der auch von seiner Vaterschaft überzeugt war."[25]

Offensichtlich lag es im Interesse der (männlichen) Historiker, den großen Dichter Chamisso zu entlasten. Da wurde der seltsame Varnhagen-Zettel als Beleg genommen, obwohl doch wenig glaubwürdig ist, wie die Mutter ihren Irrtum später gemerkt haben sollte. Man hatte keine Bedenken, der Frau noch mehr zu unterstellen, um Chamissos Bild rein zu halten: Auf dem Höhepunkt ihrer Liebesbeziehung mit Chamisso April / Mai 1810 hätte sie also zwei Verhältnisse gehabt. Dabei sprechen doch die erhaltenen Briefstellen von einer einzigartigen Liebe zu Chamisso. Zu dem anderen Mann gibt es keine weiteren Hinweise. Keiner der beteiligten Männer scheint die Zwangslage der Ehefrau und Mutter annähernd erfasst zu haben. Wahrscheinlich ist Varnhagen einer späteren Fehlspur aufgesessen, die von Helmina ausgegangen sein könnte, um Chamisso zu entlasten.

Der bisher übersehene Vaterschafts-Beleg stammt aus einem Brief Chamissos an seinen Freund De La Foye vom Frühjahr 1814 und wurde bereits in der ersten Briefediti-on des Chamisso- (und Helmina-) Freundes Eduard Hitzig unterdrückt. Erst die Edition von René Riegel von 1934 bringt folgenden Absatz:

> „Ich habe endlich jetzt zugleich und zufällig erfahren, dass ich wirklich ein Kind gezeugt und dass dieses Kind gestorben. Gerüchte, die eine gewisse Freundin zu verbreiten geschäftig war, waren schon damals oft an mein Ohr gekommen. Die Mutter hatte mir aber geschworen, bei allem was ihr heilig war, es sei nicht so. O des rätselhaften Volkes der Weiber! Nun hat sie mir es, zwar nur noch mit halben Worten, gestanden, doch mir nähere Aufklärung, auf die ich dringe, versprochen."[26]

Die „gewisse Freundin" könnte Madame de Stael gewesen sein, die schon im Sommer 1810 vermutet hatte, dass Helmina schwanger sei.[27] Merkwürdig, dass sich Chamisso nicht in die Motive dieser Leugnung einfühlen konnte. Jedenfalls leuchtet in seinem Ton kaum noch etwas von der Liebesbeziehung auf, 1814 war das für ihn abgeschlossen.

Erster Frühling in Heidelberg

Der Säugling dürfte die Autorin nur kurz vom gesellschaftlichen Umgang oder von Spaziergängen abgehalten haben. Noch intensiver als im vorangegangenen Herbst scheint sie die landschaftliche Schönheit Heidelbergs genossen zu haben. Von ihr stammen begeisterte frühe Schilderungen der Ruinenromantik. In einer Anmerkung zu einem ihrer Gedichte, welche im folgenden Jahr in Aschaffenburg erschienen sind, notiert sie:

> „Wer die köstliche Anlage nicht gesehen, dem würde man vergebens ein Bild davon entwer-fen, denn hier ist alles Hoheit, Reiz und Anmuth. Hier war es auf Erden, wo ich zum Erstenmal die Schönheit fand. Hier erst entglühte in mir ein Funken schöpferischer Kraft. – Heitrer, üppiger, größer ist der Rheingau, aber keine anderer Stelle auf Erden ist mir noch itzt in der Erinnerung so zusagend als diese gigantische Trümmern, mit süßen Blüthen umwoben, die rieselnden Brunnen, die Felsenmassen von Epheu umstrickt, diese Hallen und Mauern, in denen noch ein Hauch der Vorwelt lebt, diese Schönheit in wilder Größe, diese Wehmuth in der Lieblichkeit."[28]

Mit der Zeit spitzte sich jedoch die Situation in Heidelberg für Helmina von Chézy zu, was bis zu bösem Klatsch und Diskriminierungen ging. Karoline Paulus, die Frau des Theologieprofessors Paulus und ebenfalls Autorin, nannte sie in einem Brief „einen Wisch von Frau".[29] Ihre Lage lässt sich aus regelrechten Rechtfertigungsbriefen er-schließen, die sie dann im Herbst 1811 rückblickend aus Aschaffenburg an die Familie Wilkens schickte. Sie hatte gemeldet, nicht mehr nach Heidelberg zurückzukehren, sondern in Aschaffenburg bleiben zu wollen. Darauf hatte ihr Wilken, der Taufpate ihres kurz zuvor verstorbenen Kindes, eine nicht überlieferte verletzende Antwort ge-geben. Sie hielt ihm nun unter anderem vor, dass er sich überhaupt nicht mehr um sein Patenkind gekümmert habe. Was das Betragen der Heidelberger betreffe, habe sie ihn allerdings nie als Anstifter im Verdacht gehabt:

Peter Koppenhöfer

Abb. 3: Helmina von Chézy
(1783 – 1856), (nach Google).

„Daß die F[rau] Amtmann Sartorius, einige Studenten, einige übelwollende u meine eigene Unbefangenheit u Unerfahrenheit in einer kleinen Stadt an manchem Geschwätz Schuld waren, ... wissen Sie selbst."[30]

Ihr Ruf in Heidelberg hatte gelitten, und die nun folgende Beschreibung ihres Aschaffenburger Verhaltens, sollte zeigen, dass sie die Konsequenzen gezogen hatte:

„... da ich wünsche, nach so vielen Stürmen endlich einmal reine Verhältnisse, Ruhe u die Achtung zu finden, die mein Betragen verdient, so wend' ich hier meine höchste Sorgfalt an, dass man mich nicht beschuldigen kann. Ich sehe niemand bei mir, als Frauen, u wenige bejahrte u verehrungswürdige Männer, gehe mit niemand spazieren, als mit der Familie des Professor Windischmann, F v Thadden ua ähnliche Personen... Ich vermeide alles, was am geringsten auffallen oder anstoßen könnte, und frage Schritt vor Schritt den wackern Windischmann ..." (Brief 13.9.1811)

Auch in einem Brief an Frau Wilken geht es um deren Verhaltensratschläge und dass sie, Helmina,

„alles vermieden habe, was dem Publikum missfallen konnte: den Cirkel der F[reunde?], den ich mir gesucht hatte, in den mich der Zufall hineingeschleudert, u nur höchst seltene Spaziergänge, von jungen Leuten begleitet, die genug Sie mir abriethen, auch Besuche habe ich abgelehnt ..."

Trotzdem habe das nichts genützt.

„Da ich sah, wie sich die vernünftigsten Menschen doch nicht an mein Betragen hielten, sondern an die schiefe Ansicht derjenigen, die mich falsch beurtheilten, bin ich oft empört gewesen." (Brief September 1811)

Sie habe deshalb nach brieflicher Rücksprache mit ihrem Gatten den Wohnort gewechselt. Die Berufung auf ihren Mann zeigt, dass sie sich auf die Rolle der Ehefrau zurückzog.

Möglicherweise hat sie aus dieser Missstimmung heraus im Juli oder August 1811 Heidelberg verlassen zusammen mit den drei Kindern, die nun sechs, vier und ein halbes Jahr alt waren. Alles spricht jedoch dafür, dass sie nur eine längere Besuchsreise machen wollte, wahrscheinlich zur Mildenburg der Familie Horstig. Wie sich aus den Briefen ergibt, hatte sie ihre Heidelberger Wohnung nämlich nicht aufgelöst, auch nicht ihre Schulden bezahlt.

Unterwegs war dann jedoch der Säugling krank geworden. In Aschaffenburg stieg die Familie im Gasthaus zum Freihof ab, und hier ist der kleine Leopold am 20. August gestorben.[31]

Vielleicht gibt eine Passage in ihrem ersten Roman „Emma", den sie fünf Jahre später schrieb, Autobiografisches wieder: Die Heldin geht mit ihrem Säugling, es ist hier ein Mädchen, auf eine Reise mit der Kutsche.

> „Das Kind war erst kürzlich entwöhnt, und hatte von schnell eingetretner Kälte unterwegs gelitten; es erkrankte zusehends. ... In einem Landstädtchen mußte Emma mit dem leidenden Kind bleiben. ... Um die Mitternacht des siebenten Tages schloßen sich die sanften blauen Augen."[32]

Vor allem das Detail der Entwöhnung dürfte passen. Dass eigenes Erleben mitspielt, zeigt auch folgendes: Die Romanfigur Emma drückt ihren Schmerz in einem Gedicht auf ihr totes Kind aus. Es ist bis auf wenige Änderungen das folgende, das die Mutter 1811 einem Brief an Wilken beigelegt hatte:

> „An mein seeliges Kind
> d. 26. August
>
> Wie hold du blühst mit Liljenwangen!
> So milde lächelt nicht der Tod! –
> Dich hat ein Engel sanft umfangen,
> Und frey gemacht von aller Noth.
> O, eine Perle, auserkoren
> Zu ungetrübter Seeligkeit
> Ich habe dich mit Schmerz verloren,
> Nicht ahndend deine Herrlichkeit!
>
> An dir ist Unschuld nie gewichen
> Und Liebe hat dich treu gehegt
> Bist unbewusst des Wehs erblichen,
> das hier selbst der Gerechte trägt,
> Noch fließen heiß dir meine Thränen,
> Spricht gleich Vernunft und Frömmigkeit
> Doch ruft des Mutterherzens Sehnen
> Dich noch zurück zu Lust und Leyd!
>
> O, rinnet heißer, bange Zähren,
> bis meines Lebens Licht erlischt
> Und möchte mich der Schmerz verzehren,
> den allzu bald die Zeit verwischt.
> Rinnt Thränen, wasch aus allen Schulden
> Das einsam bange müde Herz
> Und zwischen Sehnen und Gedulden
> Sey jeder Tag ein neuer Schmerz!"

Peter Koppenhöfer

Das Unglück weckte in Aschaffenburg offenbar so viel Anteilnahme, dass sie im Haus des Professors Karl Joseph Hieronimus Windischmann (1775 – 1837) aufgenommen wurde. In Aschaffenburg existierte damals eine kleine Hochschule. Außerdem wurde sie huldvoll am Hof des Großherzogs Karl von Dalberg empfangen und materiell unterstützt.[33] Darauf schrieb Friedrich Schlegel mokant von „Helminas reichen Fischfang des abtrünnigen Primas'schen Herzens".

Der zweite Heidelberg-Aufenthalt 1814 / 1815

Erstes Engagement für verwundete Soldaten

Die Autorin blieb mit den Kindern zunächst bis Herbst 1812 in Aschaffenburg.[34]

Im Sommer 1812 holte sie den Besuch bei der Familie Horstig auf der Mildenburg nach. Dort machte sie die Bekanntschaften der Leininger (Amorbach) und der Erbacher Hochadelsfamilien. Den Winter 1812 / 13 verbrachte sie am kleinen Amorbacher Hof der Fürsten von Leiningen, teilweise auch in Erbach. In dieser Zeit engagierte sie Babette Gerlach, eine Soldatenwitwe, die bisher bei Horstigs gedient hatte und ihr dann jahrzehntelang als Haushaltshilfe zur Seite stehen sollte. Die eigenen Einnahmen erlaubten das, denn sie war inzwischen als Autorin etabliert: In Aschaffenburg waren 1812 zwei Gedichtbände erschienen, die positiv aufgenommen wurden.[35] In verschiedenen Zeitungen, vor allem im „Journal des Luxus und der Moden" erschienen immer wieder journalistische Beiträge von ihr. Sie konnte als Mutter, als Dichterin, als hilfebedürftige Adelige die Aufmerksamkeit hochadeliger Herrschaften, vor allem der Damen gewinnen. Der offensichtliche Erfolg solcher Kontakte hat sie in den folgenden Jahrzehnten immer beim Hochadel Unterstützung suchen lassen. Das tat sie wohl eher aus pragmatischen Gründen, denn politisch lässt sie sich kaum als konservativ oder restaurativ einschätzen.[36]

Der Hilfe bedürftig war sie 1813 insofern, als die Zahlungen ihres Mannes aus Kriegsgründen zeitweilig ausblieben. Vielleicht deshalb wechselte die Familie im Frühjahr 1813 nach Darmstadt, wo sie vom dortigen Hof Protektion erhielt. Im Herbst 1813 geriet die Autorin dort in eine Situation, die ihrem Leben eine neue Richtung gab. Nach der Schlacht von Hanau am 30. Oktober kamen Gefangenenkolonnen durch Darmstadt. Die Stadt wurde belegt von

> „einigen tausend verwundeten und gefangenen Rheinländern, Holländern, Belgiern, Italienern, und Franzosen, die hülflos im Monat November 1813 in verschiedenen Transporten ... ankamen, und die Straßen mit Leichen anfüllten."[37]

In einem zwölfseitigen Manuskript (wohl 1816 als Teil eines Buchprojekts verfasst) hat Helmina diese Tage ausführlich beschrieben: Beim Buchhändler hatte sie von Sterbenden im „Exerzierhause" erfahren. Das waren nicht mehr gehfähige Kriegsgefangene, die man einfach dort liegen gelassen hatte, ausgeplündert und völlig hilflos. Helmina ging sofort hin, obwohl sie ihren jüngsten Sohn dabei hatte:

> „Vor dem Hause stand eine Schildwacht, die keine besondere Lust hatte aufzuschließen. Ich drang darauf u trat mit Max herein – Welch ein Anblick! – in der verpesteten Atmosphäre... lagen auf dem nackten Boden, in der feuchten Kälte, ungefähr 600 Schwerverwundete u Fieberkranke, die wie aus einem Mund um Barmherzigkeit schrien, als sie ein menschliches Wesen erblickten. Die ungeheure Fülle dieses Jammers umgab mich wie ein wogendes Flammenmeer, in welchem alles Selbstische unterging, aus welchem mein besseres Sein geläutert hervorstieg.

Euch soll geholfen werden! rief ich. Faßt euch, seyd getrost! Teutsche, Holländer, Brabanter, Italiener, Franzosen riefen alle um Erbarmen, jeder in seiner Sprache, mir war als müßte ich untergehen, u wiederum als träufelte himmlische Kraft auf mich. Ich eilte meinen Sohn aus dem giftigen Brodem des Gebäudes wegzubringen, u ging im Vorbeygehen an bekannten Häusern noch schnell zu Jedem, dem ich ein menschlich Herz zutraute auf das Schleunigste um Hülfe zu flehen."[38]

Während Ärzte und Chirurgen sich teilweise weigerten das Gebäude zu betreten, ließen eine Reihe von Darmstädter Frauen und Männern, darunter Helmina, sich nicht abschrecken, die Gefangenen mit Essen und Trinken zu versorgen und sich auch um Verbände zu kümmern. Aus Angst vor Ansteckungen nahm sie sich den Mund voller Gewürznelken.

„Der Typhus wüthete unter den Leidenden, eine breite Pfütze gräuelvoller Art floß von ihrem Aufenthaltsort durch die Lücken unterm Thor hinaus, auf zehn Schritt weit; lange Bretter schwankten darüber hin als Brücken ..."[39]

Dieses sog. „Lazareth-Fieber" raffte häufig Helfer und Ärzte hinweg, aber die Chézy-Familie wurde nicht angesteckt.

So konnte sie mit einigem Selbstbewusstsein 1817 im erwähnten Subskriptions-Buch rückblickend annehmen: Sie sei ja

„in Darmstadt von den edeln Bewohnern daselbst, die mir ungeachtet der fortwährenden Durchmärsche und der starken Einquartierung treulich beistanden, wohl noch nicht ganz vergessen."

Einen Monat später dehnte sie ihre Aktivitäten nach Frankfurt aus, wo sie sich an einem Deklamationsabend zu Gunsten der Verletzten beteiligte, bei dem auch der preußische König zugegen war.[40] Der positive Eindruck, den sie damals auf Friedrich Wilhelm III. machte, sollte ihr im folgenden Jahr nützen. Jedenfalls hatte sie erkannt, dass sich hier ein neues Feld für eine öffentliche und gesellschaftlich anerkannte Tätigkeit von Frauen öffnete. Sie verknüpfte nun sofort ihre schriftstellerische Tätigkeit mit der Aufgabe der Verwundetenfürsorge. Das dürfte damals in Deutschland einzigartig gewesen sein.

Wieder in Heidelberg

Anfang 1814 setzte sie die Sammeltätigkeit in einer Reise fort, was sich aus einem Brief ergibt, der einen im „Journal des Luxus und der Moden" nicht erschienenen Artikel anmahnt: einer „kleinen Beschreibung von den Werken in Darmstadt und Frankfurt noch von meinem letzten Zug nach Mannheim."[41] Jedenfalls führte der „Zug" nach Mannheim, Karlsruhe, wo sie u.a. Johann Peter Hebel traf, und nach Heidelberg zurück. Chézys wohnten von Anfang 1814 an zunächst im „Kalten Thal" (heute: Karlstraße).[42]

Im April 1814 befreundete sie sich mit dem romantischen Dichter Otto Graf Loeben. Dieser befand sich in der Uniform des „Banners der freiwilligen Sachsen" auf dem Weg nach Paris, wo er Léonard de Chézy aufsuchte, sicher auf ihren Wunsch. Nach seiner Rückkehr im Juni trafen die beiden erneut zusammen. Wie ein Brief Loebens an Eichendorff zeigt, entwickelte sich ein sehr vertrauter Umgang:

„Helmine von Chézy und ihre zwei lieblichen Kinder die mir täglich, wenn ich dichte, Rosen bringen, ist hier mein engster Umgang. Ihre Sehnsucht dass ich bei ihr sei, macht es mir nicht möglich die Abende oft andre Orte und Menschen aufzusuchen."[43]

Peter Koppenhöfer

Die beiden unterstützten sich bei Veröffentlichungsprojekten und planten einen gemeinsamen Almanach, der dann unter dem Titel „Die Hesperiden" erschien. Helmina kümmerte sich nach Loebens Abreise um die Heidelberger Drucklegung seines Werkes „Deutsche Worte", eine Entgegnung zu Mme de Staels Deutschlandbuch. Sie habe es „eigenhändig mehr als einmahl an Mohr u. Zimmers Fenster gestellt neben andere Novitäten".[44]

Die Probleme mit der Heidelberger Gesellschaft dürften sich angesichts solchen Umgangs weiter verschärft haben. Sie fühlte sich in Heidelberg unter „Missgeburten, die an Moralischer Erkaltung und am heissen Fieber des Egoismus kränkeln,"[45] ein für ihre Verhältnisse hartes Urteil. Die Subskriptionsliste ihres nächsten Buches zugunsten der Verwundeten enthielt dann auch kaum Heidelberger Namen. Doch dürfte ihr das inzwischen weniger ausgemacht haben, denn sie war durch ihre journalistischen Arbeiten und ihre drei Gedichtbände zur bekannten Autorin geworden. In Heidelberg kooperierte sie mit dem Verleger Joseph Engelmann und war weiterhin die wohl wichtigste Autorin unter den Mitarbeitern des „Journals des Luxus und der Moden". Loeben schrieb ihr im Herbst 1814 neidvoll: „Sie sind bekannt und geehrt."

Von August bis Oktober 1814 unternahm sie mit den Kindern (nun acht und sechs Jahre alt) und der Haushälterin wieder eine ihrer unglaublichen Reisen: den Rhein hinunter nach Köln und von dort ins belgische Verviers. Sie besuchte ihren Stiefbruder, der dort als Auditor tätig war. Auf der Rückreise trat sie beim Festakt zum Befreiungstag von Aachen mit einem Gedicht auf. In Koblenz machte sie die

Abb. 4: Otto Graf Loeben (1786 – 1825). Porträt nach Wilhelm Hensel. Nachweis: Raimund Pissin: Otto Heinrich Graf von Loeben, Berlin 1905.

Bekanntschaft von Görres, der als Herausgeber des Rheinischen Merkur einer der wichtigsten Redakteure dieser Jahre war: ein für ihren weiteren Weg folgenreicher Kontakt.

Über die Fahrt veröffentlichte sie eine Artikelfolge im Weimarer „Journal" und verwertete später auch Reiseerfahrungen in ihrem ersten Roman „Emma". Der Zeitungsbericht enthält ungewöhnliche realistische Passagen über die sozialen Verhältnisse der Industriestadt Verviers. Derlei wurde normalerweise in den Reisebeschreibungen der Zeit ausgeblendet:

> „O Gott! rief ich, als wir in das schmutzige Thor, in die elende Vorstadt von Verviers einfuhren, entsetzt vom Anblicke der auf den Straßen zwecklos irrenden, zerlumpten, mit einer Rinde von Schmutz bedeckten Gestalten, des Erdbodens, von der Schwärze der Steinkohlen dicht bedeckt, der Mädchen, Weiber, Greise, Kinder knieend auf der Erde, den Kohlenteig netzend und mit den Händen knätend, der grässlichen Gestalten, die mit nackten Füßen die Masse

zerstampften. Die Stadt liegt tief; Dunst und Dampf ist ihre Athmosphäre, elende Hütten, verworren angelegte Straßen, armseliges Pflaster, verkünden in der Vorstadt einen grausigen Aufenthalt."[46]

Im Vergleich dazu war Heidelberg für die Autorin das völlige Gegenteil. Sehr wahrscheinlich hat sie schon 1814 mit dem vom Verleger Engelmann angeregten Heidelberg-Führer begonnen.[47] Denn wie sich zeigen wird, dürfte ihr dafür 1815 kaum mehr Zeit geblieben sein. Einer zeitgenössischen Vorliebe folgend sollte das Reisehandbuch ein „Gemählde" werden. Nicht der nüchterne Baedeker-Stil späterer Zeit, sondern eine wortreiche Schilderung wurde angestrebt, teilweise sehr überschwänglich, auf jeden Fall in poetischer Sprache.

Mit diesem Werk hat Chézy für das Heidelberg-Bild Wichtiges geleistet. Vor allem ging es ihr um die Würdigung der damals gerade durch Anlagen und Wege zugänglich gemachten Schlossruine. Die von ihr verfassten Teile des Stadtführers enthalten begeisterte Schilderungen des Schlosses. Entgegen der boshaften Äußerung ihres Sohnes, dass sie „nicht viel mehr als das Titelblatt geschrieben habe,[48] macht sowohl ihr Stil als die Unterschrift auf S. 64 klar, was aus ihrer Hand stammt: die Vorrede, das Kapitel: „Schlossruine" (S. 6 – 34) und das Kapitel „Die Stadt I. Ihre Entstehung. Umriß ihrer Geschichte" (S. 35 – 64).

Die Autoren der folgenden Abschnitte sind unbekannt, außer denen der Abteilungen „Der Odenwald" und „Das Neckarthal" (J. F. Knapp und Grimm). Das Buch lief jedoch unter der Herausgeberschaft Helminas von Chézy, desgleichen die zweite Auflage o. J [1821], die unter drei verschiedenen Titeln erschien[49]. Das galt selbst noch für die dritte Auflage von 1835, die mit den vorigen kaum mehr etwas zu tun hatte und wo die Chézy-Kapitel ganz getilgt worden waren. Ihr Ansehen war nach über 20 Jahren immer noch so groß, dass ihr Name verkaufsfördernd wirkte.

Zusätzlich zu dem Reiseführer erschien ein Gedichtband, der allem Anschein nach auch von Helmina von Chézy herausgegeben worden ist: „Poetisches Taschenbuch für Reisende." Heidelberg bey Joseph Engelmann 1815.[50] Darin brachte sie vier eigene Gedichte unter, eines davon steht gegenüber von Goethes „Der Abschied".

Aus ihrer ursprünglichen Wohnung im „Kalten Tal" war die Autorin inzwischen ausgezogen in eine mit schönerem Ausblick und schließlich (wohl Anfang 1815) sogar auf die Nordseite des Neckars. Sie war wahrscheinlich die erste, die hier aus ästhetischen Gründen eine Wohnung bezog, wo erst eine Hand voll Häuser stand. Sie wohnte „der Brücke ganz nahe".[51] Wie sich der Sohn Wilhelm erinnert, lebten

„im Erdgeschoß... die Hausleute, ein Ehepaar mit zahlreichen Kindern; die schmale Stiege führte außerhalb zum Stockwerk empor, und das Ganze trug einen so reizenden Stempel der Verwilderung".

Eindrücklich beschreibt er, wie die ärmlich gekleideten Brüder bei kaltem Wetter den Weg von der Schule über die Brücke nach Hause nahmen:

„am Brückengeländer hingekrochen, tief geduckt, um den Wind weniger zu spüren, ... höchst einfach gekleidet, ohne Kopfbedeckung, ohne Halstuch, die Füße strumpflos in den Schuhen, nur Wams und Höslein über dem Hemd. ... Blau gefroren erreichten die Büblein das Werneck'sche Haus; aber da ging auch ein Stern des Trostes auf in Form von gebratenen Äpfeln, welche Babette in der Ofenröhre bereit hielt ..."[52]

„Mein stilles grünes Vogelbauerchen" nannte Helmina diese Bleibe dann im Sommer.[53] Rückblickend an den Frühling 1815 verfasste sie die folgenden Gedichtzeilen:[54]

Peter Koppenhöfer

„Am Neckarstrom hört ich im Wettgesange
Von Blumenufern wohl zwey Nachtigallen,
Und immer lieblicher die Lieder schallen,
Da lausch ich Nachts so ahnungsvoll und bange,
Bey Morgendämmrung nur das Lied verklange
Am Neckarstrom!

Fern bin ich nun dem süßen Wellenklange,
Dem Waldesrauschen über Felsenhallen,
Ach! Allem, was das Liebste mir vor Allen!
Doch wie dein Lied mich ruft zum Widerklange,
Wähn ich mich noch bey solchem Wettgesange
Am Neckarstrom!"

Diese Eindrücke waren so prägend, dass die alternde Autorin in den 40er Jahren bei ihrem dritten und längsten Heidelberg-Aufenthalt hier noch einmal eine Wohnung gemietet hat.

Zweites Engagement für verwundete Soldaten

In dieses Idyll platzte Anfang März 1815 die Nachricht, dass Napoleon Elba verlassen hatte und in Frankreich gelandet war. Wie nun diese Frau, die angeblich mit so vielen hinderlichen Weiblichkeitsmerkmalen bedacht war, darauf reagierte, ist kaum glaublich: Sie begann sofort, „Verbandsstücke aller Art" zu sammeln und mit Hilfe des Universitäts-Prosektors Winter vorzubereiten.

„Mehrere edeldenkende Frauen in Heidelberg suchten mir Leinwand zu verschaffen, und arme Kinder und Wittwen fanden einen kleinen Erwerb durch das Umnähen der Verbandsstücke".

Am 9. April schrieb sie einen Brief an ihren Landesherrn König Friedrich Wilhelm III., „um ihre Dienste anzubieten". Da sie in Hofkreisen durch ihr Darmstädter und Frankfurter Engagement von 1813 bekannt war, erhielt sie tatsächlich eine königliche Antwort, eine Art Freibrief für Lazarettbetreuung.

Um noch Geld aufzutreiben, initiierte sie eine großangelegte Subskription eines noch zu schreibenden Buches. Einen auf den 12. April 1815 datierten „Aufruf an deutsche Frauen und Jungfrauen" ließ sie von ihrem Verleger Engelmann drucken und an Zeitungen verschicken. Gleichzeitig versandte sie 247 Briefe an mögliche Unterstützer. Davon wurden 100 gleich beantwortet, weitere hat sie wegen der Abreise aus Heidelberg nicht mehr bekommen. Viele ihrer Bekannten sammelten jedoch in mehreren Städten weiter, vor allem weibliche Subskribentinnen. Das dann erst 1817 bei Engelmann erscheinende Buch enthält allein 21 Seiten mit Unterstützernamen. Dabei fällt die nur kleine Heidelberger Unterstützerschaft von elf Personen auf, in Wertheim waren es beispielsweise dreimal so viele. Es gab keine Professorenfrauen, die sich einschrieben, fast alle Heidelberger waren Adelige. Auch Boisserée und Wilken zeichneten nicht, was noch einmal zeigt, wie gründlich dieser Kreis verprellt war.

Im Frühsommer wurden körbeweise Kirschen und Beeren eingekauft, um die Früchte einzukochen, als „Erquickungen für die Verwundeten". In diese Zeit fiel die Ankunft des österreichischen und des russischen Kaisers in Heidelberg (5. Juni), was die Stadt für einen Monat zum Hauptquartier der Alliierten machte. Helmina verfasste einen Bericht für das Weimarer Journal sowie zwei Gedichte „An den Kaiser Franz I. von Österreich" und „Der Abend des 5ten Junius 1815 in Heidelberg".[55] Am 21. Juni traf die Nachricht der Schlacht von Waterloo ein, aber da der Sohn Max erkankt war, musste noch dessen Genesung abgewartet werden. Am 14. Juli fuhr man dann los „mit drey hohen Kisten voll Spital-Vorräthen, mit meinen zwey Söhnen, der Frau Babet Gerlach", der Haushälterin, „und einem deutschen Invaliden, Namens Bachmann, der für das Gepäck sorgen sollte". Es ging von Heidelberg zu Schiff nach Köln und weiter nach Düsseldorf. Dass Hilfsgüter von den Spendern selber ans Ziel gebracht wurden, war angesichts der verbreiteten Korruption auch sonst üblich. So schickten 1815 mehrere Frauenvereine Delegationen mit den Materialien ins Kriegsgebiet.[56] Weil die Heidelberger Aktion von einer einzigen Person initiiert und geleitet wurde, dürfte sie außergewöhnlich gewesen sein. Und sicher hat keine der anderen mit Delegationen ins Kriegsgebiet reisenden Frauen ihre kleinen Kinder mitgenommen.

In Köln wurde der Chézy zunächst das Lazarett in Deutz zugewiesen, auf ihre Bitte „gab" ihr ein Oberstabsarzt „das Lazareth zu den Dominikanern" in Düsseldorf. Am 24. August fuhr sie „auf H. Geheimraths Gräfes Ruf nach Namur." Was sie gearbeitet hat, ist ihren Schriften nur teilweise zu entnehmen. Der Rechenschaftsbericht von 1817 dokumentierte:

> „Den von Heidelberg mitgenommenen Himbeersaft, Johannisbeersaft und die eingemachten Kirschen habe ich in Deuz in dem Kloster Cäcilien und im Lazareth zu den Dominikanern theils in Töpfen an die Inspektionen geschickt, theils im Dominikanerlazareth täglich eigenhändig nach Bedürfniß und Vorschrift ausgetheilt, an Nervenfieberkranke, Augenkranke und an Schwerblessirte, noch besonders vom Transport von Aachen ..."

Demnach hat sie sich auch an der Pflege beteiligt. Das geschah sicher teilweise zusammen mit den lokalen Frauenvereinen. Nach Namur wurde sie wohl wegen ihrer Französischkenntnisse geschickt. Dort gab sie ihr Geld vor allem für Getränke, für Kaffee, Wein, Schokolade und Zusätze zur Verpflegung (Butter, Eier, Kalbfleisch, Kandiszucker, Reis) aus. Nachdem die Vorräte verteilt waren, ist sie jedoch nicht nach Heidelberg heimgekehrt. Das lag einerseits an der sehr erfolgreichen Subskription, als deren Ergebnis eine Annonce im Rheinischen Merkur 2500 Gulden angab (datiert: 28.11.1815).[57] In dieser Anzeige bat sie die Spender und Spenderinnen um die Erlaubnis, Geldzahlungen direkt an Bedürftige, vor allem heimkehrende Invaliden, ausgeben zu dürfen. Lazarettverwaltungen als Empfänger und Verteiler waren nicht vertrauenswürdig genug. Sie nahm die Auszahlungen selbst vor oder gab Geld an Frauenvereine. Der Rechenschaftsbericht zählt viele Namen von Verletzten auf, die kleine Geldbeträge bekamen.

Ein weiterer Grund, der die Rückreise aufschob, ist wahrscheinlich mit dem oben erwähnten „Aachener Transport" angedeutet. Helmina erlebte hautnah mit, dass die Militärverwaltung ziemlich rücksichtslos ganze Lazarette oder einen großen Teil der Kranken verlegen ließ. Angesichts des Herbst- und Winterwetters und der damaligen Transportverhältnisse bedeutete das für einen Großteil der Betroffenen Rückfälle, Aufbrechen der Wunden und vor allem Wundbrand. Diesen Umstand prangerte Helmina von Chézy in zwei anonymen Artikeln im Rheinischen Merkur an und dokumentierte es am Schicksal mehrerer namentlich genannter Verletzter.[58] In Namur erhielt sie wegen Differenzen mit der Lazarettleitung Hausverbot und kehrte über Aachen, Jülich wieder

Peter Koppenhöfer

nach Köln zurück, weiter in Lazaretten tätig. Sie war inzwischen unter den Verletzten so bekannt, dass sie von vielen um Hilfe angegangen wurde. Sie erzählten, was ihnen durch die bürokratischen Maßnahmen zugefügt worden war. Helmina von Chézy protokollierte die Aussagen der Verwundeten und begann so als eine Art Enthüllungsjournalistin zu arbeiten und für eine Publikation zu sammeln:

> „Gott hat mir Kraft verliehen, halbe Nächte am Schreibtisch zuzubringen, nachdem ich die Stunden des Tages in den Lazarethen zugebracht."[59]

Um jedoch schnell etwas zu bewirken, schickte sie ein Schreiben (10.1.1816) an Gneisenau persönlich, der das Generalkommando am Rhein innehatte. Darin stellte sie die „zu Gott emporrufende Ungerechtigkeiten" gegenüber den verletzten Soldaten dar, und kritisierte vor allem die Transporte, aber auch die Art und Weise, wie die Invaliden bei der Entlassung behandelt wurden.[60] Gneisenau veranlasste eine Untersuchung: Die Preußische Invaliden-Prüfungskommission sollte verhört werden. Diese jedoch drehte den Spieß um. Als Journalist das preußische Militär zu kritisieren, war schlimm, aber das als Frau zu tun – damit war der Bogen überspannt: Die Kommission leitete ein Verfahren wegen Beleidigung beim Kölner Polizeigericht ein.

Die Chézy-Protokolle über die Lazarettverhältnisse waren plötzlich verschwunden. Der Kölner Frauenverein distanzierte sich von ihr, er habe „nie etwas mit Frau v. Chézy gemein" gehabt.[61] Vorgewarnt weigerte sich die Chézy nun als Angeklagte zum Verhör zu erscheinen, weil sie Preußin sei, nicht Rheinländerin. Am Tag des Gerichtstermins (24.2.1816) verließ sie mit ihren Kindern Köln fluchtartig, um sich in Berlin dem Gericht zu stellen. Diese Reise schildert ihr Sohn Wilhelm in seinen Erinnerungen sehr anschaulich.[62] Abgerissen wie die Bettler sollen sie am Ziel angekommen sein. Ein weiteres Mal, und jetzt unter Bedrohung ihrer Existenz, hatte sie die Grenzen der Frauenrolle überschritten.

Am 10. März 1816 notierte Boisserée in Heidelberg kommentarlos, aber vielleicht mit einer gewissen Genugtuung: „Die Chézy in Cöln wegen Verleumdung der Spitalverwalter zu Zuchthaus condemniert!"[63] Helmina war in Abwesenheit „wegen Ungehorsam" gegenüber dem Gericht zu einem Jahr Gefängnis und der Zahlung von 1000 Francs sowie der Prozesskosten verurteilt worden.[64] Vom Berliner Kammergericht mit dem vorsitzenden Richter E. T. A. Hoffmann, wurde sie dann allerdings im folgenden Jahr vom Vorwurf der Verleumdung freigesprochen und rehabilitiert.

Solange war sie in Berlin festgehalten, danach kam sie nicht einmal mehr zurück an den Neckar, um ihre Wohnung aufzulösen. Sie musste von Berlin aus noch Schulden bereinigen, die sie für ihre Lazarettinitiative gemacht hatte. Die Haushälterin Gerlach war nach Heidelberg zurückgekehrt, und hatte zunächst eine Stelle im „Ritter" angenommen. Eines Tages erschien sie jedoch unangekündigt in Berlin: „Einen gewaltigen Marktkorb im Arm, einen blauen Regenschirm in der Hand. ... Sie hatte sich, ohne vorher nur zu schreiben, oder besser gesagt, schreiben zu lassen, von Heidelberg aufgemacht, um ‚in Etappenmärschen' nach Berlin zu rücken. In ihrem Korbe brachte sie einige Bücher, überflüssige Papiere und unnützen Plunder mit", der Rest des Heidelberger Haushalts.

Wie Sohn Wilhelm überliefert, blieb der häufig geäußerte Wunschtraum der Mutter: „ein Hüttchen am Neckar".[65] Aber aus einer als vorübergehend geplanten Abwesenheit von Heidelberg wurden drei Jahrzehnte. Das noch 1817 bekräftigte Projekt, ein Buch über die Erlebnisse in den Lazaretten zu machen ebenfalls zum Subskriptionspreis „zu gunsten wohltätiger Zwecke", zerschlug sich aus unbekannten Gründen.[66] Vermutlich musste die Autorin einsehen, dass in der fortschreitenden Restauration dafür kein Raum mehr war. Es wurde auch publizistisch mächtig auf sie eingeprügelt. Der Jenaer Medizinprofessor und ehemalige Lazarettarzt Kieser hetzte in der angesehenen Zeitschrift „Nemesis",

> „daß selbst Weiber, nachdem sie vom Ehrgeiz getrieben, der Spindel entlaufen sind, und, um in den Zeitungen genannt zu werden, in den Militär-Lazarethen den Marketender gespielt haben, nun glauben über Verhältnisse urteilen und absprechen zu können, über welche der Arzt, der ganz in ihnen gelebt, nur mit Schüchternheit die Feder ansetzt."[67]

Merkwürdig ist, dass die autobiografischen Chézy-Texte nur wenig über dieses doch so mutige und herausragende Engagement der Jahre 1813 – 16 enthalten. Vermutlich hätte das Bild eines Mannes durch solche Aktivitäten und die groteske juristische Verfolgung zusätzlichen Glanz gewonnen. Bei einer Frau blieb eher etwas Negatives hängen: In den Kurzbiografien wird das Engagement zwar erwähnt, aber ihr doch eher selbst die Schuld am Prozess gegeben.[68] Dieses Scheitern als Journalistin hat Helmina von Chézy vermutlich klar gemacht, dass sie sich nun auf das Projekt „Dichterin" als Alternative konzentrieren musste. Und das hat sie offensichtlich während der nächsten 15 Jahre getan.

Anmerkungen

1 Am ausführlichsten mit weiterer Literatur: Irina Hundt: ‚Wäre ich besonnen, wäre ich nicht Helmina.' Helmina von Chézy (1783 – 1856). Porträt einer Dichterin und Publizistin. In: Forum Vormärz Forschung Jahrbuch 1996, S. 43 – 79.

2 Helmina von Chézy: Erinnerungen aus meinem Leben. In: Aurikeln. Eine Blumengabe von deutschen Händen. Hg. Helmina von Chézy Berlin 1818, S. 174.

3 Briefe von und an August Wilhelm Schlegel. Hg. Josef Körner. Zürich 1930, S. 249.

4 Briefe von und an Friedrich und Dorothea Schlegel. Gesammelt und erläutert durch Josef Körner. Berlin 1926, S. 121. Friedrich Schlegel hatte auch schon einige Jahre zuvor erreicht, dass Helmina das ungewöhnliche Experiment abbrach, eine Zeitschrift unter ihrem Namen – ohne Pseudonym – herauszugeben.

5 A.W. Schlegels Briefwechsel mit seinen Heidelberger Verlegern. Hg. Erich Jenisch. Festschrift zur Jahrhundertfeier des Verlags Carl Winters Universitätsbuchhandlung 1822 – 1922, S. 65: Chamisso habe Ende März dieVerpflichtung zur Übersetzung zusammen mit Helmina übernommen.

6 „Das stille Julchen. Ein Bild aus dem Leben. Von Helmina", erschienen in: Frauentaschenbuch für das Jahr 1825 in Nürnberg bei Joh. Leonh. Schrag. Wieder abgedruckt in: René Riegel (Hg.): Correspondance d'Adalbert de Chamisso. Fragments inédits. Paris 1934. – Weitere Briefeditionen: Geiger, Ludwig: Aus Chamissos Frühzeit. Berlin 1905. – Petersen / Rogge (Hg.): Adalbert von Chamisso und Helmina von Chézy. Bruchstücke ihres Briefwechsels. (Mitteilungen aus dem Literaturarchiv in Berlin. NF XIX) Berlin 1923.

7 So bei Riegel, René: Adalbert de Chamisso: sa vie et son œuvre. Paris 1934, S. 548 f.

8 Helminas teilweise erhaltener Brief vom Sommer 1810 an Chamisso berichtet über ein Gespräch mit ihrem Mann über die Trennung: „Mir wäre alles recht, wenn mir meine Kinder blieben". Er habe zugestimmt, dass sie die Kinder behalten könne „Indeß bin ich überzeugt, dass, wenn wir einmal gerichtliche Verhältnisse hätten, so würde ihm die Familie zusetzen, mir die Kinder zu nehmen, und deshalb will ich es vermeiden." Riegel, Correspondance, S. 155 (wie Anm. 6).

9 Damit konnte man auskommen, vor allem wenn dazu noch Einnahmen aus Veröffentlichungen kamen. Die berühmte Pauline Wiesel erhielt von ihrem ehemaligen Liebhaber, dem reichen russischen Grafen Schuwalow, eine Jahresrente von 2000 Francs. Vgl. Nina Hess: Der Schwan. Das Leben der Pauline Wiesel 1778 – 1848, S. 83.

10 Helmina von Chézy, Erinnerungen, S. 117 (wie Anm. 2).

11 Nach Johann Diederich Gries war Heidelberg u.a. deshalb attraktiv, weil man 1805 von hier „in vier Tagen in Paris" sein konnte: Elisabeth Campe (Hg.): Aus dem Leben und Werk von Johann Diederich Gries, o.O. 1855, S. 66.

12 Helmina von Chézy: Unvergessenes. Denkwürdigkeiten aus dem Leben. Von ihr selbst erzählt. 2 Teile Leipzig 1858, hier Bd. 2, S. 9f. – Carl Thorbecke (1785 – 1837) veröffentlichte Gedichte und Dramen und lebte nach 1823 als Finanzrat in Kassel. – Leopold von Gerlach (1790 – 1861) war später preußischer General und spielte eine große Rolle in der preußischen Politik als führender Kopf der Adelskamarilla um Friedrich Wilhelm IV.

13 Leonie von Keyserling: Studien zu den Entwicklungsjahren der Brüder Gerlach. Heidelberger Abhandlungen zur mittleren und neueren Geschichte, H. 36, Heidelberg 1913, S. 128 (Brief vom 9. Okt 1810).

14 Leonie v. Keyserling, (wie Anm 13), S. 131. In einem späteren Brief (19. Dezember) heißt es sogar: „Mit den Weibern geht mein Wesen fort. Es macht mir Vergnügen und ich sehe nicht warum ich es nicht thun sollte."

15 Richard Graewe: Carl Gottlieb Horstig 1763 – 1835. Das Lebensbild eines vielseitigen Genies aus Goethes Freundeskreis. Hildesheim 1974, S.106 ff. Horstigs hatten sich vor allem durch böse publizistische Angriffe auf Brentano und seine Frau Sophie Mereau unbeliebt gemacht. Sie verließen die Stadt und vermieteten 1808 ihr danach berühmtes Gartenhaus an Arnim und Brentano, was Arnim diese Wohnung „etwas verhasst" machte. Horstig kaufte die Mildenburg bei Miltenberg und zog „mit seiner ganzen lächerlichen Familie" (Arnim) dahin.

16 Ihr Sohn Rudolf Christiani war später einer der engsten Freunde von Heinrich Heine und heiratete eine Kusine des Dichters.

17 Zu Caroline Auguste Fischer: Anita Runge: Literarische Praxis von Frauen um 1800. Briefroman, Autobiographie, Märchen. Hildesheim 1997. Zu Christian August Fischer: Josef Huerkamp / Georg Meyer-Thurow: Die Einsamkeit, die Natur und meine Feder, dies ist mein einziger Genuß. Christian August Fischer (1771 – 1829) – Schriftsteller und Universitätsprofessor. Bielefeld 2001.

18 Chézy, Erinnerungen, S. 186 (wie Anm. 2) Der Roman „Margarethe"erschien übrigens erst zwei Jahre später: Margarethe, ein Roman. Von der Verfasserin von Gustavs Verirrungen. Heidelberg bei Mohr und Zimmer 1812. Das Buch wird in der Literaturgeschichtsschreibung sehr hoch eingeschätzt: Anita Runge, S. 75 (wie Anm. 17): Bis heute habe Literaturgeschichtsschreibung nicht wahrgenommen, „dass d i e weibliche Antwort auf die frühromantische Kunst- und Liebesidee, die Dorothea Schlegels Florentin vermissen lässt, in Caroline Auguste Fischers Roman Margarethe vorliegt". Vgl. auch Judith Purver: Die Erzählerin Caroline Auguste Fischer im Kontext ihrer Zeit in: Wolfgang Bunzel u.a. (Hg.): Schnittpunkt Romantik. Texte und Quellenstudien, Tübingen 1997.

19 GLA 390 / 1773, Standesbücher der katholischen Gemeinde Heidelberg.

20 Sulpiz Boisseree: Tagebücher, Band I (1808 – 1823), Darmstadt 1978, S. 58. In diesem Winter hatte der Tagebuchschreiber noch nicht seine Gewohnheit täglicher Eintragungen begonnen. Frau von Wambold war eine verarmte Adelige, die in Mannheim wohnte. Diese Stelle ist nicht die einzige, aber die ausführlichste über Helmina in den Tagebüchern.

21 „Gemälde der Herren Boisserée und Bertram in Heidelberg." In: Die Musen. Eine norddeutsche Zeitschrift. Hg. von Friedrich de la Motte Fouqué und Wilhelm Neumann. 1812, 2. Quartal.- Helmina hatte den Artikel oder eine Vorform davon bereits im Sommer oder Herbst 1811 Cotta für das „Morgenblatt" angeboten. Vgl. ihr Brief vom 7. Dezember 1811, Deutsches Literaturarchiv Marbach, Cotta-Archiv (Stiftung der Stuttgarter Zeitung).

22 Z.B.: Sulpiz Boisserée, Tagebücher, Band II, S. 615 und 630.

23 Universitätsbibliothek Johann Christian Senkenberg Frankfurt, Handschriftenabteilung.

24 Riegel, Correspondance, S. 178 f. (wie Anm. 6).

25 Wohl zum ersten Mal publiziert 1923 bei Petersen / Rogge: Briefwechsel, S. 49 (wie Anm. 6).- Noch wiederholt bei: Till Gerrit Waidelich (Hg): Rosamunde. Drama in fünf Akten von Helmina von Chézy. Tutzing 1996, S. 13, Anm.; Irina Hundt, S. 50 (wie Anm.1) sowie Consolina Vigliero (Hg.): Rahel Levin Varnhagen. Briefwechsel mit Ludwig Robert. München 2001, S. 633 Anm.

26 Riegel, Correspondance, S. 203 f. (wie Anm. 6)

27 Geiger, Ludwig: Aus Chamissos Frühzeit. Berlin 1905, S. 218.

28 [Helmina v Chézy:] Vermischte Gedichte o.J. o.O. [Aschaffenburg 1812], S. 120.

29 Briefe von Dorothea und Friedrich Schlegel an die Familie Paulus. Hg. Rudolf Unger. Berlin 1913, S. 99: Dorothea Schlegel an Karoline Paulus (10. April 1813): „Er [Friedrich] hat sich ganz närrisch gefreut über das Wort das Du von der Chezy geschrieben hast, nemlich dass sie ein Wisch von einer Frau sey."

30 Goethe-Schiller Archiv Weimar, Sign. GSA 6 / 2818, Brief 13.9.1811.

31 Nach dem Aschaffenburger Sterberegister für 1811, S. 71, Nr. 115 verstarb „Friderich Sulpitius Leopold Anton von Chezy" am 20. August „Abends acht Uhr" im Gasthof zum Freihof. (Auskunft des Stadtarchivs).

32 H.v. Chézy: Neue Auserlesene Schriften der Enkelin der Karschin. Herausgegeben und auf Unterzeichnung zur Unterstützung verwundeter Vaterlandsverteidiger. 2 Bände, Heidelberg 1817, Bd. 2: Emma. Eine Geschichte. S. 156. – Zu diesem Roman: Tilmann Spreckelsen: „Ein furchtbarer Wechsel ist über die Erde gekommen." Helmina von Chézy und ihr Roman Emma (1817), in: Forum Vormärz Forschung Jahrbuch 1996, S. 81 – 92.

33 Goethe-Schiller Archiv Weimar, Sign. GSA 6 / 2818: Brief an Wilken vom 30. August 1811, also nur zehn Tage nach dem Todesfall: „Der Großherzog selbst ist so gütig, wacker u herzlich, dass ich ganz gerührt davon bin. Die Geschenke u Auszeichnungen nicht in Anschlag gebracht, ist seine schöne Herzlichkeit u sein Vertrauen nicht hoch genug zu schätzen. Er hat auf 50 Ex meiner Gedichte subskribiert, mir eine schöne goldne Verdienstmedaille übersandt, u meine Kinder beschenkt. Als mein Friedrich starb, hat er mir eigenhändig einen rührenden Trostbrief geschrieben, u eben gestern mir einen langen eigenhändigen Brief für meinen Mann überschickt, in welchem er ihm die angenehmsten Sachen sagt, u mich auf eine so ehrenvolle als herzliche Weise lobt." „Friedrich" nennt sie das Kind dem (Namens-)Paten gegenüber. Der Gedichtband ist 1812 in Aschaffenburg erschienen: [Helmina v Chézy:] Vermischte Gedichte o.J. o.O.

34 Im Herbst 1812 lernte sie in Aschaffenburg den späteren Entdecker des Indogermanischen, Fritz Bopp, kennen, unterrichtete ihn ein wenig im Persischen und förderte ihn, der kurz darauf nach Paris ging, um bei ihrem Mann zu studieren. Vgl. S. Lefmann: Franz Bopp, sein Leben und seine Wissenschaft. Berlin 1891, S. 9 ff.

35 Rezension im Journal des Luxus und der Moden 1812, S. 812 – 816. – Selbst ein Kritiker wie Friedrich Schlegel meinte: „ Helminas Gedichte gefallen mir sehr. Es ist doch eigentlich Schade um sie; es ist mehr Schwung und wahre Poesie in diesen Gedichten, als in allem, was ich von den Wunderhörnern gesehen " (Brief an Boisserée), in: Sulpiz Boisseree: Briefwechsel / Tagebücher. Göttingen 1970, S. 110 (16. Februar 1811). – Justinus Kerner urteilte gegenüber Uhland: „sie sind ganz eigen und vortrefflich." Brief 4. März 1811, in: J. Kerners Briefwechsel mit seinen Freunden Bd. 1, Stuttgart u. Leipzig 1897. S. 191.

36 So hatte sie in den 1840er Jahren Kontakte mit Welcker, Hecker und Kapp und nannte Herwegh ihren Sohn. Vgl. Irina Hund, S.76 f. (wie Anm. 1); Brief an Herwegh 19. April 1848. Archiv Berlin-Brandenburgische Akademie der Wissenschaften NL H.v. Chézy Nr. 904.

37 Neue Auserlesene Schriften, S. 183 (wie Anm. 32).

38 „Entwurf einer Darstellung meines Wirkens für die Blessirten Gefangenen in Darmstadt 1813". Archiv Berlin-Brandenburgische Akademie der Wissenschaften, NL H.v. Chézy, Nr. 22.

39 H.v. Chézy: Erinnerungen. Henriette von Montenglaut, in: Morgenblatt für gebildete Leser 1839 Nr. 306. Diese Beschreibung deckt sich zum Teil mit der in Anm. 38 genannten Manuskript, allerdings hat die Autorin ihre eigene Rolle 1839 gänzlich ausgespart.

40 Ihr Gedichtband von 1813: „Blumen in die Lorbeern von Deutschlands Rettern gewunden von Helmina von Chézy, geb v Klenck" trägt den Untertitel: „Zur Erinnerung des Deklamatoriums Am 19. Nov. 1813 in Frankfurt" Auch diesen Gedichtband brachte sie „zum Vorteil der Verwundeten" heraus.

41 Brief an Bertuch 1. Mai 1814. Goethe-Schiller Archiv Weimar, Sign. GSA 6 / 2818

42 Brief vom 1. Mai und: Wilhelm Chézy: Erinnerungen aus meinem Leben. 1. Buch: Helmina und ihre Söhne, Schaffhausen 1863, S. 59.

43 Brief vom 7. Juni 1814, J.v. Eichendorff: Historisch Kritische Ausgabe. Hg. W. Kosch, Bd. 13 Regensburg 1911, S. 22. Loeben war im April 1814 kurz in Heidelberg, dann noch einmal im Juni 1814.

44 Brief an Loeben. Aus dem Briefwechsel Helmina Chézys und Graf Loebens 1814. Mitteilungen aus dem Litteraturarchive in Berlin 1898, S. 34. Das in der Publikation angegebene Datum 12. Februar 1814 ist falsch, wahrscheinlich muss es 1815 heißen.

45 Brief an Loeben 1. September 1814, Aus dem Briefwechsel, S. 51 (wie Anm. 44).

46 „ Schilderungen vom Rhein, aus Briefen von Helmina", in: Journal des Luxus 1815, S. 143.

47 Nach Helminas Sohn Wilhelm ging die Anregung vom Verleger Engelmann aus, der 1812 mit Aloys Schreibers „Anleitung den Rhein… zu bereisen" einen Erfolg gelandet (nachfolgende deutsche und französische Auflagen) und auch schon einen Heidelberg-Führer herausgebracht hatte.

48 Wilhelm Chézy, S. 63 (wie Anm. 42) – Wilhelms Verhältnis zu seine Mutter ähnelt in manchem dem der Achtunsechziger Kinderladenkinder zu ihren Eltern.

49 Alle diese Versionen sind bis auf eine ohne Jahresangabe erschienen. Die zweite Auflage wird mit dem Datum 1820 zitiert, aber da Ereignisse aus dem Jahr 1821 erwähnt werden, ist dieses Erscheinungsjahr wahrscheinlich. Die Titel der zweiten Auflage sind:
1. „Handbuch für Reisende nach Heidelberg…. Neue Auflage. Mit Zusätzen und den neuesten Veränderungen und einem Vorschlag zu genussreichen Spaziergängen, größern Wanderungen und Reisen aus Heidelberg. Mit 24 Ansichten, 4 Planen und 1 Karte"..
2. „Gemälde von Heidelberg, Mannheim, Schwetzingen dem Odenwalde und dem Neckarthale. Wegweiser für Reisende und Freunde dieser Gegenden" (= identisch mit 1.).
3. „Gemälde von Heidelberg, Mannheim, Schwetzingen, dem Odenwalde und dem Neckarthale. Wegweiser für Reisende und Freunde dieser Gegenden. Von Helmina von Chézy. Zweite Auflage mit 4 Planen und 1 Karte.
Ausgabe für 1821 mit Zusätzen und Verbesserungen bis zum 1. Januar". – Hier fehlen die Wandervorschläge und die Paginierung ist anders. – Auf den Nachweis der übersetzten Ausgaben wird hier verzichtet. Der Reiseführer wurde offenbar vom Publikum günstig aufgenommen. Vgl. Rezension der 2. Auflage im Journal des Luxus 1821, S. 471 f. – Börne bat vor einem Heidelberg-Besuch 1822 Jeanette Wohl mehrfach um Zusendung dieses Buches aus seiner Bibliothek. Ludwig Börne: Sämtliche Schriften Bd. 4, S. 594, 613 u. 630.

50 Mit dem Zusatz: „Zugabe zu den beyden Schriften für Reisende: Vollständiges Handbuch für Reisende am Rhein etc von Hrn Hofrath Schreiber, und: Gemählde von Heidelberg, Mannheim, Schwetzingen, dem Odenwalde und dem Neckarthale etc."

51 Brief an Graf Loeben 28.11.1814, (wie Anm. 44).

52 Wilhelm Chézy, S. 71 f. (wie Anm. 42).

53 Brief an Karl Mayer in Heilbronn, 12. Juni 1815, Deutsches Literaturarchiv Marbach, Cotta-Archiv (Stiftung der Stuttgarter Zeitung), Signatur 53.659.

54 Neue auserlesene Schriften, S. 108 (wie Anm. 32).

55 Sie wurden in Friedrich Dittenbergers Werkchen: Die Kaiser in Heidelberg. Heidelberg 1815 aufgenommen. Das Gedicht zum 5. Juni erschien auch im Rheinischen Merkur Nr. 257, 23. Juni 1814.

56 Dirk Alexander Reder: Frauenbewegung und Nation. Patriotische Frauenvereine in Deutschland im frühen 19. Jahrhundert (1813 – 30), Köln 1998, S. 376 ff.

57 Rheinischer Merkur Nr. 340 vom 6. Dezember 1815: „Nachricht betreffend die Herausgabe des Denkmals teutschen Frauensinns des 19. Jahrhunderts für teutsche verwundete".

58 Rheinischer Merkur 18. November 1815, Nr. 331: „Über Evakuation verwundeter Preußen" und vom 4. Dezember 1815, Nr. 339: „Noch Thatsachen über Evakuationen aus den Lazarethen". Dass diese Artikel von ihr stammen, ergibt sich aus der Übereinstimmung der Orte und zeitlichen Angaben sowie aus stilistischen Besonderheiten. In einer Richtigstellung in der Zeitschrift Nemesis 1817, S. 118 ff. bekannte sich Chézy zu zwei Artikeln im Rheinischen Merkur. – Kritik am Lazarettwesen war im übrigen ein Dauerbrenner im kurzen Leben dieser Zeitung.

59 Neue auserlesene Schriften, S. 187 (wie Anm. 32).:"Erkenntniß des Kriminalsenats des K.P. Kammergerichts in der Untersuchungssache wider die verehelichte von Chézy geb Freyin von Klenke", abgedruckt in: Die Zeiten oder Archiv für die neueste Staatsgeschichte. Hg. Christian Daniel Voß, 51. Band, 1817, S. 94 – 123.

60 Abgedruckt in „Neue auserlesene Schriften", S.198 – 201 (wie Anm. 32).

61 Chézy, Unvergessenes, S. 124 (wie Anm. 12).

62 Wilhelm von Chézy, S. 87 ff. (wie Anm. 42).

63 Sulpiz Boisserée, S. 307 (wie. Anm. 20).

64 Zum Justizfall Chézy: Alfred Hoffmann: E.T.A. Hoffmann. Leben und Arbeit eines preußischen Richters. Baden-Baden 1990, S. 56 ff.

65 Wilhelm von Chézy, S. 127 u. 133 (wie. Anm. 42). In diesem süffisanten Ton zieht der Sohn oft über die Angelegenheiten der Mutter her. – 1821 bittet sie die Redakteurin des Morgenblattes Therese Huber um Informationen über ihre Lebensverhältnisse, damit „ich zwischen Stuttgardt u meinem ewigtheuren Heidelberg, wo es so wohlfeil leben ist, einen Vergleich ziehen kann". Jessica Kettwitz (Hg.): „Kommen Sie, wir wollen mal Hausmutterles spielen". Der Briefwechsel zwischen den Schriftstellerinnen Therese Huber und Helmina von Chézys. Marburg 2004, S. 57.

66 Neue auserlesene Schriften, S. 188 (wie. Anm. 32). Als Titel war vorgesehen: „Meine Erfahrungen in den Königl. Preußischen Militär-Lazarethen in Belgien und am Niederrhein, 1815, 1816, von Helmina von Chezy. Treu, klar zur Ehre der Wahrheit niedergeschrieben, nebst Belegen."

67 Dietrich Georg Kieser: Die Königlich-Preußischen Militärlazarette im Jahre 1815, in: Nemesis 7 (1816), S. 510.

68 Vgl. Meyers Conversationslexikon 1888: „Nach dem Ausbruch des Befreiungskireges 1813 gab sie sich der Pflege verwundeter vaterländischer Krieger mit Eifer hin." - ADB Bd 4, S. 119: „Ihre rücksichtslose Heftigkeit verwickelte sie in einen Prozeß".

Peter Koppenhöfer

Patrick Heinstein

Die Grafen von Jenison-Walworth: Aspekte zur Sozialgeschichte des Adels im 18. und 19. Jahrhundert

1. Forschungsstand

Verschiedentlich ist auf den ungenügenden Forschungsstand zur Geschichte des Adels hingewiesen worden.[1] Mögen rein genealogische Aspekte in den meisten Fällen als hinreichend ausgeleuchtet gelten, so besteht ungeachtet neuerer Untersuchungen noch immer Klärungsbedarf zur genauen Erhellung der einst von der adeligen Elite gepflegten sozialen Netzwerke an den Höfen, oder hinsichtlich des Assimilierungsprozesses jener Elite im Übergang vom Ancien Régime mit seinen allenfalls semipermeablen Ständeschranken, hinüber ins industriell und bürgerlich geprägte Zeitalter des 19. Jahrhunderts.

Schon vor längerer Zeit waren Arbeiten zur Geschichte des Adels etwa für Hessen-Kassel, für das Münsterland, Bayern und Preußen vorgelegt worden.[2] Ungeachtet der historisch immensen Bedeutung der einstigen Höfe von Heidelberg und Mannheim, die bekanntlich zu den wichtigsten im deutschen Sprachraum zählten, findet sich für das territoriale und politische Konstrukt „Kurpfalz" bis heute keine entsprechende Gesamtdarstellung. Mögen einzelne Familien im Einflussbereich des Mannheimer Hofes, wie etwa die v. Stengel[3] oder v. Oberndorff[4] schon einmal Gegenstand von Einzeldarstellungen gewesen sein, so mangelt es bis heute an einer Untersuchung dieses Aspekts für Heidelberg über den Zeitraum des 18. und 19. Jahrhundert zur Gänze: nur gelegentlich haben einzelne hier ehedem ansässige Familien Eingang in die Forschung gefunden. Allenfalls war eine biographische Annäherung an einzelne Persönlichkeiten erfolgt, so beispielsweise bezüglich der Heidelberger Jahre derer v. Arnim, v. Brentano, v. Graimberg etc., dies jedoch stets im Kontext der Romantiker-Forschung. Auf der anderen Seite fanden sich marginale Darstellungen einer Familiengeschichte abrissartig im Zuge baugeschichtlicher Untersuchungen zu den bekannten, barocken Heidelberger Adelspalais aus der Zeit nach dem Wiederaufbau Heidelbergs um 1700, wie beispielsweise bezüglich der Häuser derer v. Venningen, mit ihrem noch 1706/07 zu Residenzzeiten erbauten „Haus zum Riesen" in der Hauptstrasse 52, dem Stadtpalais der um 1700 aus Österreich in die Kurpfalz eingewanderten Grafen v. Wiser oder zum 1703–06 erbauten Palais Sickingen am Karlsplatz. An der Vita des erst einige Jahre nach dem Bau seines prächtigen Hauses geadelten Heidelberger Juraprofessors Johann Philipp Morass – Erbauer des gleichnamigen Palais (1712), heute Kurpfälzisches Museum – wird exemplarisch deutlich: alteingesessener Adel, d.h. eine über die Jahrhunderte kontinuierlich nachweisbare Dynastie ist in dem durch Konfessions- und Residenzwechsel geprägten Heidelberg kaum über einen längeren Zeitraum ansässig geworden, so dass allenfalls von den „Heidelberger Jahren" einer bestimmten Familie gesprochen werden kann. Die Gründe hierfür liegen bekanntermaßen an jener spezifischen Situation, welche dem Adel mit der Verlegung der Residenz nach Mannheim 1720 mit einem Mal ungleich weniger günstige Grundlagen zu einer Niederlassung bot als das aufblühende Mannheim: war doch die nobilitierte Oberschicht als „Fürstendiener", sei es militärisch oder auf Verwaltungsebene, im 18. und noch über weite Strecken des 19. Jahrhunderts aufs engste an die Höfe gebunden. Die Forschung spricht in diesem Zusammenhang von einer schon im ausgehenden Mittelalter vollzogenen „Domestizierung" des Adels durch die Landesfürsten.

Dass sich ungeachtet der Residenzverlegung einige wenige Aristokraten Heidelberg zum Ansitz wählten, hatte auch hier meistenteils seine Ursache in der Ausübung eines kurfürstlichen Amtes, durch welches einzelne Vertreter im Auftrag des Mannheimer Hofes wenigstens bis zum Tode des seit 1778 in München residierenden Carl Theodor (gest. 1799) ihren Dienst in Heidelberg versahen und vorübergehend sich hier niederließen. Auch sei mit einem Satz auf die Problematik des Spannungsverhältnisses „Adel und Universität" aufmerksam gemacht: Heidelberg war neben kleinen Gewerbetreibenden traditionell von der Universität geprägt und bot der adeligen Elite neben dem temporären studentischen Aufenthalt kaum nennenswerte Entfaltungsmöglichkeiten, zumal das Professorenamt bis weit in das 19. Jahrhundert hinein nahezu ausschließlich von Vertretern des bürgerlichen Standes besetzt worden war.[5] Eine große Ausnahme bildet für Heidelberg der Mathematikprofessor adeliger Abkunft Gerhard v. Lünenschloss, der einige Jahre das von ihm erbaute Palais „Haus Buhl" bewohnt hatte. Da Untersuchungen zu den angeschnittenen Fragenkomplexen für Heidelberg noch weitgehend ausstehen, soll außer einem Hinweis auf dieses Problemfeld hier keine weitere Vertiefung erfolgen.[6]

2. Die Familie von Jenison-Walworth: Herkunft und Emigration nach Heidelberg 1776

Dass romantische Kulisse und topographische Lage in Einzelfällen schon im 18. Jahrhundert zu einer Migration des Adels an den Neckar geführt haben soll, gilt gleichfalls als ein wissenschaftlich unausgeleuchtetes Postulat. Doch offenbar hatte jene schon weit im Vorfeld der romantischen Bewegung bezeugte Anziehungskraft der Stadt gerade außerhalb des deutschen Sprachraums ihre Wirkung gezeitigt und auch die ästhetische Neubewertung durch den französischen Immigranten Charles de Graimberg (1774–1864) in den Jahren nach 1800 in Ansätzen bereits vorweggenommen. Bereits im 18. Jahrhundert sind migratorische Bewegungen ausländischer Eliten zu verzeichnen, die sich durch die landschaftliche Lage des Stadtbilds angezogen fühlten. Exemplarisch hierfür steht die Geschichte der gräflichen Familie v. Jenison-Walworth, die 1776 aus dem County Durham in Nordostengland nach Heidelberg emigrierte. Sie tat dies, obgleich das Tätigkeitsfeld des Familienoberhaupts dezidiert an den Mannheimer Hof gebunden war. Inwieweit die Ansiedlung just in Heidelberg mit jener mehrfach in der Literatur erwähnten, hier ansässigen „Englischen Kolonie" des 17. Jahrhunderts in Beziehung zu setzen ist, oder in welcher Weise seit den Zeiten Friedrichs V. und seiner Frau Elizabeth Stuart sich über die zahlreichen „Grand Tour"- Reisenden im Laufe des 18. Jahrhunderts auf der Britischen Insel ein diffuses „Heidelberg Image" etabliert hatte, bedürfte einer eigenständigen Überprüfung, die hier nicht geleistet werden kann. Als greifbares Exemplum dieses Phänomens soll im Folgenden die Geschichte derer v. Jenison-Walworth skizzenhaft umrissen werden; eine größere Darstellung ist hierzu in Vorbereitung.[7]

Patrick Heinstein

Die 1790 mit dem Reichsgrafentitel durch Carl Theodor nobilitierten v. Jenison-Walworth gehörten sowohl von ihrer Herkunft als auch bezüglich der Karrieren einzelner ihrer Familienmitglieder an bedeutenden Fürstenhöfen Europas zu den herausragenden Vertretern des Adels im Heidelberg des ausgehenden 18. und 19. Jahrhunderts. Obgleich die Familie zwischen 1776 und 1890 in vier Generationen über insgesamt rund 84 Jahre am Neckar ansässig war und in Folge ihrer englischen Herkunft von Zeitgenossen wohl als geradezu exotische Vertreter ihres Standes wahrgenommen wurden, fanden sich in der gesamten, doch recht umfänglichen Heidelberg-Literatur insgesamt kaum eine Handvoll ganz marginaler Erwähnungen ihres Namens. Weder ist ihre Genealogie bis heute hinlänglich erschlossen, noch liegen Einzelheiten zu ihrer Geschichte vor. Legt dies nicht nur das eingangs skizzierte Forschungsdesiderat offen, so liefert es im Falle derer von Jenison-Walworth auch einen Beleg für die meistenteils schwierige Quellenlage, die von einem über verschiedene deutsche und englische Archive verstreuten, unbearbeiteten Material in Form von Briefen und Aktenfaszikeln auszugehen hat.[8]

Die aus der nordostenglischen Grafschaft Durham stammenden Jenisons sind dort seit dem Jahr 1044 urkundlich nachweisbar und galten zu jener Zeit schon als altadelig.[9] 1579 erwarb ein General Thomas Jenison den späteren Stammsitz der Familie, Walworth Castle, fünf Meilen nordwestlich der Kleinstadt Darlington gelegen,[10] welches mit den dazugehörigen Gütern bis 1759 in Familienbesitz blieb. Die an ihrer katholischen Konfession festhaltende Familie hatte nach dem Einführen der Reformation im 16. Jahrhundert unter König Heinrich VIII. schwerwiegende Drangsale zu erdulden, die bis zur Kerkerhaft einzelner Vertreter des Geschlechts reichten.

Ein direkter Nachkomme, der Obrist Francis Jenison of lower Walworth (1732 – 1799) verheiratete sich 1758 mit der aus London stammenden Lady Charlotte Smith (1744 – 1803), einer Tochter des Generals Sir Alexander Smith. Dem Paar wurden von 1759 – 61 auf dem benachbarten Barnard Castle die ersten fünf Kinder geboren, von denen jedoch drei im Kindesalter starben. Als sechstes Kind und erster überlebender Sohn kam am 8. Februar 1764 in dem durch die Familie zuvor veräußerten, jedoch von ihm wieder angemietetem Walworth Castle der nach dem Vater benannte Sohn Francis zur Welt, später eingedeutscht Franz. Bis 1772 wurden Francis und Charlotte Jenison auf Schloss Walworth noch weitere sechs Kinder geboren. Die letzte in England nachweisbare Geburt datiert auf den 8. November 1773, als Lady Charlotte Jenison mit der nach ihr benannten Tochter in der unweit des Familienanwesens gelegenen Provinzhauptstadt Durham niederkam.[11] Hier hatte der Vater Francis ein Amt als Friedensrichter inne.[12]

3. Emigration über Brüssel nach Heidelberg 1776 und Eintritt in den Hof Carl Theodors zu Mannheim

Um das Jahr 1775[13] hatte sich die Familie Jenison aus heute ungeklärten Gründen zur Emigration entschlossen. Dass dies seine Ursache schlicht in ökonomischen Gründen gehabt haben mag, gilt als nahe liegend. Zusammen mit den neun überlebenden Kindern dürften sie über London und einem der holländischen Seehäfen 1775 auf dem europäischen Kontinent angekommen sein. Der Weg führte offenbar zunächst nach Brüssel, da dort im April 1776 der Sohn Rudolph (gest. 1835) zur Welt kam. Die Weichen für die berufliche Zukunft des Familienoberhaupts waren offenbar schon geraume Zeit zuvor über glänzende Kontakte von England aus gestellt worden, da Francis Jenison bereits wenige Monate nach der Niederkunft seiner Frau, genauer am 9. August 1776, am Mannheimer Hof in die Dienste des Kurfürsten Carl Theodor als Mitglied des hochkarätig besetzten Oberstkämmererstabs eintrat, dem außerordentlich prestigeträchtigen, höchsten Beratergremium des Landesherrn.[14] Die Übernahme eines Hofamts eröffnete ihm als Vertreter des unbegüterten Adels zur Zeit des Spätabsolutismus die nahezu einzige Möglichkeit einer gleichermaßen lukrativen wie standesgemäßen Erwerbsquelle. Die eingangs erwähnte Domestizierung des Adels bot wiederum dem Herrscher ein ideales Instrumentarium, sich dessen Zuspruchs zu versichern. Zusammen mit dem Vater war der zweitgeborene und gleichnamige Sohn Franz Jenison 1776 ebenfalls in kurfürstliche Dienste in Mannheim übernommen worden: bis 1780 erfuhr er als „Edelknabe" unter Carl Theodor die Grundlagen höfischer Ausbildung, Voraussetzung u.a. für seine späteren Tätigkeiten an den Höfen von Hessen-Darmstadt, London und Württemberg.[15] Parallel hierzu erhielt er bis Anfang 1780 in Heidelberg durch den aus Metternich bei Köln stammenden Juristen und „Instructor" Barion Privatstunden in mehreren Fächern.[16] Dass die Instruktionen hier und nicht etwa in Mannheim stattfanden, stützt noch einmal die These vom Sesshaftwerden der Familie in Heidelberg eindeutig vor dem Jahre 1780. Vater und Sohn hielten sich offenbar nur in Dienstangelegenheiten am Mannheimer Hof auf. Der bereits im Juni 1777 angeblich in Heidelberg geborene Sohn Friedrich (gest.1843) scheint die unmittelbare Ansiedlung der Familie zu diesem frühen Zeitpunkt überdies zu belegen.[17]

Die genaue Geschäftstätigkeit Francis Jenisons als einer unter einer ganzen Reihe von Amtsträgern im einflussreichen Oberstkämmererstab des Kurfürsten, ist en détail ungeklärt, da Carl Theodor nach Annahme der bayerischen Kurwürde am Silvesterabend des Jahres 1777 nach und nach bedeutende Organe des Hofstaats von Mannheim nach München abzog und bekanntermaßen der verbliebene Teil unter der Leitung des Statthalters v. Oberndorff nurmehr repräsentative und verwaltungstechnische Aufgaben in der Kurpfalz wahrzunehmen hatte. Selbst die gelegentliche persönliche Anwesenheit einzelner Vertreter des Stabes dürfte sich mit dem sukzessiven Wegzug des Hofes ab 1778 weitgehend erübrigt haben, bzw. es blieben vereinzelt repräsentative Aufgaben und das Abfassen schriftlicher Berichte nach München damit verbunden.

Das geregelte Einkommen aus der kurpfälzischen Staatskasse erlaubte Francis Jenison schon 1781 in Heidelberg den Kauf einer Immobilie: mit Kaufbrief vom 7. Mai 1781 erwarb er um die Summe von 6.500 fl. vom geistlichen Administrationsrat Ludwig Christian Ohl ein Anwesen in der Kaltentalstrasse – heute Karlstraße 16 – am Fuß des Heidelberger Schlossbergs gelegen. Das ausgedehnte Grundstück maß nebst Garten und Orangerie rund 20 mal 205 Ruten, grenzte seitlich an die damalige Münzgasse und fand oben am Burgweg unterhalb des Schlosses seinen Abschluss. [18] Laut Kaufvertrag wurden 3.000 fl. sofort und in bar fällig, die restlichen 3.500 fl. sollten binnen drei Jahren geleistet werden, doch zog sich die Erfüllung über Abschlagszahlungen von 1.000 fl. und 500 fl. bis nach 1785 hin, sodass beim Verkauf des Gebäudes 1808 an den Heidelberger Juristen Thibaut selbiges noch mit Hypotheken von 2.000 fl. belastet war.[19] Das Gebäude existiert heute nicht mehr, da es 1961 abgebrochen wurde. Der in

Patrick Heinstein

den 1960er Jahren erstellte Neubau beherbergt seit 1977 das Praktisch-Theologische Seminar der Universität. Spätere Beschreibungen aus dem Jahre 1841 charakterisieren das um 1488 erbaute Anwesen als ein zweistöckiges Wohnhaus samt Hof, welches dadurch seine lokalhistorische Bedeutung erhielt, dass der spätere Eigentümer Thibaut hier in der ersten Hälfte des 19. Jahrhunderts seine berühmt gewordenen, allwöchentlichen Singabende abhalten sollte.[20]

Am 12. Februar 1781 kam in Heidelberg das insgesamt 16. und letzte Kind des Ehepaars Francis und Charlotte Jenison zur Welt, nach des Vaters kurfürstlichem Dienstherrn auf den Namen Carl Theodor getauft. Der Landesherr hatte die Patenschaft übernommen und sich durch Dr. Philipp Graf von Trazignia vertreten lassen.[21] Die Übernahme einer Patenschaft durch den Regenten implizierte nicht nur dessen außergewöhnliche Wertschätzung, sondern half den eingewanderten und kaum vermögenden Jenisons ihr soziales Netzwerk auf den günstigsten nur denkbaren Fundamenten weiter zu etablieren.

Nach 14-jährigem Dienst als Oberstkämmerer, eine Position, die er zumeist ohne eigentlich bedeutsames Engagement für die Belange des Hofes von seinem privaten Wohnsitz in Heidelberg ausgeführt zu haben schien, wurde der englische Count Francis Jenison of lower Walworth, in seinem kurpfälzischen Tätigkeitsbereich bis dahin unter dem Namen „Franz Jenison Freyherr zu Wallworth" bekannt,[22] auf eigene Bitte am 17. September 1790 durch Carl Theodor von Pfalz-Bayern als Reichsvikar in den erblichen Reichsgrafenstand erhoben: für den nunmehrigen „Reichsgrafen Franz von Jenison-Walworth", wie er und all seine männlichen Nachkommen sich bis zum Verlöschen des Geschlechts seither nannten, bedeutete die Standeserhöhung nicht nur eine erhebliche Aufwertung, sondern zugleich auch eine Anerkennung seines im Deutschen Reich bis dahin ohne rechtliche Bedeutung geführten dekorativen Grafentitels aus der nordostenglischen Provinz.[23]

Außer zu Familienereignissen lässt sich über das soziale Leben der Jenisons im Heidelberg des ausgehenden 18. Jahrhunderts nahezu nichts ermitteln. Das Jahr 1791 hielt für die Jenisons einige dramatische Wendungen bereit: am 2. August 1791 starb der zweitgeborene Sohn John, gerade 26-jährig an einem Fieber.[24] Für den Spätsommer und Herbst stand die Verheiratung zweier Töchter an: Am 16. September hatte sich Octavia (1766 – 1820) mit dem im Hause Thurn und Taxis bediensteten und aus Belgien stammenden Baron van Zuylen van Nyevelt vermählt.[25] Die genau einen Monat später in Heidelberg anberaumte Hochzeit ihrer Schwester Susan von Jenison (1770 – 1840) mit dem aus Straubing stammenden Grafen Friedrich Spreti[26] stand unter einem unglücklichen Stern, da sich der Bräutigam wenige Wochen später das Leben nahm. Ungeklärt sind die Umstände, die schon zwei Monate später zur erneuten Vermählung der jungen Witwe mit dem aus englischem Hochadel stammenden Poeten William Robert Spencer (1769 – 1834), zweiter Sohn des 3. Duke of Marlborough und 5. Earl of Sunderland, führten: die Hochzeit fand bereits am 13.12.1791 in London statt. In der Literatur kreisende Mutmaßungen, Graf Spreti habe sich aus Kummer über die bereits bestehende Beziehung seiner Frau mit Lord Spencer das Leben genommen,[27] werden durch die schnelle Wiederverheiratung eher bestätigt als zerstreut. Aus der Ehe gingen sechs Kinder hervor, darunter zwei spätere Bischöfe der anglikanischen Kirche.

4. Begründung der II. Generation: Franz von Jenison-Walworth und Lady Mary Beauclerk

Der älteste Überlebende Sohn des Francis, Franz von Jenison-Walworth (1764–1824), hatte sich nach seiner Ausbildung als Kavallerist und Gardeoffizier am Hof zu Mannheim[28] seit 1785 in die Dienste der Landgrafen von Hessen-Darmstadt begeben. 1787 wurde dem inzwischen mit einer belgischen Adeligen Verheirateten in Heidelberg der Sohn Franz Olivier geboren (gest. 1867), späterer Spitzendiplomat des Bayerischen Königshauses an den maßgeblichen Höfen Europas, der später von Franz Xaver Winterhalter in einem exzellenten Halbfigurenbildnis festgehalten wurde (Abb. 1). Sein Vater Franz von Jenison war unterdessen nicht nur zum Privatadjutanten des Thronfolgers und späteren Landgrafen Ludwig X. (1753–1830) ernannt worden, sondern ging – seit 1790 Hofmarschall in Darmstadt – für diesen in diplomatischer Mission in den Jahren 1794–96 an den englischen Königshof nach London, um Subsidienverhandlungen für Hessen-Darmstadt zu führen. Unstrittig war er überdies in eine intime, mehrjährige Beziehung mit der Gattin seines Dienstherrn, Landgräfin Louise von Hessen-Darmstadt (1761–1829) verwickelt. Von London aus war er im September 1796 ins elterliche Anwesen nach Heidelberg zurückgekehrt und hatte um seinen Abschied aus Hessen-Darmstädtischen Diensten ersucht.[29] Wohl schon im Spätsommer 1795, begünstigt durch Informationen, die ihm von seiner in London verheirateten Schwester Susan Spencer aus dortigen Verwandtschaftskreisen zugeflossen waren, hatte Jenison die Bekanntschaft mit der aus Richmond stammenden und aufgrund ihrer Vergangenheit in einem

Abb. 1: Franz Xaver Winterhalter (1805–1873): Franz Olivier v. Jenison-Walworth (1787–1867) als königlich bayerischer Gesandter in Paris, Öl auf Leinwand, 1837, Neue Pinakothek München.

Patrick Heinstein

geradezu schillernden Licht stehenden Lady Mary Beauclerk (1766 – 1851) gemacht. Sie war eine von zwei Töchtern der skandalumwitterten Künstlerin Lady Diana Spencer (1735 – 1808), aus englischem Hochadel stammend, deren Familie sich über ihren Vater, den 3rd Duke of Marlborough bis auf William den Eroberer zurückführen lässt.[30] Lady Mary Beauclerk galt in England als gesellschaftlich vernichtet, da sie über viele Jahre mit ihrem Halbbruder eine Beziehung unterhalten hatte, aus der mehrere Kinder hervorgegangen waren. Das Paar musste England schon um 1789 Richtung Paris verlassen; nach der Trennung dürfte sich Lady Mary wohl seit 1794 in Regensburg oder Heidelberg aufgehalten haben. Franz' erste Ehe mit Charlotte Freiin von Cornet war gegen Ende 1796 geschieden worden, sodass er sich 1797 in Heidelberg mit Mary Beauclerk verehelichen konnte. Der katholisch getaufte Jenison sah sich überdies genötigt, zum Zwecke seiner Wiederverheiratung einen Konfessionswechsel zu vollziehen und in aller Stille zum reformierten Glauben überzutreten. Zur Umgehung weiterer Nachforschungen hatte sich das Paar für eine Trauung in der kurz vor der Auflösung begriffenen wallonischen Gemeinde zu Heidelberg entschlossen. Diese war im 16. Jahrhundert durch den Zustrom wallonischstämmiger, reformierter Glaubensflüchtlinge aus Frankreich und Holland mit kurfürstlicher Genehmigung in Heidelberg als Nebeneinrichtung einer bedeutend größeren Gemeinde dieser Art im ebenfalls kurpfälzischen Frankenthal gegründet worden. Bis gegen Ende des 18. Jahrhunderts hatte die Mitgliederzahl in Heidelberg stark abgenommen und es erfolgte schon 1805 die endgültige Auflösung. Franz von Jenison und Lady Mary wurden vom letzten Amtsinhaber der Pfarrstelle, dem aus Den Haag stammenden Conrad Christian Kilian getraut, der seit 1781 der Pfarrei vorstand. Die Zeremonie wird in dem von der Gemeinde seit 1718 als Kirche benutzten Raum im örtlichen Gymnasium abgehalten worden sein. Der Text im Standesbuch lautet knapp: „Le 29e Juin, [1797] / J'ai béni le Marriage de Monsieur le Comte / Francois de Jenison Walworth, Maréchall de / la Cour de Hesse-Darmstadt, Chambellan de S. M. / L'Empereur et Roi, d'avec Madame Mary / Beauclerc de Londres. "[31]

Die Einheiratung in den englischen Hochadel bedeutete für Jenison keine herausragende finanzielle Verbesserung seiner gesellschaftlichen und finanziellen Situation, da seine Braut nahezu ohne Vermögen war.[32] Es ist daher nahe liegend, dass sich die Verbindung auf echte Neigung gründete. Die gemeinsame Hochzeitsreise führte die Eheleute zur Brautmutter Lady Diana Beauclerk geb. Spencer, nach Richmond. Hier kam 1798 das erste gemeinsame Kind Caroline Mary zur Welt, welches aus heute nicht ganz zu klärenden Gründen per Arrangement bei der Großmutter verblieb, während die Jenisons im Sommer 1798 nach Heidelberg zurück reisten. Franz von Jenison stand damals in naher Verbindung mit dem seinerzeitigen Herzog Maximilian Joseph von Pfalz-Zweibrücken, der sich in Warteposition für die Übernahme der pfalzbayerischen Kurwürde befand (1799) und alsbald König von Bayern werden sollte.[33] Jension beriet diesen nach Lage der Quellen in der Aufzucht kostbarer Rassenpferde.[34] Zu diesem Zweck weilte er in des Herzogs Auftrag in den Jahren 1799 – 1801 vorwiegend im Ansbachischen, wo die zweite Tochter des Paares, Louise Diana (1799 – 1853), geboren wurde.

Noch während seiner zurückliegenden Hochzeitsreise in London von ca. September 1797 bis Juni 1798 hatte Jenisons Vater Francis in Heidelberg den Erwerb eines stattlichen Anwesens mit ausgedehntem Gartengelände vorbereitet. Dass der Kauf des Hauses durch eine genealogische Verwicklung des Franz von Jenison mit dem Hause Hessen-Darmstadt und daraus resultierenden, bedeutenden Geldzahlungen von Seiten des Landgrafen Ludwig X. in eindeutigem Zusammenhang zu bringen ist – zumal Jenisons Vater als Käufer bloß vertragsrechtlich vorgeschoben wurde – konnte an anderer Stelle belegt werden.[35] Mit Kaufvertrag vom 26. März 1798 erwarb er um einen Kaufpreis von 11.670 fl. das „alte Seminarium" von der Universität, vertreten durch Prof. jur. Johannes Jacob Kirschbaum (1721 – 1804),[36] mit weiteren Gartenanteilen vom Grundstück des verstorbenen Rats Jacob Kuhn: „Ein Haus und Hof am Klingen Thor vormaliges / altes Seminarium genannt ad 59 Ruthen 8 Schuh 4 Zoll 11 / Linien, nebst dem Klingen Thor überbau ad 3 Ruthen, 1 Schuh, / 2 Zoll, 10 Linien, dann die hintern Gebäude und Höfte ad / 9 Ruthen, 15 Schuh, 4 Zoll, 3 Linien und Gärten ad 55 Ruthen / 2 Schuh, 9 Zoll, 1 Linie, so besteeht einerseits das Klingen / Thor, andererseits der Casernenweg, hinten gegen Berg / das Judenbegräbnis, und der Seminariumgarten". Zu dem Anwesen gehörte ferner eine Kapelle, deren Stühle und Altar Jenison unter Vorbehalt ebenso erwarb, wie das „bereits versiegte Faß" im Keller. Hinzu gesellten sich „ein Haus und ein Festplatz vor dem Klingen Thor ad 12 4 / 10 Ruthen, nebst eigenthümlichen Garten und Baumstand ... ad 1 Morgen, 2 Viertel, 5 6 / 10 Ruthen" von Abraham Giesers Witwe.[37]

Das feudale, viergeschossige Anwesen – heute Schlossberg 2, ehemals als Breitwiesersches Haus bezeichnet – war 1718 – 23 errichtet und den Jesuiten von Kurfürst Karl Philipp als Seminargebäude übergeben worden. Der Zustrom der Seminaristen machte schon 1737 eine Überbauung des sich westlich anschließenden Klingentors nötig: Vier Zimmer und eine Hauskapelle wurden hinzugefügt. Doch auch diese räumliche Erweiterung genügte nur kurzzeitig den erhöhten Anforderungen, sodass das Gebäude unter Kurfürst Karl Theodor 1749 von der Hofkammer aufgekauft wurde und einige Jahrzehnte als Lazarett für die oberhalb gelegene Kaserne diente.[38] Die Familie hatte damit ein ausgedehntes Anwesen nebst besagtem Klingentor-Überbau erworben, das vorne von ebenerdigen Gärten mit Baumbestand und einem Festplatz befriedet war und bergseitig über ein Waldgelände verfügte, welches bis hinauf zum Jüdischen Friedhof reichte. Nach heutigem Maßstab hatte die Neuerwerbung eine Grundstücksfläche von ca. einen halben Hektar, wovon ca. 560 qm mit Gebäuden überbaut waren. Die Jenison dürften damit in Heidelberg um 1800 zu den bedeutenderen Grundeigentümern gehört haben. Die wahren Hintergründe des Hauskaufs sind in den Akten des Generallandesarchivs zu Karlsruhe dokumentiert und belegen, dass tatsächlich der seinerzeit ohne Festanstellung umherreisende Sohn Franz von Jenison als der eigentliche Käufer zu gelten hat.[39]

Das Leben des älteren gräflichen Paares Francis und Charlotte und ihres in den Jahren 1798 – 1801 mit Unterbrechungen dort lebenden Sohnes Franz nebst Gattin war durch einen herrschaftlichen Lebensstil gekennzeichnet: als Kammerjungfer war eine Caroline Hetzel angestellt, als Köchin fungierte Eva Kreitzerin und den Garten bestellte der angestellte Lorenz Salaire; überdies war ein Bote, Jacob Boxheimer, häufiger mit der Besorgung von allerlei Geschäften betraut worden.[40] Das Heidelberger Bürgerrecht hatten die Grafen v. Jenison-Walworth hingegen nicht angestrebt, wohl aus dem Bewusstsein ihrer altadeligen englischen Abstammung heraus. [41]

Franz von Jenison weilte nachweislich im Juni 1799 noch in Ansbach,[42] als in Heidelberg am 30. Juni des Jahres sein Vater Francis von Jenison-Walworth im Alter von

Patrick Heinstein

„soixante six ans, cinq mois, et dix jours" verstarb.[43] Mit des alten Jenisons Tod drohte auch die finanzielle Situation der gesamten Familie in Schieflage zu geraten, hing von dessen kurfürstlicher Pension doch die Existenz der Witwe und zu dieser Zeit offenbar auch jene des immer noch als unvermögend geschilderten Sohnes Franz ab. Dessen Schwiegermutter Lady Diana Beauclerk geb. Spencer schrieb hierzu aus Richmond ihrer Tochter, Franz von Jenisons Gattin: „I fear this will be a bad event also in many other respects (beside losing a valuable man). ... Will the Pension be continued? ... Oh Dear how much I wish with you both just now! I pity his Mother thoroughly ..."[44]

In Heidelberg hat sich Jenison in den Jahren nach seiner Wiederverheiratung 1797 bis 1801 nur sporadisch aufgehalten. Nach Lage der Quellen war er demnach nur einige Monate von Sommer 1798 bis Anfang 1799, dann zur Nachlassregelung von ca. Mitte Juni bis August 1799 und nach dem Ansbacher Intermezzo ab Anfang 1800 bis November 1801 hier anwesend. Ganz offensichtlich hielten er und seine Familie bis dahin die Verbindung zur Heidelberger wallonischen Gemeinde aufrecht. Als die Auflösung der Gemeinde mangels Mitglieder am 15.2.1802 von offizieller Seite ausgesprochen worden war, setzte der Gemeindepfarrer Kilian energisch dagegen. In einem Schreiben an die zuständigen Behörden suchte er die Existenz seiner kleinen Glaubensgemeinschaft verzweifelt zu rechtfertigen und gab die Namen der wenigen noch verbliebenen Besucher des Gottesdienstes in den Räumlichkeiten des Heidelberger Gymnasiums bekannt, darunter Prinzessin Caroline von Hessen-Philippsthal und „die gräflich Jenison'sche Familie".[45] Tatsächlich sind Franz und Lady Mary von Jenison immer wieder in Heidelberg bei der verwitweten Mutter des Franz anzutreffen, so auch im Frühsommer 1802.[46] Am Oktober 1801 fiel ihnen noch ein städtisches Erbbestandsstück am Heidelberger Klingentor zu, welches die Nutzungsmöglichkeiten des bisherigen Anwesens nun bis hinauf zum „alten Steinbruch" erweiterte.[47]

Nach jahrelangen Bemühungen um eine Neuanstellung, die ihn bis zum Kaiserhof nach Wien geführt hatten, trat Jenison im Spätjahr 1801 in die Dienste des Königs von Württemberg ein: In der überaus exponierten höfischen Stellung des Württembergischen Oberstkammerherrn versah er das höchste und damit einflussreichste Hofamt in Stuttgart, als Hauptorganisator und unumstößlich führender Berater ständig an der Seite des Regenten. Er verließ umgehend Heidelberg und bezog mit seiner Familie Wohnung im Nebengebäude des königlichen Schlosses zu Stuttgart.[48] Im Raum Stuttgart wurden auch die weiteren Kinder Charlotte Sophie (1803 – um 1875), Amalie (1806 – 1880) und Carl (1809 – 1870) geboren. Jenisons bis 1818 andauernde Tätigkeit bei Hofe, seit 1806 als königlich-württembergischer Oberstkammerherr, führte ihn u.a. persönlich mit Napoleon zusammen.[49]

5. Charlotte von Jenisons Ableben 1803: Sozial- und medizingeschichtliche Einblicke

Unterdessen war am 12. Februar 1803 die 1776 aus England emigrierte Mutter und Witwe Lady Charlotte von Jenison-Walworth geb. von Smith in Heidelberg 58-jährig verstorben. Die Nachlassakten belegen, dass von ihren einstmals 16 Kindern zu diesem Zeitpunkt nur noch neun am Leben waren.[50] Da keines der Geschwister seinen Wohnsitz um 1803 in Heidelberg hatte – die Söhne weilten in Stuttgart und Ungarn, die Töchter in Regensburg und Neapel – und ausstehende Forderungen Dritter und Erbschaftsansprüche befriedigt werden mussten, fand wie üblich eine Versteigerung des Inventariums statt. Insbesondere die Sammlung von Kupferstichen sollte öffentliche Beachtung finden. Die Familie hatte den damals in Heidelberg ansässigen Künstler und Zeichenmeister Johann Georg Primavesi (1774 – 1855)[51] um eine gutachterliche Schätzung derselben gebeten und in verschiedenen öffentlichen Blättern der Region die öffentliche Versteigerung angezeigt. So war im „Mannheimer Frag- und Anzeigs-Blatt" am 28. 4. zu lesen, dass die Versteigerung von 116 Stück Kupferstichen aus dem Nachlass für den 4. Mai 1803 „in der von Jenisonschen Behausung dahier" stattfinden werde.[52] Nur einige wenige Stücke wurden der Familie zugeschlagen. Der Rest der Sammlung ging in fremde Hände über, wobei die Heidelberger Händler jüdischen Glaubens Joseph Oppenheimer, Herz bzw. Samuel Carlebach, Lazarus Schmul, Gottfried Blum u.a. mit insgesamt über 30 Blättern den größten Teil erwarben. Anderes ging offenbar in private Hände über: So tauchte ein Käufer namens Kloppstock mehrfach auf, aber auch eine Madame Schmitt, ein Geheimrat Klein, mehrfach ein Herr Fries, wohl der Vater des Künstlers Ernst Fries, die Herren Nicolay, Hofmann, ein Musikant Lang usw. Aus der Riege Heidelberger Professoren gab es nahezu keine Kaufresonanz.[53]

Die Summe der Aktiva des Hausstandes wurde vom amtlichen Nachlassverwalter mit insgesamt 11.595 fl. taxiert, denen Passiva von 4.373 fl. entgegenstanden. Während Erstere sich vorwiegend aus offenen Handels- und Handwerkerrechnungen konstituierten – so schuldete die Familie nunmehr auch dem Maler Primavesi eine geringe Summe für sein Gutachten – bestanden die Aktiva aus der Liegenschaft im Kaltental (Karlstraße 16) und beweglichen Gütern, der so genannten „Fahrniß", wie Schmuck, Möbel und weiterer Einrichtungsgegenständen, darunter die mit 276,30 fl. recht bescheiden taxierte Kupferstich- und Gemäldesammlung.[54] Bemühungen, das Haus im Kaltental bis 1806 zu versteigern, waren an dem mangelnden Käuferinteresse gescheitert, wohingegen der von der verstorbenen Gräfin zuletzt bewohnte Familiensitz am Klingentor einstweilen aus der Erbmasse herausgehalten wurde, da dieser „noch auf den Namen des verlebten Herrn Grafen eingetragen" war.[55]

Einen besonderen Einblick in die Lebensverhältnisse des Heidelberger Adels um 1800 liefert die erhaltene Liste der Passiva, d.h. jene Geldbeträge, welche die Verstorbene z.B. den örtlichen Handelsleuten schuldete. Schon seit Oktober 1786 war sie dem Heidelberger Spezereihändler Peter Paul Cavallo den Betrag über eine Lieferung „Canary Zukker", seit Januar 1787 „gebraaten Java Caffé", seit 1802 die Kaufsummen für Mehl, wiederum Java-Kaffe, Zitronen, „Haisant Thee ganz fein", Zitronen, ein „Schopp. fein Prov. Baumöhl", „Schweizer-Käß" und andere Spezialitäten, insgesamt 34 fl. 29 schuldig geblieben.[56]

Der Handelmann Carl Trackert hatte im April 1802 die bedeutende Zahl von 250 „feine[n] franz. Flaschenstöpsel[n]/1 Bouteille Tintowein", eine Flasche „alten Quinda" und einen 1791er Malaga-Wein geliefert.[57]

Der Wirt des Lokals „Zum Carlsberg", Carl Koch, sah sich ebenfalls zum Kassieren seiner Außenstände genötigt, die jedoch nur bis zum März 1802 zurückreichten, darunter Beträge für „Fourage", „Logis und Heiz", Mittag- und Abendessen und für diverse Schoppen Wein. Insonders die Weinvorliebe der Gräfin ist dokumentiert: Ende September 1802 hatte sie sich „1 Bout[eille] 83er nach Hauß holen lassen", und am 17. Oktober

Patrick Heinstein

des Jahres „1. Bout. Asmannshauser" nebst „1 Krug Mineralisch Wasser" geordert; der Schuldbetrag belief sich auf etwas über 24 fl.[58]

Ein geliefertes Tee-Service für Kinder „von Engl. Steinguth" und ein Paar „Emalierte Handleuchter von Wedgwood" aus der Hand des Georg Daniel Mays waren ebenso unbezahlt geblieben, wie die Dienstleistung des ortsansässigen Kupferschmieds Kraus beim „Herrn Grafen von Schenosong", die durch das Löten einer „braune[n] Englische[n] Maschin" und weiterer handwerkliche Verrichtungen wie dem Anbringen eines versilberten Fußes am Nachtkasten dereinst ausgeführt hatte, wofür insgesamt die bescheidene Summe von 2 fl. 62 nachträglich fällig war.[59]

Anhand der ausstehenden Medikamentenrechnungen für den seit Oktober 1801 konsultierten, Spezialisten Wilhelm Mai (1759 – 1822) – seit 1798 Professor für Chemie und Pharmakologie an der Heidelberger Universität – lassen sich die hilflosen Behandlungsmethoden jener Zeit ablesen, die durch Verabreichung von allerlei Cremes und Tinkturen das letztlich zum Tode führende Leiden der Erkrankten vielleicht kurzfristig zu lindern, jedoch nicht zu heilen vermochten. Mai war keineswegs ein Dorfquacksalber: Er hatte 1783 in Paris Pharmakologie und 1794 dort Chemie studiert. Seit 1783 betrieb er eine Apotheke in Ladenburg und wurde nach seinem Ruf auf den Heidelberger Lehrstuhl im Jahre 1800 Universitätsapotheker.[60] Er galt in Heidelberg um 1800 neben dem Arzneiwissenschaftler Johann Jacob Loos (1774 – 1838) als die unumstrittene Koryphäe der Pharmakologie und vertrat zusammen mit seinem noch wesentlich bedeutenderen Bruder, dem Mediziner Franz Anton Mai (1742 – 1814) und dessen Kollegen Daniel Wilhelm Nebel (1735 – 1805), Franz Karl Zuccarini (1737 – 1809) und Franz Xaver Moser (1747 – 1833) das örtliche Gesundheitsfach.

Besagte, in Professorenwürde stehende Spezialisten verkörperten die medizinische Elite Heidelbergs, welche sich nur die gehobenen bürgerlichen und adeligen Kreise in Privatkonsultationen zu leisten vermochten. Dass sich die Jenisons zur Behandlung der kranken Mutter nicht allein an einen Arzt, sondern überdies an einen in Paris ausgebildeten Pharmakologen gewandt hatte, spricht für ein überaus fortschrittliches, rationalistisches Denken im Zuge der Spätaufklärung, welches sich an dem aktuellen wissenschaftlichen Forschungsstand orientierte. Besagte, auf Französisch abgefasste Medikamentenliste erlaubt eine Rekonstruktion des zeitlichen Krankheitsverlaufs der Charlotte von Jenison. Schon im Oktober 1801 waren „Pomade", d.h. Creme und „Esprit de Vin" verschrieben worden; im November erfolgte eine Behandlung mit „Gomme arabique", also Gummi arabicum", „Pastilles de Menthe" (Minzpastillen), und eine „Potion calmante", eine Dosis Beruhigungsmittel. Über das Jahr 1802 verlegte sich der Pharmazeut auf „Sirop de Capillaire", „solution fortifiant pour l'usage externe", „de la poudre pour l'usage externe", Erdbeersirup („Sirop Framboise"), Venezianische Seife („Savon de Venise"), Stärkungsgeels („Geel fortifiant"), dazwischen immer wieder Beruhigungstropfen („Gouttes calmantes"), aber auch „Emulsion arabique", „Sirop d'Orgeat", Essig, „Emplatre adhesive" (Kompressen) und Rosenhonig („Miel de Rose"). Diese Mittel wurden seit November 1802 nahezu täglich in scheinbar wahlloser Folge alternierend und mit der Hoffnung auf eine entsprechende Wirkung verabreicht. Allein im Dezember 1802 finden sich 27 Verabreichungen von rund 20 unterschiedlichen Arzneien. Allein die Stärkungstropfen gehörten zum täglichen Bedarf.[61] Bereits seit Anfang November hatte der Zustand der Erkrankten die zusätzliche Konsultation eines Chirurgen erfordert, der in der Person des Heidelberger Medizinprofessors Franz Xaver Moser gefunden wurde. Der aus Rottweil stammende Moser hatte nach seinem Medizinstudium in Straßburg zunächst Karriere als Militärarzt gemacht und war erst 1799 auf den Lehrstuhl für Chirurgie und Anatomie in Heidelberg berufen worden. Eine seiner wenigen Veröffentlichungen kreiste um den Einsatz von Elektrizität bei der Erweckung von Scheintoten.[62] Moser war zwischen 3. November 1802 und Februar 1803 im Hause Jenison für „Med. chirurg. Vorrichtungen" herangezogen worden, die sich in zahlreichen Visiten niederschlugen. Das Leiden erforderte eine tägliche Behandlung mit Salbe und ein ständiges Wechseln der Verbände „in den ersten 6. Wochen des / Tages noch zweymahl die übrigen / aber nur einmal", wofür der Chirurg nachträglich 60 Gulden zu liquidieren hatte.[63] Aus anderen Quellen wurden zur Stärkung zwei Flaschen „Rhein-Wein" gereicht, aber auch vier Flaschen „Ungsteiner" aus der Pfalz.[64]

Im Januar 1803 war bei der Geschwächten offenbar keinerlei Besserung des Zustandes zu verzeichnen. Die Verbände wurden nur noch einmal täglich angelegt und der behandelnde Pharmakologe suchte neben den bisherigen Mitteln durch Hinzunahme immer weiterer Essenzen das Leben der Gräfin zu retten: weder sollten „Emplâtre vesicatoire" (Gallen Kompressen) noch die nach protopharmazeutischer Wissenschaft klingenden „Gouttes d'Hoffmann", oder das „Flacon de la Poudre de Berlin" positiv anschlagen. Auch zeigten weder Weingeist noch „Eau de Larme", Tränenwasser, die erhoffte Wirkung. Am 12. Februar 1803 verschied die 16-fache Mutter Charlotte von Jension-Walworth in ihrem 59. Lebensjahr, im Haus ihres Sohnes am Heidelberger Klingentor.

Das mit dem Tod verwaiste Palais war offenbar über die Distanz von Stuttgart aus vom Eigentümer nicht zu halten gewesen. Am 18. Januar 1810 verkaufte Franz v. Jenison sein Anwesen an den Freiherrn von Schmitz-Grollenburg.[65] Damit hatte die Familie erstmals seit 1781 keine eigenen Liegenschaften mehr am Neckar vorzuweisen, ein Umstand, der schon 1819 durch die Wiederansiedlung Franz v. Jenisons eine Korrektur erfahren sollte.

6. Rückzug ins Private: Wiederansiedlung und Leben in Heidelberg 1818 – 1835

Franz von Jenison schied 1818 mit dem Amtstitel eines königlich-württembergischen Oberstkammerherrn und Geheimrats am Stuttgarter Hof aus. Die letzten Lebensjahre führten ihn und seine Familie wieder nach Heidelberg zurück. Im Jahre 1818 zeichnete sich die Versteigerung eines bedeutenden Barockbaus in der Heidelberger Hauptstrasse ab – heute Hausnummer 52 – das so genannte Haus „Zum Riesen". Das von dem kurfürstlichen Generalleutnant Friedrich von Venningen 1706 / 08 in der weitgehend noch unbebauten Vorstadt aus Steinen des „Dicken Turms" vom Heidelberger Schloss errichtete Haus diente bis 1795 verschiedenen Heidelberger Familien als Adelspalais und fällt noch heute im Stadtbild durch die reiche Fassadengliederung und die überlebensgroße, mit Harnisch und Allongeperücke barock charakterisierte Skulptur seines Erbauers auf. 1797 war das Gebäude vom Heidelberger Biersieder Franz Betz für 22.500 fl. übernommen worden, der darin seinen Gasthof „Zum Riesen" unterhalten und damit die dem Gebäude seine noch heute gültige Bezeichnung geben sollte. Überdies verfügte er über die Konzessionen für eine Bierbrauerei und Branntweinbrennerei.

Patrick Heinstein

Durch die schon 1805 erfolgte Verlegung der Anatomie von der Plöck in das ehemalige Dominikanerkloster gegenüber und den damit einhergehenden, geschäftsschädigenden, „ekelerregenden" Gerüchen und „abschreckenden Anblick" angelieferter „ekelerregender Cadaver" und „Leichen Theile" nebst „Knochenbleiche" sah sich Betz in den Ruin getrieben, da ihm die Gäste Zug um Zug ausgeblieben waren.[66] Er wandte sich in einem 24-seitigen Schreiben an das Stadtamt und schilderte seine Not mit aller Eindringlichkeit. Sein Vorschlag, da er über kein Vermögen verfügte, das Gebäude über eine Lotterie ausspielen zu lassen fand zwar in der Stadtbehörde Aufmerksamkeit, wurde jedoch vom Ministerium des Innern in Karlsruhe abgelehnt.[67] So war Betz 1818 über den ungeklärten Verkaufsmodalitäten verstorben und Franz von Jenison konnte das gesamte Anwesen im Zuge einer Zwangsversteigerung am 27. Februar 1819, „ohne / die bisher zum Haus gehörige Schild- // und Bierbrauerei und Brand- / weinbrennerei-Gerechtigkeit" für die Summe von 14.550 fl. erwerben.[68] Die ausgedehnte Liegenschaft bestand aus einem weitläufigen Areal in der Vorstadt, welches sich von der südlichen Seite der Hauptstrasse bis hinunter zur parallel verlaufenden Plöck erstreckte. Laut Kaufbrief umfasste der Garten eine Fläche von 188 Ruten, 14 Schuh und 9 Zoll.[69] Auf dieser ca. 40 x 125 m messenden Grundstücksfläche – mithin 5.000 qm – befand sich das vierstöckige, barocke Haupthaus: Ausweislich des Kaufvertrags „ad 89 R[uten] / 6 Sch[uh] 10 Z[oll]" messend (ca. 28 x 12 m)[70] – und ein geräumiges Hintergebäude,

Abb. 2: Jacob Wilhelm Christian Roux (1771 – 1830): Louise Diana v. Jenison-Walworth, Pastell, 1824, Privatbesitz.

Abb. 3: Jacob Wilhelm Christian Roux (1771 – 1830): Charlotte v. Jenison-Walworth, Pastell, 1824, Privatbesitz.

welches über einen Saal und 14 Zimmer verfügte; auf dem ausgedehnten Gelände befanden sich ein Pferdestall, ein Brunnen und ein Bade- und Gartenhaus.[71]

Franz und Mary von Jenison-Walworth hatten sich 1819 in Heidelberg mit den drei ledigen Töchtern Louise (Abb. 2), Charlotte (Abb. 3), Emilie und den beiden Söhnen William und Carl niedergelassen. Für die Jahre um 1819 – 35 lassen sich für die Anwesenheit der Familie in Heidelberg nur wenige Quellen ermitteln, zu deren eindrücklichsten und zuverlässigsten die Bildnisreihe von der Hand des Künstlers Jacob Wilhelm Chri-

Abb. 4: Jacob Wilhelm Christian Roux (1771 – 1830): Lady Mary v. Jenison-Walworth, geb. Beauclerk, Pastell, 1824, Privatbesitz.

stian Roux (1771 – 1830) zu zählen ist.[72] Roux stammte aus Jena, war dort häufiger mit Goethe zusammengetroffen und bekleidete seit 1819 eine Stelle als Professor für „anatomische Zeichnungskunst" an der Heidelberger Universität. Neben seiner Reputation als einer der führenden Wissenschaftsillustratoren seiner Zeit war er überdies ein vielbeschäftigter Porträtist und bekannter Landschaftsradierer.[73] Die insgesamt sechs Pastellbildnisse aus dem Familienkreis sind mit einiger Sicherheit 1824 im Auftrag der viertgeborenen Tochter Emilie entstanden, welche sie als Erinnerungsstücke an die Verwandten anlässlich ihres Wegzugs aus Heidelberg hatte anfertigen lassen. Am 12. Januar jenes Jahres war in Heidelberg ihre Vermählung mit dem vermögenden Grafen Alban von Schönburg vollzogen worden, dem sie auf seine Güter im sächsischen Wechselburg und Glauchau folgte. Roux lieferte in seiner Suite u. a. das einzige bekannte Altersbildnis der Lady Mary von Jenison-Walworth (Abb. 4): es zeigt eine Frau in ihren späten 50er Jahren mit feinen Gesichtszügen und weißer Biedermeierhaube, worunter das dunkle Haar zu erblicken ist – vermutlich eine seinerzeit besonders in englischen Aristokratenkreisen modische Perücke. In dieser Aufmachung wird sich die Dargestellte im Heidelberg der 1820er Jahre tagtäglich bewegt haben: als Frau von Stand, geachtet und respektiert, versehen mit dem interesseerweckenden Bonus einer aristokratischen Abstammung aus dem Hause Spencer. Die bewegten Hintergründe ihrer Vergangenheit mussten der Heidelberger Stadtbevölkerung wohl unbekannt bleiben, wenn sie nicht längst durch die im allgemeinen als gut unterrichtet geltenden Reisenden von der britischen Insel über die in ihren Jugendjahren unterhaltene Affäre mit dem eigenen Halbbruder und den daraus resultierenden Konsequenzen informiert worden war. Gräfin Mary von Jension wurde dessen ungeachtet in einem Fall gar

Patrick Heinstein

zum Gegenstand künstlerischer Verehrung, als ihr seitens des in Heidelberg ansässig gewordenen Vedutisten Karl von Graimberg im Jahre 1820 eine durch Christian Haldenwang in Kupfer gestochenen Heidelberg-Ansichten mit persönlicher Dedikation verehrt wurde. Das Blatt mit einer Ansicht der Schloss-Ruine von Osten trägt die Titelei: „Dédiée à Madame Comtesse de Jenison, née Beauclerk" und stellt eines der ganz raren Zeugnisse von der öffentlichen Wahrnehmung der Familie im biedermeierlichen Heidelberg dar.[74]

In den wenigen schriftlichen Zeugnissen jener Jahre taucht Franz von Jension nebst seiner offenbar häufiger von Migräne geplagten Gattin nur einmal und anekdotenhaft als Randerscheinung auf, so in den nur recht vage um das Jahr 1820 zu datierenden Erinnerungen Lettow-Vorbecks, der noch eine Beschreibung des gräflichen Gartens vor dem Klingentor unweit der Peterskirche, seinen Säulenbasen, Figuren und einer unter Kastanien stehenden Nepomuk-Statue lieferte.[75] Allein die Verortung des angeblich um 1820 stattfindenden Geschehens in jenes bereits 1810 von der Familie veräußerte Anwesen am Klingentor belegt, dass hierbei dem Erzähler rückblickend einige topographische Details durcheinander geraten waren. So mochte er seine Erzählung aus dem Alltagsleben der Familie mit deren tatsächlicher Ansiedlung am Klingentor in den Jahren 1797 – 1803 / 10 und ihren Wiedereintritt in Heidelberg im Domizil „Zum Riesen" (1819 – 1825) aus der Rückschau literarisch vermengt haben. Zum Hausstaat gehörten laut dieser wohl fiktionalen Erzählung mehrere Bedienstete, darunter die Jungfer Sofie Norbert aus Stralsund und der häufig beschäftigte Gärtner Froed, ein Winzersohn aus Neuenheim.[76]

Kurz nach der Verehelichung seiner Tochter Emilie starb das Familienoberhaupt Franz von Jenison-Walworth am 28. April 1824 im Alter von 60 Jahren in Heidelberg.[77] Seine marmorne Graburne war noch 1913 im aufgelassenen Kirchhof der Heidelberger St. Peterskirche erhalten, ist heute jedoch verschollen.[78]

Der Blick in die Nachlassakten gibt Aufschluss sowohl über die sozialen Verflechtungen der Heidelberger Aristokratie, den Lebensstandard als auch über die Finanzsituation im Haus des Verstorbenen. Offene Handwerker-Rechnungen in nicht unbedeutender Höhe standen noch zur Zahlung aus: so schuldete Jenison dem Schneider Schott 432 Gulden – nahezu das seinerzeitige Jahresgehalt eines Heidelberger Hochschullehrers. Zudem waren zwei Prozesse von Handwerksmeistern anhängig, mit deren Arbeiten sich Jenison bei der Renovierung des Anwesens Haus „Zum Riesen" in den Jahren 1819 / 20 unzufrieden gezeigt hatte und die ihrer Entlohnung auf dem Klageweg entgegen sahen. Den Klagen von Glasermeister Jacob Wimmer und Tünchermeister Auths war bereits mit Urteil vom 19. Juni 1821, bzw. 21. Januar 1821 stattgegeben worden.[79] Ihre Forderungen hatte Jenison bis zu seinem Tod noch nicht beglichen, sodass sich beide Handwerksmeister in die Reihe der Gläubiger stellten: 97 Personen war der Verstorbene insgesamt 5187,32 fl. schuldig geblieben, eine Summe, die rund zehn Jahresgehältern eines seinerzeit in Heidelberg lehrenden Extraordinarius entsprach.

Die Versteigerung des insgesamt 818 Positionen umfassenden Inventariums fand in Heidelberg ein reges Interesse. Geradezu trist mutete hingegen der Pferdebestand des ehemaligen Kavalleristen, Hofmarschalls, Oberstkämmerers und Händlers exquisiter Pferdezüchtungen an: neben einer Reihe Sättel und Zaumzeug nannte er im städtischen Heidelberg noch „2 weise Zugpferde, beyde einäugig, Stumpfschwänze" sein eigen.[80] Offenbar hatte er das equestrische Terrain seit langem verlassen und hielt sich die beiden Kutschpferde für gelegentliche Ausfahrten. An den wenigen rittmeisterlichen Überbleibseln zeigte in der Nachlassversteigerung der seinerzeit in Heidelberg lebende badische Staatsminister Sigismund von Reitzenstein (1766 – 1847) ein besonderes Interesse, erwarb er doch alle diesbezüglichen Stücke, so einen Herrensattel und einen Pferdeteppich.[81]

Die Auflösung des Hausstandes hatte im gräflichen Anwesen eine Neuordnung der räumlichen Verhältnisse zur Folge, wie aus einer Vermietungsanzeige in der Oktober-Ausgabe des „Heidelberger Wochenblatts" hervorgeht, zugleich die bislang verlässlichste Quelle über die Wohnverhältnisse der Familie in den Jahren 1819 – 24.[82] Offenbar sah sich die Witwe genötigt, die ehemals von ihr mit ihrem verstorbenen Gatten bewohnte „Bel Etage" im ersten Stock, bestehend aus insgesamt acht Räumen, daneben das komplette Erdgeschoss, welches bedingt durch die Toreinfahrt über weit weniger Zimmer verfügte, und das gesamte Hinterhaus mit ausgedehnter Gartenanlage bis hinauf zur Plöck zu vermieten. Mary von Jenison wird sich mit den gerade noch im Haushalt verbliebenen Söhnen William (30 J.) und Carl (15 J.) und der ledigen Tochter Charlotte (21 J.) in die obere Etage des Vorderhauses mit Blick zur Hauptstrasse zurückgezogen haben. Die Tochter Louise (25 J.) hatte im August des Jahres 1824 eine Stelle als Palastdame bei ihrer Patin Großherzogin Luise von Hessen angetreten und war daher bis zum Tod ihrer Dienstherrin 1829 nur noch zu gelegentlichen Besuchen am Neckar anzutreffen.

Die Wohnungsanzeige zeitigte indessen nicht den erhofften Erfolg: die Witwe sah sich außer Stande das mit erheblichen Mitteln 1819 / 20 renovierte Anwesen in der Hauptstrasse zu halten und entschloss sich daher zum Verkauf an den Geheimen Staatsrat von Sensburg, der es am 25. Juni 1825 im Auftrag des badischen Staats erwarb und einer projektierten Verwendung als „Irrenhaus" zuzuführen beabsichtigte.[83]

Mit dem Verkauf löste sich der Jenisonsche Familienverband in Heidelberg sukzessive auf. Die Witwe Mary von Jenison verließ mit den beiden ledigen, teils volljährigen Kindern Charlotte und Carl die Stadt Richtung Sachsen, um sich bei der dort verheirateten Tochter Emilie niederzulassen. Zurück blieb lediglich ein weiterer Sohn, William von Jenison-Walworth (um 1794 – um 1855), dessen zweifelhafte genealogische Abkunft in einer eigenständigen Arbeit beleuchtet wird.[84] William hatte sich schon 1817 in Heidelberg als Student immatrikuliert, nachdem er als Offizier aus württembergischen Diensten ausgeschieden war. 1826 und 1829 trat er in Heidelberg durch den Kauf von Immobilien für sich und die aus seiner Verbindung mit der Östringer Försterstochter Maria Heuser nach und nach geborenen Kinder hervor. Er verließ Heidelberg im Frühjahr 1832 in Begleitung eines Botanikers mit Ziel Nordamerika. Um 1835 holte er seine Familie nach und ließ sich mit ihr dauerhaft in Dayton / Ohio nieder. Mit dem Wegzug dieses Zweiges war zwischen 1835 bis 1843 vorübergehend niemand aus dem Geschlecht der Grafen von Jenison-Walworth am Neckar ansässig.

7. Carl von Jenison: die Rückkehr 1844 und die letzten Jahre der Familie in Heidelberg und Schlierbach bis 1890

Nach dem Tod seiner ersten Frau fand sich 1844 der kaiserlich-österreichische Rittmeister „aus Wien" Carl von Jenison-Walworth (1809 – 1870) – Franz und Mary von

Patrick Heinstein

Jenisons in Stuttgart geborener, jüngster Sohn – wieder in Heidelberg ein und erwarb mit Kaufvertrag vom 30. Oktober 1844 im nahe gelegenen Schlierbach ein Domizil am Neckarufer. Auch hier sind die Verflechtungen innerhalb der englischstämmigen Heidelberger Bevölkerung ganz evident:

Das Grundstück gehörte bis dahin der Witwe des Dr. John Bell, Margaretha Ashington Bell, die sich seinerzeit in England befunden hatte und sich durch den Banquier Adam Fries vertreten ließ. Sie hatte das Anwesen dereinst „Wolfsbrunnen Cottage" genannt. Es umfasste 10 Morgen Land, „zwei Häuser, zu Schlier-/bach gelegen, bezeichnet mit Nro. 82, das Eine unten/an der Landstrasse, das/Andere auf der Höhe/... mit Pflanz-Baum-Haus u. Blumengarten,/dabei eine englische Anlage mit Weiher und/zwei Brunnen, so wie/dieses Alles mit Mauer".[85] Mehrfach erweiterte Carl v. Jenison seine Besitzung durch Zukauf angrenzender Grundstücke: so wenige Monate später, am 30. April 1845 um eine Wiese von Obergerichtsrat Georg Philipp Leonhard für die Summe von 500 Gulden[86] und am 3. Dezember 1847 um ein Morgen Ackerland für 350 Gulden von des Johannes Weidmann Erben aus Schlierbach.[87]

Am 4. Mai 1855 vergrößerte Jenison sein bereits beträchtliches Schlierbacher Anwesen erneut, diesmal durch Zukauf des angrenzenden Wohnhauses Nr. 83, „nebst dabey befindlichem Garten 30 4/10 Nürnberger, 79 Ruthen/67 Schuh bad. Maß".[88] 1859 kam noch eine Wiese aus städtischem Erbbestand für 235 fl. hinzu, bis dahin von der Witwe Adelheide Ehrmann genutzt.[89]

Carl von Jenison-Walworth hatte die neue Besitzung schon mit dem Erwerb des ersten Gebäudekomplexes 1844 „Wahlheim" getauft. Sie diente dem vermögenden Witwer zunächst als eigenes Refugium – zur kaiserlichen Armee sollte er nicht mehr zurückkehren – aber auch zum familiären Beisammensein mit der betagten Mutter Lady Mary nebst Tochter Louise und der nach über 30 Jahren aus England zurückgekehrten, ältesten Schwester Charlotte Mary. Diese waren anlässlich des Wiedereintritts Carls in die alten Heidelberger Verhältnisse dem Bruder im Oktober 1845 aus ihrem seinerzeitigen Lebensumfeld Dresden nach rund 18-jähriger Abwesenheit an den Neckar gefolgt und hatten sowohl bei Carl in Schlierbach, als auch für die Dauer von zwei Jahren in der Heidelberger Plöck A 274 Wohnung genommen.[90] Zwischenzeitlich war von Jenison als Privatadjutant in die Dienste des Prinzen Emil von Hessen und bei Rhein eingetreten und hielt sich daher häufig in Darmstadt auf. Wenige Monate nach seinem Dienstantritt vermählte sich der verwitwete und kinderlose Mann erneut. Seine Wahl war just auf die 1825 in Heidelberg als Spross einer Londoner Immigrantenfamilie geborene Helen (Ellen) Mitchell gefallen.[91] Sie war eine Tochter des in Heidelberg seit um 1820 ansässigen, aus London stammenden Privatiers James Mitchell und seiner Gattin Elisabetha geb. Röder.[92] Jenison dürfte seine Gattin schon seit deren Kinder- und Jugendjahren gekannt haben, da zwischen den Mitchells und Jenisons als gleichermaßen aus England emigrierte Familien im Heidelberg der 1820er Jahren eine persönliche Verbindung bestanden haben wird. Die Eheschließung fand am 9. Januar 1849 in Heidelberg statt.[93] Das Paar lebte zunächst schwerpunktmäßig in Darmstadt. Hier kam am 18. Februar 1850 der erstgeborene Sohn Duncan zur Welt.[94] Die Frühjahres- und Sommermonate des Jahres wurden offenbar in Schlierbach und Heidelberg verbracht.[95] Während Carl von Jenison weiterhin seinen Dienst an der Seite des Prinzen Emil in Darmstadt versah, war dessen Gattin vorwiegend in Heidelberg ansässig. Hier bzw. in Schlierbach, kamen daher auch die weiteren Kinder zur Welt: am 4.3.1852 Anne, am 13.9.1853 Emil (gest. 1910) und am 1.10.1854 Mary.[96] Die beiden letzten Sprösslinge wurden in Heidelberg geboren: Louise am 23.10.1856 und Elise am 18.8.1861.[97]

Das Heidelberger Idyll hatte unterdessen mehrmals eine Zäsur erfahren: so starb am 26. Juli 1851 die betagte Mutter Lady Mary von Jenison-Walworth, geb. Beauclerk fast 85 jährig.[98] Ihre Nachlassakten bekunden, dass sie über keinerlei Liegenschaften verfügte und die letzten Jahre von einer kleinen familiären Leibrente gelebt hatte.[99] Hierauf verließen die beiden ledigen noch im Haushalt verbliebenen Töchter Heidelberg mit dem Ziel Italien, waren jedoch wegen der angegriffenen Gesundheit von einer der beiden, Louise v. Jenison, nur bis Meran gekommen, die dort im Oktober 1853 an Tuberkulose starb. Ihr einbalsamierter Leichnam wurde nach Heidelberg überführt und dort bestattet.[100]

1856 fand sich Carl von Jenison ganz in Heidelberg-Schlierbach ein, da sein Dienstherr in Darmstadt gestorben war. Neben den Schlierbacher Besitzungen verfügte er seit 1852 über ein Stadthaus in der Heidelberger Hauptstraße 107.[101] 1860, 16 Jahre nach seiner Wiederansiedlung, fiel die Entscheidung zum Wegzug nach Kärnten. Als solventen Käufer für seine Besitzungen am Neckar hatte Carl von Jenison die badische Eisenbahnbauverwaltung gewinnen können, die das Schlierbacher Areal nebst dazugehörigen drei Gebäuden um die Summe von 25.000 fl. erwarb.[102] Er begab sich kurz darauf nach Kärnten, erwarb mit Kaufvertrag vom 4. Juli 1861 das Gut Pakein bei Klagenfurt um die nicht unbeträchtliche Summe von 32.000 fl.[103] und holte seine Familie nach. Auf dem neuen Ansitz der Familie ist Carl von Jenison-Walworth am 1. Juni 1870 gestorben, nachdem er 1867 noch einmal kurzfristig mit Familie Heidelberg und Darmstadt besucht hatte.

Die noch im Haushalt verbliebenen Kinder kehrten mit der Mutter nach Heidelberg zurück. Die jüngste Tochter, Olga Elisabeth, heiratete im September 1886 in Heidelberg Freiherr von Seckendorf und zog daraufhin nach Freiburg. Deren Schwestern Anna, Louise und Maria lebten noch bis 1890 in der mütterlichen Wohnung in Neuenheim,[104] der Sohn Emil war bis zu diesem Jahr im gleichen Stadtteil mit eigenem Domizil gemeldet.[105] Deren greise Tante Caroline Mary von Jenison, Franz und Lady Mary von Jenisons älteste Tochter, ist als letzte der älteren Generation 1877 bis 1883 ebenfalls noch einmal hier nachweisbar.[106]

In den genannten Adressbüchern der Jahre ab 1891 findet sich der Name „von Jenison" nicht mehr aufgeführt, sodass der endgültige Wegzug der Familie aus Heidelberg, die hier mit einigen Unterbrechungen seit 1776 ansässig war, für das Jahr 1890 gesichert ist: Maria und Louise zog es ins italienische Viareggio, den Bruder Emil nach Rapallo, nachdem er im Jahre 1900 in London-Paddington Dona Gizela, eine geborene Baronesse de Tarrodhaza, Witwe des Prinzen Don Salvador de Iturbe von Mexiko geheiratet hatte. Kurz nach dem Ableben Emil von Jenisons im Jahre 1910 in Nizza, erlöscht das Geschlecht derer von Jenison-Walworth im Mannesstamm nach rund tausendjährigem Nachweis.[107] Nachkommen von Franz von Jenisons drittgeborener Tochter Emilie, verheiratete von Schönburg, leben heute im süddeutschen Raum.

Patrick Heinstein

Anhang:

Stammbaum des 1776 nach Deutschland emigrierten Zweiges der Familie Jenison-Walworth, vereinfacht unter dem Aspekt des Heidelberger Wirkungskreises dargestellt (HD = Heidelberg als Geburts-, Sterbeort oder Ort der Eheschließung)

I. Generation

Francis (Franz d.Ä.) Jenison of low Walworth, Esquire (1732 – 1799, HD); ∞ 1758, Edinburgh: Lady Charlotte Smith (1744 – 1803, HD)

II. Generation (Auswahl)

Harriet (1761 – 1792); Franz (d.J.) (1764 – 1824, + HD); John (1765 – 1791); Octavia (1766 – 1820); Winefriede (1767 – 1825); Susan (1770 – 1840); Francoise Clementine (1772 – nach 1806); Rudolph (1776 – 1835); Friedrich (*HD, 1777 – 1843); Carl Theodor (*HD, 1781 – um 1807).

III. Generation (Auswahl)

Kinder des Franz (d.J.) aus erster Ehe mit Charlotte v. Cornet (1765 – 1844), ∞ 1786: Franz Olivier (*HD, 1787 – 1867).

Kinder des Franz (d.J.) aus zweiter Ehe mit Lady Mary Beauclerk (1765 – 1851, + HD-Neuenheim), ∞ 1797, HD:

Mary Caroline (1798 – um 1895); Louise Diana (1799 – 1853, bestattet HD); Charlotte Sophie Rosa (1803 – um 1875); Amalie (1806 – 1880); Carl (1809 – 1870).

IV. Generation (Auswahl)

Kinder des Carl mit Hellen Mitchel (1825 – 1883), ∞ HD, 1849:

Duncan (1850 – um 1875); Anna Franziska (*HD, 1851); Emil (*HD-Schlierbach, 1853 – 1910); Mary Jeromia (*HD-Schlierbach, 1854); Luisa Alfrieda (*HD, 1856); Emilie Elisabetha (*HD, 1858); Elisabeth Olga (*HD, 1861): ∞ HD, 1886: Heinrich Frhr. v. Seckendorff.

Anmerkungen

1   Lothar Gall: Von der ständischen zur bürgerlichen Gesellschaft, München 1993, S. 82f.
2   Ebd.
3   Günther Ebersold (Hg.): Stephan Freiherr von Stengel, Denkwürdigkeiten, Mannheim 1993.
4   Ralf Fetzer: Die Grafen von Oberndorff. Adelige Lebenswelten und Karrieren zwischen Oberpfalz und Oberrhein, Edingen-Neckarhausen 2005.
5   Von der nachträglichen Nobilitierung verdienter, bürgerlicher Hochschullehrer im Verlauf des 19. Jahrhunderts soll hier nicht die Rede sein.
6   Als einführende Überblicksdarstellung seien genannt: Heinz Reif: Adel im 19. und 20. Jahrhundert, München 1999. Zum deutschen Südwesten in der Ära Napoleons: Thomas Schulz: Die Mediatisierung des Adels, in: Baden und Württemberg im Zeitalter Napoleons, Bd. 2, Stuttgart 1987, S. 157 – 174.
7   In Vorbereitung: Patrick Heinstein: Esperez toujours. Die Grafen von Jenison-Walworth (Arbeitstitel).
8   Vom Verf. sind alle maßgeblichen Akten in Durham, in den National Archives Kew, England, aber auch in Darmstadt, Karlsruhe, Heidelberg, Stuttgart und München ausgewertet worden. Das umfängliche Material erlaubt eine geschlossene Darstellung der sehr bewegten Familiengeschichte und fand Ergänzung über Dokumente bei den Nachkommen im Raum Süddeutschland.
9   Heinrich Kneschke: Neues allgemeines Deutsches Adels-Lexicon, Bd. 4, Leipzig 1863, S. 560.
10 Darlington verfügt heute über eine Einwohnerzahl von rund 90.000, war jedoch im 18. Jahrhundert bedeutend kleiner. Die Stadt wuchs erst im Zuge der Industrialisierung erheblich und wurde über England hinaus vor allem dadurch bekannt, dass hier 1825 die erste jemals gebaute Eisenbahnstrecke in Betrieb genommen wurde.
11 Durham hat heute rund 90.000 Einwohner. Seit dem Mittelalter bezog es seine Bedeutung durch das Domkapitel. Die Universitätsgründung erfolgte erst 1832.
12 Carola Hicks: Improper Pursuits. The scandalous life of Lady Di Beauclerk, London 2001, S. 324.
13 Siehe auch Heinrich Kneschke: Deutsche Grafen-Häuser der Gegenwart, Bd. 1, Leipzig 1852, S. 407. Der Autor gibt als Zeitraum der Ansiedlung „um 1770" an. Dies ist anhand der neu ausgewerteten Quellen nicht mehr zu halten.
14 Kurpfälzischer Hof- und Staatskalender, 1778, S. 44.

15 Kurpfälzischer Hof- und Staatskalender, 1778 – 1780.

16 Gustav Toepke: Die Matrikel der Universität Heidelberg. Bd. 4, Heidelberg 1903, S. 295, Anm. 2. In einer Anmerkung zur Immatrikulation des stud. theol. Antonius Franciscus Barion aus Metternich, „Coloniensis" wird dessen Vater „als gewesener Instructor des jungen Freih. von Jeneson … erwähnt", ebd.

17 Die Geburt Frederiks (Friedrichs) ist weder in den Heidelberger noch Mannheimer Kirchenbüchern ausweisbar. Da die Familie in eigenen, recht zeitnahen genealogischen Angaben aus dem Jahre 1792 Heidelberg als Geburtsort jedoch explizit nannte, so wird die Niederkunft wenigstens im Raum Heidelberg erfolgt sein. Siehe Robert Surtees: The History and Antiquities of the County Palatine of Durham, Vol. 3, 1823, S. 321.

18 Angaben laut StAH, Contractenbuch, Bd. 8, S. 580f.

19 Ebd., S. 581. Francis von Jenison starb 1799. Im Contractenbuch Bd. 8, 1783, S. 819, findet sich mit Datum vom 22.1.1784 ein weiterer Eintrag: von Jenison nahm eine geringe Hypothek von 226 fl. auf sein Haus auf.

20 Alle Angaben zur Baugeschichte nach Christiane Prestel: Das Haus Karlstraße 16, in Peter Anselm Riedl (Hg.): Semper Apertus. Sechshundert Jahre Ruprecht-Karls-Universität Heidelberg 1386 – 1986, Bd. V, Die Gebäude der Universität Heidelberg, Berlin u.a. 1986, S. 292 – 294.

21 Katholisches Kirchenbuchamt Heidelberg, Pfarrei Hl. Geist, Taufbuch, 12.2.1784.

22 Siehe die Kurpfälzischen Hofkalender (wie Anm. 14), bis 1790.

23 Diplom im kurpfälzischen Reichsvikariat vom 17.9.1790, Kneschke 1863 (wie Anm. 9), S. 560.

24 Katholisches Kirchenbuchamt Heidelberg, Pfarrei Hl. Geist, Totenbuch, 2.8.1791. Dort wird das Sterbealter etwas unkorrekt mit 25 Jahren angegeben.

25 Katholisches Kirchenbuchamt Heidelberg, Pfarrei Hl. Geist, Heiratsbuch, 16.9.1791.

26 Ebd., 16.10.1791.

27 Hicks 2001 (wie Anm. 12), S. 324.

28 Surtees 1823 (wie Anm. 17), S. 321.

29 Siehe Patrick Heinstein: Die Beziehungen der gräflichen Familie von Jenison-Walworth zum Haus Hessen-Darmstadt (Arbeitstitel). Erscheint Ende 2007 im Archiv für Hessische Geschichte und Altertumskunde.

30 Zu Diana Beauclerk siehe ausführlich Hicks 2001 (wie Anm.12).

31 Landeskirchliches Archiv Karlsruhe, Standesbuch der wallonischen Gemeinde Heidelberg, 29.6.1797.

32 Hicks 2001 (wie Anm. 12), S. 329.

33 Beatrice Erskine: Lady Diana Beauclerk, London 1903, S. 264, Brief der Lady Diana Beauclerk an ihre Tochter Mary, Richmond, 5.7.1798: „A letter is arrived from the D[uc]: de Deux P[onts]. for the Count … but it contains nothing but desiring the Count will continue the correspondance …"

34 Erskine 1903 (wie Anm. 33), S. 264, Brief der Lady Diana Beauclerk an ihre Tochter Mary, Richmond, 5.7.1798: "… and a Post in the Duke's own hand saying the horses were arrived and that he should go and see them the 18th …".

35 Siehe Heinstein 2007 (wie Anm. 29).

36 Dagmar Drüll: Heidelberger Gelehrtenlexikon 1803 – 1932. Berlin u.a. 1986, S. 135. Kirschbaum war seit 1757 außerordentlicher, seit 1785 ordentlicher Professor an der juristischen Fakultät Heidelberg. Im Jahre des Vertragsabschlusses mit Jenison stand er seiner Fakultät als Dekan vor und wird dadurch gleichzeitig Vertreter der Universität in Sachen Grundbuchfragen gewesen sein.

37 StAH, Contractenbuch Bd. 11, S. 281f. Das Anwesen war laut Notiz auf S. 282 offenbar 1810 endgültig bezahlt. Siehe Walther Eggert: Urlaubstage auf dem Wolfsbrunnen, Heidelberger Fremdenblatt, Teil 2, 15.9.1967, S. 2 – 5, hier S. 2. Der Autor nannte als Datum des Vertragsabschlusses fälschlich den 26.3.1897 (sic).

38 Waltraud Hoffmann: Das ehemalige Seminarium Carolinum, Seminarstraße 2, in Riedl: Semper Apertus (wie Anm. 20), S. 159.

39 GLA 269 / 832.

40 GLA 269 / 831, Bl. 3 verso, unpaginiert.

41 Das StAH verwahrt das Bürgerbuch. Im fraglichen Zeitraum 1781 – 1858 findet sich der Name nicht erwähnt.

Patrick Heinstein

42 Erskine 1903 (wie Anm. 33), S. 272, Brief der Lady Diana Beauclerk an ihre Tochter Mary, Richmond, 2.6.1799, adressiert nach „Anspach, Franconia".

43 Landeskirchliches Archiv Karlsruhe, Standesbuch der wallonischen Gemeinde Heidelberg, 30.6.1799. Siehe auch Erskine 1903 (wie Anm. 33), S. 271, Schreiben Lady Beauclerks an ihre Tochter, 1.8.1799.

44 Erskine 1903 (wie Anm. 33), S. 273, Brief der Lady Diana Beauclerk an ihre Tochter Mary, Richmond, 1.8.1799.

45 Hermann Wirth: Die wallonische Gemeinde zu Heidelberg, Archiv für die Geschichte der Stadt Heidelberg 1, 1868, S. 53 – 58, hier S. 56 (nach den Akten im GLA). Mit dem Wegzug der Jenisons nach Stuttgart Ende 1801 bestand die Gemeinde um 1802 – 05 nur noch aus den sieben Personen des Kirchenvorstandes und wurde 1805 endgültig aufgelöst, siehe ebd. Derselbe Sachverhalt zit. nach Wirth bei Fr. W. Cuno: Geschichte der wallonisch reformirten Gemeinde zu Heidelberg, Geschichtsblätter des Hugenotten-Vereins, Zehnt II, H. 4, Magdeburg 1893, S. 12.

46 Erskine 1903 (wie Anm. 33), S. 291, Schreiben Lady Beauclerks an ihre Tochter Mary, 16.6.1802.

47 StAH, Contractenbücher, Bd. 11, S. 813, Erbbestandsbrief vom 8.10.1801. Das Grundstück erhielten sie offenbar von Johann Michel Nebeling oder vom Maurermeister Martin B. Es hatte eine Größe von 1 Viertel, 35 2 /10 Ruten.

48 Adressbuch Stuttgart 1811, S. 149: „Königlich. Schloss-Nebengebäude … Graf von Jenison, Oberst-Kammerherr".

49 Heinstein 2007 (wie Anm. 7).

50 GLA 269 / 831 u. 269 / 832, Nachlassakten Charlotte von Jenison-Walworth.

51 Primavesi war gebürtiger Heidelberger. Im Zuge der Neuordnung der Heidelberger Universität 1803 hatte er sich Hoffnung auf eine Anstellung als Universitäts-Zeichenlehrer gemacht, die er mit seinem Exposé „Plan zur Errichtung einer Zeichnungsschule" im gleichen Jahr unterstrich. Dennoch wurde ihm Friedrich Rottmann 1807 vorgezogen. Primavesi hatte zudem 1803 seine fulminante Folge von „12 geäzten Ansichten Heidelbergs" radiert, die 1806 bei Artaria in Mannheim herauskamen. Die Suite großformatiger Blätter – bis dahin das Beste seiner Art unter den graphischen Heidelberg-Veduten – fand weite Beachtung und wurde allgemein gepriesen. Der Künstler verließ Heidelberg mangels Anstellung um 1806, war bis 1812 Theatermaler in Mannheim, dann Hoftheatermaler in Darmstadt und seit 1822 Hofmaler in Kassel. Siehe Gabriele Thölken in Armin Kohnle, Frank Engehausen, Frieder Hepp, Carl Ludwig Fuchs (Hgg.): „… so geht hervor ein' neue Zeit". Die Kurpfalz im Übergang an Baden 1803, Katalog Kurpfälzisches Museum Heidelberg, Heidelberg 2003, S. 194 u. Anja-Maria Roth, ebd. S. 313 – 314.

52 GLA 269 / 831, Nachlassakten Charlotte von Jenison-Walworth, dabei die Nummer XVII besagter Zeitschrift vom 28.4.1803, hier S. 2.

53 GLA 269 / 832, Nachlassakten Charlotte von Jenison-Walworth, Versteigerungsprotokoll.

54 GLA 269 / 832, Nachlassakten Charlotte von Jenison-Walworth.

55 Ebd.

56 GLA 269 / 833, Nachlassakten Charlotte von Jenison-Walworth.

57 Ebd.

58 Ebd.

59 Ebd.

60 Drüll 1986 (wie Anm. 36), S. 170.

61 GLA 269 / 833.

62 Drüll 1986 (wie Anm. 36), S. 185.

63 GLA 269 / 833. Dokument vom 18.12.1803.

64 GLA 269 / 833.

65 Eggert 1967 (wie Anm. 37), S. 2.

66 GLA 204 /1663.

67 Lutz Kurbjuweit: Das Haus „Zum Riesen", Hauptstrasse 52, in Riedl: Semper Apertus (wie Anm. 20), S. 323 – 335, hier S. 324 – 326.

68 StAH, Grundbuch, Bd. 16, S. 258. Siehe auch Kurbjuweit (wie Anm. 67), S. 324 – 326.

69 StAH, Grundbuch, Bd. 16, S. 258.

70 Ebd.

71 1855 wurde auf einem Teil des Geländes das chemische Institut erbaut; weitere Universitäts-gebäude entlang der Akademiestrasse wurden 1874 / 75 errichtet. Im „Haus zum Riesen" ist heute das Institut für Übersetzen und Dolmetschen der Heidelberger Universität unterge-bracht.

72 Siehe Patrick Heinstein: Idylle, Abbild und Sektion. Jacob Wilhelm Christian Roux (1771 – 1830), Phil. Diss. Bauhaus-Universität Weimar (in Vorbereitung).

73 Zu Roux in Jena und Heidelberg siehe Patrick Heinstein: Der Künstler Jacob Wilhelm Chris-tian Roux (1771 – 1830). Rezeptionsgeschichte, Beziehungen zum Kreis der Weimarer Klassik, Druckgraphisches Werkverzeichnis 1792 – 1818, in „Wie zwey Enden einer großen Stadt ..." Die „Doppelstadt Jena-Weimar" im Spiegel regionaler Künstler 1770 – 1830. S. 63 – 96 und S. 165 – 170. (Katalog der Städtischen Museen Jena und des Stadtmuseums Weimar, Teil 1 Jenaer Künstler), Jena 1999; ders. : Hic gaudet mors ... Der wissenschaftliche Blick im Werk des Künstlers Jacob Wilhelm Christian Roux (1771 – 1830), in Carl-Ludwig Fuchs, Susanne Him-melheber (Hgg): Biedermeier in Heidelberg 1812 – 1853 (Ausstellung des Kulturamts der Stadt Heidelberg. 22. Oktober – 8. Dezember 1999 im Ottheinrichsbau des Heidelberger Schlosses) Heidelberg 1999, S. 89 – 103; ders. : Jacob Wilhelm Christian Roux, Neue Deutsche Biographie, Bd. 22, München 2004, S. 148f.; ders. , Reinhard Wegner: Mimesis qua Institution. Die Zeichen-meister der Universität Jena (in Vorbereitung).

74 Hasso von Haldenwang: Christian Haldenwang, Kupferstecher, Frankfurt / M 1997, S. 683f.; Anja-Maria Roth: Louis Charles Francois de Graimberg, Heidelberg 1999, Teil 2, S. 12, Nr. D 11.

75 Lettow-Vorbeck, Heidelberger Fremdenblatt 1937, S. 13f.

76 Ebd., S. 18. Die Namen dieser Bediensteten tauchen nirgends in den Akten auf.

77 StAH, Totenbuch St. Peter und Providenz, Eintrag v. 28.4.1824.

78 Adolf von Oechelhaeuser: Die Kunstdenkmäler des Amtsbezirks Heidelberg, Kreis Heidelberg (Die Kunstdenkmäler des Großherzogtums Baden, Bd. 8), Tübingen 1913, S. 192, Nr. 115.

79 GLA 269 / 824.

80 GLA 269 / 827, S. 79.

81 GLA 269 / 828.

82 Heidelberger Wochenblatt, Oktober 1824, S. 275.

83 Kurbjuweit 1986 (wie Anm. 67), S. 326; siehe auch Grundbuch Heidelberg, Bd. 19, S. 19.

84 Siehe Heinstein (wie Anm. 29).

85 StAH, Grundbuch, Bd. 33, S. 162. Siehe die gedruckten Heidelberger Adressbücher ab 1846. Die genaue Adresse lautete „Schlierbach 82". Da eine ausgedehntere Bebauung der Ortschaft zu jener Zeit nicht zu verzeichnen war, kann sich das Haus nur unmittelbar oberhalb der am Neckar entlang führenden Landstraße befunden haben.

86 StAH, Grundbuch, Bd. 33, S. 537 – 539.

87 Ebd., Bd. 35, S. 803 – 806.

88 Ebd., Bd. 41, S. 326 – 329.

89 Ebd., Bd. 47, S. 641 – 646.

90 Adressbuch Heidelberg 1846, S. 52, der Name schreibt sich dort „Jenisohn", offenbar war den Offiziellen durch die lange Abwesenheit aus Heidelberg die richtige Schreibart nicht mehr geläufig.

91 Geburtsbuch der ev. Gemeinde Heilig Geist Heidelberg, Eintrag Nr. 16. 10.2.1825, StAH.

92 Elisabetha Mitchell war seit wenigstens 1839 verwitwet, und starb um 1855, siehe Adressbuch Heidelberg, 1839, S. 5 u. 1854 / 55, wohnhaft war sie in der Hauptstraße 5.

93 Gothaisches Genealogisches Taschenbuch der Gräflichen Häuser, Gotha 1937, S. 195.

94 Stadtarchiv Darmstadt, Polizeiliche Meldebögen, Carl v. Jenison. Laut weiterer Einträge dort war Duncan v. Jenison 1867 k.u.k. Offizier in Wien.

95 Stadtarchiv Darmstadt, D 4, 641 / 5, Carl von Jenison an Prinz Emil, Darmstadt, 16.3.1850.

96 Alle Angaben nach den Polizeilichen Meldebögen im Stadtarchiv Darmstadt.

97 Ebd.

98 StAH, Evangelisches Standesbuch Neuenheim, Eintrag vom 26.7.1851.

99 GLA 269 / 834.

100 Näheres hierzu und weitere Details zum Leben der Familie bei Heinstein (wie Anm. 7).

101 Adressbuch Heidelberg 1858 / 59, S. 53, ebd. 1860 / 61. In den Grundbuchakten findet sich kein diesbezüglicher Kaufvertrag; vielleicht handelte es sich um das Anwesen seines um 1855 ver-storbenen Stiefbruders William von Jenison, ehemals Hauptstraße 99.

102 StAH, Grundbuch Bd. 45, S. 52 – 62.

103 Landesarchiv Kärnten, Klagenfurt, Landtafelgrundbuch Tom. XIII, fol. 473.

104 Neuenheimer Landstraße 89, siehe Heidelberger Adressbücher.

105 Mönchhofstraße 164, siehe Heidelberger Adressbücher.

106 Die Heidelberger Adressbücher nennen von 1878 bis 1883 eine „Jenison, Mary, Gräfin von", bzw. 1883 eine „Karoline Mary, Gräfin von". Hierbei kann es sich schlüssig nur um Caroline Mary handeln.

107 Im „Gotha" 1925 (wie Anm. 93), wird das Erlöschen erstmals mitgeteilt. Zwischen 1910 und 1920 könnten noch drei männliche Nachfahren gelebt haben, allesamt Enkel des in Heidelberg geborenen Friedrich und Kinder von dessen Sohn Rudolph: Friedrich, geb. 1842, Karl, geb. 1845, u. Rudolph, geb. 1856.

Ilona Scheidle

„Fertige Tatsache spricht für sich!" (Anna Blum)

Zum 90. Todesjahr des ersten weiblichen Ehrenbürgers Anna Blum (1843 – 1917)[1]

Abb. 1: Portraitaufnahme Anna Blum in zeittypischer Witwentracht (1843 – 1917) (Stadtarchiv Heidelberg, StA HD 7715734).

Vor neunzig Jahren verstarb Anna Blum „rosenpflückend in ihrem Vorgarten" in der Theaterstraße 10, dem heutigen Anna Blum Haus. Dies war am 3. Juli 1917.[2] Erst vier Jahre zuvor war ihr zum siebzigsten Geburtstag die höchste Auszeichnung ihrer „Vaterstadt" überreicht worden – die Ehrenbürgerwürde. Mit der Auszeichnung hatte sich der Heidelberger Stadtrat entschlossen, Neuland im kulturellen Gedächtnis der Kommune zu betreten: Nach viermonatiger Debatte waren die Gemeinderäte übereingekommen, dass sie dieser Frau erstmals eine Auszeichnung überreichen wollten, die bislang ausschließlich Menschen männlichen Geschlechts von den Stadtvätern erhalten hatten.[3] Damit eröffneten sie ein neues Kapitel in der Stadtgeschichtsschreibung, denn fortan konnten nun auch Frauen offiziell in diese Annalen der lokalen Historie aufgenommen und eingeschrieben werden.

Neben dieser Debütantinnenposition ist mit Anna Blum ein weiteres Politikum verbunden – ihr Testament, das weiterhin Furore macht.[4] Nach ihrem „letzten Willen" vermachte sie der Stadt Heidelberg zwei Anwesen, jenes in der Theaterstraße und eines im Schlosswolfsbrunnenweg Nr. 6. Mit beiden „Liebesgaben" verbunden, war der Auftrag an die Stadt, sich explizit um Frauenbelange zu kümmern.[5] Kriegs- und Finanzwirren verhinderten allerdings den wortgetreuen Testamentsvollzug. Und obgleich weder ein Altersheim für Frauen in der Theaterstraße, noch ein Erholungsheim für Frauen oder eines für Mädchen im Schlosswolfsbrunnenweg errichtet worden war, diente ihr Testament gleichwohl als Argumentationsgrundlage, um die Errichtung eines Kinderspielplatzes im ehemaligen Garten der Theaterstraße zu erreichen. Ein mehrjähriger politischer Prozess von Eltern-Kind-Initiativen der nahegelegenen Schulen erwirkte, dass die Asphaltfläche in eine Spielwiese umgewandelt wurde. Denn zentral gelegene Parkflächen sind in der Heidelberger Kernaltstadt kostbare Raritäten; das Grundstück der Theaterstraße 10 aber hatte solche – exklusiv für PKWs. Seit 2006 wurde nun aus dem reinen Auto-Park-Platz nun auch ein Kinder-Spiel-Platz. Erfolgreich reklamiert wurde für diese (Kinder) Interessensvertretung Anna Blums Vermächtnis.[6]

Und aktuell steht zur Debatte, dass die Blumsche Immobilie Teil der Erweiterung des Heidelberger Theaters werden könne. Damit bedürfte der Deutsche Frauenring e.V., der als Nachfolgeorganisation des Badischen Frauenvereins – und in Anerkennung der Leistungen der ersten Ehrenbürgerin in diesem Verein – seit dreißig Jahren seinen

Sitz in der Theaterstraße 10 hat, einer neu-
en Bleibe.[7] Können auch kulturelle Werte,
wie jene einer vorbildlichen Bürgerlichkeit,
die Anna Blum mit ihrem Lebenswerk und
Testament verkörperte, auf Wanderschaft
gehen – gar zur Migration veranlasst werden? Was heißt es für eine Stadt und deren
Gemeinwesen, wenn etablierte Vorbilder,
wenn verhandelte und konsensfähige Vorgaben nicht bzw. nicht mehr respektiert
werden?[8]

Fast hundert Jahre nach der ersten
Erhebung eines Mannes zum Ehrenbürger Heidelbergs erhielten Heidelbergerinnen mit der Ernennung Anna Blums zur
Ehrenbürgerin eine Art Chancengleichheit
für die Historiographie und gleichwohl
auch eine anerkannte „Geschichtsmündig-
keit".[9] Die Entscheidung für einen weiblichen Ehrenbürger – „obwohl es nicht der
Tradition unserer Stadt entspricht" – erklärte OB Walz, sei auch darum gefallen,
da sich Heidelberg stets auf das „mütterliche Herz" von Anna Blum habe verlassen können. Ihr, der kinderlosen Frau, wurde ihr soziales Engagement offensichtlich
solcherart anerkannt, dass ihre „organisierte Mütterlichkeit" (Irene Stoehr) von
den Stadtvätern als kulturell tradierfähi-
ges Muster und als vorbildhafter und zeit-
loser Wert für Heidelbergs Bürgerschaft
akzeptiert wurde.[10] Signalisiert nun die
aktuelle Debatte um die Nichtachtung der
mit Anna Blum verbundenen Werte das
Ende ihrer Zeit? Muss man im 90. Todes-
jahr der ersten Ehrenbürgerin vom ideellen Ende ihrer Zeit reden? Wessen Reprä-
sentantin war sie?[11]

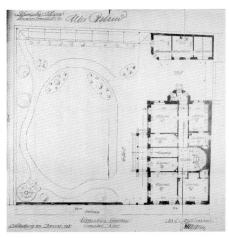

Abb. 2: Gartenanlage der Theater Straße 10, „Alter
Bestand", d. h. Zustand beim Hinscheiden der ersten
Ehrenbürgerin (StA HD AA 311/10, Digi. Nr. 031).

Abb. 3: Anna-Blum-Haus, Entwurf nach Stritt, Stra-
ßenfassade (StA HD, H 250, Digi Nr. 028).

Frau Dr. Wilhelm Blum, Anna geb. Helwerth

Anna Blum war Heidelbergerin. Am 12. Oktober 1843 wurde sie in ihrer Vaterstadt
als Tochter des Bürgers und Gastwirts David Heinrich Helwerth von seiner Ehefrau
Elisabeth, geb. Dürr, geboren. Zwei Jahre vor dem Ausbruch der Badischen Revolution
verwitwete Annas Mutter, so dass diese ab 1846 den Betrieb des Badischen Hofes in der
Hauptstr. 107 selbstständig weiterführte. Damals war es die Adresse des vornehmsten

Hotels am Platze, eine Adresse der gebildeten Oberschicht. In ihrem Hotel, Restaurant und Cafe trafen sich am 5. März 1848 führende Liberale und Demokraten wie Welcker, Hecker, von Gagern oder Struve, um über nationale Einheit und politische Freiheit zu debattieren, ein Fanal für den deutschen Parlamentarismus zu geben. Ob die vierjährige Anna am Geschehen der Heidelberger Versammlung teilgenommen hat und ob sie davon möglicherweise für ihr weiteres Leben politisch geprägt wurde, in welchem weltanschaulichen Milieu sie aufwuchs, das sind offene Fragen. Gesichert ist die evangelische Konfession, der sie und ihre Eltern angehört hatten. Ansonsten hinterließ die Kinderlose keinen (persönlichen) Nachlass. Greifbar wird Anna Blum an der Seite ihres Ehegatten Dr. Wilhelm Blum (1831 – 1904).

Der promovierte Arzt und Jurist war 1860 nach Heidelberg gekommen. Nach drei Jahren bezog er mit seinem Vater das knapp zehn Jahre alte, im romantischen Klassizismus gebaute Anwesen in der Theaterstraße 10. Der nachmalige Schwiegervater von Anna, der Staatsrat Karl Blum, hatte bereits 1858/59 in der Heidelberger Plöck gewohnt. Hier betrieb der Konditor Adolph Helwerth ein Cafe, das allgemein als Treffpunkt der russischen Kolonie bekannt war. Ob verwandtschaftliche Bezüge zu Anna Blums Vater David Heinrich bestanden ist unklar.

Nicht erst, aber gleichwohl im Zuge der Verehelichung am 21. September 1872, entwickelte sich das Blumsche Haus zu einem gesellschaftlichen Mittelpunkt der Stadt.[12] Anna Blums „regelmäßige Sprechstunden"[13] können durchaus als Salon und als Beitrag zur Heidelberger Geselligkeitskultur verstanden werden. Auch das zweite Blumsche Anwesen, ihr Sommersitz und Eldorado, das unweit der Bergbahnstation im Schlosswolfsbrunnenweg lag, diente in dieser Weise. Gespräche im halböffentlichen Raum und Kontakte zwischen den Lehrkräften der Universität und der hiesigen Ortshonoration waren sogar in dessen weitläufigem Garten, der bis zur Molkenkur reichte, oder auch in der geliebten Gartenlaube mit glycinienumranktem Schlossblick, möglich.

Die Blums waren finanziell unabhängig; beide stammten aus vermögenden Verhältnissen und zählten zur Bourgeoisie. Zu ihrem Lebensstandard zählte selbstverständlich Dienstpersonal: Köchin, Dienstmädchen und auch ein fest angestellter Gärtner mit seiner Familie von neun Kindern. Die Dienstboten zählten zum Hauswesen, die von der Herrschaft im Alter private Legate erhielten, um den Lebensabend (Rente) abzusichern. Auch aufwändige technische Neuerungen wie Elektrizität oder die Einrichtung einer Telefonanlage – laut Adressbuch der Stadt Heidelberg – mit der Rufnummer „Heidelberg 93" zeugen vom Wohlstand. Das „Verzeichnis der wahlberechtigten Stadtbürger zugleich Einladung für die Wahl der Stadtverordneten am 15. [...] Juli 1878 der Stadtgemeinde Heidelberg", nennt Dr. Blum als einen der neunundzwanzig Männer, die in der „Classe der Höchstbesteuerten" aufgelistet sind. Im System des Dreiklassenwahlrechts war ihm, dem Mann aus der ersten Klasse, damit sowohl das aktive als auch das passive Wahlrecht zugänglich.

Das Bürgerpaar widmete sich dem öffentlichen Leben: In den Jahren zwischen 1869 und 1892 vertrat Blum die Interessen der badischen Nationalliberalen auf Stadt-, Kreis- und Reichsebene. Mit 61 Jahren verließ er die politische Gremienarbeit und wandte sich der Wohlfahrt in Heidelberg zu, besonders dem Arbeiterbildungsverein.[14]

Entsprechend der liberalen Maxime, Gesellschaftsreformen da anzusiedeln, wo soziale Verhältnisse sich besonders fatal entwickelt hatten, wurde das punktuelle „Wohl-

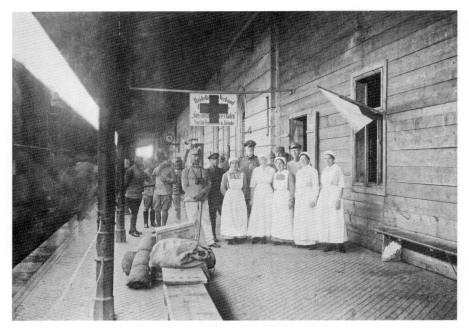

Abb. 4: Heidelberger Kranken-Erfrischungsstelle Großherzogin Luise von Baden im Bahnhof von Stryj Galizien Sept. 1915 – Jan 1917. Deutlich sichtbar die Fahne der Station, als „Heidelberger Rot-Kreuz-Verband, Erfrischungsstelle „Großherzogin Luise von Baden", „Nur für Verwundete und Kranke". Soldaten und Offiziere, fünf Frauen in Schwesterntracht, unterschiedlicher Positionen: Küchengehilfin, Schwestern verschiedener Stationen (StA HD, H 251, Gedenkbuch der Heidelberger Kriegsstationen Großherzogin Luise von Baden, Digi Nr. 16).

thun" abgelehnt. Man strebte grundsätzlichere soziale Reformen an, wofür Bildung nötig war. Geplant war ein Vereinshaus mit Leseraum, Volksbibliothek und Gesellschaftsräumen. Zeittypisch wurde der bürgerlich geführte Verein von revolutionären Bezügen ferngehalten: „Sollte der Arbeiterbildungsverein eine Richtung verfolgen, welche auf den Umsturz unserer gesellschaftlichen staatlichen Ordnungen ausgeht, so würde das Haus anderweitig genutzt, z.B. als Volksküche."[15] Für seine vielseitigen und großzügigen Verdienste überreichte ihm die Stadt 1901 die Ehrenbürgerwürde. In seinem Dankschreiben versprach der Siebzigjährige „mich stets auf die Seite derjenigen Männer zu stellen, die dem Wohl und der Arbeit für unser liebes Heidelberg ihre Kräfte weisen."

Und Anna Blum, sie „hatte an dem ganzen weiten öffentlichen Leben ihres Gatten großen Anteil". Auf gemeinsamen Reisen zu den Regierungssitzen nach Berlin und Karlsruhe verband die zwölf Jahre jüngere Ehefrau repräsentative Ehepflichten mit den gemeinsamen politischen und sozialen Aufgaben.

„Liebesgaben" – Ehrenamtliches Engagement im Badischen Frauenverein

Konkret überzeugte ihr Engagement, das Anna Blum der Stadt hatte zeitlebens zukommen lassen und zwar immateriell wie materiell, beispielsweise als Schriftführerin des Badischen Frauenvereins, Zweig Heidelberg. Dieses „Amt" bekleidete sie seit 1889: Auf ihrem Schreibtisch in der Theaterstraße 10 bündelte sich die ehrenamtliche Arbeit, d.h.

Ilona Scheidle

sie verwaltete das unbezahlte sozialpolitische Engagement der Stadt, das finanziell unabhängige Damen als sogenannte „Liebesgaben" für die Gesellschaft einbrachten. In der politischen Ökonomie wurden diese „Liebesgaben" volkswirtschaftlich nicht erfasst, erst heute werden sie als Leistungen im Bereich von „Care-Arbeit", also der freiwilligen Sorge für Bedürftige, debattiert.[16]

Doch dies war es nicht allein; an ihrem Lebensabend war die körperlich seit Geburt durch ein Fußleiden geschwächte Anna Blum Mitfrau im Fröbelverein, im Turnverein, im Roten Kreuz, in der Propaganda-Gesellschaft für Mutterschaftssicherung, im Kriegernachmittagsverein und bekleidete zahlreiche Ämter im Badischen Frauenverein Heidelberg. Ihr Wirken ist untrennbar mit dieser, der größten badischen Massenorganisation im deutschen Kaiserreich verbunden. Seit 1875, als der „hiesige Frauenverein" in den „allgemein-badischen" eingegliedert wurde, widmete sie fast 45 Jahre dieser Organisation. Folgt man dem Nachruf von Geheimrat von Jagemann, dem Leiter des Roten Kreuzes, so war „das Streben steter Förderung der Damenwünsche und das Anerkenntnis ihrer Ansicht und Erfahrung"[17] das Movens des umfangreichen Umtreibens von Anna Blum. Sie war eine der zentral aktiven Heidelbergerinnen in dieser regierungsnahen Nichtregierungsorganisation:

Für die Abteilung III, Krankenpflege und Frauenheim war Anna Blum eine der über hundert kostgebenden Damen, die Kranke versorgte. Im Rechenschaftsbericht von 1894 werden 129 Kranke an 1493 Tagen mit Verköstigung erwähnt und 150 Personen mit 258 Flaschen Wein versorgt.[18]

1897 unterzeichnete Anna Blum mit dreiundsiebzig weiteren Damen einen Aufruf, um den zweiten Luisenbazar für kranke Kinder in Heidelberg mit Spenden auszustatten. Einen Monat lang warben sie dafür, das „Unternehmen durch Zusendung von Gaben und Spenden jeder Art zu fördern",[19] als Unterzeichnete erklärte sich Anna Blum bereit, Sendungen aller Art entgegen zu nehmen.

1895 gründete „Frau Dr. Blum" auf Anregung der Vereinsprotektorin, Großherzogin Luise von Baden, eine Flickschule, die für schulentlassene Mädchen der 8. Klasse ein zeitlich begrenztes Unterrichtsangebot in Handarbeiten organisierte. Vereinsintern wurde die Schule in der Abteilung für weibliche Arbeiten erfasst. Als Leiterin der Abteilung I hatte sie bis 1904 mit der Arbeits- und Gewerbeschule, der späteren Frauenarbeitsschule zu tun.[20] Als der Verein die Personalkosten, insbesondere die Aufwendungen für eine standesgemäße Altersversorgung für die Lehrerinnen nicht mehr aufbringen konnte, übernahm die Kommune den Betrieb. Danach wurden der Abteilung neue Aufgaben zugeteilt – der Tuberkulose-Ausschuss, dem die Geschäftsführung des jungen Vereins zur Bekämpfung der Tuberkulose eingegliedert war.

Wie in den meisten badischen Gemeinden stand der TB-Ausschuss mit dem Frauenverein in engster Verbindung und widmete sich Fragen der Volkshygiene, um die Gefahren der Krankheit zu reduzieren, die nach der

Abb. 5: Heidelberger Kriegswahrzeichen, das „Kreuz in Eisen". Sichtbar sind die eingenagelte kaiserliche Krone, das Wilhelminische „W" sowie noch bestehende Nagellücken, seitlich Treppchen und Stuhl (StA HD, H 250, Digi Nr. 22).

Statistik des Bevölkerungsvorgangs 1894 in Heidelberg die erste Todesursache war.[21] Organisatorisch wurden Heidelberg, Neuenheim und Handschuhsheim dafür in 8 Bezirke eingeteilt. Jedem Bezirk wurde eine Frau und eine Stellvertreterin zugewiesen, welche den Kranken „in liebevoller Weise die möglichste Hilfe"[22] verabreichten.

Als eine Kommission für die Kriegskrankenpflege eingerichtet wurde, gehörten dieser an: die Präsidentin des Badischen Frauenvereins Zweig Heidelberg Frau Geh. Reg.-Rat Pfister, die Vorsitzende der Abteilung Krankenpflege und Frauenheim Frau Professor Kayser, der vorsitzende Beirat Herr Dr. Blum und der Beirat für die Abteilung Kinderaufsicht, Mädchenfürsorge Dr. Walz. Als 1904, noch zehn Jahre vor dem Ersten Weltkrieg, ein Ausschuss der Vorbereitungen für den Kriegsfall formiert wurde, wurde Anna Blum dessen Vorsitzende.

Das Kreuz in Eisen – Heidelbergs Kriegswahrzeichen

Damit war Anna Blum quasi per „Amtsweg" Mitglied des Heidelberger Roten Kreuzes, denn der Ausschuss war beauftragt, „gemeinschaftlich mit dem Männer-Hilfsverein das örtliche Lazarettwesen aufzubauen"[23]. Während seiner „Feuerprobe", dem Ersten Weltkrieg, hielt der Ausschuss unter dem Vorsitz der Prinzessin von Sachsen-Weimar, Sr. Exzellenz von Jagemann und von Frau Dr. Blum am 11. Juni 1915 eine Versammlung der Frauenvereine des Landbezirkes ab. Ihr Thema war die Organisation der sog. Liebesgaben. Gemeint waren die freiwillig erbrachten Leistungen der als Heimatfront verbliebenen Bevölkerung, der Frauen und der alten und jungen Hinterbliebenen.[24] Die Frauenvereine des Bezirkes wurden aufgefordert, Sammelstellen und Einkochküchen für Obst und Gemüse einzurichten, die Produkte aufzulisten, Empfehlungen über konservierungsgeeignete Naturalien weiterzugeben, Eierversandkisten in Schulen aufzustellen, Sammelwagen für Gemüse auf Wochenmärkten aufzustellen und dergleichen.[25]

Noch andere Arten an Sammlungen dienten zur Finanzierung des Krieges und des Lebens im Kriege: Es gab Spenden für die Schützengrabenbücherei, die Sammlung „Gold gab ich für Eisen", die der Juwelier Kesselbach auf dem Güterbahnhof verwaltete, die Sammlung von ausgegangenen Frauenhaaren oder ganzer Zöpfe. Und es gab das „Kreuz in Eisen, das Kriegswahrzeichen der Stadt Heidelberg".

Eugen von Jagemann, der Vorsitzende des Badischen Roten Kreuzes, hatte dazu im Juni 1915 angeregt und bereits am 3. Juli war die feierliche Eröffnung im Hofe des Patrizierhauses in der Hauptsstraße, des Städtischen Sammlungsgebäudes. Während der Eröffnungsfeier des „Schmucken Holztempels", saß die Ehrenbürgerin Anna Blum neben der Prinzessin von Sachsen-Weimar und der Frau des Oberbürgermeisters auf einer kleinen Erhöhung, von der aus sie den „Musik- und Weihevortrag" des Festredners Max von Waldberg lauschen konnten.[26]

Das Kriegswahrzeichen war ein 1,90 auf 1,90 großes, aus geleimter Silberpappel gefertigtes Holzkreuz in überdimensionaler Form des Ordens.[27] Gespendet war das Material aus dem Vermögen der Heinrich Fuchs, Waggonfabrik A.G.[28] Die Rohform wurde mit einzelnen Eisennägeln beschlagen. Die Nägel wurden per Los gekauft, sie bildeten die eigentliche Kriegsspende, „von deren sich keiner, der die Spende aufbringen kann, der Pflicht der Benagelung entziehen sollte."[29] Zwei Jahre nach der Eröffnung füllte ein

Ilona Scheidle

letzter Nagel das kreuzförmige Denkmal aus und ließ es wortwörtlich zum Kreuz aus Eisen werden. Das Benageln hatte 28.498,40 Mk. erbracht.

In einem nagelbeschlagenen Prachtband, in Schweinsleder gebunden, wurden die Unterschriften sowie Kreuz- und Sinnsprüche der patriotisch gesonnenen Spender zusammengetragen. „Dies Buch, nun in städtischem Verwahr, zum hiesigen Kreuz in Eisen, bleibe allzeit ein Andenken an den Vaterländischen Opfersinn von Heidelbergs Einwohnerschaft und Freunden."[30] wurde von Eugen v. Jagemann, B. Kochenburger, Dr. Häberle, der Zentralabteilung des Bezirksausschusses vom Roten Kreuz, im Februar 1919 mit dieser Widmung der Stadt übergeben. Das nachträglich gebundene Buch mit Hammer und Nagel, stellt eine aufwändig gestaltete Dokumentation der Kriegszeit dar, und lässt einen Einblick nehmen in den patriotisch gestalteten Alltag Heidelbergs: „In glorreichen Kriegstagen begonnen, in bitterem Leid geschlossen, sei es durch sein eisernes Zeichen ein Sinnbild solcher Festigkeit, die auch das Schwerste mannhaft überdauert".[31]

Genagelt wurde zu Feierlichkeiten des Kirchenjahres, aber auch des Staates – beispielsweise zu Ehren des Geburtstages der Großherzogin Luise von Baden. 800 Mädchen aus den Heidelberger Volksschulen nagelten, weswegen der Dienst am Eisen verstärkt wurde. Ab Freitag den 3.12.1915 wurde eine Woche lang von 9 bis 13 Uhr und von 15 bis 18 Uhr der Karten- und Losverkauf ermöglicht. Zu Kaisers Geburtstag, am 27. Januar 1916 wurde hingegen nur an zwei Tagen ein Sonderdienst (10 bis 13 Uhr sowie 13 bis 18 Uhr) eingeteilt.

Abb. 6: Schweinsledergebundener Prachtband zum Kreuz in Eisen, Aufsicht (StA HD, H 250, Digit Nr. 23).

Anna Blum (1843 – 1917) 75

Genagelt wurde von Einzelpersonen, von Firmenabteilungen, Hilfsschwestern und Helferinnen im Lazarett in der Stadthalle, von Schulkindern, von Else Fritsch stud. med., von der Freiwilligen Feuerwehr, vom Männer-Gesangverein Sängerbund – Neuenheim oder einer Delegation schwedischer Ärzte. „Durch die Liebeswürdigkeit einer gütigen Dame durften 50 fleißige und würdige Knaben der Volksschule Heidelberg am 15. Juli 1915 einen Nagel einschlagen"; auch im Folgejahr wiederholte sich am 8.6.1916 die Spende für 50 unbemittelte Schulkinder.

Eröffnet werden die Einträge – aufgelistet nach der Rangordnung des Hofstaates – von Großherzog Friedrich II, am 21. Mai 1917, gefolgt von Großherzogin Hilda, am 16. November 1915 mit Hofdame und Oberhofmeister auf gleicher Seite. Ihr „Gott mit uns!" setzte Großherzogwitwe Luise von Baden am 3. Juli 1915 mit Hofdame Baronin Ch. Racknitz, Obersthofmeister Graf Andlaw und dem Wirkl. Geheimrat Richard v. Chelius. Nach diesem Eintrag folgte die Unterschrift von Prinz Max von Baden vom 12.5.1917, die von Prinzessin Wilhelm von Sachsen Weimar, von der Herzogin zu Sachsen. Danach eröffnete der Geh. Medizinalrat Dr. Mittermaier die Reihe der lokalen Honoration mit dem Sinnspruch: „Deutschland und Österreich vereint"; Leo Königsberger stiftet einen

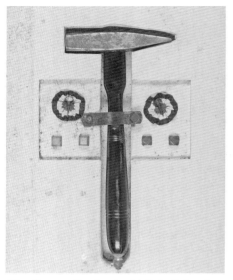

Abb. 7: Hammer, Nagel und patriotische Farben des Heidelberger Kreuzes in Eisen, Teil des Prachtbandes (StA HD, H 250, Digi Nr. 24).

Abb. 8: Schweinsledergebundener Prachtband zum Kreuz in Eisen, seitl. Gesamtansicht (StA HD, H 250, Digi Nr. 25).

„Nagel zum Sarge rationalen Neides und Hasses", der Gesamtvorstand des Zweigverein Heidelberg des Badischen Frauenvereins widmete: „Rast ich, so rost ich..." mit einem einseitigen Eintrag. Eine fortlaufende Liste der Unterschriften beginnt mit Eugen von Jagemann, Prof. Wilhelm Erbs „Fest und Treu!" Auch Anna Blum unterschrieb – mehrmals. Bei der Eröffnung, Anlässlich der einjährigen Zusammenarbeit im Dienste des Roten Kreuzes, aus Anlass der Einnahme Bukarests am 11.10.1915 mit dem Sinnspruch: „Möge Einigkeit / Saat der Kriegszeit / Dauerfrucht tragen / in Friedenstagen!" Zuletzt nagelte sie am 7. Dezember 1916 im Rahmen einer Veranstaltung des Bezirksausschusses des Roten Kreuzes wieder aus Anlass des Gedenkens an die Einnahme Bukarests.

Anna Blums Kreuzspruch fügt sich in das patriotische Milieu ein, das in anderen Widmungen zu finden ist: Ida Hoofes: „Einig sein und Gott vertrauen, Tapfer sein und

Ilona Scheidle

Abb. 9: Frau I. Hoops, Geheimrat Hoops, Frau M. Maier, Prof. G.B. Schmidt, Pleger Boch, Sch. Genoveva Krieg, Oberin Bauer, Schwester Marianne Neumeier, Sch. Grete Marx, Pfleger Bässugen, Schwe. Mary, Schmeil, Pfleger Fischer, Köchin Wemado Dr. med Elsässer, Architekt Müller, Pfleger Glaab, [..] Zugführer Maier, Verwalter Meiners, Pfleger Schäfer, Pfl. Wille, Pfl. Bamberger.

vorwärts schauen, das ist deutscher Männer Art." Frieda Adamy: „Fest und treu"; Julie Jannasch: „Wir wollen durchhalten." Elina Seng: „Eine feste Burg ist unser Gott." Anna Erb: „Allen Gewalten zum Trotz sich erhalten!"

Nach den Unterschriften und Kreuzsprüchen finden sich Artikel zum Kreuz in Eisen, Fotografien, zur Tätigkeit des Roten Kreuzes allgemein und weiter Sprüche, die aus dem Kriegsgeschehen herleitbar sind, aus der anfänglichen patriotischen Erhebung und dem folgenden schockierten Erwachen mit Durchhalteparolen im martialischen Massenvernichtungskrieg.[32]

Heidelberger Kriegsstationen Großherzogin Luise von Baden

Abb. 10: Die „Heidelberger" in Bryzany mit dem Chefarzt der Krankentransporte – Abt. Süd Herrn Oberstabsarzt Illberg (Mitte), Pfleger Boch, Bischof, Hahn, Kleinert [..] Frau Prof. Maier, Schwester Marie Schreiber, Schw. Sofie Buckner, Gretel Marx, Grete Schmeil Verwalter Herrn Pirsch (StA HD, H 251, Gedenkbuch der Heidelberger Kriegsstationen Großherzogin Luise von Baden, Digi. Nr. 17).

Durch ihre Position im Roten Kreuz war Anna Blum nicht in die unmittelbare Frontarbeit eingebunden, doch hatte sie Anteil an der Arbeit der „Heidelberger Kriegsstationen Großherzogin Luise von Baden". Im Gedenkbuch und den Gästebüchern der Kriegsstationen ist der Alltag der Rot-Kreuz-Schwestern dokumentiert, also jener

Heidelberger Schwestern, die im Ersten Weltkrieg im Zug der Sanitätsdienste Frontsatz hatten. Durch das Rote Kreuz waren Stationseinsätze in Tournai, Stryj, Rohatyn, Volocz, Brezany, Bukarest, Buzau und Courlandon organisiert worden.

Als Vorsitzende der Kriegskommission hatte Anna Blum diese Arbeit ermöglicht, die im „Gedenkbuch der Heidelberger Kriegsstationen Großherzogin Luise von Baden"[33] dokumentiert ist. Neben medizinischer Arbeit waren es logistische Tätigkeiten, und vor allem psychosoziale Aufgaben, die den Frauen an der Front oblagen. „Dass das Wurstbrot verlockend, der Kaffe delikat und der Honig wonnig war, ist selbstverständlich. Dass aber liebe deutsche Frauen diese Herrlichkeiten zubereitet und mit frohem Lächeln gereicht haben, das wird mir das [..] „Heidelberg in Rohatyn" unvergesslich machen." schrieb Hekell Stut. im Stab 48. R.D. am 27. Juli 1915. Oder der Flieger Schramm vermerkte am 7.9.1915 „Mein Urlaub wurde mir gestrichen, aber die wie immer freundliche Aufnahme hier hat mich getröstet. Herzlichen Dank!"[34]

Ein zeittypischer Eintrag fasst die Arbeit der Kriegsstationen folgendermaßen zusammen:

„An die „Heidelberger" der Südarmee: Seid stolz ihr Frauen vom Neckarstrand, auch ihr dürft euch der Kriegsarbeit erfreun / Was ihr geleistet fern vom Heimatlande bleibt / unvergessen in der Kämpfer Reih`n / In Volocy im Karpaten Schnee und Eise begannt ihr mit eurer Liebesthat / Und Tag wie Nacht in wunderthätger Weise / Kein Ruh'n noch Rasten es gegeben hat. / [...] Vieltausend von schwerverwundeten Brüdern / die wurden doch mit Speis und Trank gepflegt / verbunden und gestärkt an Leib und Gliedern / auch mancher Brave doch ins Grab gelegt."

Abb. 11: Verpflegung der Verwundeten durch die Schwestern der „Heidelberger Kriegsstation" in der Schlucht bei Courlaudon (StA HD, H 251, Digi Nr. 20).

Die Blumsche Badeanstalt – am Neckar

Für Friedenszeiten war die Spende des Blum'schen Freibades symptomatisch für das tätige Engagement der Blums. Seit ihrer gemeinnützigen Spende von 30.000,- Mark, die die Eheleute Wilhelm und Anna Blum 1893 der Stadt übergeben hatten, war das Blumsche Bad von der Heidelberger Bevölkerung vielgeliebt und – eintrittsfrei – vielbesucht. Die städtische Schwimm- und Badeanstalt am Neckar verzeichnete sogar so großen Zulauf, dass es öffentliche Debatten um die Öffnungszeiten gab. Denn Mädchen und Frauen waren durch weniger und schlechtere Öffnungszeiten benachteiligt. Erst eine Extraspende der 1904 verwitweten „Dr. Wilhelm Blum, Wwe." schaffte 1906 Abhilfe durch Erweiterung – bis zum Mai-Hochwasser 1931, das die Anlage zerstörte.[35]

Das „städtische Freibad" hatte mehrere Funktionen. Es war eine Schwimm- und Badeanstalt, d.h. es war eine Freizeitanlage und eine Hygieneeinrichtung für die unteren Bevölkerungsschichten, die sich im fließenden Wasser waschen konnten. Dafür waren die hölzernen „Flussbadewannen" in den Badehäuschen vorgesehen. Diesen Aspekt hebt die Stadtchronik von 1911 hervor, denn sie betonte, dass das Blumsche Freibad „nicht nur einen erfrischenden Genuss, sondern auch die körperliche Ertüchtigung und Erhaltung der Gesundheit" fördere.

Ilona Scheidle

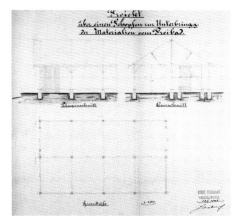 

Abb. 12: Entwurf für einen Schuppen für das Blumsche Freibad (StA HD, AA 240 a / b, Digi Nr. 26).

Abb. 13: Volksfrauenbad am Neckar, angeleitete
Gymnastikübungen (StA HD 9603582, Digi Nr. 002).

Genaue Vorschriften regelten den Nutzungsbetrieb der Badenden:

> „Dass der Aufenthalt in der Anstalt nicht ungebührlich und unnöthig (…) ausgedehnt wer-
> de, dass vielmehr Jeder sich mit dem Baden thunlichst beeile und die Anstalt baldmöglichst
> wieder verlasse."

Persönlich wachte die von der Stadt angestellte Bademeisterfamilie Überle darüber, dass das Badeleben in geregelten Bahnen verlief. Vater und Sohn erteil-
ten Schwimmunterricht und überwachten den Badebetrieb. Den Verwaltungsbereich,
das Ausleihen von Seifen, Badehosen und Frauenbadeanzügen sowie deren Instand-
haltung besorgte Frau Minna Überle.

Bereits im Eröffnungsjahr wurde von offizieller Seite festgestellt, dass die
Schwimm- und Badeanstalt „an bestimmten Tagen auch für weibliche Besucher" geöffnet sei.[36] Doch auch das Heidelberger Modell blieb nicht kritiklos, denn die Nut-
zungszeiten waren ungleich verteilt zwischen den Geschlechtern.[37]

Die Stiftung eines „Volksfrauenbades"

Den konkreten Beschwerden über das ärgerliche Reglement der Öffnungszeiten
widmete sich Anna Blum im zweiten Jahr ihrer Witwenschaft. Anlässlich des großherzoglichen Ehe- und Regierungsjubiläums stiftete sie 10.000 Mark zur Erinnerung an
den Besuch „unseres fürstlichen Jubelpaares am 25.09.1906." Die Stadt erhielt den
Auftrag, ein zusätzliches Schwimmbassin und weitere zehn bis zwölf Einzelkabinen zu
errichten. Als der Spende keine Taten folgten, erinnerte Anna Blum im Interesse der
weiblichen Arbeiterinnen den Stadtrat nochmals an das humane Motiv und an den
Bedarf ihrer Gabe. Schließlich forderte sie dazu auf, die Baumaßnahme für 1907 vor-
anzutreiben. Vor einer ersten Planbesprechung forderte sie die genauen Unterlagen
des Tiefbauamtes an. Diese Pläne wiesen bereits eine verdoppelte Endsumme, nämlich
20.000 Mark aus. Anna Blum setzte daraufhin genauere Verfahrensbedingungen mit
der Stadt fest:

> „Wenn ich eine schriftliche Versicherung erhalte, dass die Bestellungen und Arbeiten für das
> zu errichtende Frauenbad sofort und mit der denkbar größten Energie betrieben werden,
> erhalten Sie am 1.7.07 von mir weitere 5.000 Mark. Sobald das Bad fix und fertig ist im Laufe

Abb. 14: Volksfrauenbad mit Bademeisterin und Blick in die Abteilung für Nichtschwimmerinnen mit einer Wassertiefe von 1,10 M (StA HD 9603587, Digi Nr. 001).

des Sommers erhalten Sie am 1.10.07 den Rest von 5.000 Mark. Sollte sich die Fertigstellung verzögern, so würde sich auch die letzte Zahlung verzögern."

Neben diesem Ultimatum formulierte sie nochmals den genauen Auftrag der Stiftung:

> „Das Bad soll ein Volksfrauenbad für Erwachsene (aus der Schule Entlassene) sein für die bedürftigsten Stände und nicht, wie es in dem Plan des Tiefbauamts betitelt wird, >Damenbad<. Als solches darf es weder benützt noch benannt werden. Mein Wunsch geht ferner dahin, von jetzt an nichts in der Öffentlichkeit darüber zu debattieren, stillschweigende, rasche Arbeit zu liefern. – Die fertige Tatsache wird für sich selbst sprechen."[38]

Bereits im Jahre 1911 konnte die Chronik der Stadt Heidelberg festhalten, dass das Blumsche Freibad „ wie jedes Jahr am 15. Mai eröffnete" und von „fast ebensoviel Frauen wie Männer(n, I.)"besucht worden sei.

„Zu meiner fassungslosen beschämenden Überraschung" – Ehrenbürgerschaft

Ab Juli 1913 debattierte der Heidelberger Stadtrat über die Verleihung der Ehrenbürgerwürde an Frau Dr. Wilhelm Blum Wwe., geborene Anna Helwerth. Mit Beschluss vom 1. Oktober wurde darüber positiv entschieden; am 24. Oktober 1913 übergaben Oberbürgermeister Walz und Bürgermeister Wieland den Ehrenbürgerbrief an die 70-jährige. Damit wurde ihre kontinuierliche Arbeit im Bereich der öffentlichen Wohlfahrtspflege anerkannt.

Paradoxerweise wurde Anna Blum zur ersten Ehrenbürgerin ernannt, ohne im Vollbesitz der bürgerlichen Rechte zu sein. Denn erst in der Weimarer Republik hatten Frauen sich das aktive und passive Wahlrecht erkämpft. „Konsequenter" im Sinne einer bürgerlich konstituierten Rechtsgesellschaft handelten die Stadtväter in Tübingen. Sie

Ilona Scheidle

würdigten das Werk der 70-jährigen Mathilde Weber 1899 mit dem Titel „Wohltäterin der Stadt". Ihre Biografie einer bürgerlichen, kinderlosen Ehefrau, die im Bereich der Volksfürsorge, Dienstbotinnenfrage u.a.m. wegweisende Lösungen erarbeitet hatte, fand keine Würdigung durch eine Ehrenbürgerschaft. Die Stadtväter Tübingens gingen different vor; sie schufen eine spezifische Würdigungsform für Bürgerinnen. Damit wurden Frauen in Tübingen auch auf der symbolischen Ebene nicht egalitär, sondern different mit den Bürgern gestellt. In Tübingen blieb neben dem rein juristischen auch die symbolische Ebene der Bürgerschaft allein männlichen Bürgern reserviert.

Neben einem idealisierenden Weiblichkeitsbild ist den Ehrungen von Anna Blum und Mathilde Weber gemeinsam, dass auf das zeittypische Staatsverständnis im Sinne eines organisch-familiaren Aufbaus verwiesen wurde. Basierend auf dem bürgerlichen Theorem polarisierter Geschlechtscharaktere folgte auch der Staatsentwurf einer biologischen Zweiteilung, wobei Standesdefinitionen zu Charakterdefinitionen und Geschlechtsmerkmale zu Wesensmerkmalen wurden. So teilte sich Arbeit und Politik in eine öffentlich-männliche und in eine privat-weibliche Sphäre. Stimmig mit diesem

Abb. 15: Anna-Blum-Haus, Entwurf für den Erweiterungsbau nach Stritt, Gartenfassade (StA HD, H 250, Digi Nr. 029).

zweigeteilten und differenten Staats- und Geschlechterentwurf vergaben die Tübinger Stadtväter eine andere Würdigung.

Folgerichtig wies die Ehrenbürgerin Anna Blum eine Anfrage des Kunstmalers Guido Schmitt um ein Großporträt für das Bürgeramt zurück. Anna Blum hatte kein individuelles Selbstbild für die Öffentlichkeit. Am bürgerlichen Weiblichkeitsbild orientiert, verwies dieses ihr Geschlecht stets aufs Neue in den privaten Raum. Entsprechend betonte sie, dass nicht sie, sondern ihr Gatte sie motiviert habe zu handeln. In diesem Sinne unterschrieb sie generell als Ehegattin, nämlich als Frau Dr. Wilhelm Blum Wwe.

„Wenn ich auch im Sinne meines verstorbenen Gatten den socialen und wohltätigen Bestrebungen in meiner Vaterstadt, seit seinem Tode, mein wärmstes Interesse zu Theil werden liess und wo ich es für erspriesslich hielt auch tatkräftig bezeugte, so konnte doch niemals der Gedanke bei mir entstehen, dass dies als so grosser Verdienst aufgenommen werden könnte, dass mir meine Vaterstadt dafür ihre höchste Ehrung zu Theil werden lässt!"

Sie griff auf das bürgerliche Weiblichkeitsbild einer „devoten nichtsubjekthaften" Ontologie zurück und entwickelte dieses für die Zukunft weiter. Im Falle der Ehrenbürgerschaft verpflichtete sie sich die erhaltene Ehre zur Handlungsschuld an der Vaterstadt werden zu lassen:

> „Ich bitte mir die Versicherung zu gestatten, dass ich mich dadurch als ihre grosse Schuldnerin fühle, der es schwer fällt bei dieser aussergewöhnlichen Ehre, die mir unverdient erscheint, den richtigen Ausdruck meiner tiefen Dankbarkeit zu finden. Ich kann dieselbe mir durch die That in Zukunft bezeugen und bitte ich, einstweil meinen warmen und aufrichtigen Dank in schwachen Worten entgegenzunehmen."[39]

„Blum's Hof und Blümli-Alp" – Anna Blums Testament

In ihrem Testament verfügte Anna Blum zwei Stiftungen für Frauen: ein Altersheim in der Theaterstraße, von ihr Blum's Hof genannt, und ein Erholungsheim im Schlosswolfsbrunnenweg 6, die Blümli-Alp. Beide Anwesen sollten mit einem Angebot für Kinder ausgestattet werden. Blum's Hof in der Stadt mit einem Solebad und Blümli-Alp am Berg sollte eine Waldfreizeit im großen Garten ermöglichen. Ihre Zielgruppe waren „Bedürftige", nämlich Frauen, Mädchen und kranke Knaben.

> „Im Hofe des Hauses Theaterstrasse 10 befindet sich ein kleiner Anbau [...hier] soll eine Badeeinrichtung für arme Kinder errichtet werden, die kränkliche, von unbemittelten Eltern, gefährdet durch erbliche Tuberkulose, auch im Winter und Sommer auf ärztliches Zeugnis hin, Salzbäder erhalten sollen.[...] Im Garten soll ein kleiner, sonniger Platz für sie abgesperrt werden, auf dem sie bei gutem Wetter liegen können (nicht herumtummeln). Beaufsichtigt soll das Ganze werden durch die Hausmutter von Blum's Hof."[40]

Anna Blums „letzter Wille" sah vor, das Heim einem Kuratorium zu unterstellen. Unter dem Vorsitz des Oberbürgermeisters sollten Ortsgeistliche und Ärzte ihre Kompetenzen dem Heim nutzbar machen. So zielte der Stiftungsaufbau auf eine Integration in das lokale Geflecht der wichtigsten Kräfte. Die kommunalpolitisch höchste Ebene, der Oberbürgermeister, wurde verantwortlich vorangestellt und die Wissenschaft beigeordnet. Ebenso eingebunden wurden die Kirchen, wenngleich die Stiftung „confessionslos gehalten sein" sollte. Besuche und die Mitwirkung von Geistlichen „jeder Confession" waren allerdings nicht nur „erlaubt", sondern ausdrücklich „erwünscht". Übergreifende Aufgabe dieser Kreise war es, eine optimale Nutzung des Heimes, gerade im Sanatorischen, zu gewährleisten.

Ausdrücklich grenzt sie ihre Stiftung von bestehenden Einrichtungen, dezidiert von der eines Armenhauses ab. Hilfreich scheint ihr hierfür ein strenges Reglement,

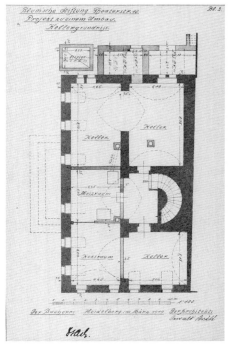

Abb. 16: Grundriss Blum´s Hof (StA HD AA 311/10, Digi Nr. 27).

Ilona Scheidle

sowie die unabdingbare Ausrichtung der Heimbewohnerinnen auf Reinlichkeit und Frieden zu sein. Grundstruktur ist die des „guten Rufes", seien diese gefährdet, haben die vorgesehenen Hierarchien zur Kündigung zu greifen. Eine Wärterin sollte dem Haus vorstehen.

Stellt man die Frage nach Bezügen zwischen dem Vermächtnis Anna Blums und ihrer Zeit, so gilt es nach Vorbildern für das Modell „Blum's Hof" zu forschen. Als Bezugspunkt ist hier beispielsweise das Marie-Luisenheim, eine Einrichtung des Badischen Frauenvereins, zu nennen. 1911 wurde das Heim eingeweiht. Zur Erinnerung an das Goldene Ehejubiläum des großherzoglichen Herrscherpaares hatte der Verein das Anwesen neu gestaltet. Die Immobilie war eine Stiftung von Frau Fabrikant Simon Kaufmann Wwe. gewesen. Durch Aufstockung um ein Dachgeschoss ermöglichten die Räumlichkeiten die Nutzung als Bureau-, Geschäfts-, Nähvereins- und Sitzungszimmer, kombiniert mit insgesamt 21 Schlaf- und Wohnzimmern. Entsprechungen bei Anna Blum finden sich:

> „Den Hauptraum des Erdgeschosses (...) bildet der grosse Speisesaal, der für etwa 60 Geschäftsgehilfinnen ausreicht, die hier ihren Mittagstisch finden sollen."

Beaufsichtigt wurden die Gehilfinnen durch eine professionelle Kraft. Die

> „aufsichtsführende Dame Frl. Eisenmenger (...) waltet nun auch über die ruhige und feste Ordnung des Ganzen und macht das Haus den vielen Gästen und Zöglingen zum behaglichen Heim. An der gemütlichen Einrichtung der Wohn- und Schlafzimmer, die für Ladnerinnen, Lehrerinnen, Studentinnen zu Gebote stehen, an der hellen Sauberkeit der Gänge und Stufen, an der einfachen, gediegenen, praktischen Möblierung, die doch den anmutigen Schmuck des frauenhaften Empfindens trägt, kann man sich nur freuen. (...) Zwei Bäder und Wirtschaftsräume sind im Keller untergebracht."[41]

Vereinsintern konnten die Heidelbergerinnen auf die Erfahrungen der Karlsruherinnen zurückgreifen. 1897 hatte der Badische Frauenverein ein Wohnheim für Fabrikarbeiterinnen und für Geschäftsgehilfinnen errichtet. Das Angebot richtete sich an junge Frauen und Mädchen, die allein in der Stadt lebten. Dem Heimangebot lag der sittliche Auftrag zugrunde, die Zöglinge vor den Gefahren der Stadt zu schützen.

Nach dem Tod Anna Blums beauftragte die Stadt den Architekten Oswald Stritt mit dem Umbau des Anwesens Theaterstrasse 10. Bereits am 27. Oktober 1917 schrieb Luise Strübe an die Frau des Oberbürgermeisters, sie habe über die Presse erfahren, dass die Stiftung der Anna Blum eine Stelle als Heimleitung vorsehe, wofür sie sich bewerben wolle, da sie zum Erwerb aus verschiedenen (Kriegs)Gründen genötigt sei.[42] Es kam nie zur Besetzung. Im Juli 1920 entzog das städtische Bezirksbauamt die erteilte Baugenehmigung, weil das Bauvorhaben nach Jahresfrist nicht begonnen worden war. Damit wurden die Bestrebungen, das Testament der Anna Blum umzusetzen, endgültig ad acta gelegt. Die Entwürfe des Architekten Oswald Stritt blieben unrealisiert. Dieser hatte in mehreren Entwürfen geplant, das Blum'sche Haus um ein Geschoss zu erhöhen und um einen dreigeschossigen Westseitenanbau zu erweitern, mit Lichthof, Zentralküche, Speisekammer, Speiseaufzug, Anrichte, Heizungskeller, Waschküche und Schrankzimmer zur Wäscheaufbewahrung, Bügel- und Nähzimmer neben Verwaltungsräumen. Es entfielen „im Ganzen (...) also ohne Zimmer für Verwaltung und Personal, 24 Einzelzimmer (...) mit ausreichend Licht und Luft."[43]. Unrealisiert blieb auch die Badeanstalt für kranke Kinder mit Warte-, Ruhe- und Umkleideraum.

Stattdessen änderte sich die Nutzung des Anwesens in den folgenden Jahren. Kontinuierlich abweichend vom Stiftungsgedanken der Erblasserin, wurde das Anwesen anders genutzt. Einquartiert waren u. a. Bürgermeister Dr. Drach, eine Kriegsschusterei, die Zentralfürsorgestelle der Pfalz, Privatpersonen, Jugendorganisationen der NSDAP, das städtische Forstamt, das Einwohnermeldeamt. Erst seit 1956, als der „Altersclub des Frauenvereins Heidelberg" einzog, kann die Nutzung wieder als mit dem Stiftungsgedanken in etwa vereinbar bezeichnet werden. Im November 1977 erfolgte die Einweihung des neugestalteten „Blumschen Hauses", als Dach für die staatsbürgerliche Vereinigung des Heidelberger Deutschen Frauenring e.V.[44] Nach wie vor ist das Anna-Blum-Haus ein Dach für verschiedene soziale Einrichtungen, wie der gemeinnützigen Verkaufshilfestelle, dem ABC-Cabarett und einer Hausaufgabenbetreuung für ausländische Kinder. Damit verwirklichte die Stadt auch indirekt den Stiftungsgedanken der früheren Bewohnerin Anna Blum.

Und das andere Anwesen? Wurde Anna Blums Vision von „Blümlis Alp" realisiert? Zwar ist auch dieses Anwesen noch städtischer Besitz[45] – doch auch hier verhinderten die notvollen Nachkriegsjahre den Traum einer Einrichtung im Sinne der Stifterin. Die Idee eines Ortes „ganz zur Erholung für unbemittelte Personen (Lehrerinnen, einzelne bedürftige Damen, Witwen u.s.w.)"[46] ist nicht umgesetzt worden. Nach der ausdrücklichen Anweisung der Ehrenbürgerin sollte der Garten nicht verbaut werden, sondern

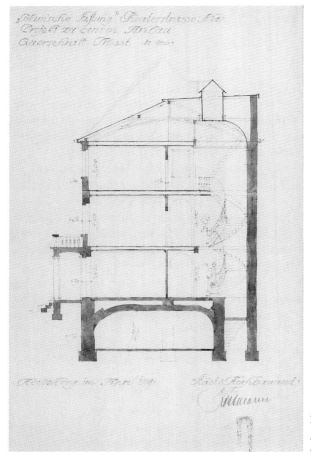

Abb. 17: Entwurf Blum's Hof für die Theater Straße 10, Querschnitt von Architekt Oswald Stritt, (StA HD AA 311 / 10, Digi Nr. 30).

Ilona Scheidle

dort sollten im „Garten erholungsbedürftige Kinder unter Aufsicht zugelassen werden – vielleicht Waldschule, Mädchenhorte, Milchverteilung, aber stets unter strenger Aufsicht der städtischen oder Schulbehörde."[47] Im Zuge einer Übergabe verschiedener Mietparteien kam es 1922 zur Ausgliederung des Gartens vom Anwesen und die Registrierung mit einer eigenständigen Grundstücksnummer 4.

„Weiß es der Fisch nicht, so weiß es der Herr"[48]

Neben dem Schicksal der beiden Blumschen Anwesen ist auch das Schicksal der Mobilien und weiteren testamentarischen Verfügungen von Anna Blum interessant. Nach dem Tode konnten zunächst die Verwandten über das Inventar verfügen. Nachdem der Testamentsvollstrecker Dr. Caesar Blum und Frau Geheimrat Kühne, geb. Blum, aus den Sachwerten ausgewählt hatten, einen Teil auch den städtischen Sammlung übergeben hatten, wurde ein Inventar erstellt. Mit diesem arbeitete die Stadt anscheinend weiter und kontrollierte das weitere Verbleiben der verbliebenen Mobilien. So erhielt 1922 das Theater Bestände aus dem Nachlass, ebenso die Bücherei und der Frauenverein. Zwei Gewehrschränke – allerdings ohne Instrumente – verblieben bis auf weiteres auf dem Speicher. Kübelpflanzen wurden der städtischen Gärtnerei übergeben.

Anna Blums Testament legte nicht nur eine Vision vor, wie sie sich ein soziales öffentlich gelenktes Wohltätig sein für Frauen wünschte, ihre Niederschriften zeugen auch davon, wie sie sozial verantwortliches Verhalten faktisch umsetzte. Sie instruierte, dass aus den Zinsen verschiedener Legate die Blumsche und die Helwerthsche Grabpflege bezahlt werden und persönlich genannte Freundinnen unterstützt werden. Ferner sollte in den Wintermonaten ein warmes Frühstück für bedürftige Volksschüler finanziert werden; am Todestag ihres Mannes sollten „verschämte Arme", also Menschen, die ihre Armut nicht offen zeigten, sondern verheimlichten, mit Essen und Kohlen versorgt werden. Am Geburtstag des Verstorbenen sollten Volksschüler einen Ausflug spendiert bekommen. Ferner bedachte sie ihre persönliche Verbindung zu Frau Reinig, die „ihr Heim in Gaiberg nur mir zu lieb verlassen hatte", sie sollte auch weiterhin kostenfrei in einer Wohnung im Schlosswolfsbrunnenweg oder in Blum´s Hof wohnen können.

Es liegt nahe, dass die „Blumsche Stiftung", wie sie in den Akten in den 1920er Jahren erwähnt wird, fortan nicht mehr das gesamte Vermächtnis mit den visionären beiden Bau / Wohnplänen von Anna Blum für Frauen und Kinder meint, sondern lediglich den mit 40.000 und 10.000 Mark finanzierten Teil, der speziell zur Unterstützung von Volksschülern eingerichtet worden war. Fraglich ist dies auch deshalb, weil am 18. August 2000 die Dezernentenkonferenz in der Bausache Anna-Blum-Platz darüber verhandelte, ob für die Stadt noch Pflichten aus dem Vermächtnis vom 15.8.1917 bestünden, „obwohl der Gemeinderat am 19 / [10], 09.1981 „die Stiftung aufgehoben hat".[49] Weitergehende Forschungen mögen aufklären helfen, ob der Gemeinderat bemächtigt wäre, eine Stiftung aufzuheben und was nun mit dem „Vermächtnis" der Anna Blum geschieht.

Nachdem Anna Blum vor 90 Jahren vierundsiebzigjährig in ihrem Rosengarten verstorben war, erklärte die Heidelberger Zeitung die erste Ehrenbürgerin zum „leuchtenden Vorbild einer deutschen Frau". Das dritte Kriegsjahr des Ersten Weltkrieges mag die patriotische Erhöhung der Roten-Kreuz-Aktiva nachvollziehbar machen. Ein anderer

Nachruf hebt die Uneigennützigkeit und Bescheidenheit Anna Blums hervor, die stets im Verborgenen nach dem Satz handelte: „Tue Gutes und wirf es ins Meer, weiß es der Fisch nicht, so weiß es der Herr".

Im Errichtungsjahr der europäischen Charta für Chancengleichheit mag solch ein (weibliches) Gottvertrauen nicht mehr angemessen sein. Vielmehr scheint der mutige und großzügige Impuls, den Anna Blum als erste Ehrenbürgerin in Heidelberg hinterlegte, von den Stadträten bis heute nicht erhört worden zu sein. Umso mehr bleiben die Historiographie und andere Initiativen wichtig, die die Leistungen von Frauen wie Anna Blum sichtbar und reklamierbar machen. Schließlich zählt auch heute noch: „Fertige Tatsachen sprechen für sich."

Anmerkungen

1   Der vorliegende Beitrag ist die überarbeitete Fassung meines Artikels „Tu Gutes und wirf es in Meer" – Die erste Ehrenbürgerin Anna Blum (1843 – 1917). Der Artikel ist in stark reduzierter Form erschienen in: Ilona Scheidle: Heidelbergerinnen, die Geschichte schrieben", München 2006, S. 75 – 85. Der HGV ermöglicht die Drucklegung dieser Fassung, die ich – anlässlich der Aktualität von Anna Blums Vermächtnis – punktuell erweitert und jene Stellen mit Anmerkungen versehen habe, die über die bisherigen Darstellungen hinausgehen.

2   Vgl.: Ilona Scheidle: „90. Todestag von Anna Blum, der ersten Ehrenbürgerin der Stadt Heidelberg." <<www.heidelberg.de / servlet / PB / menu / 1168189>> 3.07.2007. Dies.: „Weiß es der Fisch nicht, so weiß es der Herr". Das Vermächtnis der Anna Blum, in: HGV (Hg.) Jahrbuch zur Geschichte der Stadt. Heidelberg 1997, S. 181 – 189; dies.: Vom landesmütterlichen Regiment zur bürgerlichen Massenorganisation: Der badische Frauenverein – Zweigverein Heidelberg. In: Petra Nellen, Amt für Frauenfragen (Hg.): Die Vergangenheit ist die Schwester der Zukunft – 800 Jahre Frauenstadtgeschichte in Heidelberg. Heidelberg 1996, S. 240 – 253; dies.: „Der Stadt zur Ehr": Anna Blum – erste Ehrenbürgerin von Heidelberg (1843 – 1917), in: Schriftenreihe des Stadtarchivs Heidelberg, Heft 6: FRAUENGESTALTEN – Soziales Engagement in Heidelberg. Heidelberg, 1995, S. 10 – 25.

3   Auszeichnungen von Städten mit Ehrungen (wie Ehrenringe, Nadeln, Medaillen etc.) und besonders die Auszeichnung mit der Würde eines sog. Ehrenbürgers sind in den langen Prozess der Ausgestaltung einer bürgerlichen Gesellschaft eingebunden. Beim Loslösen vom feudalen System wurden hierbei bekannte Elemente des Honorierens übernommen – allerdings ohne materielle Privilegienvergabe, sondern retrospektive als Anerkennung getätigter Leistungen, die so in die bürgerliche Gesellschaft transformiert wurden. Der Begriff des Ehrenbürgers findet sich seit der Frühen Neuzeit (1547 Celle), er erhielt allerdings erst mit der Französischen Revolution allgemeine Bedeutung.
     In Heidelberg wurde im Februar 1819 Oberhof- und Geheimrat Christian Friedrich Walz erstmals zum Ehrenbürger ernannt. Vgl.: Karlheinz Spielmann: Ehrenbürger und Ehrungen in der Bundesrepublik. Dortmund, 1977.

4   Informationsschreiben von Gerfriede Witt, der ersten Vorsitzenden des Deutschen Frauenring e. V. mit dem RNZ-Artikel „Frauenring" kämpft um das „Anna-Blum-Haus" vom 4.07.2007.

5   Hier präzisiere ich ausdrücklich meine bisherigen Forschungen. Anna Blum sprach in ihrem Testament zwar auch von Kindern, Priorität hatten für sie allerdings die Belange von Frauen. Erst nachrangig erwähnt sie die Belange von Kindern, explizit nennt sie Mädchen. Vgl. Auszüge des Testaments in: Scheidle 1997, S. 185.

6   Wesentlich für das erfolgreiche Umsetzen der Kinderinteressen waren die Eltern-Initiativen der Friedrich-Ebert-Grund- und der Theodor-Heuss-Realschule und deren Zusammenwirken mit den BezirksbeirätInnen der Altstadt.

7   Nach mündlichen Informationen von Frau Witt und des Bezirksbeirates Altstadt Dr. Lehmann (28. / 29. KW 2007), steht für die Theatererweiterung nunmehr ein Gelände in der Friedrichstraße zur Disposition.

8   Fragen zu Leben, Werk, Wirkungs- sowie Deutungsmuster von Anna Blum widmen sich speziell zwei Themenführungen von „Miss Marples Schwestern – Heidelberg", dem „Netzwerk zur

Frauengeschichte vor Ort", die auf Anfrage gerne gebucht werden können: „Auf den Spuren Anna Blums – Ein Stadtspaziergang zum Leben der ersten Ehrenbürgerin" sowie „Vom Vermögen der ehrbaren Frauen Heidelbergs" – ein Rundgang auf dem Bergfriedhof. Näheres zum Netzwerk und Kontakt unter: www.miss-marples.net oder www.frauengeschichte.eu (z. Zt. im Aufbau).

9   Sechs Jahre vor dem ersten demokratischen Wahltag von Frauen und finanziell unvermögenden Männern, am 19.1.1919, zog mit Anna Blum erstmals eine Frau in den Kreis bürgerlicher Honoratioren ein. 90 Jahre vor dem diesjährigen europäischen Jahr der Chancengleichheit eröffneten die Stadtväter der Bevölkerung die Chance einer weiblichen Teilhabe am kulturellen Gedächtnis.

10 Nach Anna Blum sind ferner Gräfin Maria von Graimberg und Hilde Domin als Ehrebürgerinnen Heidelbergs ausgezeichnet worden.

11 Im September 2007 wird im Rahmen des Aktionstages von Miss Marples Schwestern – Heidelberg an Anna Blum erinnert.

12 Dem Thema Heidelberger Salonkultur widmet sich seit 1994 der Stadtrundgang „Auf den Spuren Rahel Varnhagens: Heidelberger Saloniéren – eine Spurensuche". Siehe unter Heidelberg: www.miss-marples.net.

13 Ruth Lutzmann: Anna Blum – ihr Lebenswerk. Typoskript, Heidelberg o. D., S. 14.

14 Belege, dass anonyme Spenden von Anna Blum – stets im ehrvollen Andenken an den geliebten verstorbenen Mann – möglicherweise den finanziellen Grundstock der Stadtbücherei Heidelberg legten, lassen kommende Veröffentlichungen zur „Volksbibliothek" von Joachim Heimann erwarten.

15 Ruth Lutzmann, o. D., S. 15.

16 Heute werden die Mängel der klassischen politischen Ökonomie in der Debatte um die sog. Care-Arbeit aufgegriffen. Verhandelt wird hierin die geschlechtshierarchische Segregation der Arbeitswelt, sowie die geschlechtsspezifische Spaltung von Erwerbs- und Hausarbeit.

17 SA HD: AA, 311 / 11, Nachruf Eugen von Jagemanns vom 4. Juli 1917.

28 GLA KA: 69 Baden / 1123, Rechenschaftsbericht des Heidelberger Zweiges 1894, S. 8.

19 GLA KA: 69 Baden / 1094, Bazar zum Besten der Luisenheilanstalt für kranke Kinder zu Heidelberg. Oktober 1897.

20 Tätigkeitsbericht des Badischen Frauenvereins 1895, S. 65.

21 Noch weit in die 20er Jahre hinein galt der analysierende behördliche Blick, Verhältnisse und mögliche Zusammenhänge von Säuglingssterblichkeit, den Zuständen in den Wohnverhältnissen und dem Auftreten von Tuberkulose erkennen zu können. Vgl. SA HD AA N 240 Fsc. 4: Stadtrat Heidelberg, Medizinalwesen: Statistik über die Gesundheits- und Sterblichkeitsverhältnisse im Deutschen Reich und speziell in der Stadt Heidelberg.

22 Geschichte des Badischen Frauenvereins 1859 – 1906, Karlsruhe 1906, S. 431.

23 GLA KA: Baden 69 / 564, Rotes Kreuz Heidelberg, Personalbestand des Bezirksausschusses und der Abteilungen vom 18. August 1914.

24 Vgl. Barbara Guttmann: Weibliche Heimarmee. Frauen in Deutschland 1914 – 1918. Weinheim 1989.

25 Dem Thema Heidelberg im 1. Weltkrieg widmet sich der Stadtrundgang „Mit Luise auf die Wiese – Ein Arbeitstag der Großherzogin Luise von Baden im Ersten Weltkrieg". Dieser Spaziergang von „Miss Marples Schwestern Heidelberg" durchwandert quasi eine Quelle. Es ist das Protokoll eines Besuchs, den die Großherzogin in Heidelberg im Ersten Weltkrieg absolvierte. Einige Stationen verbinden sich mit dem Wirken der ersten Ehrenbürgerin Anna Blum.

26 Anna Blum wurde zeitgemäß mit dem Titel ihres Mannes angesprochen. Sie gehörte noch zu jener Frauengeneration, die keinen Zugang zum Hochschulstudium hatte.

27 Aktuell ist das Kriegswahrzeichen Heidelbergs nicht mehr auffindbar. Bis 1985 befand es sich im Lapidarium in der Unteren Straße. Als dieses 1986 zunächst auf das Gelände der Glockengießerei und dann zum Oftersheimer Weg verfrachtet wurde, ging das Heidelberger Kreuz in Eisen verloren. Für diese Auskunft danke ich Herrn Günther Berger, Stadtarchiv Heidelberg.

28 SA HD, 252 g: Nagelbuch: Herr Fritz Langbein, Hauptstr. 113 betont, dass deutsches Eichenholz für die äußeren Ecken und eine Eisenrahmung für den Abschluss dienten, so dass das Kreuz den Anschein erhielt, ein überdimensionales Eisernes Kreuz zu sein.

29 Heidelberger Neueste Nachrichten vom 26. Juni 1915, S. 5.

30 SA HD, 252 g: Buch zum Kreuz im Eisen.

31 Ebd.

32 Eröffnet wird diese Reihe u.a. durch den ganzseitigen Eintrag: Wir lassen totbereit uns nicht begaffen / Wir haschen nicht nach bald zerstiebtem Glanz. // Wir ziehn bei Nacht im schlichten Kleid der Wehre / Gesang und klanglos durch das Tor hinaus / Hinab das Herz das wolle, überschwere! / Nur einen kurzen Blick aufs dunkle Haus. // Es ist in uns kein tolles Jugendfeuer, / auf unserer Zunge kein beschwingtes Wort. / Wir rissen langsam uns von Hof und Scheuer, / und ziehen harten Schritt's, wie Männer, fort. // Wir werden kämpfen standhaft, unverdrossen / So wie wir weckten, uns verlockt kein Preis / Als jenen, das man sage: Dem Geheiss des / Vaterlandes folgten sie entschlossen. // In unserer Brust ist dumpfe Stille: / Nun schlafen immer ferne Kind und Weib, / Doch schaff ich uns in kalter Nacht der Wille / In Stahl und Eisen häckt sich der Leib. / In einer Reihe Bürgermann und Bauer / Sind wir zur Stunde nur ein einziger Mann, / So rücken wir wie die Festungsmauer / Lebendger Quardern an den Feind heran. // Und ob wir siegen, ob sie uns gerissen / Einscharren werden nach verlorener Schlacht, / Noch Kind und Kindes-Kinder sollen wissen / Wir Väter haben nur an sie gedacht.

33 Sa HD, H 251, Gedenkbuch.

34 SA HD, H 251, Gästebuch der Station Stygiej Galizien.

35 Das Maihochwasser von 1931 verzeichnet einen Druck von 108,40 NN. Zum Vergleich: das Weihnachtshochwasser von 1993 ist mit 109,81 NN verzeichnet, gemessen auf der Höhe des heutigen Wasserschifffahrtsamtes. Für die erklärenden Daten danke ich Dr. Hermann Lehmann (Heidelberg).

36 Diese Entscheidung kann durchaus als progressiv bewertet werden. In Tübingen wurde bis 1908 an dem allgemeinen Schwimm- und Badeverbot für Frauen festgehalten.

37 Den Männern stand die Badeanstalt Dienstag, Donnerstag und Samstag „von morgens 5 Uhr bis zur Dämmerung" den ganzen Tag uneingeschränkt zur Verfügung, Sonntags konnten sie bis 1 Uhr baden gehen, „von nachmittags 2 Uhr an" war die Einrichtung dann den Frauen geöffnet. Diesen waren die anderen Tage zur Nutzung vorbehalten. Allerdings nicht uneingeschränkt, sondern „mit Ausnahme der Stunden von 6 – 8 1/2 am Montag und Mittwoch und Freitag von 1 – 3 1/2 Uhr, wo es von den Soldaten der hiesigen Garnison benützt wird." Konkret hieß dies, dass die Frauen die Einrichtung keinen vollen Tag nutzen konnten. Und auch der Sonntagnachmittag war denkbar ungünstig. Eine Schilderung von Bademeister Überle verdeutlicht dies: „Wenn diese Mädchen einmal ihre Sonntagsausgeh-Toilette gemacht haben, sie – schon im Interesse schonlicher Behandlung ihrer Kleider – das Bad nur ausnahmsweise aufsuchen und einen Ausflug oder Spaziergang vorziehen.

38 Ruth Lutzmann, o.D., S. 9.

39 StA HD: AA, 2a / 4, Anna Blum an OB Walz vom 15. Oktober 1913.

40 StA HD: AA, 311 / 11, das Vermächtnis der Dr. Wilhelm Blum Wwe. an die Stadtgemeinde Heidelberg.

41 Chronik der Stadt Heidelberg 1911, S. 166.

42 StA HD: AA, 311 / 11 Testament der Anna Blum.

43 StA HD: AA, 311 / 10, Baupläne Oswald Stritt Mai 1918 und März 1919.

44 Im Herbst 2007 feiert der Heidelberger Deutsche Frauen Ring sein 60jähriges Bestehen.

45 Das Anwesen wurde mit Wohneinheiten vermietet und wird von der GGH verwaltet. Herzlichen Dank an alle Mietparteien, die freundlicherweise Auskunft gaben.

46 Stak HD, AA 311 / 11. Stiftungssachen 1917 / 1928.

47 StaA HD, AA 311 / 11. Stiftungssachen 1917 / 1928.

48 Nachruf Eugen von Jagemann auf Anna Blum Juli 1917.

49 Ich danke Dr. Hermann Lehmann für diesen Hinweis, für seine Unterlagen und Informationen, über weitergehende Schritte, die den Sachverhalt aufklären können.

Ilona Scheidle

Elisabeth Südkamp

Heinrich Zimmer (1890 – 1943)

„Jahre hindurch suchte ich nach dem ‚wirklichen' Indien, ‚meinem' Indien"[1]

Heinrich Zimmer war von 1922 bis 1938 Professor für indische Philologie und Mytholo-
gie an der Heidelberger Universität. 1938 wurde ihm die Lehrbefugnis entzogen, und
Zimmer emigrierte über England nach Amerika. Dort verwandelte er sich in Henry R.
Zimmer und lehrte und publizierte unter diesem Namen bis zu seinem Tod 1943.

Der redegewandte und gesellige Heinrich Zimmer schuf sich in Deutschland wie
in Amerika nicht nur Bewunderer. Doch seine zahlreichen Freunde sprachen meist
nur in Superlativen von ihm. So zählte er für Kurt Rossmann zu den „eigenwilligsten,
freiesten und reichsten Geistern unserer
Universität"[2]. Carl Gustav Jung nannte ihn
einen „genialischen Menschen von unge-
wöhnlichem Temperament"[3]. Der Kunsthistoriker Ananda K. Coomaraswamy hielt
ihn für „einen idealen Gelehrten", der Wissenschaft und Kreativität miteinander verband.[4]

Am 6. Dezember 1990 trafen sich alte
und neue Freunde Heinrich Zimmers anlässlich seines 100. Geburtstags an der Columbia University zu einem Gedankenaustausch. Die Beiträge der Konferenz wurden
später unter dem Titel „Heinrich Zimmer –
Coming Into His Own" veröffentlicht.[5] Der
Band regte eine eingehendere Beschäftigung mit Heinrich Zimmers Lebenslauf an
und letztlich auch den folgenden Artikel,
der biografische Daten aus deutscher und
amerikanischer Literatur zu Heinrich Zimmer zusammenfasst.

Abb. 1: Heinrich Zimmer, New Rochelle, 1941 oder
1942 (Case: Zimmer, wie Anm. 5, S. 29).

1. Greifswald und Berlin

Heinrich Robert Zimmer wurde am 6. Dezember 1890 in Greifswald geboren. Sein Vater
Heinrich Friedrich Zimmer war seit 1881 Professor für indogermanische Sprachwissen-
schaft und Sanskrit in Greifswald und für Zimmer eine Respekt einflößende, tiefgrün-
dige Gestalt.[6] Den Gegenpol dazu bildete Zimmers Mutter Martha (geb. Hirth), die
sehr musikalisch war und die durch ihre liebevolle, fürsorgliche Art im Vergleich mit
ihrem gelehrten Mann zugänglicher, aber auch weniger intellektuell erschien. Rückblickend fand Zimmer:

> „Dieser gutartige, harmonische, tüchtige Archetyp einer Frau hat ganz offenbar meine ge-
> fühlsbetonte, romantisch-mystische Haltung gegenüber dem schönen Geschlecht bestimmt,
> das für mich immer das Anziehendste und Inspirierendste war, was es gibt."[7]

Seine Kindheit und Jugend verbrachte Zimmer teils in Greifswald, teils in Berlin. Obwohl er einen drei Jahre älteren Bruder hatte, empfand er sich als ein „im Grunde einsames Kind"[8]. Allerdings entdeckte er früh die Faszination von Büchern, und durch den Vater wurde das Interesse an Sprachen und indischer Kultur geweckt. Die Atmosphäre im Hause Zimmer war lutherisch-liberal, und Zimmer war ein begeisterter Schüler, der Bibelstunden ebenso anregend fand wie humanistische Klassiker und Geschichte. Sein Vater beschäftigte sich zunehmend mit keltischer Philologie und Kultur und entwickelte sich zu einer anerkannten Autorität auf diesem Gebiet. Der Wissenschaftler verbrachte zahlreiche Sommer mit Studienreisen nach Irland und Wales, und häufig waren irische Geistliche und Studenten zu Besuch in Greifswald. 1901 wurde Heinrich Friedrich Zimmer auf den ersten Lehrstuhl für keltische Sprachen in Deutschland nach Berlin berufen, und zog mit seiner Familie in die Großstadt.

In Berlin besuchte Heinrich Zimmer das angesehene, humanistische Königlich Joachimsthalsche Gymnasium und erhielt vielfältige, neue Impulse. In den Berliner Schauspielhäusern, Museen und Kunstausstellungen erfuhr er von den modernen Strömungen in Kunst und Kultur und entdeckte die Bühnenautoren des Naturalismus und die Maler des Impressionismus. Schriftsteller wie Thomas Mann, Stefan George und Hugo von Hofmannsthal wurden von ihm und seinen Klassenkameraden geschätzt. Er verfolgte Max Reinhardts frühe Karriere und später die Entwicklung des Expressionismus durch Werke von Ernst Ludwig Kirchner, Erich Heckel, Franz Marc und Oskar Kokoschka.

Aufgrund seines regen Interesses für bildende Kunst erwarteten Heinrich Zimmers Eltern, er würde sich nach dem Abitur 1909 für Kunstgeschichte als Hauptstudienfach entscheiden. Doch Zimmer belegte dieses Fach nur für ein Semester an der Münchner Universität und kam dort zu dem Schluss, dass er für die – wie er sie erfahren hatte – isolierte und wirklichkeitsfremde Betrachtung und Interpretation von Kunstwerken nicht begabt war. Stattdessen kehrte er nach Berlin zurück und entschied sich für Germanistik, vergleichende Sprachwissenschaften und Sanskrit, wobei Sanskrit im Laufe der Zeit einen immer größeren Raum in seinen Studien einnahm. Nebenbei hörte er Vorlesungen von hervorragenden Professoren wie dem Kunsthistoriker Heinrich Wölfflin und widmete sich Studien der persischen, arabischen und hebräischen Sprache.[9]

1910 starb Heinrich Friedrich Zimmer. Wie Zimmer den Tod des Vaters verkraftete, ist nicht bekannt. Retrospektiv äußerte er sich eher gelassen-analytisch dazu: „So wurde mir der ungeheure Kampf um mein Eigenstes gegen diesen turmartig überragenden Vertreter der alten Generation von Gelehrtentitanen erspart [...]."[10] Möglicherweise wurde Zimmer durch den Tod des Vaters in seiner Konzentration auf Sanskrit und indische Themen bestärkt. 1913 promovierte er mit „Studien zur Geschichte der Gotras" bei Heinrich Lüders in Berlin.[11]

Im Oktober 1913 reiste Zimmer zu einem dreiwöchigen Ferienkurs nach Edinburgh und verbrachte anschließend fünf weitere Wochen in London. Dort interessierte ihn vor allem das Britische Museum, in dem er speziell ägyptische Bauwerke und babylonische Reliefs studierte.

Beim Ausbruch des I. Weltkriegs 1914 leistete Zimmer gerade seinen einjährigen Wehrdienst, der sich zu einem vierjährigen Kriegsdienst ausdehnte. Nach dem Kriegsende 1918 kehrte Zimmer nach Berlin zurück, doch diese „vier Jahre menschlicher,

Elisabeth Südkamp

aber auch unter- und übermenschlicher Erfahrungen und Offenbarungen in Schützen-
gräben und Stäben sowie Begegnungen mit mehr Menschen, als ich je zuvor getroffen
hatte, und noch dazu in Verhältnissen, die ganz neue Einblicksmöglichkeiten boten",[12]
hatten seine Lebenseinstellung verändert. Wie zahlreiche Kriegsteilnehmer seiner
Generation fühlte er sich der alten bürgerlichen Ordnung und ihren Regeln nicht mehr
verpflichtet:

> „Ich sagte mir etwa: ‚Ich kritisiere nichts und niemanden. Künftig aber entscheide ich selbst,
> was ich – wenn überhaupt etwas! – ernst zu nehmen gedenke. Ich bin ein Revenant, ein
> gespenstischer Revenant. Es liegt etwas wie Ironie darin, dass ich zurückgekommen bin. Viel
> Bessere kamen nicht zurück. Ich habe mein Leben in naiver und gutwilliger Weise für die
> Ideale der Gemeinschaft aufs Spiel gesetzt. Mit diesem Leben aber, das ich nun wieder zurück-
> gebracht habe, kann ich tun und lassen, was ich will, – ich bin frei wie ein Fremdling aus einer
> anderen Welt. Sie haben kein Recht mehr auf mich.' "[13]

Von da an begab sich Heinrich Zimmer mit Energie und Leidenschaft auf die Suche
nach seinen eigenen Werten, und diese neue Haltung wirkte sich im Laufe der Zeit
auch auf seine wissenschaftlichen Arbeiten aus. Im Gegensatz zu vielen seiner Kollegen begann Zimmer, sich über das streng philologische Sanskritstudium hinaus
intensiv mit den Textinhalten zu befassen. Dabei entwickelte sich eine spannungsvolle
Wechselbeziehung zwischen seinen persönlichen Erfahrungen und seinen Studien der
indischen Geschichte, Kultur, Kunst und Religion.

Nach dem ersten Weltkrieg musste Zimmer allerdings erst einmal seine Kenntnisse
in der indischen Philologie wieder auffrischen. Zusätzlich studierte er Chinesisch bei
Johann Maria de Groot in Berlin. In dieselbe Zeit fiel auch eine intensive Beschäftigung
mit Schriften von Arthur Avalon, die Zimmer nachhaltig beeinflussten.[14] 1920 habilitierte sich Heinrich Zimmer in Greifswald mit einer nicht gedruckten Arbeit über in
Turfan gefundene buddhistische Texte und anschließend war er für zwei Semester an
der Greifswalder Universität als Privatdozent tätig. 1922 erfolgte auf Wunsch der Heidelberger Universität seine Umhabilitierung nach Heidelberg, wo er den Lehrstuhl von
Bruno Liebich übernahm.[15]

2. Heidelberg

Heinrich Zimmer begann seine Tätigkeit an der Heidelberger Universität als Privatdozent und wurde 1926 außerordentlicher Professor.[16] Die folgenden Jahre in Heidelberg erwiesen sich für Zimmer sowohl in persönlicher als auch in wissenschaftlicher
Hinsicht als außerordentlich bereichernd. Er genoss die landschaftlichen Schönheiten
beim Fahrradfahren, Wandern oder Schwimmen im Neckar ebenso wie die vielfältigen
Anregungen durch aufgeschlossene Kollegen und Freunde wie den Kunsthistorikern
Otto Brendel und Erwin Palm, den Romanisten Robert Curtius und Leonardo Olschki,
dem Medizinhistoriker Ludwig Edelstein, den Philosophen Karl Jaspers und Raymond
Klibansky, dem Staatswissenschaftler Alfred Weber sowie Marianne Weber.[17] Später
schrieb er dazu:

> „[…] das Dasein der darauffolgenden Jahrzehnte, Erfahrungen mit Männern und Frauen,
> dazu die magische Szenerie von Heidelberg und dem Neckartal, ferner die Entdeckung au-
> ßerindischer Werte in Literatur, Kunst, Musik, Psychologie und Medizin halfen mir auf meinen
> eigenen Weg."[18]

1923 begegnete Heinrich Zimmer Mila Esslinger in Heidelberg und verliebte sich in
sie.[19] Mila Esslinger stammte aus Österreich und war Malerin. Ihr Mann, der deutsche

Jude Eugen Esslinger, hatte ihr Talent entdeckt und vor dem I. Weltkrieg ihr Kunststudium in Paris und den Niederlanden gefördert.[20] Eugen Esslinger akzeptierte nicht nur Milas Beziehung zu Heinrich Zimmer, sondern erkannte auch die daraus entstandenen Kinder als seine eigenen an: Maya (geb. 1925), Ernst-Michael (1926 –1945) und Lukas (geb. 1932). Allerdings fand die Verbindung zwischen Mila Esslinger und Heinrich Zimmer ein vorläufiges Ende, als das ehemals ansehnliche Vermögen Eugen Esslingers während der Nachkriegsinflation schwand und die Familie Esslinger aufgrund der schlechten Wirtschaftslage in Deutschland 1927 nach Amerika emigrierte. Dort wurde Eugen Esslinger Bibliothekar an der University of Michigan in Ann Arbor.

Abb. 2: Hugo und Christiane von Hofmannsthal, Aussee, um 1920 (Rauch, Schuster: Tagebücher, wie Anm. 21, S. 174).

Im gleichen Jahr verliebte sich Heinrich Zimmer erneut, als er 1927 Christiane von Hofmannsthal in einer Gesellschaft bei Leonardo Olschki begegnete.[21] Die Tochter von Gerty und Hugo von Hofmannsthal war lange als Sekretärin für ihren Vater tätig gewesen und hatte sich nach dem Ende der Beziehung zu dem Maler Erwin Lang 1921 neu orientiert.[22] Seit Herbst 1921 arbeitete sie unter anderem für den Verlag der Marées-Gesellschaft von Reinhard Piper (1879 – 1953) und für Stefan Großmann (1875 – 1935), den Begründer und Herausgeber der politischen Wochenschrift „Das Tagebuch". 1925 lebte Christiane von Hofmannsthal als Übersetzerin in Paris und hatte dort unter anderem Kontakte zu Rainer Maria Rilke, Paul Valéry und Paul Claudel. Nach Wien zurückgekehrt begann sie ein Romanistikstudium und wechselte 1927 auf den Rat des Literaturwissenschaftlers Friedrich Gundolf nach Heidelberg.[23] Hier belegte sie Vorlesungen bei Robert Curtius, Leonardo Olschki, Karl Jaspers und Alfred Weber.

Bereits in einem der ersten gemeinsamen Gespräche erklärte Zimmer Christiane von Hofmannsthal, die „[...] französische Literatur verstehe sich von selbst, die lese man daheim auf dem Divan, statt Romanistik solle sie lieber etwas Anspruchsvolleres studieren, z.B. Sanskrit. Zimmers Vorlesungen über indische Kunst und Mythologie, über das Menschenbild der alten Inder und ihre Weltauffassung zogen einen weiten Hörerkreis an; er eröffnete den Europäern durch vergleichende Betrachtung eine neue Sicht auf die östliche Welt und trug seine ihn selber begeisternden Erkenntnisse lebendig, voll Witz und Lust an der Sprache vor. Doch Sanskrit ernsthaft zu erlernen, dazu waren nur wenige bereit. So saß Christiane im dreistündigen Grundkurs für altindische Grammatik neben einem einzigen Mitstudenten – wegen seiner grünen Lodenjacke hieß er der ‚Forstgehilfe' bei den beiden. Wenn er fehlte, war die Bedingung: tres faciunt collegium nicht mehr erfüllt, und Christiane und Zimmer gingen spazieren."[24]

Bei diesen Spaziergängen sprachen Christiane von Hofmannsthal und Heinrich Zimmer vermutlich weniger über die Grammatik des Sanskrit als über ihre persönlichen Neigungen und Interessen und lernten sich zunehmend besser kennen.

Ein Jahr später heiratete das Paar am 14. Juni 1928. Heinrich Zimmer wohnte damals in der Hirschgasse 3, Christiane von Hofmannsthal im ehemaligen Thibautschen Haus in der Karlstraße 16.[25] Auf der gleichen Etage, im ersten Stock, lebte der Flötist

Elisabeth Südkamp

Max Schmiedel (geb. 1873), darüber der Kulturhistoriker Richard Benz (1884 – 1966). Als Christiane 1928 nach der Hochzeit mit Heinrich Zimmer in die Quinkestraße 18 zog, überließ sie ihre Wohnung der Studentin Hilde Domin.[26]

Das Haus in der Quinkestraße war ein Hochzeitsgeschenk von Hugo von Hofmannsthal an seine Tochter und den neuen Schwiegersohn. Als das Haus später in den Besitz von Ludwig Merz übergegangen war, versicherte Merz scherzhaft, man könnte im Dachgeschoss noch die Räucherstäbchen riechen, die Heinrich Zimmer zur Meditation angezündet hatte.[27] Hier überflügelte die Vorstellungskraft von Ludwig Merz die Realität, denn Heinrich Zimmer behielt Zeit seines Lebens eine wissenschaftliche Distanz zu praktischen Meditations- und Yogaübungen. Ein weiteres Hochzeitsgeschenk Hofmannsthals war Picassos Selbstbildnis „Yo, Picasso" von 1901.[28] Der Dramatiker hatte das Bildnis 1913 mit den Einnahmen für den „Rosenkavalier" erworben, und seitdem hatte es sich in seinem Arbeitszimmer in Rodaun befunden.[29]

Hugo von Hofmannsthal hatte Heinrich Zimmer bereits im Februar 1928 in Heidelberg kennen und schätzen gelernt. Nach der Hochzeit schrieb er am 10. Juli 1928 an Arthur Schnitzler:

> „Über Christianes Vermählung freuen wir uns sehr. Sie hat ein besonders liebenswertes Wesen, einen sehr schönen loyalen Charakter, viel Verstand, aber einen menschlichen keinen frauenhaften, und gerade die subtilen Waffen für den Lebenskampf, die nur der Frau, je mehr Frau sie ist, umso wirksamer gegeben sind, sind ihr versagt. Es war vielleicht zu fürchten, dass gerade der Mann, der ihren Wert zu erkennen bestimmt war, sich unter den Besten dieser Generation, den Gefallenen, befunden hätte. Aber dieser gerade, den sie nun gefunden hat, ist aus vierjährigem Schützengrabendasein munter und unversehrt hervorgestiegen. Ich lernte ihn diesen Winter in Heidelberg kennen, und ich muss sagen, er gefiel mir sehr. Alles was er sagte, und wie er es sagte, war mit gleich sympathisch […]."[30]

Vor der Hochzeit hatte Heinrich Zimmer seiner zukünftigen Frau im Frühjahr 1928 von der Beziehung zu Mila Esslinger und den beiden gemeinsamen Kindern erzählt. Zimmer stand noch in liebevoller Verbindung zu Mila und hatte nicht vor, den Kontakt aufzugeben. Christiane akzeptierte diese Entscheidung, vielleicht auch mit dem Gedanken, dass Mila in Amerika zumindest räumlich weit entfernt war. Doch Mila Esslinger fühlte sich in Amerika nicht wohl und kehrte im Herbst 1928 mit ihren Kindern nach Deutschland zurück. Drei Jahre später folgte Eugen Esslinger seiner Familie. Mila lebte in verschiedenen Orten in der Nähe von Heidelberg und nahm ihre frühere Liebesbeziehung zu Heinrich Zimmer wieder auf. Wie schon einige Jahre zuvor Eugen Esslinger zeigte sich nun auch Christiane Zimmer tolerant und akzeptierte Milas Rolle in Heinrich Zimmers Leben. 1932 finanzierte Christiane Zimmer sogar ein Haus in Haßmersheim am Neckar für die Familie Esslinger. Das Haus gehörte offiziell Heinrich Zimmer und ging später in den Besitz seiner Kinder mit Mila über. Christiane Zimmer und Mila Esslinger sind sich nie begegnet. Heinrich Zimmer blieb bis zu seinem Tod in Verbindung mit Mila und seinen Kindern.

Während seiner Heidelberger Zeit widmete sich Zimmer offensichtlich – so weit wie möglich – gleichermaßen seinen beiden Familien. Häufig besuchte er Mila und unternahm lange Spaziergänge mit den Kindern. Auch las er ihnen gerne vor, und dabei war das Spektrum der Lektüre breit gefächert – von der Bibel über Shakespeare bis zu den deutschen Romantikern. Von seinen Reisen sandte er Postkarten mit Abbildungen von berühmten Kunstwerken, z. B. von Fra Angelico aus Florenz.

Die Kinder von Christiane und Heinrich Zimmer erlebten ihren Vater in ähnlich liebevoll interessierter Weise. Zimmer arbeitete meist schon früh am Morgen und brachte erste Briefe zur Post, bevor er sich Zeit für das Frühstück mit seiner Familie nahm und Erlebnisse und Erfahrungen ausgetauscht wurden. Nicht nur bei diesen Gelegenheiten erzählte er lebhaft von seiner Arbeit, vor allem von indischen Geschichten und Mythen.[31] Im Februar 1929 war Christiane und Heinrich Zimmers erster Sohn Christoph (1929 – 1931) geboren worden. Ihm folgten noch die drei Brüder Andreas (geb. 1930), Klemens (1932 – 1955) und Michael (geb. 1934).

Im Juli 1929 mussten die Familien Zimmer und Hofmannsthal gleich zwei Schicksalsschläge verkraften. Am 13. Juli 1929 nahm sich Christianes Bruder Franz (geb. 1903) das Leben, und zwei Tage später starb Hugo von Hofmannsthal an den Folgen eines

Abb. 3: Heinrich Zimmer auf der Terrasse der Casa Gabriella, 1935 oder 1936 (Case: Zimmer, wie Anm. 5, Frontispiz).

Schlaganfalls kurz vor der Beerdigung seines Sohnes. Seitdem unterstützte Heinrich Zimmer seine Frau und Schwiegermutter in der Verwaltung des Nachlasses des Schriftstellers. Im folgenden Jahrzehnt war Zimmer an mehreren Editionen von Prosa- und Gedichtbänden sowie von Briefen Hugo von Hofmannsthal maßgeblich beteiligt. Darunter befand sich auch der „Briefwechsel zwischen George und Hofmannsthal" (1938).[32]

Gleichzeitig blieb Zimmer in seinem wissenschaftlichen Werk produktiv. Im Frühjahr 1924 bat ihn der Kunsthistoriker Alfred Salmony um die Mitarbeit an der neu

Elisabeth Südkamp

gegründeten Zeitschrift „Artibus Asiae".[33] Zimmer lehnte ab mit der Begründung, dass er noch nicht genügend Gelegenheit gehabt hätte, sich indische Kunstwerke anzusehen. Doch der Vorfall regte Zimmer zu einer intensiveren Beschäftigung mit indischer Kunst an, die zwei Jahre später in dem Artikel „Zur Rolle des Yoga in der indischen Geistesgeschichte" (1926) und in „Kunstform und Yoga im indischen Kultbild" (1926) ihren Niederschlag fand.[34] In diesen Schriften wandte sich Zimmer von der Betrachtung und Beurteilung der indischen Kunstwerke unter europäischen, ästhetischen Gesichtspunkten ab und versuchte, sie aus ihrem spezifisch kulturellen und historischen Zusammenhang heraus zu erklären. Dieser neue Denkansatz fand zunächst zwar nicht die ungeteilte Zustimmung seiner Fachkollegen, erregte aber die Aufmerksamkeit eines breiteren Publikums.

So begann sich unter anderem Carl Gustav Jung (1875 – 1961) für Heinrich Zimmer zu interessieren. Zimmer seinerseits war von Jungs „Wandlungen und Symbole der Libido" (2 Bde., 1911 / 12) und „Das Geheimnis der Goldenen Blüte" (1929) beeindruckt. Die erste Begegnung von Jung und Zimmer fand allerdings erst im Oktober 1932 statt, als Zimmer in Zürich an einem Seminar von Jung über Kundalini Yoga teilnahm.[35] Jung schilderte später, wie Zimmer ihm sofort erzählte, dass er „Das Geheimnis der Goldenen Blüte" nach kurzem Durchblättern vor Wut an die Wand geworfen hatte. Mit solchen heftigen Reaktionen auf seine Schriften war Jung bereits gut bekannt. Erstaunlicher schien, dass Zimmer ihm nicht nur persönlich davon berichtete, sondern auch dass er das spontan verweigerte Buch wieder zur Hand genommen und ernsthaft studiert hatte.[36] Schließlich war Heinrich Zimmer von der Lektüre und vom Autor begeistert. Nachdem er Jungs „Wandlungen und Symbole der Libido" gelesen hatte, begriff er „in tiefem Entzücken und großer Bewunderung, dass es noch einen anderen Menschen gab – und zwar noch dazu ein lebendes Genie –, der einen weiteren Hauptschlüssel zum Schatz der Mythen und Symbole gefunden hatte."[37]

Der begonnene, fruchtbare Meinungsaustausch der beiden Wissenschaftler setzte sich während der nächsten Jahre fort. Jung schätzte nicht nur Zimmers umfangreiche Kenntnisse, sondern auch „sein ausgesprochen künstlerisches Anschauungsvermögen und seine ungewöhnliche Intuition".[38] Zimmers nahezu unerschöpfliche Energie und unbefangene Neugier inspirierten Jung zu dem Vergleich mit einem „puer aeternus".[39] Zimmer wiederum widmete Jung als seinem „maestro di color che sanno" sein Buch „Weisheit Indiens" (1938). In Jung fand Zimmer einen hervorragenden intellektuellen und geistigen Partner, welcher darüber hinaus auch noch ein ausgezeichneter Zuhörer war. Gute Zuhörer waren für Zimmer außerordentlich wichtig. Er lebte durch Reden und wusste:

> „Niemand kann ausschließlich zu den Sternen oder dem Schweigen der Nacht reden. Man muss sich einen Zuhörer vorstellen können, oder besser noch, einen Menschen kennen, dessen bloßes Dasein zum Reden anregt und den Gedanken Schwingen verleiht, an dessen Wesen man sich misst bei allem, was man unternimmt. In dieser Hinsicht war und ist die bloße Existenz von Jung [...] eine der größten Segnungen meines spiritualen und schlechthin meines Erdenseins [...]."[40]

1932 konnte Olga Fröbe-Kapteyn Heinrich Zimmer als Redner über „Yoga-Überlieferungen in Indien" für die erste Eranos-Tagung in Ascona 1933 gewinnen.[41] Seitdem nahm er, soweit es ihm möglich war, an den Eranos-Tagungen teil und stand in Verbindung zu den Jung-Clubs in Zürich, Basel, München und Berlin.

Später nannte Heinrich Zimmer Jung als den Hauptgrund dafür, dass er nach 1933 noch sechs Jahre in Deutschland blieb und nicht früher emigrierte.[42] Seit 1933 wurde Heinrich Zimmer mehrmals in Bezug auf sein Verhalten und seine politische Einstellung überprüft, da man vermutete, dass er linksgerichteten Kreisen nahe stand.[43] Gleichzeitig war er durch seine Ehe mit Christiane von Hofmannsthal „nicht-arisch versippt", andererseits sorgte Hugo von Hofmannsthals Stellung anfänglich für eine gewisse Zurückhaltung der Behörden „aus kulturpolitischen Gründen". Bis 1936 wurden ihm verschiedene Auslandsfahrten bewilligt, unter anderem nach London zu seinem Schwager Raimund von Hofmannsthal.[44] Erst als Zimmer im Oktober 1936 um die Erlaubnis bat, die wissenschaftliche Leitung einer Reisegruppe nach Indien zu übernehmen, wurde er „im Hinblick auf seine jüdische Versippung" als nicht geeignet für diese Aufgabe empfunden. Aus dem gleichen Grund wurde Heinrich Zimmer im Februar 1938 schließlich die Lehrbefugnis entzogen. Im März 1938 reichte Zimmer ein Gesuch für eine Ausnahmeregelung ein, das allerdings unbeantwortet blieb.

Während des folgenden Jahres erhielt die Familie Zimmer vielfältige Unterstützung von guten Freunden. So riskierte Herbert Nette den Druck von Artikeln Heinrich Zimmers in der Frankfurter Rundschau, und Alice Astor stellte der Familie immer wieder überlebenswichtige finanzielle Mittel zur Verfügung.[45] Im Juni 1938 fuhr Zimmer noch nach London, um dort mit Gottfried Bermann-Fischer einen Vertrag für eine Hofmannsthal-Werkausgabe auszuhandeln. Erst nach der Rückkehr nach Heidelberg wurde ihm der Ernst seiner Lage bewusst, und die Familie Zimmer begann ihre Emigration vorzubereiten. Kurz vor der Ausreise 1939 bemühte sich Heinrich Zimmer noch bei den deutschen Behörden um die offizielle Anerkennung seiner Kinder mit Mila Esslinger, die nun als Kinder ihres legalen jüdischen Vaters Eugen Esslinger in Gefahr waren, und beantragte deren Namensänderung zu Zimmer. Der Vorgang war nicht nur von immensen bürokratischen Schwierigkeiten begleitet, sondern stellte auch eine erhebliche psychische Belastung für alle Beteiligten dar. Die Beziehung von Heinrich Zimmer und Mila Esslinger wurde öffentlich bekannt, und Maya, Ernst-Michael und Lukas Esslinger erfuhren zum ersten Mal, dass „Onkel Zimmer" ihr biologischer Vater war. Erst 1941 wurde Zimmers Vaterschaft und damit die „arische Herkunft" von Mila Esslinger und Heinrich Zimmers Kindern bestätigt, und sie erhielten den Geburtsnamen ihrer Mutter Rauch.

3. Oxford

Im März 1939 emigrierten Christiane und Heinrich Zimmer mit ihren Kindern nach Oxford. Dort hatte der Freund und Philosoph Raymond Klibansky Zimmer eine Einladung der englischen Regierung zu einer unvergüteten Vorlesungsreihe am Balliol College vermittelt. Daneben hatte Zimmer Kontakt zum Warburg Institute in London.

Über das neue Leben der Familie Zimmer in Oxford ist wenig bekannt. Vier Briefe aus Oxford an Karl Jaspers und Erwin Palm vermitteln den Eindruck, dass Heinrich Zimmer anfangs gleichermaßen die ungewohnte akademische Atmosphäre wie den Mangel an guten Gesprächspartnern befremdlich fand.[46] Doch es wird ebenso deutlich, dass sich Zimmer jede Mühe gab, sein Erzähl- und Redetalent auch im Englischen zur Geltung zu bringen. Bereits im Mai 1939 hielt er

Elisabeth Südkamp

„einen ersten, gleich auf Englisch entworfenen Vortrag über einen schönen indischen Mythos
[…]. Ich habe ihn in puncto Wortwahl und Wendungen durchsehen lassen und dann kam er
sehr gut an. Das hat mir rechten Mut gemacht, mit einer Art ganz leichter aber wesenhafter
Schriftstellerei vielleicht im Laufe der Zeit etwas Scherzhaft-Ernstes aufzustellen in dieser
grauenhaften Kinderwelt der Engländer und Amerikaner."[47]

Ende 1939 erreichte Zimmer eine Einladung des Institute for History of Medicine an
der John Hopkins University in Baltimore für drei Gastvorlesungen im Wintersemester
1940/41 über Hindu-Medizin, und im Frühjahr 1940 reiste Zimmer mit seiner Familie
auf der SS Samaria nach New York. Zu diesem Zeitpunkt war es Zimmer offensichtlich
gelungen, schon einen beträchtlichen Teil seiner Redegewandtheit ins Englische zu
transportieren. Während der Überfahrt lernte er den englischen Fotografen Cecil Beaton (1904 – 1980) kennen und hinterließ einen nachhaltigen Eindruck. Beaton äußerte
sich nach der Begegnung in seinem Tagebuch fasziniert von Zimmers stürmischer
Vitalität, enormer intellektueller Vielseitigkeit und brillanter Eloquenz bei so unterschiedlichen Themen wie Jane Eyre und dem galizischen Adel.[48]

4. New Rochelle

In Amerika fand die Familie Zimmer Unterkunft bei einer Tante Christianes in New
Rochelle / New York nördlich von New York City. Christiane und Heinrich Zimmer waren
weiterhin auf die Unterstützung von Freunden ange-
wiesen, doch beide konzentrierten sich auf den Aufbau
einer neuen Existenz. Christiane Zimmer begann noch
1940, am Columbia Teacher's College in New York Kinder-
psychologie zu studieren. Später studierte sie zusätzlich
Sozialpädagogik und schloss beide Studiengänge mit
dem Master ab. Heinrich Zimmer begab sich auf Stel-
lungssuche und nannte sich nun Henry R. Zimmer. Er
schien fest entschlossen, sich und seine Familie so gut
wie möglich zu akklimatisieren, und so wurden auch die
Namen der Söhne amerikanisiert und lauteten nun Andrew, Clement und Michael.

Abb. 4: Christiane und Heinrich
Zimmer mit Christine Mann und
M. Esther Harding (sitzend), New
Rochelle, 1941 oder 1942 (Case:
Zimmer, wie Anm. 5, S. 36).

Im Herbst 1940 begaben sich Christiane und Heinrich
Zimmer auf eine erste Erkundungsfahrt, um die Chancen
für eine Professur für Zimmer in Erfahrung zu bringen.
Die Reise führte das Paar unter anderem über das Smith-
College in Northhampton, nach Dartmouth / Vermont,
an die Harvard University / Boston und nach Providence.
Dabei traf Zimmer einige Freunde wie den Rechtshistori-
ker und Soziologen Eugen Rosenstock-Heussy, den Philo-
sophen Erich Frank, den Literaturhistoriker Karl Viëtor und den Kunsthistoriker Georg
Swarzenski, und lernte die Politiker Heinrich Brüning und Hermann Hummel kennen.[49]
Doch der Bedarf an einer Professur für Sanskrit schien denkbar gering.

Eine zweite Reise dieser Art führte Christiane und Heinrich Zimmer im Frühjahr
1941 nach Kalifornien, wo Zimmer zumindest zu einigen Vorträgen eingeladen war,
unter anderem über „Ancient Hindu Politics" in Berkeley sowie über „The Hindu Gods in

Indian Art" an der University of Southern California in Los Angeles. Auch während dieser Rundfahrt begegneten Christiane und Heinrich Zimmer Freunden und Bekannten wie dem Nationalökonom Arthur Salz, dem Regisseur Max Reinhardt und seiner zweiten Frau, der Schauspielerin Helene Thimig, dem Kulturhistoriker Arnold Bergstraesser, den Medizinern Paul György und Otto Meyerhof sowie dem Historiker Ernst Hartwig Kantorowicz.[50] Zumindest nahm Zimmer dieses Mal durch insgesamt zwölf Vorträge an Universitäten und in Privatkreisen 255 Dollar ein und hatte so die Reisekosten finanziert. Doch eine Aussicht auf eine Professur hatte sich nicht ergeben.

Glücklicherweise fand Heinrich Zimmer Unterstützung durch ameri Gustav-Jung-Freunde. Im Oktober 1940 hielt er einen Vortrag über „The Impress of Dr. Jung's Teachings on My Profession" anlässlich einer Abendgesellschaft des Analytical Psychology Club in New York.[51] Wenig später nahm er den Kontakt zu Mary und Paul Mellon wieder auf, die er im Sommer 1939 während der Eranos-Tagung in Ascona kennen gelernt hatte.[52] Vor allem Mary Mellon war daran interessiert, englische Übersetzungen von Jungs Schriften und ein amerikanisches Eranos-Jahrbuch herauszugeben und damit Carl Gustav Jung zu einem höheren Bekanntheitsgrad in Amerika zu verhelfen. In Heinrich Zimmer fand sie einen begeisterten Berater und Partner für dieses Unternehmen, das schließlich zur Gründung der Bollingen Foundation führte. Der Name der Stiftung bezieht sich auf Jungs Turm in Bollingen in der Schweiz. Doch für Zimmer enthielt er auch Erinnerungen an Heidelberg. Immer wenn er die Adresse der Bollingen Foundation schrieb, fiel ihm „BOLLINGERS METZGEREI UND WEINWIRTSCHAFT" in der Hauptstraße

Abb. 5: Paul Mellon und Heinrich Zimmer, Ascona 1939
In: William (MacGuire: Bollingen, wie Anm. 35, Abb. 10. nach S. 168).

ein, „wo man in den guten, alten Zeiten weit und breit das beste Steak, Fleisch, Wurst und einen guten Wein aus der Gegend (Pfalz) bekommen konnte. Ich sehe das als ein besonders günstiges Omen an."[53] In Bezug auf „Bollingers Metzgerei" irrte Zimmer ein wenig. Er meinte sicherlich „Bollerers Metzgerei und Weinwirtschaft zum Pfälzer Hof" in der Hauptstraße 127.

Heinrich Zimmer unterstützte die Bollinger Foundation nicht nur durch seine Arbeit, Schriften und Vorträge, sondern er empfahl auch immer wieder geschätzte Freunde zur erfolgreichen Mitarbeit. Darunter befand sich der Kunsthistoriker Anan-

Elisabeth Südkamp

Abb. 6: Heinrich Zimmer in seinem Garten in New Rochelle, 1941 oder 1942 (Case: Zimmer, wie Anm. 5, S. 35).

da K. Coomaraswamy, „der einzige Wissenschaftler in meinem Gebiet, der mir einen echten Minderwertigkeitskomplex einflößt, wenn ich eine seiner Schriften lese".[54] Coomaraswamy erwiderte die Bewunderung und hatte seinerseits bereits 1932 Zimmers „Kunstform und Yoga im indischen Kultbild" in Artibus Asiae enthusiastisch besprochen.[55] Eine weitere Empfehlung Zimmers war der Verleger Kurt Wolff (1887 – 1963), der 1941 nach New York kam und ein Jahr später seinen Verlag Pantheon Books gründete. Die gelungene Zusammenarbeit von Kurt Wolff und der Bollingen Foundation resultierte in der Publikation der Bollingen Series durch Pantheon Books von 1943 bis 1960.

Dank der Initiative seiner Freunde aus dem New Yorker Jung-Kreis erhielt Zimmer für 1941 / 42 ein Angebot als „visiting lecture" an der Columbia University in New York. Die „Mahatmas von Manhattan", wie Zimmer sie scherzhaft nannte, hatten diese zeitlich begrenzte Stelle durch Spenden finanziert.[56]

Heinrich Zimmers Ruhm in Amerika war zu seinen Lebzeiten auf dem Höhepunkt angelangt, als Thomas Mann ihm 1941 seine indische Legende „The Transposed Heads" mit „To Heinrich Zimmer, the great scholar, returned with thanks" widmete.[57] In einer Besprechung des Buchs in der Time am 9. Juni 1941 waren Autor und Indologe abgebildet, und Zimmer erhielt – zumindest für Thomas Manns Geschmack – fast zu viel Beachtung als Inspirator des großen Schriftstellers.[58] Hinzu kam, dass Heinrich Zimmers launiger Kommentar zu „The Transposed Heads" in der Time gedruckt war, und Thomas Mann keinen Humor in Zimmers Bemerkung entdecken konnte: „Es ist, als ob Hindemith mit den Motiven der ‚Götterdämmerung' eine einaktige Oper komponiert hätte."[59]

Ebenfalls 1941 erschien Max Kommerells Roman „Der Lampenschirm aus den drei Taschentüchern – Eine Erzählung von gestern", in dem er Heinrich Zimmer als Vorbild für die Figur des Professors Ferdinand Leander verarbeitet hatte.[60] In diesem Fall waren sich Autor und Protagonist einig in ihrer Beurteilung der gelungenen Transformation. Zimmer schrieb vergnügt an Kommerell:

„Die alte Streitfrage, wie weit Platons Sokratesfigur der historischen Gestalt des knollnasigen Weisen entspricht, ist für mich mindestens keine Frage mehr, seit ich Professor Neander begegnet bin: Sie sind der Platon von Ffm und ich der Sokrates von Handschuhsheim! [...] Entscheidend ist, dass Neander sehr lebendig und überzeugend wirkt, da liebevoll gezeichnet. Erstaunlich wie gut und viel Sie behalten haben, nicht übel, wie sie darum herumgedichtet haben."[61]

In seinem letzten Lebensjahr erhielt Heinrich Zimmer mehrfach die Gelegenheit für Gastvorlesungen unter anderem an der Yale University Art Gallery in New Haven / Connecticut und am Barnard College in New York. Ende 1942 wurde sein Lehrauftrag an der Columbia University durch die Universität selbst um ein Jahr verlängert, und es zeichnete sich eine realistische Chance für eine dauerhafte Professur ab.

Anfang März 1943 fuhr Heinrich Zimmer trotz einer schweren Erkältung von New Rochelle nach New York, um eine Vorlesung zu halten. Wenig später litt er an einer Lungenentzündung und starb überraschend am 20. März 1943 im Alter von 52 Jahren in New York. Sein Grab befindet sich in New Rochelle.

5. Nach Heinrich Zimmer

Nach Heinrich Zimmers Tod stellte Christiane Zimmer den schriftlichen wissenschaftlichen Nachlass ihres Mannes Joseph Campbell zur Verfügung.[62] Joseph Campbell hatte einige Vorlesungen von Zimmer gehört und war im Laufe der Zeit ein guter Gesprächspartner und Freund geworden. Aus englischen und deutschen Aufzeichnungen zu Vorlesungen und unvollendeten Schriften Zimmers stellte Campbell vier Bücher zusammen: „Myths and Symbols in Indian Art and Civilization" (1946), „The King and the Corpse" (1948), „Philosophies of India" (1951) und „The Art of Indian Asia" (1955), die Heinrich Zimmers Ansehen in Amerika begründeten. Allerdings beinhalten diese Editionen die Schwierigkeit, dass die Interpretationen des Herausgebers Joseph Campbell kaum von Heinrich Zimmers ursprünglichen Texten zu unterscheiden sind. Für zusätzliche Verwirrung sorgten eine Zeit lang Heinrich Zimmer und Henry R. Zimmer, die häufig als zwei Wissenschaftler begriffen wurden, bis die amerikanischen Verleger Henry R. Zimmer wieder in Heinrich Zimmer verwandelten. Eine Annäherung des deutschen und amerikanischen Heinrich Zimmer begann durch wechselseitige Übersetzungen.

Ein weiteres Werk Heinrich Zimmers wurde 1944 von Carl Gustav Jung herausgegeben: „Der Weg zum Selbst – Lehre und Leben des indischen Heiligen Shri Ramana Maharshi", und Ludwig Edelstein veröffentlichte 1948 „Hindu Medicine", das auf Zimmers Vorträgen am Institute for History of Medicine an der John Hopkins University / Baltimore basiert.

Heinrich Zimmers Bibliothek, die mit der Familie aus Heidelberg über Oxford nach New Rochelle gezogen war, gelangte zunächst an die Bollingen Foundation und nach der Auflösung der Stiftung 1969 an die New York University.

Christiane Zimmer und ihre Kinder fanden vor allem in Mary und Paul Mellon Unterstützung. Die Familie zog nach New York, und Mary und Paul Mellon finanzierten die Erziehung der Söhne von Christiane und Heinrich Zimmer. Andrew und Michael Zimmer studierten in Harvard. Andrew wurde Rechtsanwalt in Washington und Michael Architekt in New York. Clement Zimmer studierte in Chicago und Oxford, wo er 1955 durch eine Unfall starb.

Christiane Zimmer war von 1945 bis 1967 als Sozialpädagogin in New York tätig und hielt seit den 1960er Jahren als Dozentin Vorlesungen über die Geschichte der Sozialpädagogik an der Fordham University in New York. Sie lebte teils in New York und teils in München und verkehrte unter anderem mit W.H. Auden, Hannah Arendt, Ingeborg Bachmann, James Baldwin, Hans Magnus Enzensberger, Peter Handke und Kuno Raeber. Christiane Zimmer starb am 5. Januar 1987 in New York.

Elisabeth Südkamp

Mila Esslinger blieb mit ihren Kindern in Deutschland und lebte in Haßmersheim. Sie starb 1972 in Binau am Neckar. Eugen Esslinger konnte vor der nationalsozialistischen Verfolgung fliehen und starb 1944 an einem Magenleiden in Fribourg in der Schweiz. Ernst-Michael Rauch fiel Ende des II. Weltkriegs 1945 bei Frankfurt an der Oder. Nach dem II. Weltkrieg waren Mila Esslinger und Maya und Lukas Rauch auf die Unterstützung von Freunden und vor allem auf sich selbst angewiesen. Lukas Rauch studierte Betriebswirtschaft in Mannheim und war erfolgreich für eine Firma in Winterthur tätig. Maya Rauch studierte Germanistik und Anglistik in Zürich und wurde dort Gymnasialprofessorin. Christiane Zimmer hielt den Kontakt zu Maya und Lukas Rauch aufrecht, und im Laufe der Jahre entwickelte sich vor allem zu Maya Rauch eine engere Beziehung. Nach Christiane Zimmers Tod übertrugen Andrew und Michael Zimmer die Rechte für den schriftlichen Nachlass Heinrich Zimmers an Maya Rauch.

Anmerkungen

1 Heinrich Zimmer: Notizen zu meinem Lebenslauf, in: Merkur (Deutsche Zeitschrift für europäisches Denken), Stuttgart, Jg. 7, H. 1, März 1953, S. 53.
2 Kurt Rossmann: Heinrich Zimmer, in: Ruperto Carola, Jg. 12, Bd. 28, 1960, S. 39.
3 Carl Gustav Jung: Erinnerungen, Träume, Gedanken, Zürich / Stuttgart 1962, S. 385.
4 „[...] the ideal scholar, at the same time erudite and creative [...]", in: Mary F. Linda: Zimmer and Coomaraswamy, in: Margaret H. Case: Heinrich Zimmer – Coming Into His Own, Princeton / NJ 1994, S. 122.
5 Margaret H. Case: 1994. Heinrich Zimmer – Coming Into His Own, Princeton / NJ 1994.
6 Friedrich Heinrich Zimmer (Kastellaun 1851 – 1910 Hahnenklee), Indologe und Keltologe; war seit 1881 Professor in Greifswald und seit 1901 in Berlin. Nach seinem Tod 1910 erwarb die irische Nationaluniversität in Dublin Heinrich Friedrich Zimmers Bibliothek, um sie Studenten der keltischen Philologie zugänglich zu machen. – Die Informationen zu Heinrich Zimmers Zeit in Greifswald und Berlin sind überwiegend entnommen aus: Zimmer (wie Anm. 1), S. 39 – 54.
7 Zimmer (wie Anm. 1), S. 48.
8 S. 41. – Heinrich Zimmers Bruder Ernst Zimmer (Greifswald 1887 – 1965 Lübeck), studierte Physik, Mathematik und Chemie in Freiburg und Berlin und wurde Gymnasiallehrer und Professor. 1934 publizierte er „Umsturz im Weltbild der Physik" mit einem Vorwort von Max Planck. 1939 – 1952 war er Direktor des Staatlichen Studienseminars in Lübeck.
9 Heinrich Wölfflin (Winterthur 1864 – 1945 Zürich), Kunsthistoriker; wurde bekannt durch seine systematische, formanalytische Betrachtung von Kunstwerken; war seit 1893 als Nachfolger Jakob Burckhardts Professor in Basel, seit 1901 in Berlin, seit 1912 in München und seit 1924 in Zürich.
10 Zimmer (wie Anm. 1), S. 44.
11 Heinrich Lüders (Lübeck 1869 – 1943 Badenweiler), Indologe; war seit 1905 Professor in Rostock, seit 1908 in Kiel und seit 1909 in Berlin. – Das Datum der Veröffentlichung der Dissertation Heinrich Zimmers ist der 29. April 1914, nach: Dagmar Drüll: Heidelberger Gelehrtenlexikon 1803 – 1932, Berlin / Heidelberg / New York / Tokyo 1986, S. 311. – Helmuth von Glasenapp datiert Zimmers Promotion auf 1913, in: Helmuth von Glasenapp: Heinrich Zimmer, in: Zeitschrift der Deutschen Morgenländischen Gesellschaft, 100, 1950, S. 49. – Zimmer selbst schrieb, er habe bereits seit 1913 bis 1918 Militär- und Kriegsdienst geleistet, in: Zimmer (wie Anm. 1), S. 42.
12 Zimmer (wie Anm. 1), S. 45.
13 Zimmer (wie Anm. 1), S. 45 – 46.
14 Johann Jacob Maria de Groot (Schiedan / Niederlande 1854 – 1921 Berlin), Sinologe; war seit 1890 Professor für Landes- und Völkerkunde Niederländisch-Indiens in Leiden, seit 1904 Professor für Sinologie in Leiden und seit 1912 in Berlin. – Arthur Avalon war das Pseudonym für Sir John George Woodroffe (1865 – 1936), Richter und Juraprofessor; wurde 1890 als Recht-

sanwalt nach Kalkutta berufen und wenig später als Professor an die Universität in Kalkutta; wurde 1904 Richter am Obergericht Kalkutta und 1915 Präsident dieses Gerichts; lehrte nach seiner Rückkehr nach England an der University of Oxford; studierte in Indien Sanskrit und beschäftigte sich mit hinduistischer Philosophie; publizierte unter seinem Pseudonym Arthur Avalon mehrere Schriften, vor allem zur Lehre des tantrischen Shaktismus.

15 Bruno Liebich (Altwasser / Schlesien 1862 – 1939 Breslau), Indologe; war seit 1897 außerordentlicher Professor in Berlin und seit 1913 in Heidelberg; war vom Sommersemester 1922 bis zu seiner Emeritierung 1928 Professor in Breslau; galt als Spezialist für indische Grammatik und übersetzte und edierte zahlreiche Texte aus dem Sanskrit. – Die Umhabilitierung Zimmers ist auf den 6. Mai 1922 datiert, nach: Drüll (wie Anm. 11), S. 311.

16 Am 1. Februar 1926, nach: Drüll (wie Anm. 11), S. 311.

17 Otto Brendel (Nürnberg 1901 – 1973 New York), Kunsthistoriker; war auf etruskische Kunst spezialisiert; emigrierte in die USA und lehrte dort an verschiedenen Universitäten, zuletzt an der Columbia Universität New York. – Erwin Palm (Frankfurt 1910 – 1988 Heidelberg), Kunsthistoriker; emigrierte mit seiner Frau, der Dichterin Hilde Domin, 1940 in die Dominikanische Republik; war seit 1960 Professor für iberische und ibero-amerikanische Kunstgeschichte in Heidelberg. – Robert Curtius (Thann / Elsaß 1886 – 1856 Rom), Romanist; war 1923 – 1929 Professor in Heidelberg und seit 1929 bis zu seiner Emeritierung 1951 in Bonn. – Leonardo Olschki (Verona 1885 – 1961 Berkeley / Kalifornien), Romanist; war seit 1918 Professor in Heidelberg und seit 1930 Direktor des Romanischen Seminars der Universität; emigrierte 1933 nach Rom, 1939 in die USA, wo er in Baltimore / Maryland und seit 1940 in Berkeley / Kalifornien Professor war. – Ludwig Edelstein (1902 – 1965), Klassischer Philologe und Medizinhistoriker; emigrierte 1933 in die USA und lehrte dort an verschiedenen Universitäten. – Karl Jaspers (Oldenburg 1883 – 1969 Basel), Psychologe und Philosoph; vertrat eine eigenständige Ausformung der Existenzphilosophie; war seit seinem medizinischen Staatsexamen 1908, seit 1916 als Professor, an der Heidelberger Universität; lebte zwischen 1937 und 1945 als Privatgelehrter in Heidelberg; war 1945 wieder Professor in Heidelberg und 1947 – 1961 in Basel. – Raymond Klibansky (Paris 1905 – 2005 Montréal), Philosoph; publizierte u.a. zu Meister Eckhart und Nikolaus de Kues; emigrierte 1933 nach England und lebte und lehrte u.a. in Oxford und Montréal. – Alfred Weber (Erfurt 1868 – 1958 Heidelberg), Nationalökonom, Staats- und Finanzwissenschaftler, Soziologe; vertrat eine universelle Kultursoziologie; war 1907 – 1955 Professor in Heidelberg und 1923 – 1933 Leiter des Volkswirtschaftlichen Seminars, seit 1924 Institut für Sozial- und Staatswissenschaften. – Marianne Weber (Oerlinghausen 1870 – 1954 Heidelberg), Soziologin, Rechtshistorikerin und Politikerin; heiratete 1893 den Nationalökonom Max Weber, Bruder von Alfred Weber; engagierte sich seit 1894 in der Frauenbewegung.

18 Zimmer (wie Anm. 1), S. 48.

19 Emilie Esslinger, geb. Rauch, gen. Mila (Linz / Österreich 1886 – 1972 Binau / Neckar). – Die Informationen zu Heinrich Zimmers Beziehung zu Mila Esslinger und zur Familie Esslinger sind entnommen aus: Maya Rauch: A Daughter's Perspective, in: Case (wie Anm. 5), S. 15 – 20, aus: Maya Rauch: Postfazione, in: Heinrich Zimmer: La via del Sé, Rom 2007, sowie aus: Telefongespräche am 13. und 14.8.2007 von Maya Rauch und Elisabeth Südkamp. – An dieser Stelle möchte ich mich sehr herzlich bei Maya Rauch bedanken für die anregenden Gespräche und die Beantwortung vieler offener Fragen.

20 Eugen Esslinger (München 1871 – 1944 Fribourg / Schweiz) stammte aus einer wohlhabenden Familie und hatte ein ansehnliches Vermögen geerbt; nahm Privatunterricht u.a. bei August Macke und 1909 / 10 bei Franz Marc; gab in seiner Anmeldung in Heidelberg als Beruf „Kunstmaler" an, war aber in der Heidelberger Zeit nicht mehr künstlerisch tätig; emigrierte 1927 in die USA und kehrte 1931 nach Deutschland zurück; war u.a. als Sprachlehrer in Hagen / Westfahlen tätig; lebte seit 1935 weitgehend im Ausland und gründete mit einem Partner eine Firma für Fotozubehör in der Schweiz. – Zu Eugen Esslingers Kunstunterricht vgl. auch: Postkarte vom 27.6.1913 von Franz Marc an Eugen Esslinger in Brüssel, in: Annegret Hoberg, Isabelle Jansen: Franz Marc. The Complete Works, Bd. 2, Works on Paper, Postcards, Decorative Arts and Sculpture, London / München 2004, Nr. 330, S. 328. – Das Ehepaar Esslinger zog am 6. Juli 1923 von Lützelbach in die Ziegelhäuser Landstr. 61 nach Heidelberg. Vermutlich lernten sich Mila Esslinger und Heinrich Zimmer dort kennen. Am 1. Oktober 1925 siedelten Esslingers in die Beethovenstraße 39 in Heidelberg um. Am 21. April 1926 meldete sich Eugen

Elisabeth Südkamp

Esslinger nach Viernheim ab. Mila Esslinger zog am 22. Mai 1926 mit ihrer Tochter Maya nach Frankenfeld bei Gernsheim. – Für die Informationen in dieser Anmerkung bedanke ich mich herzlich bei Maya Rauch, Claudia Rink und Diana Weber vom Stadtarchiv Heidelberg.

21 Christiane Maria Anna Katharina Pompilia von Hofmannsthal (Rodaun 1902 – 1987 New York). – Die Informationen zu Christiane von Hofmannsthals Biographie sind überwiegend entnommen aus: Maya Rauch: Nachwort, in: Maya Rauch, Gerhard Schuster [Hrsgg.]: Christiane von Hofmannsthal Tagebücher 1918 – 1923 und Briefe des Vaters an die Tochter 1903 – 1929, Frankfurt / Main 1991, S. 175 – 184.

22 Gerty von Hofmannsthal, geb. Schlesinger (1880 – 1959), war die Tochter des Generalsekretärs der Anglo-Österreichischen Bank Emil Schlesinger und seit 1901 mit dem Schriftsteller Hugo von Hofmannsthal verheiratet. – Erwin Lang (Wien 1886 – 1962 Wien), Maler und Graphiker; war mit der Tänzerin Grete Wiesenthal (Wien 1885 – 1970 Wien) verheiratet und war unter anderem erfolgreich tätig in den Bereichen Bühnen- und Plakatdesign sowie Buchillustration, u. a. für Hugo von Hofmannthals „Jedermann" (1922).

23 Friedrich Gundolf (Darmstadt 1880 – 1931 Heidelberg), Literaturhistoriker und Dichter; widmete sich in seinen Werken vor allem herausragenden Schriftstellern, die er als Symbolgestalten für ihre Epoche sah; war von 1899 bis 1926 mit dem Stefan-George-Kreis verbunden, schrieb u. a. für Georges „Blätter für die Kunst" und gab 1910/11 zusammen mit Friedrich Wolters das „Jahrbuch für geistige Bewegung" heraus; war seit 1917 Professor in Heidelberg.

24 Rauch / Schuster (wie Anm. 21), S. 180.

25 Heinrich Zimmer lebte 1922 – 1924/25 in der Ziegelhäuser Landstraße 61, 1926 – 1928 in der Hirschgasse 3, 1928/29 – 1935/36 in der Quinkestraße 18 und seit 1936 in der Bergstraße 147 (nach: Christian Jansen: Vom Gelehrten zum Beamten, Heidelberg 1992, und Heidelberger Adressbücher).

26 Michael Buselmeier: Literarische Führungen durch Heidelberg, Heidelberg 1991, S. 102 – 103.

27 Ebd., S. 151.

28 Pablo Picasso. Selbstbildnis "Yo, Picasso". Paris, 1901. Öl auf Leinwand. 73,9 59 cm. Privatbesitz. Abb., s / w, z. B. in: John Richardson, John: A Life of Picasso. 1881 – 1906, Bd. I, New York 1991, S. 192.

29 Ebd., S. 228. – Der Rosenkavalier erschien 1911 in Berlin bei Fürstner und wurde im gleichen Jahr in Dresden uraufgeführt.

30 Rauch / Schuster (wie Anm. 21), S. 181.

31 Nach: Telefongespräch am 13.8.2007 von Maya Rauch und Elisabeth Südkamp. – Als Maya Rauch wegen Mittelohrproblemen in ärztlicher Behandlung in Heidelberg war, lebte sie für etwa drei Wochen bei Christiane und Heinrich Zimmer in der Quinkestraße und konnte so Einblick in das Familienleben gewinnen.

32 Weitere Hofmannsthal-Editionen, an welchen Heinrich Zimmer beteiligt war, sind u.a.: Loris [Pseudonym von Hugo von Hofmannsthal] – Die Prosa des jungen Hugo von Hofmannsthal (1931), Berührung der Sphären (1931), Andreas oder die Vereinigten (1932), Nachlese der Gedichte (1934), Briefe 1890 – 1901 (1935), Briefe 1900 – 1909 (1937).

33 Alfred Salmony (Köln 1890 – 1958 Ile de France), Kunsthistoriker; war auf asiatische Kunst spezialisiert und war nach seiner Emigration aus Deutschland Professor am Institute of Fine Arts in New York. – Artibus Asiae wurde in Dresden gegründet und erscheint seit 1925.

34 „Zur Rolle des Yoga in der indischen Geistesgeschichte" erschien in: Deutsche Vierteljahresschrift IV, 1, 1926. – Weitere Werke von Heinrich Zimmer, die in seiner Heidelberger Zeit entstanden, sind u.a.: „Spiel um den Elephanten" (1929), „Ewiges Indien – Leitmotive indischen Daseins" (1930), „Indische Sphären" (1935), „Maya – Der indische Mythos" (1936) und „Weisheit Indiens – Märchen und Sinnbilder" (1938).

35 William McGuire: Bollingen. An Adventure in Collecting the Past. Princeton / NY 1982, S. 30. – Vgl. auch: Zimmer (wie Anm. 1), S. 53, und: Heinrich Zimmer: The Impression of Dr. Jung on my Profession, in: Case (wie Anm. 5), S. 43.

36 Jung (wie Anm. 3), S. 385.

37 Zimmer (wie Anm. 1), S. 53.

38 Jung (wie Anm. 3), S. 385.

39 Jung (wie Anm. 3), S. 386.

40 Zimmer (wie Anm. 1), S. 54.

41 Olga Fröbe-Kapteyn (London 1881 – 1962 Ascona), studierte Kunstgeschichte in Zürich und lebte in Berlin, Zürich und schließlich in der Casa Gabriella in Ascona; studierte indische Philosophie und Theosophie und hatte u. a. Kontakt zu Ludwig Derleth, Carl Gustav Jung, Richard Wilhelm und Hermann Graf Keyserling in Darmstadt; ließ 1928 ein Tagungszentrum in der Nähe ihrer Casa Gabriella erbauen, das auf Jungs Anregung als Begegnungsstätte zwischen Ost und West und seit 1933 für die Eranos-Tagungen genutzt wurde.

42 Zimmer (wie Anm. 1), S. 54.

43 Die Informationen zu Heinrich Zimmers Beobachtung und Behandlung durch die Behörden in den 1930er Jahren stammen aus: Dorothee Mußgnug: Die vertriebenen Heidelberger Dozenten. Zur Geschichte der Ruprecht-Karls-Universität nach 1933, in: Heidelberger Abhandlungen zur Mittleren und Neueren Geschichte, NF, Bd. 2. 1988, S. 108 – 111 und 168 – 171.

44 Raimund von Hofmannsthal (1906 – 1974), zweiter Sohn von Gerty und Hugo von Hofmannsthal, hatte 1933 Alice Astor (1902 – 1939), eine Tochter von John Jacob Astor IV. aus der Astor-Dynastie, geheiratet. Aus der Ehe ging die Tochter Romana von Hofmannsthal (geb. 1935) hervor. 1939 ließen sich Alice und Raimund von Hofmannsthal scheiden, und Raimund von Hofmannsthal heiratete im gleichen Jahr Lady Elizabeth Paget.

45 Herbert Nette (Oberhausen 1902 – 1994 Darmstadt), Schriftsteller und Journalist; war 1927 – 1941 Redakteur im Feuilleton des Darmstädter Tageblatt, später literarischer Leiter des Claasen & Roether Verlags in Darmstadt und 1954 – 1973 Cheflektor des Eugen Diederichs Verlags Düsseldorf; würdigte den Freund Heinrich Zimmer in: Herbert Nette: Epitaph für Heinrich Zimmer, in: Merkur 2, Nr. 3, 1948, S. 436 – 441.

46 Maya Rauch, Dorothee Mußgnug [Hrsgg.]: Briefe aus dem Exil. Aus der Korrespondenz von Heinrich Zimmer 1939 – 1943, in: Heidelberger Jahrbücher 35, 1991, S. 221 – 225.

47 Brief von Heinrich Zimmer an Karl Jaspers, Ende Mai 1939, in: Rauch / Mußgnug (wie Anm. 46), S. 224.

48 Nach: Cecil Beaton: The Years Between. Diaries 1939 – 44. London 1965, S. 25 – 26; zitiert in: William McGuire: Zimmer and the Mellons, in: Case (wie Anm. 5), S. 33 – 34.

49 Eugen Rosenstock-Heussy (Berlin 1888 – 1973 Norwich / Vermont), Rechtshistoriker und Soziologe; war 1923 – 1934 Professor in Breslau, emigrierte in die USA und lehrte dort u. a. an der Harvard University und am Dartmouth College. – Erich Frank (Prag 1883 – 1949 Philadelphia), Philosoph; war Professor in Marburg und emigrierte 1939 in die USA. – Karl Viëtor (Wattenscheid 1892 – 1951 Boston), Literaturhistoriker; war Professor in Gießen; emigrierte in die USA und lehrte an der Harvard University. – Georg Swarzenski (Dresden-1876 – 1957 Boston), Kunsthistoriker; war seit 1906 Direktor des Städelschen Kunstinstituts in Frankfurt, seit 1915 Professor an der Universität Frankfurt und seit 1928 Generaldirektor der Städtischen Museen; emigrierte 1938 in die USA und war seit 1939 für das Museum of Fine Arts in Boston tätig. – Heinrich Brüning (Münster 1885 – 1970 Norwich / Vermont), Politiker; war 1930 – 1932 Reichskanzler; emigrierte über die Niederlande in die USA. – Hermann Hummel (Lahr / Baden 1876 – 1952 Krefeld), Politiker; war 1919 – 1922 Kultusminister und 1921 – 1922 Staatspräsident in Baden, 1924 – 1930 Abgeordneter im Reichstag; emigrierte 1939 in die USA. – Vgl. auch Brief vom 18.10.1940 von Heinrich Zimmer an Leonardo Olschki, in: Rauch / Mußgnug (wie Anm. 46), S. 225 – 226.

50 Arthur Salz (Staab / Böhmen 1881 – 1963 Worthington / Ohio), Nationalökonom; war 1918 – 1919 Professor in Heidelberg, 1919 – 1927 in Frankfurt und 1927 – 1933 wieder in Heidelberg; emigrierte über Cambridge in die USA und lehrte dort an der Columbus University in Ohio. – Max Reinhardt (Baden / Wien 1873 – 1943 New York, Schauspieler und Regisseur; war 1894 – 1902 als Charakterschauspieler am Deutschen Theater in Berlin tätig; entwickelte seine Theaterreform und war 1905 – 1920 und 1924 – 1933 Direktor des Deutschen Theaters, seit 1920 Regisseur der Salzburger Festspiele und seit 1924 am Wiener Theater in der Josefstadt; emigrierte über Österreich in die USA; war seit 1935 in zweiter Ehe mit der Schauspielerin Helene Thimig (Wien 1889 – 1974 Wien) verheiratet. – Arnold Bergstraesser (Darmstadt 1896 – 1964 Freiburg / Br.), Kulturhistoriker und Soziologe; war seit 1924, seit 1932 als Professor, an der Universität Heidelberg; emigrierte in die USA und war 1937 – 1952 Professor an der University of Chicago; kehrte nach Deutschland zurück und war Professor für amerikanische Kulturgeschichte in Erlangen und seit 1954 Professor für wissenschaftliche Politik in Freiburg. – Paul György (Großwardein / Siebenbürgen 1893 – 1976 Mendham / New Jersey), Mediziner; war seit 1920 Arzt an der Universitätskinderklinik Heidelberg, seit 1927 Professor in Heidelberg; verließ

Elisabeth Südkamp

die Universität 1933 auf eigenen Antrag; emigrierte über Cambridge in die USA und lehrte dort an der University of Cleveland in Ohio und an der University of Pennsylvania in Philadelphia. – Otto Meyerhof (Hannover 1884 – 1951 Philadelphia), Mediziner und Biochemiker; war Professor in Kiel und Heidelberg, seit 1929 Direktor der Physiologischen Abteilung am Institut für Medizinische Forschung in Heidelberg; emigrierte über Paris in die USA und lehrte an der University of Pennsylvania in Philadelphia; erhielt 1922 den Nobelpreis für Medizin. – Ernst Hartwig Kantorowicz (Posen 1895 – 1963 Princeton / New Jersey), Historiker; stand dem Stefan-George-Kreis nahe; war 1922 – 1930 Privatdozent in Heidelberg, 1930 – 1933 als Professor in Frankfurt / Main; stellte 1933 ein Beurlaubungsgesuch und emigrierte 1939 über England in die USA; lehrte an der University of Berkeley mittelalterliche Geschichte bis 1949, als er sich weigerte den „antikommunistischen Loyalitätseid" zu unterschreiben; wurde durch die Unterstützung von Harold Cherniss Professor am Institute for Advanced Studies in Princeton. – Vgl. auch die Briefe von Heinrich Zimmer an Gerty von Hofmannsthal und Leonardo Olschki im Frühjahr 1941, in: Rauch / Mußgnug (wie Anm. 46), S. 232 – 235. – Seine Eindrücke der Reise nach Kalifornien schilderte Heinrich Zimmer in: Heinrich Zimmer: Neuling in Amerika, in: Die Wandlung, Jg. 1, 1945 – 46, H. 7 – 10, S. 859 – 864.
51 Heinrich Zimmers Vortrag ist gedruckt in: Case (wie Anm. 5), S. 43 – 47.
52 Paul Mellon (1907 – 1999), Philanthrop, Kunstsammler, Rennpferdzüchter und Besitzer der Rokeby Stables; Sohn des vermögenden Bankiers, Kunstsammlers und amerikanischen Schatzministers Andrew W. Mellon (1855 – 1937); heiratete 1935 Mary Conover Brown (1904 – 1946) und nach deren frühen Tod Rachel Lambert Lloyd; verwaltete seit 1937 sein Erbe und war in verschiedenen Funktionen für die National Gallery of Art in Washington tätig, die sein Vater mit dessen Kunstsammlung einschließlich des 1941 vollendeten Gebäudes gestiftet hatte; stiftete selbst u.a. seine beträchtliche Sammlung englischer Kunst für die Einrichtung des Yale Center for British Art und finanzierte das Gebäude dafür. – Zu Heinrich Zimmers Beziehung zu Mary und Paul Mellon und zu seiner Beteiligung an der Gründung der Bollingen Foundation vgl. auch: McGuire (wie Anm. 35 und Anm. 48).
53 „where in those olde tymes you got the best steak, meat, sausage, wide and far around, and a good vintage from nearby (Pfalz). I take that as a most auspicious omen." In einem Brief von Heinrich Zimmer an Ximena de Angulo, Kollegin in der Bollingen Foundation, zitiert in: McGuire (wie Anm. 48), S. 38.
54 „the only man in my field who whenever I read a paper of his, gives me a genuine inferiority complex", zitiert in: McGuire (wie Anm. 48), S. 38. – Ananda K. Coomaraswamy (Colombo / Ceylon 1877 – 1947 Needham / Massachuetts), Kunsthistoriker; war auf indische Kunst spezialisiert, publizierte aber auch über islamische und fernöstliche Kunst; war wie Zimmer daran interessiert, Kunstwerke aus ihrem kulturhistorischen Zusammenhang heraus zu betrachten; war seit 1917 als wissenschaftlicher Mitarbeiter für das Museum of Fine Arts in Boston tätig.
55 Artibus Asiae 4, Nr. 1, 1930 – 1932, S. 78 – 79.
56 Brief vom 30.4.1941 von Heinrich Zimmer an Herbert Steiner, in: Rauch / Mußgung (wie Anm. 46), S. 234.
57 Die deutsche Ausgabe „Die vertauschten Köpfe" erschien 1940 bei Bermann-Fischer in Amsterdam, die englische Ausgabe „The Transposed Heads" 1941 bei Knopf in New York. – Thomas Mann hatte Zimmers Artikel „Die indische Weltmutter" (1938) und „Maya – Der indische Mythos" als Anregung für sein Buch verwendet. – Die Widmung erwähnte Zimmer in seinem Brief vom 12.6.1941 an Leonardo Olschki, in: Rauch / Mußgnug (wie Anm. 46), S. 235.
58 Vgl. u.a. Brief vom 7.6.1941 von Thomas Mann an Agnes E. Meyer, in: Hans Rudolf Vaget: Thomas Mann – Agnes E. Meyer. Briefwechsel 1937 – 1955, Frankfurt am Main 1992, S. 286 – 287.
59 „It is as if Hindemith composed a one-act opera, availing himself of the motifs from The Twighlight of the Gods." Zitiert in: Gerald Chapple: Heinrich and Henry R. Zimmer, in: Case (wie Anm. 5), S. 79. – In einem Brief von Ende 1940 / Anfang 1941 von Heinrich Zimmer an Mila Esslinger-Rauch fiel die Charakterisierung von „Die vertauschten Köpfe" spontaner und fröhlicher aus: „Der liebe, gescheite Th. Buddenbrook hat aus einer Erzählung, die er im Eranosjahrbuch 1938 auf Seite 177 – 179 kurz wiedergegeben fand, eine entzückende Novelle gemacht, in der er tausend kleine Züge und tiefe Gedanken aus der ,Maya' und diesem Eranosvortrag ganz einfach zum T. wörtlich verwurstet hat, als wenn ein moderner Offenbach aus lauter tiefernsten Motiven des ,Tristan' und des ,Ring' eine tiefsinnige Burleske, einen beziehungsvol-

len Ulk gemacht hätte. Ich habe natürlich enormen Spaß daran, dass Bälle, die ich zu meinem eigenen Spaß so in die Luft geworfen habe, gerade von diesem bewährten Tennis-Altmeister so lustig aufgefangen und brillant zurückgegeben werden." In: Rauch / Mußgnug (wie Anm. 46), S. 228.

60 Max Kommerells Roman erschien 1940 beim S. Fischer Verlag Berlin. Vgl. z. B. die Rezensionen von Emil Barth in: Die neue Rundschau, 51. Jg. der freien Bühne, H. 1, Januar 1940, S. 634 – 635, und von W.E. Süßkind in: Die Literatur, Jg. 43, Oktober 1940 – September 1941, S. 304 – 305. – Max Kommerell (Münsingen / Württemberg 1902 – 1944 Marburg), Literaturhistoriker; schrieb u. a. Gedichte und Essays; studierte 1920 – 1921 bei Friedrich Gundolf in Heidelberg und lernte dadurch Stefan George kennen, dem er bis 1930 nahe stand; war seit 1930 Privatdozent in Frankfurt und seit 1932 mit Christiane und Heinrich Zimmer befreundet; war seit 1941 Professor für deutsche Literaturwissenschaft in Marburg.

61 Brief vom Frühsommer 1941 von Heinrich Zimmer an Max Kommerell, in: Rauch / Mußgnug (wie Anm. 46), S. 236.

62 Joseph Campbell (New York 1904 – 1987 Honolulu), Literaturwissenschaftler und Autor; veröffentlichte zahlreiche Schriften über vergleichende Mythologie und Archetypen in der Mythologie verschiedener Kulturen; lehrte seit 1934 am Sarah Lawrence College in New York.

Elisabeth Südkamp

Heiner Markmann

Kindheit und Jugend im Nationalsozialismus – Licht und Schatten

Meine „Nazizeit"

Nur zögernd nähere ich mich diesem Abschnitt meiner ‚Lebensbeschreibung`, hat doch die Auseinandersetzung mit dem Nationalsozialismus mein Leben seit dem 30. April 1945 ganz wesentlich bestimmt, als ich im Lazarett in Bad Langensalza als amerikanischer Kriegsgefangener vom Ende Adolf Hitlers erfuhr.

Schon in meiner Dissertation habe ich versucht herauszufinden, wie es diesem Mann und seinen Gefolgsleuten gelingen konnte, die Deutschen für seine mörderischen Ideen und Taten zu gewinnen und die ganze Welt an den Rand des Untergangs zu bringen. Seitdem weiß man ziemlich lückenlos und von vielen Seiten her beleuchtet, was sich einschließlich der Vorgeschichte in der Weimarer Republik im Dritten Reich abgespielt hat. Erst jüngst haben die Affäre Günter Grass und im Kontrast dazu die Erinnerungen von Joachim Fest das Thema „Hitler und die Deutschen" beziehungsweise „die Hitlerjungen Grass und Fest im 3. Reich" wieder in die Diskussion gebracht. Wie soll ich vor diesem Hintergrund mit der gebotenen Distanz und Aufrichtigkeit meine eigene Verstrickung in das Geschehen zwischen 1933 und 1945 darstellen? Kann es mir gelingen, die Mechanismen der Verdrängung und sogar der Verklärung zu überlisten, um der „Wahrheit" des Erlebten möglichst nahe zu kommen?

Meine eigene Geschichte

Wie kamen die NS-Ideologie, die Prinzipien der Jugenderziehung, die Führungsstrategien, wie sie die neuen Machthaber konzipiert hatten und sie nun ungehindert praktizieren konnten, bei mir als einem kleinen Objekt der Diktatur an? Wie wirkten

Abb. 1: Prof. Heinz Markmann im Innenhof der Wohnanlage Atzelhof / Handschuhsheim, 2007. Photo: Karin Katzenberger.

die Führer vor Ort, mit denen ich ständig zusammen war, auf mein Denken und Handeln ein?

Wie wäre mein Leben verlaufen, wenn mich meine Bezugspersonen, in erster Linie meine Eltern und die wichtigsten meiner Lehrer, gegen die Einwirkungen des Regimes abgeschirmt hätten? Ist es überhaupt zulässig, dass ich mir diese Fragen stelle, die doch eigentlich nur spekulativ beantwortet werden können?

Meine Eltern verhielten sich nach meiner Beobachtung dem Nationalsozialismus gegenüber ganz indifferent. Weder versuchten sie, mich auf Distanz zu den Einflüssen des Regimes zu halten, noch ermutigten sie mich, an dessen Aktivitäten teilzunehmen. Das galt übrigens auch für alle meine Verwandten. So war ich quasi schutzlos den Verlockungen der neuen Weltanschauung und ihrer realen Ausprägungen ausgesetzt. Die NS- Führung machte ja ernst mit ihren Parolen „Wem die Jugend gehört, gehört die Zukunft" und mit dem Grundsatz „Jugend muss durch Jugend geführt werden". Als lebhaftes, ziemlich extrovertiertes Einzelkind zog es mich zu den Gleichaltrigen hin. Auch wenn ich nicht gerade einen Drang zu dominieren in mir spürte, zumal es mir auch an der dazu gehörenden körperlichen Stärke fehlte, so wollte ich mich doch vor den anderen hervortun, wozu mich auch der wache Verstand und das rege Mundwerk befähigten, Eigenschaften, die ich von der Mutter mitbekommen hatte.

Ich war schwer beeindruckt von den Sprechchören, die die SA- und HJ-Gruppen während der Wahlkämpfe in den Atzelhof[1] brüllten, dass es von den Hauswänden widerhallte. Ebenso wirkten die im Gleichschritt marschierenden Kolonnen, zumal wenn sie ihre martialischen Lieder sangen. Was es mit dem eigentlichen Auftrag dieser von der Führung ausdrücklich so genannten Kampftruppen tatsächlich auf sich hatte, blieb mir völlig verschlossen. Einige ältere Jungen aus der Nachbarschaft, die schon vor 1933 in Jugendbünden aktiv waren, waren nach deren mehr oder weniger freiwillig vollzogenen Eingliederung in die HJ zu Führern avanciert, was meinen Respekt vor ihnen deutlich steigerte. So kann es kaum verwundern, dass es mich, schon bevor ich das offizielle Mindestalter von zehn Jahren erreicht hatte, mit Macht zu den „Pimpfen" zog. Es waren wohl keine besonders hohen Hürden zu überwinden, zumal sich Heini Mierisch aus der Grahamstraße, der von der Bündischen Jugend kam, meiner Sache beim Jungvolk annahm.

Bei Bredl, dem Herrenbekleidungsgeschäft in der Hauptstraße neben der Providenzkirche, wurde ich eingekleidet: Braunhemd, schwarzes Halstuch mit braunem Lederknoten, schwarze Kordhosen mit breitem Koppel und Schulterriemen, auf dem Koppelschloss die „Siegrune"; die schwarzen Schnürstiefel hatte ich schon, die Sohlen mit groben Nägeln beschlagen, Eisenplättchen an den Schuhspitzen und Hufeisen an den Absätzen, mit denen sich auf dem Straßenpflaster Funken schlagen ließen. Jetzt war definitiv Schluss mit den langen Strümpfen bei kühlem Wetter, von Strapsen gehalten wie bei den kleinen Mädchen, es war Schluss mit der verhassten Leib- und Seele-Unterwäsche, von oben bis unten durchgeknöpft, das Objekt permanenten Hohnes der Klassenkameraden beim Umkleiden vor und nach dem Turnunterricht. Später kamen für den Winter die schwarze Kluft mit dem breiten Kragen und die schwarze Skihose samt Mütze dazu.

Jungvolk

Weil es in Handschuhsheim so viele Buben gab, mussten zwei „Fähnlein" gebildet werden. Wir Atzelhöfer gehörten zum Fähnlein Vier, das später den Namen „Blücher" verliehen bekam. Ein Fähnlein gliederte sich in vier Jungzüge. Der Jungzug in drei Jungenschaften mit zehn bis zwölf Mitgliedern.

Als ich mit acht oder neun Jahren den „Dienst" beim Jungvolk antrat, hatte unser Jungzug noch keinen Wimpel. Ich plagte meine Mutter so lange, bis sie aus festem schwarzem Stoff einen dreieckigen Wimpel mit silbernen Paspeln nähte, in deren Mitte eine silberne Rune prangte. Dieser Wimpel wurde an einem Speer befestigt. Reihum

Heiner Markmann

Abb. 2: Handschuhsheim Ortskern. Luftbildaufnahme ca 1919 / 1920. Rechter Rand Mitte: Baugelände der Anlage Atzelhof Nord. Photo Landesdenkmalamt Karlsruhe.

Abb. 3: Wohnanlage Atzelhof Rottmannstraße / Steubenstraße, März 1979. Photo Landsdenkmalamt Karlsruhe.

durfte jeder Pimpf einmal diesen Wimpel tragen. Schon die Uniform allein steigerte das Selbstbewusstsein und schuf ein Gemeinschaftsgefühl. Der Wimpel war das Symbol, hinter dem die Mannschaft sich scharte, und das es, wie man uns gleich einprägte, mit allen Mitteln gegen jeden Feind zu verteidigen galt. Bei besonderen Anlässen wurden „Fahnensprüche" feierlich vorgetragen von der Art: „Wer auf die heilige Fahne schwört, hat nichts mehr, was ihm selber gehört! – Die Fahne ist mehr als der Tod"...und dergleichen mehr.

Der Dienst fand mittwochs und samstags ab 15 Uhr statt. Das Fähnlein versammelte sich pünktlich zunächst vor der Rosenapotheke an der Tiefburg, später in der Grahamstraße. Bei gutem Wetter ging es meist auf den Neuen Spielplatz, auf dem nach dem Kriege die Neulichsiedlung errichtet wurde. Dort wurde jungenschafts- oder jungzugsweise nach militärischem Reglement exerziert. Alles musste „zackig" ablaufen, denn auf geschlossenes Marschieren im sauber ausgerichteten Verband wurde großer Wert gelegt. Das Stillstehen mit den Händen an der Hosennaht, angelegtem Daumen und durchgedrücktem Rücken und die Wendungen wurden „bis zur Vergasung" gedrillt. Nach ein paar Wochen waren auch die unbeholfensten Buben „auf Vordermann gebracht".

Nach dem Exerzieren ging es ins Gelände. Dort brachte man uns die verschiedenen „Gangarten" bei: Robben, Gleiten, Kriechen, gebücktes Gehen. Wir übten das Anschleichen in Anlehnung an die lautlosen Bewegungen der Indianer bei Karl May, und schließlich den Überraschungsangriff mit Hurragebrüll auf einen tatsächlichen oder imaginären Gegner, der sich gut getarnt im Wald verborgen hatte. Später kam die Zielansprache und das Entfernungsschätzen hinzu samt Daumenbreite und Daumensprung, wie auch das korrekte Formulieren einer Meldung nach dem Schema: wann - wer - wie - wo - wohin. Schließlich brachten uns die Führer bei, wie man eine

Abb. 4: Legende: Prof Heinz Markmann im Innenhof der Wohnanlage Atzelhof, 2007. Photo: Karin Katzenberger.

Geländekarte liest, wie man mit dem Kompass die Karte einnordet, wie man nach der Marschzahl vorgeht und welche Orientierungshilfen die Natur bereitstellt.

Höhepunkte des Geländedienstes waren die Geländespiele der Jungzüge oder des Fähnleins im Handschuhsheimer Wald, die Kämpfe gegen die Neuenheimer auf dem Heiligenberg oder um die Bismarcksäule herum. Einmal im Jahr rückte der Jungbann aus, der das ganze Stadtgebiet umfasste. Die Einheiten wurden geteilt in Angreifer und Verteidiger, die es im Gelände aufzuspüren und zu überfallen galt. Alles endete mit Rangeleien, Ringkämpfen, aber auch mit ernsthafteren Prügeleien, wobei allerdings die Führer darauf achteten, dass es keine ernsthaften Verletzungen gab. Blaue Flecken und zerrissene Uniformteile gehörten aber allemal dazu.

Von Zeit zu Zeit ging es auf den Sportplatz am Hellenbach oder am Neckarkanal, um dort Leichtathletik zu trainieren. Alljährlich fanden die Reichsjugendspiele statt, bei denen man bei Erreichen einer bestimmten Punktezahl in verschiedenen Disziplinen das Jugendsportabzeichen samt Urkunde erhielt. Ab dem 14. Lebensjahr konnte man das HJ-Leistungsabzeichen erwerben, wo neben der Leichtathletik auch „militärische" Disziplinen vom Kleinkaliberschießen bis zum Gepäckmarsch über zehn Kilometer mit drei Backsteinen im Tornister zu absolvieren waren. Dieses dekorative Abzeichen durfte sogar auf der Wehrmachtsuniform getragen werden.

Dieser Teil des Jungvolksdienstes blieb eigentlich „ideologiefrei"; er war aber eindeutig auf den künftigen Militär- und Kriegsdienst ausgerichtet. Das wurde uns kleinen Pimpfen auch ausdrücklich gesagt nach dem Schiller´schen Motto: Wer dem Tod ins Angesicht schauen kann, der Soldat allein ist der freie Mann!, oder etwas profaner: Gelobt sei, was hart macht!

War das Wetter so schlecht, dass uns der Regen die Uniform durchweicht hätte, fand der Dienst in der „Bude" statt. Jede Jungenschaft hatte irgendwo in einem Privat-

Heiner Markmann

haus einen (Keller)Raum, wo sie nachmittags unterkommen konnte. Ich erinnere mich an das Obergeschoß des Goldenen Löwen, an den Keller des Evangelischen Pfarrhauses (!) und vor allem an den Keller der Bäckerei Frauenfeld im Klausenpfad, wo es mollig warm war und wo es so gut nach frischem Brot duftete. Dort fand die eigentliche politische Indoktrination statt: Wir lernten den Lebenslauf Hitlers auswendig, dazu markante Sprüche des Führers, das Programm der NSDAP und natürlich schon bald den unverhüllten Antisemitismus.

Grundlage des politischen Unterrichts waren die allmonatlich von der obersten HJ-Führung herausgegebenen Schulungsbriefe. Diese enthielten auch Beiträge zur deutschen Geschichte mit eindeutig nazistischem Akzent. Als ich mit 12 oder 13 Jahren Jungenschaftsführer geworden war, gab ich natürlich diesen Stoff völlig unreflektiert und unkommentiert an die mir anvertrauen kleinen Buben weiter. Weshalb sollte ich auch an dessen Zuverlässigkeit zweifeln, wurden uns doch auch im Schulunterricht die gleichen Versionen vermittelt, lasen wir doch in den Zeitungen und hörten wir doch im Radio auch nichts anderes. Zum Glück erleichterten meine damaligen Pimpfe nach dem Krieg einigermaßen mein schlechtes Gewissen, indem sie mir sagten, dass sie bei den Schulungsnachmittagen ohnehin nie richtig aufgepasst hätten und dass sie von dem wenigen, was sie überhaupt verstanden hatten, das meiste bald wieder vergessen hätten. Dennoch: es bleibt immer etwas hängen! Diese alte Weisheit galt auch für die kleinen Buben.

Ein paar Monate nach dem Eintritt musste man die „Pimpfenprobe" ablegen: Sie bestand aus dem Aufsagen von Hitlers Lebenslauf, den wichtigsten Daten der Geschichte der NSDAP, der Wiedergabe einiger Grundsätze aus dem Programm der Partei, den Fahnensprüchen der HJ, aber auch aus einem 60-Meter-Lauf, Ballweitwurf und einigen Geländeübungen. Diese Prüfung bestand jeder. Da man dies wusste, hielt sich die Prüfungsangst in Grenzen.

Zu Führers Geburtstag oder zum Tag der Nationalen Einheit legten die zehnjährigen Buben ihr Gelöbnis auf den Führer und das Vaterland ab. Obwohl unsere Führer uns den Sinn dieses Rituals klarzumachen versucht hatten, blieb mir das alles ziemlich unverständlich. Der feierliche Akt mit seinem pathetischen Brimborium tat aber dennoch die gewünschte Wirkung.

War man zum Führer ernannt worden, musste man an dem speziellen Führerdienst teilnehmen, der am späten Montagnachmittag stattfand. Er diente der Vertiefung des an die Pimpfe zu vermittelnden Stoffes, aber auch der eigenen Weiterbildung zur Festigung der Weltanschauung und der vormilitärischen Kenntnisse und in Ansätzen auch der Methoden der Jugendführung. Breiten Raum nahm die Planung von besonderen Veranstaltungen ein. Die NS-Führung war ja besonders erfinderisch bei besonderen Gedenktagen. Ab und zu wurden wir an den Wochenenden zu „Führerlagern" befohlen, die auf der Basis des Jungstammes oder des ganzen Jungbannes Heidelberg auf dem Dilsberg, in Altenbach oder an anderen Orten in der Umgebung meist in Jugendherbergen stattfanden. Dort ließ man die Vorträge über ideologisch-politische Themen halb dösend über sich ergehen, man meckerte über den miserablen Fraß, prügelte sich im Gelände und schlich nachts mit Zahnpasta und Schuhwichse versehen durch die Schlafsäle, um die schlummernden Kameraden weiß und/oder schwarz zu schminken.

„Kulturerleben"

Zum Marschieren in der Kolonne und überhaupt zum Erzeugen und Vertiefen des Gemeinschaftsgefühls gehörte das gemeinsame Singen. In den frühen 30er Jahren dominierten die Lieder aus der Bündischen Jugend mit Landsknechts-, Bauernkriegs-, Volks- und alten Soldatenliedern, bei denen auch die Sentimentalität nicht zu kurz kam. Die erste Strophe des Deutschlandsliedes und das Horst-Wessel-Lied hatten wir schon in der Volksschule gelernt. Erst in den späteren 30er Jahren kamen die neuen eigentlichen HJ-Lieder auf, die allerdings mit den alten Weisen nur schwer konkurrieren konnten. Ich kann die meisten dieser Lieder heute noch auswendig. Eingeübt wurde der Gesang während der Nachmittage in der Bude oder gelegentlich auch während der Pausen beim Geländedienst unter freiem Himmel. Manchmal nahm ich meine Geige mit und fiedelte den Buben die neuen Melodien vor. Unserem eigenen Fähnlein widmete der stramme und überzeugte Heiner Thum ein eigenes Lied: „Wir sind das Fähnlein Blücher, geradeaus geht unser Blick.! Im Kämpfen sind wir sicher. Für uns gibt es kein zurück."

Es steht außer Zweifel, dass das Liedgut weit mehr als trockene oder schwülstige Schulungstexte zur Indoktrination der jungen Generation beitrug. Nach Ausbruch des Krieges rückten die alten und neuen Soldatenlieder in den Vordergrund.

Im Krieg erhielt der Kult um das soldatische Heldentum neuen Auftrieb. Er hatte allerdings schon gleich nach der Machtübernahme Hitlers in der Literatur eingesetzt und nahm in der bildenden Kunst und in der Publizistik einen breiten Raum ein. Auf dem Gipfel des militärischen Parnass reckte sich Ernst Jünger, der das Inferno des Stellungskrieges an der Westfront in seinen „Stahlgewittern" verklärte. Unter ihm drängten sich die Bataillone der minder begabten Schreiber, die das Gemetzel, die Todesangst und die Todesqualen des 1. Weltkrieges in Heldenepen umfälschten. Ich bekam die Bücher „Alarm-Tauchen" über den U-Bootkrieg und „Der Rote Kampfflieger" über den legendären Manfred von Richthofen geschenkt und verschlang sie begierig. Ihnen folgten viele ähnliche Druckerzeugnisse. Zu meiner frühesten Lektüre dieses Genres gehörte ein dicker Band „Deutsche Heldensagen", illustriert mit Stahlstichen im Stile von Ludwig Richter, wo ich mich wie wohl die meisten meiner männlichen Zeitgenossen mit dem edlen und unbesiegbaren Dietrich von Bern identifizierte. Auch die Taten und das Sterben der „Helden der NS-Bewegung" wie die Opfer des Münchener Hitlerputsches vom 9. November 1923, der von den Franzosen füsilierte Saboteur Albert Leo Schlageter, der dubiose Horst Wessel nahm man mit großer Anteilnahme in sich auf. Großen Eindruck machte auch der „Hitlerjunge Quex", der in Berlin von den „Roten" umgebracht worden war.

Den Kontrast zu all diesen hochstilisierten Lichtgestalten bildete der marxistische Bonze in der KPD, SPD und in den Gewerkschaften, verhetzt und ferngesteuert von dem krummnasigen und plattfüßigen Juden, der nichts anderes im Sinn hatte, als zunächst nur Deutschland und seine braven Menschen, danach aber die ganze Welt zu unterjochen und auszusaugen. Einen Vorgeschmack davon, so wurde uns beigebracht, gab das korrupte „System von Weimar". Frankreich war der Erbfeind, England galt als das plutokratische perfide Albion, Russland als das Blut saufende bolschewistische Ungeheuer, die USA mit der Wallstreet als Hort des Welt Judentums – das war unser Weltbild. Daran zu zweifeln, kam mir nicht in den Sinn, obwohl ich nie einem Franzosen, Engländer oder Russen begegnet war.

Heiner Markmann

Theaterspielen auf den Elternabenden

Jedes Jahr veranstaltete das Fähnlein einen öffentlichen Elternabend, für den wir mit lauten Sprechchören im Dorf warben. In dessen Mittelpunkt stand ein Theaterstück. Zum Programm gehörten auch Volks- und Marschlieder, gymnastische Vorführungen und natürlich eine Ansprache des Fähnleinführers. Wochenlang wurde geprobt, bis die Texte saßen und die Inszenierung klappte. Einmal führten wir ein Volksstück im heimischen Dialekt auf. Wegen meiner schlanken Gestalt und meinem offenbar als hübsch geltenden Aussehen fiel mir die einzige weibliche Rolle zu. Ein Mädchen dafür zu engagieren, kam nicht in Frage. Ich trat auf mit einem Dirndlkleid, einem BH der Mutter, üppig mit Socken ausgestopft und mit geschminkter Visage. Mein Lover-Partner war Philipp Körbel, der leider im Krieg gefallen ist, und der mir damals gestand, dass ihm, als er mich auf der Bühne umarmen musste, ganz warm geworden war. Mit lauter Stimme sang ich solo das schöne Lied Wo mag denn nur mein Christian sein, im Ochsen oder Löwen?, bevor ich ihn, wenn er aus der Kneipe nachhause getorkelt kam, mit dem großen Kochlöffel verprügelte.

Ein andermal spielten wir die Rüpelszene („Peter Squenz") aus Shakespeares Sommernachtstraum. Da musste ich zwei Rollen spielen: einmal einen theaterbegeisterten Handwerksmeister, und dann natürlich die arme Thisbe, die ihrem Pyramus in den Tod folgte.

Die Elternabende fanden im Saal des Bachlenz[2] statt, dessen Bühne mit richtigen Kulissen ausgestattet war, oder im Saal der Traube. Sie waren immer voll besetzt und wir bekamen viel Beifall. Schon bei den Proben hatten wir viel Spaß und erst recht, trotz anfänglichen Lampenfiebers, bei den Aufführungen. Bei einer anderen Gelegenheit spielte ich einen Radioreporter mit selbstgebautem klobigem Mikrofon. Da die Schule dergleichen nicht zu bieten hatte, heimste die Naziorganisation die psychologischen Früchte dieser erfolgreichen Aktivitäten in vollem Umfang ein.

Die Thingstätte und andere Zeremonien

Im Frühjahr 1935 bauten die jungen Männer des damals noch freiwilligen Reichsarbeitsdienstes auf dem Heiligenberg die sogenannte Thingstätte.[3] Das war für uns natürlich ein besonderes Ereignis. So oft wir konnten, waren wir auf der Baustelle mitten im Wald und sahen das uns gewaltig erscheinende Bauwerk entstehen. An manchen Sonntagen rumpelten wir mit viel Hallo in den kleinen Kipploren über die offenbar unbewachte Baustelle. Die Thingstätte wurde am Abend der Sommersonnenwende mit großem Pomp eingeweiht; Josef Goebbels hielt die Festrede. Auf der Bühne loderte ein mächtiger Scheiterhaufen. Unser Schulchor stand knapp dahinter in der Hitze und im Qualm des Sonnwendfeuers und sang die zu dem Anlass passenden Lieder wie „Flamme empor". Völlig überwältigt von dem imposanten Spektakel bekam ich von der Rede des Reichspropagandaministers nichts mit. Als zu einem späteren Zeitpunkt auf der Thingstätte irgendein völkisches Schauspiel aufgeführt wurde, gehörte ich zu einem Trupp von Bauernjungen, die einen großen Ackerwagen auf die Bühne schieben mussten. Um was es hier im Einzelnen ging, wusste keiner von uns.

Bei einem festlichen politischen Anlass standen wir Pimpfe mit brennenden Fackeln auf den seitlichen Stufen des Amphitheaters. Wir hatten uns mit zusätzlichen

Fackeln eingedeckt, in deren Lichtschein wir nach der Veranstaltung quer durch den Wald nach Hause rannten. Zum Glück entfachten wir keinen Waldbrand. Sonst spielte sich dort oben nach meiner Erinnerung nicht mehr viel ab. Zumal im Krieg hatte man anderes im Sinn als pompöse Feiern.

Ein anderes großes Ereignis, das die Nazis in Heidelberg inszenierten, war die Überführung der Gebeine von Toten des 1. Weltkrieges aus der Grabanlage im Neuenheimer Feld, dort wo sich heute der Zoo befindet, quer durch die ganze Stadt auf den neuen Ehrenfriedhof auf dem Ameisenbuckel im Stadtwald. Das geschah bei Nacht. Die schlichten Särge wurden auf schwarz drapierten Geschützlafetten transportiert und bei dumpfem Trommelklang von Soldaten begleitet. Wir Hitlerjungen bildeten mit brennenden Fackeln in den Händen ein düsteres Spalier. Die vielen Menschen an den Straßen standen in tiefem Schweigen. Angesichts dieser Zeremonie lief es auch mir kalt über den Rücken.

Hitler selbst machte meines Wissens nie einen offiziellen Besuch in Heidelberg. Als er einmal im Hotel (Europäischer Hof), der ersten Adresse in der .Stadt, übernachtete und vormittags im großen Mercedes wegfuhr, mussten wir an der Straße Spalier bilden. Als unser Führer in zügigem Tempo an uns vorüber fuhr, schrieen wir, den rechten Arm zum Gruß erhoben, aus Leibeskräften „Heil, Heil!" Das war das einzige Mal, dass ich meinen Führer aus der Nähe sah; sein so oft beschriebener suggestiver Blick traf mich allerdings nicht.

Es war quasi Pflicht für alle Volksgenossen, sich die Reden Hitlers am Radio anzuhören.

Zu besonderen Anlässen versammelten sich die NS-Organisationen, aber auch die Belegschaften von Betrieben und Behörden zum Gemeinschaftsempfang in der Stadthalle oder auf dem Messplatz, wo heute die St. Albert-Kirche steht, oder auf dem Neuenheimer Neckarvorland. Dort waren Lautsprecher aufgestellt, aus denen das unverwechselbare Organ des Demagogen dröhnte. Sonst saß man zuhause und hörte dort die Übertragungen mit dem perfekt orchestrierten Ritual, beginnend mit dem Badenweiler Marsch, der nur bei Auftritten des Führers gespielt werden durfte, bis zum letzten „Sieg Heil" vor den Liedern der Nation.

Ich muss gestehen, dass mich dieses Zeremoniell immer wieder in seinen Bann schlug, ganz besonders aber die Stimme dieses im wahren Sinne des Wortes einzigartigen Mannes.

Hört man ihn heute an, und sieh man aus der zeitlichen und psychologischen Distanz den Demagogen vor den exaltierten Menschenmassen agieren, kann man kaum mehr die Faszination nachvollziehen, der damals die große Mehrheit der Menschen willenlos erlegen war. Was die Rhetorik anging, so stand der Propagandaminister Goebbels seinem Führer nur wenig nach. Ich sehe mich noch im Februar 1943 im Kreis der Kameraden in der Stube der Flakbatterie sitzen, als dieser im Berliner Sportpalast den „Totalen Krieg" ausrief. wir jungen Burschen waren damals wohl alle bereit, für unser Vaterland und seine Führung alles zu opfern.

An den hohen Feiertagen der nationalsozialistischen Bewegung wie an Führers Geburtstag am 20. April, am Tag der Nationalen Arbeit am 1. Mai oder am Tag des Marsches auf die Münchener Feldherrenhalle am 9. November stellte das Regime seine geballte Macht in Form großer Aufmärsche zur Schau. Hinter den Musikkorps marschierten SS, SA und andere Organisationen in Sechser- oder gar Zwölferreihen durch die zentralen Straßen der Stadt. Die Hitlerjugend und das Jungvolk, aber auch die Jungmädel und der Bund Deutscher Mädel folgten dem Schmettern der Fanfarenzüge und dem Dröhnen der Landsknechtstrommeln. Für das Marschieren in den breiten Kolonnen wurde wochenlang exerziert. Wenn die Musik pausierte sangen die Formationen ihre Lieder, dass die engen Altstadtstraßen bebten. Ein Teil dieser gewaltigen, scheinbar unaufhaltsam vorandrängenden Woge von Leibern zu sein, erfüllte auch mich mit einer Mischung von Gefühlen: Geborgenheit, Aufgehobensein, Stolz, Stärke … Den Abschluss dieser Massendemonstrationen machten Kundgebungen mit den obligatorischen Reden irgendwelcher „kleiner Hitler", denen niemand mehr so richtig zuhörte, denn zuhause wartete das Mittagessen!

Wahrnehmung der Pogromnacht 1938 – Juden

Von der Pogromnacht gegen die jüdischen Mitbürger vom 9. auf den 10. November 1938 nahm ich im Atzelhof nichts wahr. Erst als ich morgens zur Schule kam, stöberten schon einige Kameraden im Villengarten neben dem Schulhaus herum. Dort lagen schwere Lederclubsessel, Bücher, Bilder und andere Gegenstände im Schmutz. Ein Blatt mit einem naturalistischen Frauenakt ging von Hand zu Hand, bis es uns ein empörter Lehrer wegriss.

Die Sachen waren also nachts aus dem stattlichen Hause geworfen worden, das wohl eine jüdische Familie bewohnte. Das Ganze kam mir zwar merkwürdig vor, ich machte mir aber weiter keine Gedanken darüber. Als wir am Nachmittag dieses Tages mit den Rädern zum Sport auf den Hans-Hassemer-Platz fuhren, wurde von dem Balkon eines der schönen Gebäude, gerade als wir dort vorüberradelten, ein Glasschrank voller ärztlicher Instrumente heruntergeworfen, der mit schrecklichem Klirren im Vorgarten aufschlug. Dort wurde gerade die Praxis eines jüdischen Arztes verwüstet.[4] Auch das kam mir befremdlich vor, aber als ich am nächsten Tag in der „Volksgemeinschaft", der lokalen NS-Zeitung las, dass sich hier der Volkszorn über die Ermordung eines deutschen Diplomaten in Paris durch einen jüdischen Fanatiker entladen habe, war ich beruhigt.

Die Rassenideologie und mit ihr der aggressive Antisemitismus gehörten im 3. Reich sozusagen zum Alltag. Der „Stürmer" mit seiner ungezügelten, sexuell unterlegten Judenhetze war in einem auffälligen Schaukasten an der Tiefburg für jedermann zugänglich.

Bei einem Schulfreund, dessen Vater bei der SS war, lagen bunt illustrierte Comicbände des Stürmerverlages herum, in deren Bildergeschichten das böse Treiben der Juden dargestellt wurde, die nichts anderes im Sinn hatten, als unschuldige blonde Mädchen zu verführen. „Blutschande" hieß dies damals und war nach den Nürnberger Rassegesetzen mit schwersten Strafen belegt. Beim Betrachten dieser Machwerke dachte ich überhaupt nicht mehr daran, dass ich noch vor wenigen Jahren mit meiner Mutter die Kanzlei des jüdischen Rechtsanwaltes Dr. Fürst[5] besucht hatte, und dass mir der jüdische Bäcker Seligmann[6] bei jedem Besuch eine große Tüte voller Matzenbruch schenkte. Warum sollte ich auch daran denken, wusste ich doch gar nicht, dass es sich um jüdische Menschen gehandelt hatte. Sie sahen auch überhaupt nicht so aus wie die fratzenhaften Gestalten im „Stürmer".

Die einzige Gelegenheit, direkt mit der Juden- und Rassenfrage konfrontiert zu sein, ergab sich für mich durch die Freundschaft mit Karl-Heinz Kaufmann[7], die über die normale Klassenkameradschaft hinausging. Karl-Heinz war Halbjude, was man ihm auch ansehen konnte. Wir nannten ihn „die Bull" wegen seines sehr voluminösen Körperbaus. Er war hoch intelligent, neigte zum Jähzorn, hatte ein großes Mundwerk und war ein gefürchteter 1.Reihe-Rugbystürmer. Einige unserer besonders linientreuen Lehrer ließen ihn seinen „rassischen Makel" auf teilweise sehr bösartige Weise spüren. Dies führte allerdings nicht zu seiner Isolierung von der Klasse, sondern im Gegenteil zu einer Art von Solidarisierung.

Hätte man ihn kurzerhand der Schule verwiesen, so hätte mich dies zumindest nachdenklich gemacht, aber er kam sogar mit uns zur Flak. Als er uns im Frühjahr 1943 als „wehrunwürdig" verlassen musste, beneidete ich ihn fast. So wenig konnte ich mir vorstellen, dass die Entlassung auch sein Todesurteil hätte bedeuten können.

Einsätze – Lager

Der Nationalsozialismus wollte nicht nur dem Namen nach eine soziale Bewegung sein. Um die staatlichen Kassen zu entlasten, rief das Regime die NS-Volkswohlfahrt und das Winterhilfswerk ins Leben, von der Volksgemeinschaft getragene Hilfsorganisationen, die ihre Leistungen für die hilfsbedürftigen Volksgenossen im wesentlichen durch „freiwillige" Abzüge vom Arbeitseinkommen und durch Straßen- und Häusersammlungen finanzierten.

Mehrmals im Jahr zogen wir mit klappernden Blechbüchsen treppauf treppab durch die Häuser und durch die Straßen, um den Leuten allerlei Abzeichen und Figürchen für 20 Pfennige zu verkaufen, die, so hieß es offiziell, von Heimarbeitern in den ärmeren Gegenden des Reiches wie etwa dem Erzgebirge hergestellt worden waren. Besonders beliebt waren die bunt bemalten hölzernen Märchenfiguren, die heute noch unseren Christbaum zieren. Es gab bei jeder dieser Sammlungen einen edlen Wettstreit unter den Pimpfen, wer in kürzester Zeit das meiste Geld eingenommen hatte. Die wenigsten Volksgenossen, an deren Türen man klingelte oder die man auf den Straßen ansprach, trauten sich, ihren Obolus zu verweigern. An den „Eintopfsonntagen", an denen mehrmals im Jahr das deutsche Volk nur ein einfaches Gericht essen sollte, liefen wir mit Listen durch die Häuser, in die wir eintrugen, wie viel Geld sich die Leute sozusagen vom Munde abgespart hatten. Die Kochtöpfe mussten wir allerdings nicht kontrollieren.

In den Sommerferien ging es ins Zeltlager des Heidelberger Jungbannes. Ich berichte hier von dem Lager, das in den Sotten, einem weitläufigen Wiesengelände zwischen dem Dilsberg und Mückenloch[8] gelegen ist. Dort war eine Menge von großen Rundzelten aufgeschlagen, in denen jeweils etwa ein Dutzend Jungens untergebracht war. Was wir für ein paar Tage zum Leben brauchten, hatten wir im sorgfältig gepackten Tornister mitgebracht, samt Schlafdecke und Zeltplane. Feuerstellen aus Feldsteinen waren vorbereitet, das Brennholz holten wir aus dem umliegenden Wald. Über den mehr oder weniger stark qualmenden Feuerchen hingen die großen Aluminiumkessel, in denen zum Frühstück der Malzkaffee gekocht wurde. Mittags gab es Suppe aus den beliebten Erbswürsten oder aus Suppenwürfeln. Da es unmöglich war, die Suppengrundsubstanz einigermaßen glatt anzurühren, bildeten sich beim Kochen

Knollen von unterschiedlicher Größe und Konsistenz. Wir löffelten widerwillig die ziemlich dünne Brühe, in die wir das zum Glück reichlich vorhandene Brot tunkten. Die Knollen wurden im Gelände entsorgt.

Um uns etwas besonders Gutes zukommen zu lassen, wollten wir Makkaroni mit Tomatensoße kochen. Dass in das Wasser etwas zu viel Salz geraten war, hätte sich verschmerzen lassen. Dass wir aber vergessen hatten, ein Sieb mitzunehmen, um die Makkaroni abzugießen, war schon schlimmer. Schließlich kam ein Schlaukopf auf den Gedanken, die Röhrchen durch ein Halstuch abzuseihen. Bis dies portionenweise geschafft war, waren die Makkaroni schon ziemlich zermatscht; auch die Soße war missraten – nichts war es mit dem Festessen! Und den Hohn der zunächst neidigen Kameraden mussten wir auch noch über uns ergehen lassen.

An Nachtruhe war im Lager kaum zu denken, zumal wir auch noch umschichtig Wache schieben mussten. Schon am ersten Abend schlichen wir uns zu den Nachbarzelten, brachten deren Wachtposten zum Schweigen, zogen die Heringe für die Verspannungen aus dem Boden und beobachteten voll Schadenfreude, wie sich die großen Zeltplanen über die Schläfer senkten, die sich im Dunkeln mühsam darunter hervorarbeiten mussten. Natürlich folgte diesem Sabotageakt eine handfeste Schlägerei, die das ganze Lager in Aufruhr brachte. Zu allem Unglück fing es auch noch an zu regnen, so dass das Lager vorzeitig abgebrochen werden musste. Abgekämpft, verdreckt, aber dennoch frohgemut radelten wir nachhause.

Ich will mit diesem ausführlichen Bericht über ein besonderes Ereignis nur versuchen darzulegen, wie derartige organisierte Abenteuer dem Tatendrang und dem Zusammengehörigkeitsgefühl von gesunden Buben entgegengekommen sind. Auf Berichte von anderen Lagererlebnissen und Ferienfahrten verzichte ich. Sie vertieften nur die Eindrücke, die ich bisher gewonnen hatte, änderten aber an meiner Einstellung zum Nationalsozialismus eigentlich nichts.

Wegen der Segelflugausbildung, die an den Wochenenden und während der Schulferien stattfand, nahm ich an Lageraufenthalten und an Großfahrten immer weniger teil.

Die letzte Großfahrt, die wir zu sechst in den Sommerferien 1939 ins Sudetenland unternahmen, wäre eines ausführlichen Berichtes durchaus wert. Ich verkneife mir auch dies, denn es handelte sich hier um ein vor allem touristisches Unternehmen ohne spezifisch politischen Bezug. Bis auf eine besondere Gelegenheit in Eger kamen wir mit den Bewohnern des gerade „befreiten" Gebietes gar nicht in Berührung; nach den langen und teilweise sehr anstrengenden Tagesetappen – bis zu 200 km – waren wir froh, wenn wir beizeiten in die Jugendherbergsbetten kamen; da hatten wir für Erkundungen weder Kraft noch Lust.

Als wir Mitte August mit der Bahn von Nürnberg aus nach Hause fahren wollten, war der zivile Reiseverkehr schon weitgehend eingestellt, aber wir durften als willkommene Gäste mit einem Truppentransport fahren, der Soldaten an die künftige Westfront brachte. Von patriotischem Überschwang und von Siegesgewissheit war bei den Landsern nichts zu spüren. Eigentlich sollten wir zum Abschluss der Sudetenfahrt am Reichsparteitag in Nürnberg teilnehmen, aber dieser wurde wegen der Vorbereitungen zum Kriege kurzfristig abgesagt.

(Vor-)militärische Ausbildung

Sobald die Pimpfe groß genug geworden waren, um ein Luftgewehr halten und spannen zu können, wurden sie im Schießen ausgebildet. Auch dieses Üben vollzog sich nach den Regeln der Heeresdienstvorschrift HDV. Für jeden Handgriff an der Waffe gab es einen Merkspruch, der gebetsmühlenhaft von den Jungens hergeleiert werden musste: „Kolbenhals umfassen – saugend-schraubend...", „Zielen heißt ...", bis zum „Abkommen melden" nach dem Schuss. Luftgewehre, Munition, Schießscheiben, Kugelfänge wurden reichlich bereitgestellt. Die ersten Schießversuche fanden auf den Buden statt; später ging es dann in den Wald, wo die Scheiben an Bäumen befestigt wurden, und wo schließlich auch auf Mannscheiben geschossen wurde. Als ich Jungzugführer geworden war, wurde ich zum Waffenwart des Fähnleins ernannt; die Flinten lagen in einer Kiste unter meinem Bett; nach jedem Schießen reinigte ich sie sorgfältig. Natürlich war die Versuchung groß, die Waffen auch „privat" zu nutzen; so schoss ich gelegentlich auf Spatzen, die auf den Kaminen der Nachbarhäuser saßen; manch einer kippte in den Kamin oder flog zeternd davon; beliebte Ziele waren auch die Porzellan-Isolatoren an den Radioantennen. Um die bösartige Frau Kirsch zu ärgern, zielte ich auf die Fenster ihrer Küche, wo sie mit hellem Klicken auftrafen, ohne die Scheiben zu zerbrechen.

Welcher Junge ist nicht begeistert, wenn er mit einer Schusswaffe umgehen darf; so war es auch bei uns Pimpfen; jeder merkte sich die Zahl der Ringe die er auf den Scheiben getroffen hatte und prahlte mit seinen Schießkünsten; das leichte Luftgewehr verwandelte sich da in den Bärentöter Old Shatterhands und in Winnetous Silberbüchse! Solange ich beim Schießen dabei war, ist niemandem etwas passiert. Als Führer übten wir auf Schießständen mit Kleinkalibergewehren; an großkalibrige Waffen ließ man uns nicht heran. Das Schießen war sozusagen die Krönung der vormilitärischen Ausbildung beim Jungvolk; welchem Zweck es diente, war völlig klar.

Nachdem die älteren Führer zum Reichsarbeitsdienst oder zur Wehrmacht eingezogen worden waren, war für uns Jüngere der Weg frei für die Beförderung in höhere Ränge; diese Beförderungen hatten weniger zu tun mit unseren Fähigkeiten oder mit unserem Glauben an die Partei und das Dritte Reich, als vielmehr mit der Notwendigkeit, die Jugendorganisation funktionsfähig zu halten.

„Wehrertüchtigungslager"

Im Herbst 1942 wurde unser Jahrgang für zwei Wochen in ein Wehrertüchtigungslager geschickt; es lag in Hauenstein bei Annweiler im Pfälzer Wald. Wir waren in höchst ungemütlichen Baracken mit doppelstöckigen Betten untergebracht. Da wir uns bei meist schlechtem Wetter überwiegend im Freien aufhielten, wurden uns unförmige graubraune Drillichuniformen verpasst mit Überfallhosen, die über den Knöcheln zugebunden wurden.

Als Ausbilder wurden SS-Unterführer auf uns losgelassen, die infolge von Verwundungen oder sonstigen körperlichen Handikaps nicht mehr fronttauglich waren. Sie hatten offenbar den Auftrag, uns nach allen Regeln des militärischen Sadismus zu schleifen, wohl um uns einen realistischen Eindruck von dem Kommissbetrieb zu vermitteln, der uns schon bald erwartete. Vom Wecken um sechs Uhr bis zum „Stube Ab-

Heiner Markmann

melden" um 22 Uhr wurden wir nur angebrüllt und rüde als Flaschen und Schlimmeres beschimpft. Im Gelände ließ man uns durch den Matsch robben; die total verdreckten Klamotten und Stiefel mussten in kürzester Zeit gründlich gesäubert werden. Wer dies nicht schaffte, wurde durch das Lager gescheucht oder musste während der spärlich bemessenen Freizeit strafexerzieren. Das Essen war hundsmiserabel. Wir hätten schwer Kohldampf schieben müssen, wären nicht glücklicherweise in den Wäldern die Esskastanien reif gewesen; wir stopften uns während des Geländedienstes die Hosen voll und rösteten die Früchte abends auf der Ofenplatte oder aßen sie einfach roh. Wehe, wenn der Kamerad, der Stubendienst hatte, vergessen hatte, vor dem Stubendurchgang den Aschenkasten im Ofen zu leeren und zu entstauben! Wehe, wenn der Ofen noch heiß war! Dann flog der volle Kasten polternd durch den Raum, und der feine Brikettstaub verteilte sich gleichmäßig über die ganze Bude. Dann kühlte ein Eimer voll Löschwasser den Ofen ab, und eine schwarze Brühe rieselte durch die Stube. Diesen Dreck mussten wir dann in kürzester Zeit gründlich beseitigen.

Wenn die Leute, die sich diesen Härtetest ausgedacht hatten, uns damit kleinkriegen wollten, hatten sie sich gründlich getäuscht: wir schalteten nämlich einfach auf stur und übten passiven Widerstand, denn schließlich konnte uns ja außer den körperlichen Strapazen nicht viel passieren. Das einzig Gute an dem ganzen Zirkus war, dass wir die für das HJ-Leistungsabzeichen geforderten Übungen dort absolvieren konnten. Und natürlich bekamen wir einen Vorgeschmack auf das „lustige Soldatenleben".

Nicht lange nach diesem Intermezzo wurde es für den Jahrgang 1926 ernst: Er wurde als Luftwaffenhelfer zur Flak einberufen.

Gesellschaft im Einverständnis

Schaue ich zurück auf die Zeit des Dritten Reiches, während der ich aktiv an dem politischen Geschehen vor Ort beteiligt war, oder während der ich als Schüler, Jungvolkpimpf und Jungvolkführer dem Zugriff des NS-Regimes ausgesetzt war, und frage ich mich, ob ich mich damit schuldig gemacht habe an all den Untaten, die die Nazis begangen haben, so kann ich diese Frage mit ruhigem Gewissen verneinen. Aber ich trage als einer von Millionen Zeitgenossen mit an der Kollektivschuld, die alle diejenigen Deutschen auf sich geladen hatten, die sich nicht aktiv gegen das Regime gestellt hatten, oder die sich wenigstens durch Verweigerung des Mittuns von dem Regime distanziert hatten. Im Gegensatz zu der Generation meiner Eltern hatte ich Demokratie oder gar Monarchie nie erlebt; ich hatte auch die Gewalttaten und Morde nicht wahrgenommen, mit denen sich Hitler an die Macht gebracht hatte. Ich nahm nicht wahr, wie sich der Elitewandel in Verwaltung, Justiz und Gesellschaft vollzog, in dessen Verlauf sich die „kleinen Hitler", die „Alten Kämpfer" und die „Märzgefallenen" die lukrativen Pöstchen und die Machtpositionen unter die Nägel rissen und im Deutschen Reich die Korruption in großem Maßstab einführten. Ich hörte wohl manchmal die Leute sagen, wenn es die „Goldfasanen" am Ort zu bunt trieben: „Wenn das unser Führer wüsste" ... dann würde er diesen Gaunern schon das Handwerk legen, denn er verkörperte ja alle positiven Tugenden seines Volkes. Ich dachte mir nichts dabei, wenn am frühen Sonntagmorgen mein Vater zu mir ins Bett kam, um auf der Langwelle in Deutschland verbotene Musik und deutschsprachige Nachrichten von Radio Luxemburg zu hören – „Ici le poste radiophonique du Luxembourg „ – , bis dieser nach dem

Überfall der Wehrmacht dem Reichsrundfunk eingegliedert wurde. In meinem Beisein hörten meine Eltern keine Feindsender.

Auf den Vater war ich stolz, wenn ich ihn bei Staatsfeiertagen, geschmückt mit seinen Kriegsauszeichnungen in den Reihen seiner Amtskolleginnen und -kollegen trotz seines steifen Beines durch die Straßen defilieren sah. Von der Jugendorganisation her war man an Disziplin, Befehl und Gehorsam gewöhnt, in abgemilderter Form auch von der Schule her.

Nie wäre man auf den Gedanken gekommen, nach dem Sinn und dem Wahrheitsgehalt dessen zu fragen, was einem von den Autoritäten als Werte und Handlungsmaximen vorgestellt wurde. Das galt auch für das Elternhaus.

Es gab Klassenkameraden, die überzeugte Anhänger Hitlers waren, aber sie unternahmen nichts, um uns Mitschüler besonders intensiv oder gar aggressiv für das Regime zu begeistern. Nach meiner Erinnerung sprachen wir unter uns kaum über Politik im Sinne der NS-Ideologie. Natürlich nahmen wir regen Anteil an allen militärischen Ereignissen, von der Besetzung des entmilitarisierten Rheinlandes 1936, zu dem ja auch unsere engere Heimat gehörte, bis zu den anfänglichen Siegen der Wehrmacht gegen die Rote Armee. Als sich das Kriegsglück gegen Deutschland wendete und die Fronten sich der Reichsgrenze näherten, ließ die Begeisterung nach. Daran änderte auch die massierte Durchhalte-Propaganda nichts. Die große Ernüchterung setzte bei mir erst ein, als ich bei der Mannheimer Flak den geistlosen und oftmals entwürdigenden Kommissbetrieb am eigenen Leib erlebte und dazu noch der Übermacht der alliierten Luftwaffe hilflos ausgeliefert war.

In der Schule gab es wohl Gemeckere gegen die vielerlei Zumutungen, denen wir im Alltag ausgesetzt waren. So etwas wie bewussten, politisch motivierten Widerstand gab es jedoch nicht. Ohne sonderliche innere Anteilnahme standen wir am Montag vor Unterrichtsbeginn und am Samstag nach der letzten Unterrichtsstunde klassenweise zu den Flaggenappellen auf dem Schulhof. Nach ein paar Propagandasprüchen des Direktors oder Fahnensprüchen von Schülern stimmte der Musiklehrer Auer die Lieder der Nation an. Wir machten uns dann den Spaß, entweder das Gesangstempo zu forcieren oder zu verschleppen, was den Gang der feierlichen Handlung bei dem Hissen oder dem Einholen der Hakenkreuzfahne erheblich störte und den Herrn Direktor in großen Zorn versetzte. Nach dem abschließenden laut gebrüllten „Sieg Heil" rannte alles auseinander.

Die Lehrer beteiligten sich mit unterschiedlichem Elan an der Zeremonie. Unser guter Stützel hob nie den rechten Arm zum Hitlergruß, sondern berührte nur mit drei Fingern, den Hintern auf seinen Eichenhebel gestützt, den Rand seines verwitterten Hutes.

Der Alltag im Krieg

Von Hurrastimmung war bei den Heidelbergern in meinem Gesichtskreis bei Kriegsausbruch nichts zu spüren. Die Stimmung der Leute und auch meiner Eltern war eher bedrückt. Als am 1. September 1939 die Nachricht aus dem Radio kam, war ich gerade bei der Oma am Schlossberg, um ihr mit dem Leiterwägelchen Kohlen und Briketts vom Händler in der Theaterstraße zu holen. Sie plapperte die Propagandaparolen nach, die das deutsche Volk auf den „vom Weltjudentum herbeigesehnten und angezettelten

Waffengang" vorbereiten sollten. Diesem Volk steckte allerdings die Erinnerung an den Weltkrieg noch in den Knochen, der ja erst vor 21 Jahre mit einer katastrophalen militärischen Niederlage und tiefen politischen und gesellschaftlichen Umwälzungen zu Ende gegangen war.

Die perfekte Verwaltungsmaschinerie des totalitären Regimes setzte sich sofort in Bewegung. Markanteste Maßnahmen: die Rationierung der wichtigsten Verbrauchsgüter, vor allem der Lebensmittel, und die Einführung der Verdunkelung, um den feindlichen Piloten bei Nacht die Orientierung zu erschweren. Ich besorgte festes schwarzes Packpapier und dünne Holzlatten und machte mich daran, die Fensterläden abzudichten. An den Fenstern nach dem Hof brachte ich einfache Rollos an. Im Keller zimmerte ich aus stabilen Brettern Sitzbänke und Liegen. Der Speicher musste von allen brennbaren Gegenständen „entrümpelt" werden einschließlich der Latten, die die Verschläge der Mieter von einander trennten.

Der Reichsluftschutzbund hatte über alle Medien die Bevölkerung auf den Luftkrieg vorbereitet. Bei dem ersten Fliegeralarm an einem Nachmittag im September, ausgelöst von einem französischen Flugzeug, das wohl versehentlich die Grenze überflogen hatte, versammelten sich die Nachbarn im Keller, in dem Waschschüsseln voll Essigwasser und Handtücher bereit gestellt waren, die uns vor dem von den feindlichen Fliegern abgeworfenen Giftgas schützen sollten, mit dessen Einsatz die deutsche Führung offensichtlich rechnete. Bald wurden dann die Volksgasmasken verteilt, deren Luftauslassventile komische schnarrende Laute erzeugten. Leider war es streng verboten, mit diesen gruselig-putzig aussehenden Gummihauben zu spielen. Die Furcht vor dem Gaskrieg legte sich allmählich. Ab dem Jahre 1942 nahmen die nächtlichen Einflüge der britischen und amerikanischen Bomber zu. Unter dem auf- und abschwellenden Heulen der zahlreichen auf den Dächern montierten Sirenen versammelte sich die Hausgemeinschaft im Keller, die wichtigsten persönlichen Dokumente und Wertsachen in Taschen und Koffern verstaut. Man saß mürrisch und schlaftrunken auf den Bretterbänken oder lag auf unbequemen Pritschen, die grauen Gesichter im trüben Lampenlicht noch trister als am Tage. Der Luftschutzwart für unser Haus, der Schutzmann Beisel, wachte darüber, dass alle Bewohner den Schutzraum aufsuchten. Wenn ich nicht zur Brandwache in der Schule eingeteilt war, blieb ich oft im Bett liegen, es sei denn, das Dröhnen der Bombermotoren und der Lärm der Mannheimer Flak wurden zu bedrohlich. Meine Eltern ließen mich gewähren.

In den ersten Kriegsjahren litten wir keinen fühlbaren Mangel. Die Versorgung der Bevölkerung war gesichert. Da wir ohnehin nicht gerade üppig gelebt hatten, kamen wir mit den zugeteilten Lebensmitteln einigermaßen zurecht, die Bekleidung wurde geschont und eben häufiger ausgebessert als früher. Erst mit dem strengen Winter 1941/42 änderte sich die Lage zum Schlechteren. Jetzt gab es vieles nicht einmal mehr regelmäßig auf Marken, sondern es wurden in der Zeitung kurzfristig Sonderzuteilungen aufgerufen. Diese wurden häufig nur in begrenzter Zahl abgegeben, und das bedeutete Anstehen vor den Geschäften und Ausgabestellen. Wie oft zog ich, der morgens gerne so lange wie möglich im Bett blieb, in aller Herrgottsfrühe los, um möglichst weit vorne in der Menschenmenge einen Platz zu ergattern. Da standen dann bei Wind und Wetter missgelaunte Leute maulfaul und gereizt aufgereiht, bis die Geschäfte oder Ämter öffneten. Wer vermag sich heute in Westdeutschland noch vorzustellen, was in den Menschen vor sich ging, wenn es kurz vor dem Erreichen der Theke oder des Schalters hieß: es gibt nichts mehr! Wie war es einem zumute, wenn man mit leeren Händen und durchgefroren nach Hause kam! Unsere Landsleute in der ehemaligen DDR mussten diese Praxis noch lange erleiden

In jeder Mangelwirtschaft entsteht sozusagen naturwüchsig ein Schwarzer Markt, von dem alle diejenigen profitieren, die knappe Güter und Dienstleistungen anbieten können. Das Geld, allzu reichlich vorhanden, verlor zusehends seinen Wert. Da unser kleiner Beamtenhaushalt zum Tauschen oder Bestechen wenig hergab, bekamen wir nun den Mangel deutlich zu spüren. Da ich im Februar 1943 zur Flak und danach zum RAD[9] und zur Wehrmacht musste, erlebte ich die zunehmende Misere nicht so hautnah wie meine Eltern, denn für die Soldaten wurde mit Vorrang gesorgt, wenn auch auf denkbar niedrigem qualitativen Niveau. Meiner findigen und agilen Mutter gelang es allerdings mit Hilfe ihrer vielen Bekannten immer wieder, die knappen Rationen für die Familie aufzubessern.

Anmerkungen

1   Die Wohnanlage Atzelhof entstand ab 1921 am Rand des Handschuhsheimer Ortskerns (Rottmannstraße / Steubenstraße) Nach B.Müller: Architekturführer Heidelberg, 1998, S. 181 geht die Bezeichnung auf die „Atzeln"(Elstern) in den Bäumen südlich der St.Vitus-Kirche zurück. Von der Architektengemeinschaft und Bauhandwerkern, die mit Unterstützung der Stadt das Projekt realisierten, wurden in siebenjähriger Bauzeit 20 Gebäude in vier-fünfgeschossiger Blockrandbebauung errichtet. Zum „konservativen Gestaltungskonzept" gehörten neobarocke Fensterverdachungen, neoklassische Hofeinfahrten und eine deutlich hervorgehobene Arkadenzone im Erdgeschoss mit Ladengeschäften. Unter den Heidelberger Wohnanlagen zählt der Atzelhof zu den für „bessere Bürgerkreise" konzipierten Projekten mit gemeinschaftlichem „Wohnhof", Kinderspielplätzen und einer zentralen Heizungs- und Warmwasserversorgung im nördlicheren Teil der Siedlung, dem sog. Neuen Atzelhof.

2   Historische Gastwirtschaft mit großem Saal und Bühne in der Handschuhsheimer Mühltalstraße. Von 1945 bis 1949 als Theater und Operettenbühne genutzt. Wilhelm Barth: Das Lokal „Zum Bachlenz" – Das „Bachlenz-Theater", in: Stadtteilverein Handschuhsheim (Hg.): Jahrbuch 1995, S. 98 – 102; Wilhelm Seeger-Kelbe: das Theater im Bachlenz 1945 – 1949, in: Heidelberg-Jahrbuch zur Geschichte der Stadt, Jg. 6, 2001, S. 79 – 93

3   Die „Thingstättenbewegung" der Nationalsozialisten plante und realisierte seit 1934 unter Einsatz des Reichsarbeitsdienstes die Errichtung von Freilicht-Kultstätten zur Durchführung zeremonialer Veranstaltungen im Sinne des NS-Kultverständnisses. Die Heiligenberganlage bietet im architektonischen Duktus eines altgriechischen Forum-Theaters 15 – 20000 Besuchern in 56 Reihen Platz. Nach der Einweihung wurde die Thingstätte nur noch wenig genutzt und 1936 „aufgegeben". Mittlerweile haben die Heidelberger Jugendlichen die Thingstätte unbefangen für ein jährliches Freiluftmeeting zum 1. Mai entdeckt – nach einigen eher misslungenen Versuchen mit konzertanten Aufführungen in den achtziger und neunziger Jahren. Vergl. Meinrad Lurz: Die Heidelberger Thingstätte, Heidelberg 1975; Peter Marzolff: Die Neuzeit, in: Renate Ludwig; Peter Marzolff: Der Heiligenberg bei Heidelberg, Stuttgart 1999, S. 108 – 110.

4   Im November 1938 bestand noch die Praxis des Internisten Berthold Fuchs (geb. 1890) in der Bunsenstraße 3, der bis 1939 in Heidelberg als „Krankenbehandler" tätig sein durfte. Fuchs ist 1940 mit seiner 2. Ehefrau in die USA ausgewandert und 1954 in New York gestorben.

5   Rechtsanwalt Dr. Rudolf Fürst (1865 in Heidelberg geboren, hatte eine Kanzlei in der Hauptstraße 92, die er nach dem Entzug der Zulassung am 30.8.1938 aufgab. Im April 1939 reiste Dr. Fürst mit seiner Ehefrau Hedwig, geb. Oppé in die Niederlande. Das Ehepaar wurde am 23.3.1943 ins das Lager Sobibor deportiert und ist dort am 26.3.1943 gestorben / getötet worden. Die Tochter Friederike ist am 17.Januar 1945 in Bergen-Belsen verstorben. Arno Weckbecker: Die Judenverfolgung in Heidelberg 1933 – 1945, Heidelberg 1985, S. 258.

6   Bäckermeister Siegmund stammte aus Rohrbach bei Sinsheim und war, zusammen mit seinem Sohn Ludwig Inhaber der Konditorei & Bäckerei Seligmann in der Plöck 34. Die Seligmanns mussten das Geschäft 1938 an den Bäcker Josef Tinnes verkaufen und sind dann nach Südamerika emigriert. Nach dem Tod der Ehefrau Flora kehrte Sigmund Seligmann 1951 nach Heidelberg zurück und ist im Juni 1951 gestorben. Weckbecker 1985, Anm. 4, S. 256; Schreiben Willy Herbst an Stadt Heidelberg, der von 1935 – 1937 Lehrling bei Bäckerei Seligmann angestellt war. o. d.

7   Karl-Heinz Kaufmann (geb. 1926 in Heidelberg), Sohn des Versicherungsvertreters Hans Kaufmann und seiner nichtjüdischen Ehefrau Emma Kaufmann, war seit Ostern Schüler der Oberrealschule Heidelberg. Flakhelfer, 1943 als „wehrunwürdig" entlassen. Mit den Eltern 1945 nach Theresienstadt deportiert und vom 25.1.– 8.5.1945 inhaftiert im Zwangsarbeitslager Ronau bei Hirschfeld-Zittau und misshandelt. Kaufmann promovierte 1957 als Sozialwissenschaftler in Heidelberg. Seine Eltern kehrten aus Theresienstadt ebenfalls nach Heidelberg zurück.

8   Heute Ortsteile der Stadt Neckargemünd

9   Reichsarbeitsdienst

Otto Frommel

Tagebuch: Der Einzug der Amerikaner in Heidelberg. 30. März 1945

Karl Otto Frommel (1871 – 1951) kam 1906 als Pfarrer der Christuskirche nach Heidelberg. Er habilitierte sich 1912 und wurde 1918 ordentlicher Professor für Neues Testament und Praktische Theologie an der Universität Heidelberg. 1937 wurde er emeritiert. Verheiratet war Otto Frommel seit 1899 mit Helene, geb. Helbing (1872 – nach 1951). Von den drei Söhnen wurden Wolfgang Frommel (1902 – 1986) als Schriftsteller und Gerhard Frommel (1906 – 1984) als Komponist bekannt. Neben seinen Veröffentlichungen als Theologe verfasste Otto Frommel Novellen, Märchen, Erzählungen und Gedichte, die in seiner Zeit Anerkennung fanden.

Frommels theologische und politische Orientierung folgte den Strömungen seiner Zeit, blieb aber in Distanz zu allen Ideologisierungen. Sein Enthusiasmus für den I. Weltkrieg blieb zurückhaltend. 1918 stellte er sich auf den Boden der Weimarer Republik. Den Nationalsozialisten traute er nicht, ließ es aber zu, dass sie ihn als Schriftsteller hofierten.

Die hier wiedergegebenen Auszüge aus Otto Frommels Tagebüchern schildern die Karwoche 1945, in der die nationalsozialistische Herrschaft in Heidelberg zusammenbrach und die amerikanischen Truppen die Stadt besetzten. Die Passagen zeigen Otto Frommel als inneren Emigranten, der sich mit dem Moment der Besatzung durch die Sieger weniger Hoffnungen auf Freiheit als Sorgen um die nationale Zukunft Deutschlands macht. Sie ergänzen und bestätigen das bisher schon gewonnene Bild vom Zusammenbruch resp. von der Befreiung 1945 in Heidelberg.

Die Tagebücher Otto Frommels sind im Besitz von Melchior Frommel, einem Enkel. Ihm ist für die Überlassung der Textvorlage zu danken wie auch Susanne Himmelheber für die Vermittlung und Annette Dannenberg für die Erfassung des Textes.

Hans-Martin Mumm

Seit dem 25. März [Palmsonntag] spitzte sich die Lage von Stunde zu Stunde mehr zu. Die amerikanischen Truppen schoben sich immer weiter in den Raum zwischen Rhein und Bergstraße vor. Das dumpfe Getöse des Artilleriefeuers von der nahen Front war ununterbrochen bei uns vernehmbar. Nun schon seit Stunden kreisten fortwährend Tiefflieger über unserer Stadt. Angriffe auf Züge – u.a. auf die kleine Verbindungsbahn Heidelberg-Mannheim – richteten schweren Schaden an. Am Freitag 24. März fuhr die Frau des Oberkirchenrats Sch[ulz] gegen Abend nach Schriesheim, um für ihre Enkelkinder bei einem Bauern Milch zu holen. Der Zug, in dem sie saß, wurde in Dossenheim schwer beschossen; dabei erlitt die unglückliche Frau schwere Verwundungen in Brust und Unterleib. Man brachte sie – statt nach Heidelberg – nach Schriesheim, wo ihr rechtes Bein – ohne Narkose – amputiert wurde. Dort erlag sie dem Blutverlust und den Qualen der Operation. Ihr Gatte, der, obwohl schwer herzleidend, im Eilschritt von Heidelberg herübereilte, traf sie bereits tot an, furchtbar zugerichtet, mit zerfetzten Kleidern, neben ihr das amputierte Bein. Schon getraute sich niemand mehr die Eisenbahn zu benutzen. Zumal da die meisten Bahnschienenstrecken zerstört waren und der Verkehr immer mehr ins Stocken geriet. Meist fuhren die Züge nur noch des Nachts. Auf der besonders stark beschädigten Strecke Heidelberg-Würzburg standen überfüllte Lazarettzüge stundenlang, da man erst bei Anbruch der Nacht die Weiterfahrt wagte. Infolge davon benutzten die ungezählten Flüchtlinge aus dem Westen (Pfalz und Saarland) durchfahrende Lastautos. An einigen Straßenkreuzungen der Stadt harrten täglich Hunderte ermüdete, aufgeregte Menschen meist ihre gerettete, kümmerliche Habe in Säcken und Koffern mit sich schleppend auf Fahrgelegenheit. Der Volksmund taufte diese Einsteigestellen „Anhalterbahnhöfe". Von dem Flüchtlingselend kann sich, wer es nicht mit eigenen Augen gesehen, keinen Begriff machen. Besonders trüb- selig war das Straßenbild in der Nähe von Bahnhof und Post. Eine schwere, stickige Atmosphäre lag über den Straßen und Plätzen. Alles schien schmutzig, herunterge- kommen, Grau in Grau! Am 25., einem warmen, fast schwülen Frühlingstag besuchten wir unsere Freunde [Moritz] Sch[auenburg] am Schloss-Wolfsbrunnenweg, um den verwundeten Sohn [Konrad Schauenburg], der im Lazarett Schlosshotel der Heilung eines dreifachen Bruches seines rechten Armes entgegenging, und der uns wegen depressiver Zustände einige Sorge bereitete, zu besuchen. Bei unserer Ankunft teilte uns seine Mutter in großer Aufregung mit, dass tags zuvor die sämtlichen Insassen des Lazarettes, darunter Schwerverletzte, plötzlich entlassen wurden mit dem Befehl sich zu Fuß nach dem mehr als hundert Kilometer von hier entfernten Mannheim zu begeben und dort weitere Verfügung abzuwarten. Konrad Schauenburg war bereits unterwegs, musste aber infolge zu großer Schwäche selben Abend des Sonntags wie- der zurückkehren. Der Sonntag traf uns alle in sehr gedrückter Stimmung. Die Stadt war zwar ziemlich menschenleer, doch begegnete man Soldaten in einem teilweise bejammernswerten Zustand, in völlig abgetragenen und schmutzigen Uniformen, mit stumpfem, hoffnungslosem Gesichtsausdruck.

Als wir gegen Abend in unsere Wohnung zurückkehrten, berichteten Augenzeugen, dass an zwei Stellen der Stadt, u.a. an der Mauer des Bergfriedhofes desertierte Sol- daten aufgehängt gesehen wurden – ein Anzeichen für die Lage! Die folgenden Tage waren von fieberhafter Unruhe erfüllt. Einander widersprechende Gerüchte bildeten den Gesprächsstoff. Nach den Wehrmachtsberichten drängte der Feind im Osten und Westen unaufhaltsam vor; doch war aus verschlungenen Angaben kein deutliches Bild zu gewinnen. Nur das Eine schien mit Sicherheit daraus hervorzugehen, dass die Entscheidung nicht mehr allzu lange auf sich warten lassen kann. Die große Frage, die uns alle im Tiefsten erregte, war die Zukunft unserer Stadt. Heidelberg war die ein- zige noch verhältnismäßig unversehrte Stadt im weiten Umkreis. Freiburg, Karlsruhe, Bruchsal, Pforzheim, Mannheim, Darmstadt, Frankfurt, Mainz, Heilbronn, Stuttgart,

Abb. 1: Kriegsende und Befreiung in Heidelberg. 30. März 1945. Amerikanische Truppen setzen mit Pontons über den Neckar. Deutsche Truppen hatten zuvor die Brücken gesprengt. Photo Stadtarchiv Heidelberg.

Abb. 2: Mannheim wird bombardiert. Blick in die Rheinebene nach Mannheim unmittelbar vor Kriegsende, wo die Flakabwehr aktiv ist. Foto Stadt- archiv Heidelberg.

Otto Frommel

Ulm, Augsburg, München liegen in Trümmern. Wir lebten wie auf einer Insel in der Flut des Untergangs und der Verwüstung. Offenkundig hatten die Feinde – aus welchem Grund auch immer – Heidelberg bewusst geschont. Aber war nicht doch noch zuletzt die Katastrophe zu befürchten? Es schienen – Genaues lässt sich darüber heute noch nicht feststellen – starke Gesinnungsverschiedenheit innerhalb unserer maßgebenden Kreise bestanden zu haben. Es hieß, der Gauleiter Robert Wagner, der bis in die letzten Tage in Aufrufen und Reden schärfsten Widerstand forderte, wollte Heidelberg aufs äußerste verteidigen. Ja es wurde sogar mit Errichtung von Gräben und Sperrmauern begonnen. Am Montag oder Dienstag hieß es, Mannheim sei in Brand gesteckt, um dem Feind das Vordringen zu erschweren. Ludwigshafen war bereits in amerikanischer Hand. Auch wusste man nicht, aus welcher Richtung der Feind sich uns nähern werde. So kam man mit den Vorbereitungen für die Verteidigung nicht recht weiter.

Am 26. März [Montag der Karwoche] zog ein Ehepaar M. [Müller, der Mann Angestellter der IG-Farben], dessen Wohnung in Ludwigshafen bombengeschädigt war, in unserem oberen Zimmer ein. Da die Sirene bei Tag und Nacht nicht zum Schweigen kam, verlebten wir unruhige Tage und noch gestörtere Nächte. Wir legten uns – übrigens schon seit vielen Wochen – in den Unterkleidern ins Bett, um uns im Falle des Vollalarms möglichst rasch in den sehr schlecht geschützten Keller zu flüchten. Im Übrigen waren diese Tage bedrängt von der Sorge um die Beschaffung von Lebensmitteln. Die Bäckereien, Metzgereien und Gemüsegeschäfte wurden gestürmt. Um zu einem Brot, zu Butter und Gemüse zu kommen musste stundenlang vor den Läden angestanden werden. Viele Geschäfte waren nur stundenweise geöffnet. Eine große, zunehmende Erregung bemächtigte sich der Bevölkerung. Das Gespenst der Hungersnot zeigte sich am Horizont. In den Organisationen der nat. soz. Partei begann Verwirrung und Ratlosigkeit einzunisten. Man munkelte, die geheime Staatspolizei sowie prominente Persönlichkeiten der Partei hätten die Stadt verlassen, nachdem noch am Montag 26.3. von dem Einsatz der neuen Waffen binnen weniger Tage geredet worden war. In manchen Gärten wurden abgelegte S. A. Uniformen, nat. soz. Bücher und Bilder aufgefunden. Offenbar breitete sich in gewissen Kreisen eine Panikstimmung vor.

Zu den schlimmsten Erscheinungen in solchen Zeiten gehört das unverantwortliche Gerede (das endlose Geklatsche und Geschwätz), das nur der Sensation dient, ohne irgendeinen Nutzen zu schaffen. Die Pfälzer waren in diesem Stück von jeher groß. Es ist etwas beelendendes, um ein hilflos seinem Schicksal preisgegebenes Volk, dessen Führung im Augenblick der höchsten Gefahr versagt.

Nie – auch im Ersten Weltkrieg nicht – haben wir eine so dunkle Passionszeit und Karwoche erlebt. Das größte Gericht der Weltgeschichte drohte über uns niederzugehen. Wie klein und ungeschützt ist in solcher Schicksalsstunde der Einzelne. Die Botschaft vom Kreuz ist in solcher Lage die letzte und einzige Zuflucht.

Wir nahmen am Abend des Gründonnerstags an der Abendmahlsfeier in der Handschuhsheimer Friedenskirche teil. Eine kleine Schar Verängstigter hatte sich in der Kirche versammelt. Und nun stieg von Stunde zu Stunde die gespannte Erwartung. Es hieß: sie stehen bereits bei Schriesheim. In wenigen Stunden können sie dasein. Aber so hatte es schon am Palmsonntag geheißen. Ein fast ununterbrochenes Geschieße erfüllte die Luft. Wenn sie kommen – von welcher Seite? Von Norden, Westen oder Osten? Sie scheinen dann von allen Seiten gekommen sich hier vereinigt zu haben. Eine große

Sorge war uns das Schicksal unserer drei Neckarbrücken. Schon in den ersten Tagen der Woche wurden sie alle zur Sprengung vorbereitet. Männer der Innenstadt sollen sich geweigert haben, die herrliche Alte Brücke, schon von Goethe als eine der schönsten gepriesen, zu vernichten. Sie boten sich an und führten es auch aus, die Brücke mit Steinen zu verbarrikadieren – leider hat dies nichts genützt. Schon in der Nacht vom Mittwoch auf den Donnerstag wurde die neueste „Hindenburgbrücke", Zufahrtsbrücke zur chirurgischen Klinik, trotz heftigen Einspruchs des Chefarztes, dieses großen, tausend Schwerverwundete beherbergende Krankenhauses gesprengt. Und nun wurde dies vorbereitet, auf persönlichen Befehl Hitlers, in der Nacht vor Karfreitag auch die beiden anderen Brücken, Friedrichs- und Alte Brücke, zwar nicht völlig, aber großenteils zerstört . Eine Maßnahme, die ihren Zweck, das Eindringen des Feindes in Heidelberg, zu verhindern nicht erreicht hat. Es ging das Gerücht, Heidelberg als Lazarettstadt dürfe auf Schonung rechnen. Die Sprengung der Brücken war aber unzweifelhaft eine militärische Maßnahme.

Unsere Hoffnung auf reibungslose Besetzung sank von Stunde zu Stunde. So gingen wir voll banger Erwartung in die Nacht zum Karfreitag. Wir brachten hier, sieben Personen, im Keller zu, die ganze Nacht war erfüllt vom Donner der Geschütze. Da war es ein unbeschreiblicher Augenblick, als beim Erwachen der Ruf in unseren Keller drang: „Die Amerikaner sind da." Wir erhoben uns, gingen in den in frischem Frühlingsgrün von der Morgensonne erleuchteten Garten und beobachteten den Einzug der amerikanischen Wagen und in langem Zug einzeln einherschreitenden, tadellos ausgerüsteten amerikanischen Infanteristen, meist hohe stattliche Gestalten.

Mit dem aufatmenden Gefühl, dass die unmittelbare Gefahr einer Beschießung der Stadt damit gebannt war, verband sich die bange Ahnung all der Schrecknisse einer feindlichen Besatzung und das beelendende Gefühl einer fremden Macht unterworfen zu sein. Fast wie im Traum wanderten wir um 9 Uhr in die nahe Friedenskirche, um dem Karfreitagsgottesdienst beizuwohnen. Da es weder Gas noch elektrischen Strom gab, konnte eine richtige Mahlzeit nicht zubereitet werden. Unsere katholische Nachbarin, Frau R., die viele Alarmnächte mit ihrem jungen Sohn in unserem Keller verbracht hatte, gab uns die Möglichkeit, einen Topf voll Kartoffeln auf ihrem Feuerherd (wir aßen die Kartoffeln aus der Hand) gar zu kochen. Am Nachmittag kam der Befehl, dass die Straßen von 5 Uhr ab für den Verkehr gesperrt seien. Da wir nur über eine unzureichende Kerzenbeleuchtung verfügten, begaben wir uns gegen 9 Uhr zur Ruhe, dankbar einmal wieder eine Nacht ungestört durch das alarmierende Geheul der Sirene durchschlafen zu dürfen. Doch scheint – nach vielem Geschütz- und Flugwaffenlärm zu schließen, in unserer ziemlichen Nähe noch gekämpft worden zu sein.

Der Morgen des Ostersonntags verlief verhältnismäßig still. Wir besuchten den Ostergottesdienst und nahmen im Anschluss daran einen Spaziergang über die Vorhöhe des Heiligenberges. Die Zeit der Kirschblüte hatte begonnen. In feiertäglicher Ruhe lag das schöne Land, Bergstraße, Rheinebene bis hinüber zum bläulichen Saum der Pfälzer Berge. Ein einfacher Mann hielt uns an und pries die Schönheit dieser Landschaft, die einen so scharfen Gegensatz bildete zu dem Kriegsgeschehen drunten in der Stadt. Denn viele Einwohner mussten von einer Stunde zur anderen ihre Wohnungen verlassen, um sie amerikanischen Soldaten – wenn auch nur vorübergehend – als Quartier zu überlassen. Dass dabei Ausschreitungen, Diebstähle und Zerstörungen vorkamen, war

Otto Frommel

eine für uns Deutsche nicht allzu befremdliche Tatsache. Leider hat sich aber deutscher Pöbel in diesen schweren Tagen ähnliches zuschulden kommen lassen. Dass deutsche junge Mädchen geschminkt und geschmückt sich mit Amerikanern eingelassen und von ihnen Zigaretten und Schokolade angenommen haben, gehört hoffentlich zu den Ausnahmen. Besonders auf Alkohol seien die Amerikaner erpicht. In dem nahen Gasthaus zum Lamm haben sie den gesamten Weinvorrat aufgebraucht und sich darauf dementsprechend aufgeführt.

Endlose Wagenkolonnen durchziehen bei Tag und Nacht die uns nahegelegene Rottmannstraße. Ihre Bemannung besteht zum Teil aus Negern.

Vom übrigen Reich sind wir vollkommen abgeschnitten. Dann und wann dringt eine Nachricht – oft im Widerspruch zur nächstfolgenden zu uns herein. Es heißt, die Russen stünden vor Wiener-Neustadt, die Amerikaner vor Eisenach, Nürnberg, Münster. In Berlin herrschten anarchische Zustände. Hitler soll zu weiterem Widerstand aufgefordert, Göppels [sic] die Befreiung als in zehn Tagen bevorstehend angekündigt haben.

Angeblich soll Heidelberg zum amerikanischen Hauptquartier erlesen sein. Etwa 800 Offiziere wurden hier stationiert.

Viele Menschen haben den Kopf verloren. Manche befürchten Abtransport der arbeitsfähigen Knaben und Männer nach feindlichen Gebieten. Vielen fällt es schwer, sich politisch umzustellen und der tatsächlichen Lage ins Auge zu schauen. Die Hitlerbilder werden überall vernichtet. Dagegen [die] des alten Hindenburg lässt man unbeschädigt. Die Parteiorganisationen haben sich von einer Stunde zur anderen aufgelöst. Der Hitlergruß ist von der Straße verschwunden. Andere reden von erneutem Widerstand und von der Rückeroberung Frankfurts und Darmstadts. Es scheint der vorläufige Wille der Amerikaner zu sein, die Zivilbevölkerung, sofern sie sich der neuen Ordnung fügt, glimpflich zu behandeln. Dagegen wird man die nachweislichen Träger der Bewegung vermutlich, soweit man ihrer habhaft wird, gerichtlich verfolgen: Sie werden nicht viel Gutes zu gewärtigen haben.

Seltsam: Wir verbringen unsere Tage im Ganzen in den gewohnten Bahnen. Die Frage der Ernährung, die jetzt allerdings von Tag zu Tag schwieriger wird, hat schon während der ganzen letzten Monate die Hausfrauen in Trab gehalten. Im Übrigen ist es bis heute [4. April] hier außen am Rande der Stadt – von der verkehrswichtigen Rottmannstraße abgesehen – still, während in der Stadt Unruhe und Unordnung herrschen soll. Hier blühen die Bäume in wundervoller Pracht. Vogelgesang und Blütenduft erfüllt die Gärten und wenig belebten Seitenstraßen.

Aber die Menschen sind tief beunruhigt und aufgewühlt. Das persönliche und allgemeine deutsche Schicksal in seiner unausdenkbaren Verkettung von Unglück und Schuld, das Ergehen derer draußen, mit denen vermutlich noch für lange Zeit kein Post- und Bahnverkehr möglich sein wird, belastet einen schwer.

Was geschehen, erscheint uns wie ein böser Traum; ein furchtbares Gottesgericht, dessen plötzlicher Hereinbruch uns alle überrascht hat. Was kommen wird wissen wir nicht. Nur soviel, dass es der Schwere des Vergangenen kaum nachstehen wird.

Marion Tauschwitz

Hilde Domin – Von Heidelberg nach Heidelberg

Reise bis ans Ende der Welt und zurück
am 95. Geburtstag
Man muss weggehen können
und doch sein wie ein Baum:
als bliebe die Wurzel im Boden,
als zöge die Landschaft und wir ständen fest.
Man muß den Atem anhalten,
bis der Wind nachlässt und die fremde Luft um uns zu kreisen beginnt
bis das Spiel von Licht und Schatten,
von Grün und Blau,
die alten Muster zeigt
und wir zuhause sind,
wo es auch sei,
und niedersitzen und uns anlehnen,
als sei es an das Grab
unserer Mutter.[1]

Abb. 1: Privatarchiv Hilde Domin.   Abb. 2: am 95. Geburtstag.

An das Grab der Mutter konnte sich Hilde Domin nie anlehnen – die Urne mit der Asche der 1951 in Karlsruhe verstorbenen Mutter hat Hilde Domins Bruder John (nachdem er die amerikanische Staatsbürgerschaft angenommen hatte, wurde aus Hans Löwenstein John Lorden) im Central Park in New York unter demselben Baum begraben, unter dem auch die Urne des Vater liegt – doch die Wurzeln der jungen Studentin Hilde Löwenstein blieben in Heidelberg.

Hier begann sie 1929 ihr Studium. Ihr Vater, Eugen Siegfried Löwenstein, Rechtsanwalt in Köln, hatte die Universität Heidelberg für seine Tochter ausgesucht („ich wurde von meinem Vater hierher geschickt")[2] und Hilde Löwenstein hatte „ Jura, aus Begeisterung für meinen Vater" studiert.[3] Bewusst hatte der Vater Heidelberg als Studienort gewählt: Die Heidelberger Universität galt schon im 19. Jahrhundert als „Adelsuniversität"[4]. 1807 kam z. B. auch der junge Joseph von Eichendorff mit seinem Bruder Wilhelm hierher, um Jura zu studieren – so wie viele junge Adelige, für die das Jurastudium als Teil ihrer politischen Bildung vorausgesetzt wurde. In den 20er-Jahren des Zwanzigsten Jahrhunderts galt Heidelberg als „akademische Hochburg des neuen Deutschland"[5], als Musteruniversität der jungen Republik. Auf der ersten Tagung der Hochschullehrer im „Weimarerkreis", einer offenen Gruppe republiktreuer Professoren um den Historiker Friedrich Meinecke, stellte Heidelberg nach Berlin das größte Kontingent an Professoren, unter ihnen besonders zu nennen: Gustav Radbruch, Gerhard Anschütz und Max Weber.

Vor allem die Juristische Fakultät bildete den Kern der demokratischen Professorengruppe, allen voran Gustav Radbruch, der 1926 nach Heidelberg berufen wurde. Es waren Radbruch und Karl Jaspers, die später bei den Auseinandersetzungen um den Entzug der Lehrerlaubnis von Emil Gumbel (1925 und 1932) als einzige Professoren für ihren Kollegen eintraten – den anderen Professoren war das „vermeintlich nationale Interesse und die nationale Würde wichtiger gewesen als die Wahrung der Verfassungsgarantie für freie Lehre".[6]

Die junge Studentin Hilde Löwenstein kam in den letzten Tagen der „gay twenties"[7] nach Heidelberg. Es war eine Zeit, die in die Kulturgeschichte als die Goldenen Zwanziger Jahre einging, in der politischen Geschichte jedoch die eher bittere politische Epoche „entre deux guerres" kennzeichnete: eine „fiebrige Zwischenphase" in der Ära der Weltkriege, mit einer ungeliebten Republik. Die Sozialdemokraten, „diese bedrängten Leute in der Mitte", angefeindet von links und rechts, konnten „die Kluft zwischen der leidenden und der genießenden Schicht"[8] nicht überbrücken.

Die behütet aufgewachsene Hilde Löwenstein – bis zum Eintritt in das Gymnasium wurde sie von Privatlehrern unterrichtet – wurde in Heidelberg vom „Mutterkind" zum „Mitglied der sozialistischen Studentengruppe", sah die „Schwimmleine durchschnitten"[9]; aber sie entfloh der Obhut des Elternhauses nicht völlig, denn „pünktlich gingen meine Wäschepakete hin und her und kamen nie ohne Extrageldscheine und ein gebratenes Hähnchen zurück".[10]

Auch wenn mit der 1929 uraufgeführten Dreigroschenoper die bittere Schärfe der sozialen Ungerechtigkeiten aufgezeigt wurde, so war davon in Heidelberg, anders als in Berlin oder Frankfurt, nichts zu spüren. Sternberger erinnert sich an die zündenden Vorlesungen von Karl Jaspers im alten Hörsaal 11 der Universität, in denen er die existenzielle Kommunikation zwischen zwei Menschen forderte, die bedeutete, dass man an den anderen die höchste Erwartung und den höchsten Anspruch stellen müsse, vor allem in der Liebe. „In meiner Erinnerung sehe ich eine ganze Reihe studentischer Paare vor mir, die von dieser Unbedingtheit ergriffen und zu dieser Unbedingtheit begeistert waren... Es war in diesem Milieu, als ob Erotik und Ethik ein und dasselbe geworden wären."[11]

Wir können ahnen, wie begierig die Studentin Hilde Löwenstein den Größen der Heidelberger Universität lauschte: Friedrich Gundolf, Max Weber, Karl Mannheim, vor

Marion Tauschwitz

allem Karl Jaspers, dessen „Philosophie der Kommunikation" sie ihr Leben lang verinnerlichte.

> „Hier bekam ich das geistige Rüstzeug ... Ohne Heidelberg nicht Jaspers' ‚Im Scheitern kommt der Mensch zu sich selbst'. Ein Satz, den auszuprobieren wir Gelegenheit hatten. Ohne Heidelberg nicht Karl Mannheims Relativieren des eigenen Standorts. .. Und nicht dasLebensgespräch mit Erwin Walter Palm..."[12]

Dass 1929 die erste nationalsozialistische Studentengruppe in das Studentenparlament einzog, wurde von der Studentin im ersten Semester noch nicht als bedrohlich wahrgenommen.

Zu kurz waren diese ersten Studienaufenthalte in Heidelberg. Die „ Ledigenkarte" des Heidelberger Stadtarchivs dokumentiert die vielen Unterbrechungen des Studiums eindrücklich: Erster Zuzug nach Heidelberg am 23. April 1929, wo sie in der Leopoldstraße 49 (Anlage), der heutigen Friedrich-Ebert-Anlage, bei der Witwe Georgine Eversmann unterkam, aber nur bis zum 21. Mai blieb, um wieder nach Köln zurückzukehren. War die Leine nach Hause doch noch nicht durchtrennt? Vom 1. Juni 1929 bis 31. Juli 1929 lebte sie in der Plöck 36 bei dem Schustermeister Bauer; seit 1934 ist das Haus im Besitz der Textilkaufleute Herrmann, die von der berühmten Mieterin nicht wussten und nun überrascht und erfreut über diesen Gruß aus der Vergangenheit sind.

Bei einem Wochenendurlaub in der Heimatstadt setzten sich die „Zelluloidwickel" in Hildes Haaren unter der Heizsonne in Brand.[13] Die in Flammen stehende Studentin wurde von ihrem Bruder gerettet, der eine Schüssel Wasser über sie goss – die große Wunde am Hinterkopf entzündete sich jedoch, so dass Hilde ihr Studium in Heidelberg erneut abbrechen musste, um in Köln zu genesen. Die wunderbare Steckfrisur, mit der wir Hilde Domin kennen, ist die kunsthandwerkliche Friseurlösung für das damalige Unglück.

Erst am 1. November 1929 kehrte sie wieder nach Heidelberg zurück und blieb bis zum 7. Mai 1930. Diesmal wohnte sie auf der anderen Seite der „Anlage", wieder in der Leopoldstraße, bei der Witwe Carita Ellerholz im Haus Nr. 60. Die „Anlage" war zu Hilde Löwensteins Zeiten eine der besten Adressen in Heidelberg: „Großzügige Wohnhäuser von Professoren und Pensionären, vornehme Hotels und Fremdenpensionen charakterisieren das Straßenbild".[14]

Von Mai 1930 bis April 1931 studierte Hilde Löwenstein zwei Semester lang in Berlin und hörte dort zum ersten Mal auf der „Hasenheide" eine Rede Hitlers, die ihr eine Ahnung vom kommenden Schrecken vermittelte.

Abb. 3: Stadtarchiv .   Abb. 4: Friedrich-Ebert-Anlage 51.

Die Studentin Löwenstein kam am 24. April 1931 zum Sommersemester wieder nach Heidelberg zurück; am 28. April 1931 zog der junge Student Erwin W. Palm von Frankfurt nach Heidelberg. Er wohnte in der Landfriedstraße 14, sie quartierte sich in der Anlage 51 b (Friedrich-Ebert-Anlage / Ecke Schießtorstraße) in einer Mansardenwohnung mit Aussicht auf die Peterskirche ein.

In dieser romantischen Dachwohnung entwickelte sich behutsam die Liebe zu Erwin Walter Palm: am ersten Tag seiner Ankunft in Heidelberg stand er in der Mensa hinter der kessen Studentin, versuchte über die Frage nach der Wohnung ins Gespräch zu kommen, und war – wie er Hilde erst viel später gestand – um ihren Ruf besorgt. Ein anderer junger Mann aus der Schlange nämlich gab bereitwillig Auskunft über den Wohnort: „Sie wohnt in der Anlage, Ecke Schießtorstraße" und hinterließ in Erwin Palm ein fragwürdiges Bild der jungen Studentin, das sie allerdings schnell zurechtrückte: die kleine, quirrlige Person, mit der er Platon lesen konnte und der er beim Schwimmen von einer Neckarseite zur anderen nur zusah – Palm selber schwamm nicht gern –, nahm ihn ganz für sich ein.

Gern aber paddelten beide auf dem Neckar bis nach Ziegelhausen, wo das Gasthaus „Schwarzer Adler" damals mit seinem Garten noch bis an den Neckar grenzte, und machten im Biergarten Rast.

Und sie erwanderten, immer mit einem Gedichtband zum Vorlesen im Gepäck, die nähere Umgebung.

Das Domizil in der Friedrich-Ebert-Anlage wurde bald mit dem herrschaftlichen Haus in der Hirschgasse 1 getauscht: Hilde zog am 1.Juli 1931 in die Brausche Villa, die damals „von oben bis unten eine einzige Studentenbude war"[15]

Doch auch diese Bleibe wurde bald gewechselt. Hilde Löwenstein wählte am 5. September 1931 das „Thibauthaus" in der Karlstraße 16 als neuen Wohnsitz aus, wo sie zur Untermiete beim „Flötisten Schmiedel" wohnte. Der Grund des Umzugs könnte im Wunsch des jungen Studentenpaares nach mehr Nähe begründet gewesen sein, denn „es gab keine Schleuse oberhalb der an der Hirschgasse, die bequem für seinen (Erwins) Nachhauseweg in die Altstadt lag."[16] Sicherlich war Hilde Domin schon in jungen Jahren praktisch veranlagt gewesen.

Abb. 5: Hirschgasse 1.

Marion Tauschwitz

Abb. 6: Friesenberg 1.

8a Ev. Gemeinde (Pfarrhaus)
Schlier Otto, Stadtpfarrer, De-
   kan, Kirchenrat
Schlier Agnes Frl., Gesanglehrerin

Karlstraße
Beginnt Kornmarkt 5 und endigt an der
   Plankengasse

Linke Seite.
1 Schreiner Frz., Schneiderm. 1
  Boos Karl, Stadt-O.Rechnungsrat
   a. D.   2
1a Heßer Frz., Maler- u. Tünchermeister
3 *Luithle Otto, Architekt
  Bafer Friedr., Schriftleiter und
   Musiklehrer, u. Charlotte, Musik-
   lehrerin
  — Karlsplatz
5 *Hoffmann Gust., Priv.
  Laber Hedw., (Fa. Gust. Hoffmann),
   Holz- u. Kohlenhdlg.(Lagerpl.) S 1
7 Gesellschaft Arminia E.B.
9 Hartnagel Anna Frl.   S 1
  u. Köhler Max, Ingenieur   1

Schneider Anna Witw.   2|8
Riemer Bernh., Reisender   3
Brecht Joh., Backmeister   3
Morath Hch., Schreiner   3
Schaller Joh., Tiefbauamtsdiener 4
Bucher Trude Frl., Verkäuferin 4
14 *Fritz Eugen, Althändler
   Kreß Vitalis, Tagarb.   1
   Weigel Joh., Schreiner   2
   Rudorffer Joh., Landschaftsgärtn. 2
   Zwißler Ruppert, Oberkellner 3|10
   Kübler Lina Witw., Näherin 3
16 Rebel Fridr., Rechtsanw. Kind.
   Dosch Theod., Maschinenmeister 1
   Doich Wilh., Kinooperateur 1
   Schmiedel Max, städt. Musiker 2
   Kellner Giulietta Witw., Priv. 2
   Benz Rich., Dr.phil., Schriftsteller 4
18 Schneeberger Ludw., Kfm. 2
   Blaich Ernst, Schuhmachermstr. 1
   Dorn Rich., Dr., Prof.   1
20 Holdmann Emil Wtw.,Priv. 2
   Holdmann Friedel Frl., Klavier-
   lehrerin   1

Molz Alfr., Syrfeur, Burgerstr. 22
Molz Ferd., Kleidermacher, Obere Neckar-
   straße 8
  — Herm., Stadtrentamtsassistent, Kron-
   prinzenstraße 23a
  — Matth., Priv., Kronprinzenstr. 23a
  — Phil., Tagarb., Pfaffeng. 2
Molzberger Val., Gastwirt zum Goldenen
   Fäßchen, Ingrimstr. 16
Mombert Alfred Dr., Schriftsteller, Friesen-
   berg 1b BK Kred
Mommer Herm., Konsul a. D., Häußerstr. 40
Mondon Emil, Kfm., Bahnhofstr. 1
Moock Georg, Kolonialwaren- und Fein-
   kosthandlung, Brückenstr. 34 ☎ 570
   BK Vo ✆ 634
Moock Ludwig, Papierwarengroß-
   handlung, Kaiserstr. 51, Lager-
   räume Kaiserstraße 61 ☎ 1739
   BK Vo u. Pf.Bl. L'hafen ✆ 656
Moock Martin, Kfm., Steing. 11 ☎ 1987
   BK Dresd ✆ 6443

Die Studentin Löwenstein wohnte nun in der Karlstraße 16, und Erwin Walter Palm kam im Friesenberg 1a unter. „Wir wohnten ja nahe beieinander, auch sein Zimmer, das erste, das ich für ihn gemietet habe, hatte einen ungewöhnlichen Vormieter gehabt."[17]

Dass die Anmietung des Zimmers für Erwin Walter Palm im Friesenberg 1 auf dem Engagement der Studentin beruhte, dokumentiert, dass Hilde Löwenstein die tatkräftige Rolle in der Partnerschaft übernommen hatte. Das sollte so bleiben, denn auch bei allen weiteren Anmietungen war sie initiativ; z. B. auch 1936 in Italien, in Rom: Während Erwin Walter Palm in Neapel weiter an seinen Studien arbeitete, begab sie sich auf Wohnungssuche, wie sie in einem Brief an Palm vom Februar 1936[18] schrieb: „Heute habe ich, ohne Erfolg, den ganzen Tiber abgelaufen. Das Einzige, was ich Neues sah, sehr schöne Zimmer in dem Palazzo... Aber die Signora ist sehr moralisch, ich glaube nicht, daß es was wird. Wenn Du jetzt nicht telephonierst, nehme ich also wohl Velabro an." Und diese Wohnung war dann auch die erste in Rom, 5 Via del Velabro II.

Die Karlstraße 16 war zu Zeiten Justus Thibauts ein Ort der kulturellen Vielfalt: hier wurde am 17. Mai 1807 Joseph Eichendorff empfangen, hier hielt der Jurist Thibaut seine musikalischen Singabende ab; „Berühmtheiten wie Hegel, Goethe, Zelter, Jean Paul und Tieck bekamen die Sondererlaubnis, bei den niemals öffentlichen „Singabenden" zugegen zu sein."[19]

Hilde Domin

Karlstraße 16 und Friesenberg 1 waren in der Zeit, in der Hilde Domin das Zimmer bei dem Flötisten Schmiedel als Nachmieterin der Tochter Hugo von Hofmannsthals, Christiane, bewohnte, von kulturpolitischem Interesse. Hier waren die Domizile zweier Persönlichkeiten der Heidelberger Geistesgeschichte: Zwei Stockwerke über Hilde Löwenstein lebte der Privatgelehrte und Kulturhistoriker Richard Benz, den Hilde Löwenstein „damals kaum wahrgenommen" hatte.[20] Und im Friesenberg 1 hatte Alfred Mombert gelebt, bevor er in die Klingenteichstraße 6 zog.

Richard Benz bewahrte 1940 die Bibliothek des Freundes vor dem Zugriff der Nationalsozialisten und schaffte die fast 5000 Bände ins Kurpfälzische Museum. Es mutet fast unglaublich an, dass sich die Lebenslinien von Benz, Mombert, Löwenstein und Palm mit einem weiteren Getreuen von Benz und Mombert später in Hilde und Erwin Palms Wohnung in Rom in der Via Monte Tarpeo kreuzten, der ehemaligen Wohnung der Eleonora Duse, einer der berühmtesten Schauspielerinnen ihrer Zeit. „Im Winter 1934 bezog das dritte Zimmer dieser Wohnung ein Karlsruher Maler namens Gustav Wolf, den wir „Nonno" Wolf, ‚roßvater', nannten."[21] Gustav Wolf hatte mit Richard Benz zusammen „Die Pforte" gegründet: „Auf Richard Benz und den Maler Gustav Wolf geht die Beteiligung Alfred Momberts an der kulturellen Gemeinschaft „Die Pforte" zurück, die in den zwanziger Jahren versuchte, die Arbeit des ‚Kunst- und Kulturrates für Baden' weiterzuführen."

Benz und Wolf hatten Mombert in diese Aktivitäten eingebunden. „Die Pforte" veröffentlichte dann auch Gedichte von Mombert, die Gustav Wolf illustriert hatte.

Die Verleihung des Richard-Benz-Preises der Stadt Heidelberg an Hilde Domin im Jahre 1982 spannt über Jahrzehnte und Ländergrenzen hinweg einen Bogen über die Kulturschaffenden.

Die Konzentration auf die neue Zweisamkeit verschloss der jungen Studentin nicht die Augen vor den Bedrohlichkeiten des aufkeimenden Nationalsozialismus. In ihrem autobiographischen Selbstzeugnis belegt Hilde Domin, dass sie das Erstarken des Nationalsozialismus durch die politischen Gegebenheiten in Berlin vorausgesehen hatte. Auch an der Heidelberger Universität waren die Anzeichen alarmierend. Zum Wintersemester 1932/33 begrüßte der neu gewählte Rektor Andreas Willy die Erstsemester-Studenten mit den Worten: „Sie beginnen ihr Studium in einer der schwersten Kultur- und Wirtschaftskrisen, welche die Menschheit je durchgemacht, in einer Zeit unabsehbarer politischer Erschütterungen und Umbildungen, in einer Gegenwart bitterster nationaler und sozialer Not."[23]

Auch wenn es in der Heidelberger Professorenschaft keinen manifesten Antisemitismus gab – im Gegensatz etwa zu Tübingen –, so wurde die Bedrohung im Lebensalltag doch spürbar wahrgenommen. „Auf der Karlstraße wohnten damals Anhänger beider extremer Parteien. Die Kinder spielten ‚Umzüge', Kommunisten oder Naziaufmärsche, je nach den Eltern, die dazu aus den offenen Fenstern die Internationale per Grammophon und das Horst-Wessel-Lied per Harmonium beisteuerten. Es war eine Art Liederkrieg in der schmalen Straße: welche Hymne die klangstärkste war. Das stellte sich bald heraus. Aber da waren wir schon ausgewandert."[24]

Ihre erste intime Nähe wollte das Paar nicht in einem angemieteten Zimmer finden, das schickte sich vor allem nicht nach Erwin Walter Palms Vorstellung. Er reservierte ein Zimmer in einem Neckargemünder Hotel. Also wanderten sie an einem

Marion Tauschwitz

Sommertag im Juli 1932 von der Karlsstraße aus am Neckar entlang, lasen unterwegs Gedichte und freuten sich auf ein schönes Essen in der „Griechischen Weinstube" in Neckargemünd. Die blieb in Hilde Domins Gedächtnis als Ort einer unrühmlichen Unpässlichkeit gespeichert – davon erzählte sie immer, wenn man nach einem Ausflug durch Neckargemünd fuhr: Erhitzt von der Wanderung, kehrten die beiden jungen Studenten Erwin und Hilde damals in der „Griechischen Weinstube" ein, und Hilde trank süßen griechischen Wein, um ihren Durst zu löschen – mit dem Ergebnis, dass Erwin das reservierte Zimmer im Gasthaus um die Ecke abbestellen musste; statt dessen transportierte ein Taxi die vor Übelkeit kranke Hilde nach Hause.

Am 30. Juli 1932 meldete sich das junge Paar aus Heidelberg ab.

Einen Monat später, im August 1932, fuhren sie in den ersten gemeinsamen Urlaub nach Buochs an den Vierwaldstädter See; dort beschlossen sie, ein gemeinsames Auslandsstudium aufzunehmen und „angesichts des Gotthardexpreß, der täglich am anderen Seeufer vorüberfuhr,... nicht in der Schweiz, sondern in Palms Arbeitsgebiet, in Rom, zu beginnen."[25]

Die Ausreisepläne hatte Hilde Löwenstein kurz zuvor mit ihrem Vater besprochen: „Damals kam mein Vater zu Besuch und logierte auf dem Kohlhof, der auch damals ein Gasthaus war... und wir hatten ein entscheidendes Gespräch. Ich sagte ihm, dass wir beide, mein damaliger Partner und späterer Lebensgefährte und ich, zum Studium nach Italien gehen würden."[27]

In dem mehr vornehmen Hotel als Gasthaus suchten überwiegend jüdische Gäste Erholung, so dass dem Haus „der Ruf eines ‚Judenhotels' anhaftete."[28]

Für die jungen Leute sollte das Studium bald der Beginn des Exils werden, denn ab 1936 verschärfte sich die Situation in Rom für jüdische Ausländer.

Am 21. Oktober 1939 wurde der Hitler-Mussolini-Pakt geschlossen. Den Palms, die inzwischen in Rom geheiratet hatten, drohte wegen der veränderten politischen Situation Verhaftung, so dass sie Ende desselben Jahres nach England flohen.

Als die Bedingungen für deutsche Emigranten auch in England immer prekärer wurden und englische Ärzte an deutsche „refugees from Nazi-opression" das schwere Schlafmittel „Veronal" austeilten, damit sie im Falle einer deutschen Invasion der Verhaftung durch Selbstmord entgehen könnten, entschloss sich das Paar zur Auswanderung – gemäß Hilde Domins Anspruch: immer Subjekt bleiben, nie Objekt werden. Am 25. Juni 1940 traten Hilde und Erwin Palm von Liverpool aus auf der „Scythia" der „Cunard Steamship Company" „on third class ticket" ihre Reise in ein ungewisses Exil an. Es sollte 22 Jahre dauern. Sie landeten in der Dominikanischen Republik, die ihnen 14 Jahre lang Heimat-Asyl war.

Eine Schiffspassage in diesen Kriegsjahren war sehr risikoreich: das Schwesterschiff der „Scythia", das ein halbes Jahr später die Palmschen Bücherkisten nach Santo Domingo nachlieferte, wurde auf dem Heimweg von deutschen U-Booten versenkt.

Für   H.

Weil

es so anfing

und

über Buochs

26

In Santo Domingo war dann erneut Heidelberg die Stadt, die für Hilde Palms Leben richtungsweisend war und nach dem Krieg die Verbindung und Wiederanbindung an Europa schaffte: Dr. Hanna Grisebachs Engagement war es zu verdanken, dass 1953 die Einladung nach Heidelberg und das Angebot des Deutschen Akademischen Austauschdienstes eines Stipendiums für Erwin Walter Palm erfolgte.

Hanna Grisebach war die Ehefrau des Heidelberger Professors für Kunstgeschichte, August Grisebach, der 1937 von den Nazis zwangsemeritiert worden war. Nach Kriegsende wurde er rehabilitiert und 1947 von der Universität Heidelberg wieder in seine alten Rechte bis zu seiner Emeritierung wenig später eingesetzt. Er verstarb 1950.

1954 waren Erwin und Hilde Palm zu Gast in der Wohnung Hanna Grisebachs. Hilde Domin verarbeitete 1957 im spanischen La Verdad, in der Nähe von Alicante, diese ersten heimischen Eindrücke in dem Gedicht „Ich lade dich ein":

> Die Zimmer sind im gobelinweichen Grün
> der Hänge von Heidelberg gestrichen.
> Ich geb dir die alte Brücke als Bett [29]

Doch es sollten noch etliche Jahre vergehen, ehe das Ehepaar Erwin Walter Palm und Hilde Domin – sie nun eine aufstrebende Dichterin – 1960 nach Heidelberg zurückkehrte. Palm erhielt einen Ruf an die Heidelberger Universität auf einen eigens für ihn geschaffenen Lehrstuhl für ibero-amerikanische Kunst. Das Ehepaar fand eine Bleibe im Hainsbachweg 8, das der Brausschen Villa und auch dem letzten Wohnsitz im Graimbergweg 5 sehr ähnelt. Hilde Domin hat dieses Zuhause geliebt und wäre gewiss nicht freiwillig dort ausgezogen, hätten sich nicht ungeheuerliche Begebenheiten zugetragen, die das Paar Domin/Palm schließlich zum Auszug zwangen: 1963 begannen Neonazis nachts mit Schäferhunden vor dem Haus zu patrouillieren und bedrohten die Mitbewohner. Man schürte bei ihnen die Angst, dass man die Hunde auf sie hetzen würde, falls die „Juden im Haus" nicht auszögen.

Abb. 7: Die Abmeldung aus Köln nach Rom erfolgte am 25. Oktober 1932. Am selben Tag stellte das preußische Regierungspräsidium den Heimatschein für die offizielle Ausreise zum Auslandsstudium aus. Kriegsende, wo die Flakabwehr aktiv ist. Photo Stadtarchiv Heidelberg.

Hilde Domin holte sich den Rat des damaligen hessischen Generalstaatsanwalts Fritz Bauer ein.

Bauer, den die Gestapo 1933 verhaftet hatte, war 1935 nach Schweden emigriert, wo ermit dem späteren Bundeskanzler Willy Brandt die Zeitschrift „Sozialistische Tribüne"gründete. 1956 wurde er in das Amt des hessischen Generalstaatsanwaltes berufen, das er bis zu seinem mysteriösen Tod 1968 (er wurde tot in der Badewanne seiner Wohnung aufgefunden) innehatte. Sein Lebenswerk sah er im Aufbau einer demokratischen Justiz und der konsequenten Verfolgung nationalsozialistischen Unrechts. Die Frankfurter Auschwitz- Prozesse kamen durch seine Initiative zustande. Es ist folglich nicht verwunderlich, dass sich Hilde Domin damals gezielt an ihn wandte.

Fritz Bauer riet zum Auszug aus dem Hainsbachweg und versprach, die Sicherheit des Paares zu überwachen. Zu diesem Zeitpunkt hatten die Palms noch nicht wieder solche Wurzeln gefasst, die ein bedenkenloses Verbleiben in Deutschland selbstverständlich gemacht hätten – das Bleiben stand auf der Kippe, man erwog eine Rückkehr nach Spanien. „Trotz Rosen und Nachtigallen wurde es eine schlimme Wohnung für mich, vielleicht die schlimmste seit Rom. Enttäuschungen und widerwärtige Erfahrungen wie fast nie."[30] Dass Hitlers Schwager zu einer Frau in der Mansardenwohnung dieses Hauses zog, kam belastend hinzu. Die Palms zogen 1964 um; aus Angst vor Verfolgungen aber wurde der Umzug erst 1969 dem Einwohnermeldeamt mitgeteilt.

Das letzte Heim auf ihrer langen Suche nach einem Zuhause war der Graimbergweg 5. Hilde Domin wurde nie müde, die Zauberhaftigkeit dieses Ortes zu rühmen. "Ich habe ein Turmzimmer, halbrund wie das Zimmer der Droste... zu jeder Jahreszeit schön. Ein Hölderlinblick, sagen die Leute. Es ist ein Zimmer, in dem man nie freiwillig auf das Leben verzichten könnte... Ein Zimmer wie verordnet für einen Menschen wie mich, die ich seit meiner Rückkehr nach Heidelberg eher noch mehr auf der Kippe bin als früher."[31]

Interessant ist hier ein vergleichender Blick auf die Heidelberger Domizile der Dichterin. Nicht umsonst fiel Hilde Domin die Parallele zu Annette von Droste-Hülshoff ein: Nahezu alle Heidelberger Wohnungen entsprechen dem berühmten Vorbild, fast überall hat Hilde Domin zu allen Zeiten in herrschaftlichen Wohnungen mit wunderbarer Aussicht und einem Turmzimmer gewohnt.

Nach diesem letzten Umzug begann für Hilde Domin nun endlich die Hochzeit ihrer eigenen beruflichen Karriere. Heidelberg wurde die Stätte ihres intensiven literarischen Schaffens. Sie wurde zur berühmten und viel gelesenen Lyrikerin, erhielt zahlreiche Preise.

Die Stadt Heidelberg ehrte ihre berühmte Mitbürgerin 1982 durch die Verleihung der Richard-Benz-Medaille. Den ihr zu Ehren geschaffenen Preis „Literatur im Exil" erhielt sie 1992; diese Würdigung, die alle zwei Jahre erfolgt, wird nun im September dieses Jahres erstmals als „Hilde-Domin-Preis" an einen Exil-Schriftsteller verliehen werden. Im selben Jahr würdigte auch die Universität die Lyrikerin mit der Heidelberger Universitätsmedaille, und der damalige Ministerpräsident Teufel zeichnete Hilde Domin mit der Ehrenprofessur des Landes Baden-Württemberg aus. Den 95. Geburtstag 2004 nahm die Stadt Heidelberg zum Anlass, der Dichterin die Ehrenbürgerwürde zu verleihen. 2005 wurde Hilde Domin mit dem höchsten Orden der Dominikanischen Republik ausgezeichnet. Der würdevolle Festakt mit der Verleihung des Ordens an Hilde Domin und posthum auch an Erwin Walter Palm durch den Botschafter der Inselrepublik, fand im Heidelberger Rathaus statt.

Abb. 8: Friedrich-Ebert-Anlage 51b.

Abb. 9: Hirschgasse 1.

Abb. 10: Hainsbachweg 8.

Abb. 11: Graimbergweg 5.

Hilde Domin nutzte vor allem in den 70er und 80er Jahren ihre Popularität, um sich für Mitmenschen einzusetzen; sei es, dass sie viele Jungschriftsteller beratend begleitete oder sich in die Kommunalpolitik einmischte: Hilde Domin sah es z.B. als Erfolg ihrer Intervention an, dass der Plan einer Neugestaltung des Schlossparks in den 70er Jahren fallen gelassen wurde und dadurch viele der alten Bäume gerettet wurden; sie erhielten eine Registriernummer im ordentlichen Verzeichnis, dokumentieren so auch heute noch ihre Berechtigung zum Bleiben.

Die latente, niemals abgelegte innere Unruhe, die vor allem jede Meldung über Naziterror bei Hilde Domin auslöste, wurde 1988 traurigerweise erneut geschürt. Erwin Walter Palm starb am 7. Juli 1988. Kaum war der große Grabstein, auf dem auch schon Hilde Domins Namen eingemeißelt war, gesetzt, schändeten Unbekannte gleich in der ersten Woche danach die Ruhestätte. Beim Besuch des Grabes musste Hilde Domin entsetzt sehen, dass ein Hakenkreuz auf die Steinplatte geschmiert worden war. Die Fassungslosigkeit manifestiert sich in dem Gedicht „Ein blauer Tag" („Gesammelte Autobiographische Schriften", 9):

Ein blauer Tag
Nichts Böses kann dir kommen
an einem blauen Tag.
Ein blauer Tag
die Kriegserklärung.
Die Blumen öffneten ihr Nein,
Die Vögel sangen Nein,

Marion Tauschwitz

ein König weinte.
Niemand konnte es glauben.
Ein blauer Tag
und doch war Krieg

Auf dem Heidelberger Bergfriedhof hat das Paar Domin / Palm den Ort seiner letzten Ruhe gefunden. Hilde Domin hat das Grab an dieser Stelle mit viel Bedacht ausgesucht; inzwischen Ehrengrab geworden, liegt es direkt neben Friedrich Gundolf, den Erwin Walter Palm verehrte. Es ist ein Ort ohne direkte Nachbarschaft, der nur das Paar selbst beherbergt und so ihre stets selbst gewählte Zweisamkeit auch im Tod dokumentiert.

Abb. 12: Grab auf dem Heidelberger Bergfriedhof. [32]

Könnte Hilde Domin beobachten, dass die Rehe aus dem Stadtwald sie besuchen und den von ihr immer so geliebten Rosen die Köpfe als Delikatesse abknabbern, wäre sie nicht böse. Dem Besucher der Ruhestätte fallen Hilde Domins Zeilen ein:

„Ein Reh tritt aus dem Wald,...
winkt dir zu.
Du wägst ihren Gruß
Wie eine Einladung,
die man eines Tages
– noch ungewiß, wann –
vielleicht gerne
annehmen möchte.
Und daran erkennst du,
dass du
hier ein wenig mehr
als an anderen Stätten
zuhaus bist." [33]

Hilde Domin und Erwin Walter Palm sind angekommen. Sie haben ein Grab, an das wir uns niedersetzen und anlehnen können.

Anmerkungen

1 „Ziehende Landschaft", geschrieben in San Rafael de la Sierra, 8.9.1955
2 Gesammelte Autobiographische Schriften, S. 63
3 GAS, 24
4 Prof. Klaus-Peter Schröder, Ruperto Carola 2/2006
5 Eike Wolgast, Die Universität Heidelberg, Heidelberg 1986, S. 127
6 Eike Wolgast a.a.O., 188
7 Dolf Sternberger, in: Geschichte der Universität Heidelberg, Sammelband STUDIUM GENERA-
   LE, WS 1985/86, S. 176
8 Sternberger, a.a.O., 177
9 GAS, 132
10 GAS, 132
11 Sternberger, a.a.O., 179
12 GAS, 63
13 GAS, 80
14 Beate Zerfaß, Heidelberg wie es früher war, Gudensberg-Gleichen (Wartburg Verlag), 1996,
   S. 14
15 GAS, 134
16 GAS, 135
17 GAS, 136
18 Domin-Nachlass im Literaturarchiv Marbach
19 Michael Buselmeier , Literarische Führungen durch Heidelberg, Heidelberg 1991, S. 102
20 GAS, 66
21 GAS, 67
22 Frieder Hepp, Kunstwerk des Monats, Nr. 244, Juli 2005
23 Heidelberger Universitätskalender WS 1932/33 S. 3f
24 GAS, 137
25 Hilde Domin in einem privaten Sonderband: Erwin Walter Palm, Themen
26 ebenda
27 Hilde Domin, Vorwort zu „Die Insel im Wald", Heidelberg 2006
28 Oliver Fink „Die Insel im Wald", Das Kohlhof-Hotel, S. 66
29 Gesammelte Gedichte, Frankfurt 1987, S. 46
30 GAS, 130
31 GAS, 131
32 alle Fotos privat (außer Kennzeichnung)
33 aus „Apfelbaum und Olive", geschrieben 1954 in Seeshaupt am Starnberger See

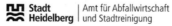

Einhard Kemmet

Die Parzelle Kanzleigasse 1 oder Neues von der Alten Kanzlei

Die Kanzlei vor 1561

In der Frühzeit der pfalzgräflichen Residenz war die Kanzlei ein Teil des Hofes und deshalb zunächst im Schloss untergebracht. Erst 1457 erwarb Kurfürst Friedrich I. von der Artistenfakultät der Universität ein Haus zwischen Augustinergasse und Heugasse, das als Kanzlei diente. Dieses Gebäude brannte 1462 ab. Nun ließ Friedrich I. zu Füßen des Schlosses am Burgweg ein neues Kanzleigebäude errichten; bis dahin war das Grundstück Kanzleigasse 1 unbebaut gewesen.[1] (Abb. 1)

Der Kanzlei-Bau von 1561

Das neue Gebäude war Dienstsitz der kurfürstlichen Kanzlei; es beherbergte unter anderem eine Ratsstube, eine Hochgerichtsstube und die Rechenkammer. Später hatten

Abb. 1: Kanzlei um 1550 bei Sebastian Münster, Detail aus dem Holzschnitt „Cosmographia" (lat. Ausgabe), 1550.

Abb. 2: Kanzlei 1620 bei Matthäus Merian, Detail aus Panorama Ansicht von Heidelberg, Faltblatt aus Salomon de Caus „Hortus Palatinus", Frankfurt 1620

Abb. 3: Kanzlei um 1570, Meister des kurpfälzischen Skizzenbuches zw. 1561 und 1581 Federzeichnung auf Papier in rot-braun über schwarzem Stift, rot-braun laviert, 20,3x31,6 cm Staatsgalerie Stuttgart Graphische Sammlung.

Abb. 4: Schloss, Herrenmühle und Kanzlei von Osten 1650. Unbekannter deutscher Zeichner, Schloss und Herrenmühle von Osten, um 1650, Feder / Tinte, Pinsel / Aquarell über Blei, 469 x 325 mm, KMH, Inv. Nr. Z 2199, Repro: K. Gattner.

hier auch die Verwaltung der geistlichen Gefälle und seit 1568 der Kirchenrat ihren Sitz.[2] Berühmt ist der Ausspruch Friedrichs IV. (1574–1610), der, wenn er die Kanzlei aufsuchte, in seinem Tagebuch vermerkte: „Hab ich geschwitzet" oder „habe mir die Zeit verdorben."[3]

Im Jahre 1727 wurde der Grundstein des Kanzleibaus wiedergefunden. Seine Inschrift nennt den kurfürstlichen Baumeister Hans Engelhard, der von 1547 bis etwa 1573 als oberster Bauleiter am Hof angestellt war. Der bei Sebastian Münster (1550) abgebildete Bau stellt daher noch nicht den von Engelhard errichteten Neubau dar. Dass Merian (1620) ihn in derselben Ansicht zeigt, beweist, dass er hier der Vorlage Münsters folgte. Auf beiden Darstellungen erscheint der Kanzleibau relativ schmucklos mit zwei Dachgauben oder Zwerchhäusern. Auf dem Stich von Zeiller-Merian (1645) und Ulrich Kraus (1684) dagegen erkennt man Renaissanceverzierungen, d.h. Volutenschmuck an den Giebelseiten und den Zwerchhäusern. Diese lassen sich auf den Umbau von 1581–1583 zurückführen, in dem das Gebäude mit einer Renaissancefassade versehen wurde.[4] Wie man an der Darstellung von Merian (Abb. 2), dem Pfälzer Skizzenbuch (Abb. 3) und der Ansicht von Osten (Abb. 4)[5] erkennen kann, hatte das Gebäude drei Eingänge und drei Stockwerke mit neun bis zehn Fensterachsen.

Zerstörung 1689

1689 ging das Kanzleigebäude im Orléanschen Krieg in Flammen auf; die Ruine wurde – wie die meisten Häuser in Heidelberg – dem Erdboden gleichgemacht. Erhalten blieben nur einige Mauerreste und der ehemalige Torbogen am westlichen Eingang der Kanzlei. Oechelhaeuser schreibt 1913 über die spärlichen Reste: „Am Ende des hinter dem Gebäude [d.h. dem Städtischen Waisenhaus] liegenden freien Platzes ist noch ein weitgespannter Rundbogen mit kräftiger Profilierung zu sehen, der in der Futtermauer des oben darüber hinwegführenden Burgweges liegt. An der linken Seite desselben tritt ein Brunnenstock hervor mit hübscher Renaissancebekrönung. Aus dem Löwenkopf an der inneren Seite kam eine Brunnenröhre heraus, während die beiden andern Seiten mit Rosetten verziert sind. Die Jahreszahl 1798 an der Seite ist später eingehauen. An einem Kellereingang in der kleinen Kanzleigasse befindet sich die Jahreszahl 1545 eingemeißelt; es handelt sich hierbei offenbar also um einen Rest des alten Kanzleigebäudes."[6] Der Kellereingang mit der Jahreszahl 1545 existiert heute nicht mehr. Ob die Bauteile des Rundbogens tatsächlich von der alten Kanzlei stammen, ist fraglich. So wie sich der Bogen heute darstellt, ist sicher, dass er nicht in situ steht; das heißt, er kann an dieser Stelle kein authentisches Teil des Kanzleigebäudes sein, zumal er in seinem Aufbau unharmonisch, ja gestückelt wirkt. Insbesondere vermisst man eine Symmetrie der beiden Strebepfeiler, auf denen der Bogen aufliegt; die konstruktiven Bauteile unterscheiden sich in Größe, Form und Gestalt. Möglicherweise hat man übriggebliebene, brauchbare Teile der zerstörten Kanzlei hier in Form eines Entlastungsbogens nachträglich innerhalb der Stützmauer für den Burgweg wiederverwendet. Denkbar ist auch, dass man in der Zeit des Wiederaufbaus Heidelbergs Anfang des 18. Jahrhunderts im Zuge einer barocken Gartenarchitektur Ruinenbauteile zusammentrug und den Bogen einerseits als Verstärkung der Hangstützmauer und andererseits als Blickfang vom Kalten Tal, jetzt Karlsstrasse, über die Achse Kanzleigasse errichtete.

Einhard Kemmet

Sicher ist, dass große Teile der Fundamente der alten Kanzlei erhalten geblieben sind, wie sich im Jahre 2003 bei Grabungsarbeiten während der Renovierungs- und Sanierungsarbeiten der Städtischen Kindertagesstätte gezeigt hat. Mit Hilfe alter Planunterlagen (Abb. 5) und der archäologischen Befunde (Abb. 10) lässt sich der ehemalige Standort relativ genau festlegen.

Eindeutig ist die Baugrenze im Westen, wo ein tonnengewölbter Keller die Nordwestecke der Alten Kanzlei anzeigt. In den Keller führt eine schräg ansetzende Treppe, die zu einer Tür mit teilweise noch erhaltenen Gewänden führt. Richtung Osten schließen sich weitere Keller an, die das Kapitel über den archäologischen Befund näher beschreibt. Spätestens mit der Verlegung der Residenz nach Mannheim 1720 unter Kurfürst Karl Philipp wurde ein Kanzleigebäude in Heidelberg überflüssig.

Wohngebäude („Schreibershof"?) seit 1723

Allerdings wurde die Kanzleigasse 1 im Jahre 1723, schon 30 Jahre nach den dortigen Zerstörungen des Orléanschen Krieges, wieder bebaut. „Es handelte sich um ein zweistöckiges Wohnhaus mit gewölbtem Keller, ein dreistöckiges Seitengebäude und einen Zimmeranbau mit Schopf einstöckig".[7]

Kleinkinderanstalt seit 1835 und Waisenhaus seit 1852

1837 kamen zwei weitere Seitengebäude hinzu. Vermutlich waren die Anbauten notwendig geworden, da die Räumlichkeiten in der Kanzleigasse für die seit 2. November 1835 dort eingerichtete Kleinkinderanstalt zu eng wurden[8] (Abb. 5). Das erste nachweisbare Waisenhaus der Stadt Heidelberg (aus nur privaten Mitteln) hielt 1852 ebenfalls im „Schreibershof"[9], in der Kanzleigasse 1 Einzug.

> „In diesem geräumigen Hause mit einem Garten waren auch die Kleinkinderschule der Altstadt und zeitweise die Gewerbeschule untergebracht. Der Waisenhausverwalter Georg

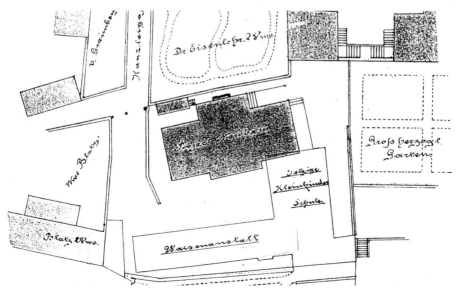

Abb. 5: „Projektplan" für den Städtischen Kindergarten um 1895, Stadtarchiv Heidelberg.

Alte Kanzlei

Anderst beklagte sich 1863 über den schlechten Zustand des Gebäudes und bat um Verbesserung des Einfahrttores, der Schornsteine, Aborte, Ofen etc".[10]

Kleinkinderanstalt seit 1896

Am 19. August 1885 konnte man das 50-jährige Bestehen der Kleinkinderanstalt feiern (Abb. 6). Waisenhaus und alte Kleinkinderanstalt mussten 1895 einem Neubau für die Städtische Kleinkinderanstalt Heidelberg weichen. Das Gebäude, das seither äußerlich unverändert ist, wurde 1896 feierlich eingeweiht.[11] Die Kinder wurden von evangelischen Diakonissenschwestern betreut und erzogen (Abb. 7).

Kleinkinderanstalt in Heidelberg.

Zu der am

Mittwoch, den 19. August, nachmittags 4 Uhr
in unseren Räumlichkeiten beim Waisenhause stattfindenden Feier
des fünfzigjährigen Bestehens unserer am 2. November 1835
eröffneten Kleinkinderanstalt beehren wir uns, Sie hiermit
durch Übersendung der Festordnung ergebenst einzuladen.

Der Verwaltungsrat und Damen-Ausschuß.

Abb. 6 : Einladung zum 50jährigen Bestehen der Kleinkinderanstalt in Heidelberg, Stadtarchiv Heidelberg.

Abb.7 : Kindergarten in der Kanzleigasse 1 um 1929. Frau Hilde Helm, geb. Grosser, – das blonde Mädchen etwas oberhalb der Bildmitte. Dank an Frau Hilde Helm, Heidelberg, die das Bild zur Verfügung stellte.

Der archäologische Befund

Was von der Kanzlei im Boden erhalten geblieben ist, konnte in Teilen bei Bauarbeiten im Frühjahr des Jahres 2003 aufgedeckt werden. Zum Zwecke der Trockenlegung der feuchten Keller in der Kindertagesstätte musste für die Isolierungsarbeiten an der südlichen und östlichen Kellerwand und die nachfolgende Verlegung von Drainagerohren ein ca. 1,50 m breiter Graben entlang der Hauswände ausgehoben werden. Der für die Fertigstellung der Renovierungsarbeiten sehr eng gesetzte zeitliche Rahmen bedingte eine zügige Abwicklung der archäologischen Arbeiten.

Die meisten der Befunde kamen als Maueranschnitte an der Baugrubenwand im Arbeitsgraben zutage. Die erste Fundmeldung erfolgte am 12.5.2003 durch den mit der Bauleitung betrauten Architekten Fritz Helm, der als Altstädter großes Verständnis für die archäologischen Belange zeigte, zumal seine Mutter den Kanzlei-Kindergarten besucht hatte.

Für den Graben an der Südwand der Kindertagesstätte war mit ersten Baggerarbeiten begonnen worden. Schon knapp einen halben Meter unter der Hofoberfläche stießen die Arbeiter auf Mauerreste. Es zeigten sich die Fundamente einer Nord-Süd verlaufenden Mauer und eine im Norden sich anschließende im Uhrzeigersinn gewendelte Treppe, von der nur noch die oberste Stufe erhalten war. Vermutlich waren schon 1896 beim Bau des Kindergartengebäudes die unteren Stufen zerstört worden. Schriftliche Quellen und archäologischer Befund machten schnell deutlich, dass es sich hier um Relikte der ehemaligen kurfürstlichen Kanzlei handelt.

Einhard Kemmet

Mit dem Fortschreiten der Erdaushubarbeiten zur nachträglichen Wandisolierung wurden weitere Mauerreste bzw. Kellergewölbeanschnitte als Befunde 1–9 an der Südwand bzw. vor der SO- und SW- Ecke aufgedeckt. Die Befunde erschließen erstmalig den ungefähren Kanzlei-Standort.

Eindeutig ist der Abschluss nach Norden; vermutlich ist der Keller im Westen die Grenze in diese Richtung, während nach Osten und besonders im Süden keine eindeutigen Aussagen zum Verlauf der Gebäudegrenze gemacht werden können. Der archäologische Befund bestätigt die Darstellung aus dem Heidelberger Skizzenbuch, wo die Kanzlei nach 1561 aus zwei Gebäudeteilen bestand. Zu erkennen ist dies an der unterschiedlichen Orientierung der zu dem jeweiligen Gebäudeteil gehörenden Kellergewölbe. Von der ersten Kanzlei 1466 stammt vermutlich der Keller im Osten, der sich als Ost-West orientiertes Tonnengewölbe zeigte. Anders die Kelleranschnitte im Westteil. Sie stammen wohl vom Umbau 1561. Sie sind Nord-Süd gerichtet und jeweils mit einem Kuppelgewölbe überspannt.

Konstruktiv sind diese Kelleraufbauten (Wände und Decke) im Westteil der untersuchten Fläche typisch für die Zeit um 1600 und vergleichbar mit der in der Schiffgasse 10 entdeckten Renaissancesäule mit Ziegelbogen. „Auf einem aus dem 16. Jahrhundert stammenden Untergeschoss, dessen zutage getretene Säule eine zeitlang für öffentliche Aufregung sorgte, wurde mit viel denkmalpflegerischer Rücksicht ein Neubau [d.i. das Verwaltungsgebäude des Kurpfälzischen Museums] errichtet".[12]

Auch hier sind die tragenden Elemente aus Sandstein, während das Verbindende (Bogen bzw. Kreuzkuppelgewölbe) aus Ziegelsteinen gemauert ist. Am interessantesten ist der Keller am westlichen Ende des Gebäudes, der in der Baugrube für einen Versorgungsschacht zutage kam (Abb. 8).

Abb. 8: Befund 5: Renaissancekeller mit Treppenzugang (Einhard Kemmet, Archäologische Abteilung des Kurpfälzischen Museums der Stadt Heidelberg).

Hier konnten alle vier Innenwände erfasst und vermessen werden. Nach oben bildete ein im Ansatz noch erkennbares Tonnengewölbe den Abschluss. Besonders bemerkenswert ist die Treppe in der Westwand dieses Kellers. Von ihr sind noch sieben Stufen erhalten, die von schräg außen nach innen führen. Die unterste Stufe – ein gewaltiger Sandsteinblock mit den Maßen L 1,54 m H 0,23 m T 0,32 m lehnt sich an die Innenwand und ist wohl der Anfang einer Wendeltreppe, die in einem Turm in die oberen Stockwerke führte. Ein

Abb. 9: Zweihenkelschale aus Keramik des 17. Jahrhundert (Einhard Kemmet, Archäologische Abteilung des Kurpfälzischen Museums der Stadt Heidelberg).

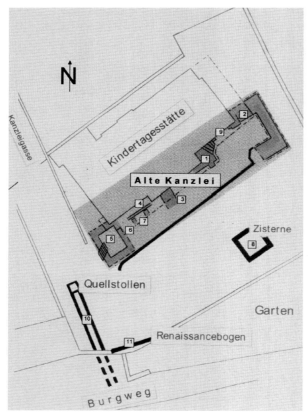

Abb 10: Plan der archäologischen Befunde (Einhard Kemmet, Archäologische Abteilung des Kurpfälzischen Museums der Stadt Heidelberg):
Nr. 1 – 7 Fundamentreste von Kellern, die zur Alten Kanzlei gehörten.
Nr. 8 Neben den Befunden die Kanzlei betreffend, lieferten die Baumaßnahmen zur Errichtung einer Kinderrutschbahn im Gartenbereich weitere archäologischen Befunde. Bei dem Tonnengewölbe, das im hinteren Bereich des Gartens gefunden wurde, handelt es sich wohl um eine Zisterne, da kein Zugang zu erkennen war und es in Machart und Größe an die Zisterne z.B. beim Kloster St. Michael auf dem Heiligenberg erinnert. Die Lage oberhalb der Kanzlei ist ebenfalls ein Indiz dafür.
Nr. 9 Spolien der alten Kanzlei, vermauert im Kellerfundament des Kindergartens (erbaut 1896).
Nr. 10 Quellstollen mit Brunnenstube
Nr. 11 Renaissancebogen.

Treppenturm ist ein typisches Architekturmerkmal für die Renaissancezeit, ein dem eigentlichen Gebäude vorgesetzter eigener Anbau. Dies erklärt, warum man von einem Raum, in dem eine Treppe hochführt, von einem Treppenhaus spricht. In der NW-Ecke dieses Kellers wurden unter einer Brandschicht in Höhe des Laufhorizontes mehrere Keramikscherben gefunden, von denen einige sich zu einem fast vollständigen Gefäß zusammensetzen ließen. Der fehlende Rest wurde vom Restaurator zu einer augenscheinlich kompletten grünglasierten Zweihenkelschale des 17. Jahrhunderts ergänzt (Abb. 9). Die übrigen Eingriffe in den Boden ergaben nur geringe Mengen an relevantem Fundmaterial.

Anmerkungen

1   Volker Rödel in: Katalog zur Ausstellung Griff nach der Krone, Schloss Heidelberg 2000, S. 251, S. 259
2   Arnold Scheuerbrandt: Heidelbergs Aufstieg und Niedergang in kurpfälzischer Zeit, in Elmar Mittler (Hg.): Heidelberg. Geschichte und Gestalt, Heidelberg 1996, S. 59.
3   Frieder Hepp: Matthaeus Merian in Heidelberg, Heidelberg 1993, S. 29.
4   Adolf von Oechelhaeuser: Die Kunstdenkmäler des Amtsbezirks Heidelberg, Kreis Heidelberg, Tübingen 1913, S. 258f.
5   Die Ansicht ist das Werk eines unbekannten deutschen (Josef Wysocki: 150 Jahre Bezirkssparkasse Heidelberg, Stuttgart 1981, S. 16) oder holländischen (Annette Freese in Annette Freese

u.a. (Hg.): Der Winterkönig, Remshalden 2004, S. 14) Künstlers aus der Zeit um 1680. Die Darstellung muss zwischen 1650 und 1682 angefertigt worden sein, da die Zeichnung den Ott-heinrichsbau mit einem Walmdach zeigt, das 1650 aufgesetzt wurde und der sog. Karlsturm (erbaut 1681/82) an der NO-Ecke noch nicht steht (frdl. Mitteilung von Manfred Benner, M.A., Heidelberg).

6   Oechelhaeuser (wie Anm. 4) S. 259
7   Stadtarchiv Heidelberg, Einschätzungstabelle für Gebäudeversicherung von 1857.
8   Festschrift zum 50jährigen Jubiläum der Kleinkinderanstalt in Heidelberg, 1885.
9   Wohl Anspielung auf die ehemalige Kanzlei bzw. die Ratschreiber dort.
10 Fritz Frey: Aus der Geschichte des Erziehungswesens in Heidelberg, Heidelberg 1954. Der Be-griff „Schreibershof" geht zurück auf die Hufschmied-Kommission zur Geschichte der Stadt Heidelberg (2. Hälfte 19. Jahrhundert).
11 Stadtarchiv Heidelberg, Stadtratsakten Archivnr. 145.
12 Dieter Quast: Das Kurpfälzische Museum im neuen Gewand, in: Dokumentation zur Wieder-eröffnung, 1984, S. 15.

Hans-Martin Mumm

In welche Richtung strömt der Fluss auf Matteo Albertis Schlossplan für Johann Wilhelm?

Beobachtungen zu einem Luftschloss der Wiederaufbauphase Heidelbergs nach 1696

Im Stadtmuseum der Landeshauptstadt Düsseldorf wird der großflächige Architektenplan einer monumentalen Schlossanlage der Barockzeit aufbewahrt (Abb. 1). Johann Wilhelm aus der Pfalz-Neuburger Linie der Wittelsbacher war von 1690 bis 1716 Herzog von Jülich und Berg und Kurfürst der Pfalz. Er residierte vornehmlich in Düsseldorf, wo er als Jan Wellem bis heute verehrt wird. Nach 1693 betrieb er den Wiederaufbau von Schloss und Stadt Heidelberg, bezog aber diese hochrangigere Residenz nicht, sondern hielt sich zumeist in Weinheim auf, wenn er überhaupt in der Pfalz war.

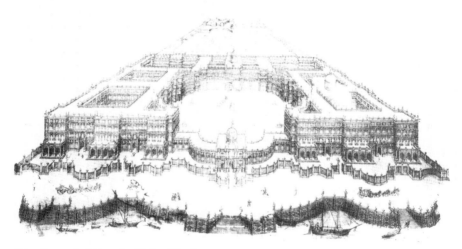

Abb. 1: Der große Schlossplan Matteo Albertis, um 1700.

   Traditionell bezog sich der große Schlossplan aus Düsseldorfer Sicht auf die Residenzstadt am Rhein. 1912 teilt Karl Lohmeyer Quellenfunde mit, die 1698 einen Schlossneubau in der Ebene „außerhalb der Vorstatt" Heidelbergs ins Auge fassten; den großen Plan schreibt er Alberti zu und datiert ihn auf 1709; bei der Verortung bleibt Lohmeyer merkwürdig unschlüssig und oszilliert zwischen Düsseldorf und Heidelberg.[1]

   1926 beansprucht der Düsseldorfer Autor Richard August Keller – im Kurpfälzer Jahrbuch, also unter der Redaktion Lohmeyers – den großen Plan erstmals nach Heidelberg. Eine Auswertung des handschriftlichen Werks des Düsseldorfer Hofchronisten Giorgio Maria Rapparini ergab keinen Beleg auf großflächige Neubaupläne in Düsseldorf, dafür aber einen Hinweis, der sich auf Heidelberg bezieht. Keller kommt zu dem Schluss, dass der große Schlossplan schon „nahe 1696" entstanden sein muss und in

Heidelberg anzusiedeln ist.[2] Seither hat sich diese Heidelbergdeutung verbreitet, wenn auch nicht vollständig durchgesetzt.

Jörg Gamers Heidelberger Dissertation von 1962 über den Düsseldorfer Architekten Matteo Alberti, die erst 1978 veröffentlich wurde, unterzog die gesamte Frage der Schlossbaupläne in Heidelberg einer kunsthistorischen Untersuchung und Bewertung. Die Geschichte der Düsseldorfer Schlossansicht ist kompliziert. Das Original war ein Prachtstück an architektonischer Präsentation, ein Plan auf zusammengeklebtem Papier im Format 3,35 m mal 2,30 m, zum Ausrollen auf Holzstäbe genagelt. Das Original wurde angesichts seines schlechten Zustands 1897/98 kopiert, das Original in den 1920er Jahren vernichtet. Keller hat es 1926 noch im oberen Flur des Düsseldorfer Museums, der Kopie gegenüber, hängen sehen.[3] Gamer kann darüber hinaus noch eine 1894 aufgenommene fotografische, mit vielen Retuschen versehene Wiedergabe des Plans nachweisen; der Abgleich mit der Kopie ergibt im Detail viele Unstimmigkeiten,[4] von denen aber keine die hier verfolgte Fragestellung berührt.

Schon vor der sehr spät erfolgten Drucklegung seiner Dissertation veröffentliche Gamer 1971 seine Ergebnisse in der Zeitschrift eines hiesigen großen Baustoffherstellers und popularisierte sie dadurch.[5] Jedenfalls gingen die Schlossbaupläne im Westen Heidelbergs danach in die Geschichtsschreibung des Vereins West-Heidelberg ein. 1982 schreibt Ludwig Merz von „dem absurden Plan, draußen vor den Toren ein prunkvolles Schloß zu erbauen"[6]. 1994 urteilt Waldemar Wagner in entgegengesetztem Sinn: der „Kleinmut der Heidelberger" habe die Verwirklichung dieses „weitschauenden Plan[s]" verhindert.[7] Auch Arnulf Scheuerbrandt geht in dem großen Heidelbergbuch von 1996 auf den Schlossplan ein, den er durch die – nie existierenden – „kurpfälzischen Landstände" verhindert sieht.[8]

Die Ergebnisse von Gamers kunsthistorischer Untersuchung prägen bis heute den Kenntnisstand.[9] Er datiert den großen Schlossplan auf die Jahre 1699–1701[10] und erklärt die Lage des ungewöhnlich rückwärtig angeordneten Marstalls aus der Topografie des Geländes westlich vor Heidelbergs Altstadt. Der Neckar begrenzte das Schloss im Norden, im Süden die Maulbeerallee, die – ausgerichtet an den höchsten Erhebungen der Pfalz links und rechts des Rheins, Kalmit und Königstuhl, – schnurgerade von Schwetzingen nach Osten führt; diese Barockstraße ist eigentlich erst ab 1732 greifbar, als sie mit Maulbeerbäumen bepflanzt wurde, ließe sich aber auch schon für den Anfang des Jahrhunderts als vorhanden annehmen. Irritierend ist, dass Gamer die Ostfassade der Schlossanlage für an der „Sophienstraße als westlicher Abschluß der Stadt" ausgerichtet ansieht,[11] wo doch die Sofienstraße erst um 1840, rechtwinklig zur Eisenbahn, angelegt wurde. Jedenfalls kommt Gamer für das Gesamtkonzept zu sehr grundsätzlichen Ergebnissen:

> „Sollten sich diese Kombinationen durch Quellen oder Pläne bestätigen lassen, so hätten der Kurfürst und seine Architekten in Heidelberg ein städtebauliches Konzept entworfen, das in Europa nicht seinesgleichen gehabt hätte. An einer ca. 55 km langen Achse, die an zwei markanten Bergen verankert ist, liegen die Stadt- und die Sommerresidenz des Herrschers."[12]

In diesen Folgerungen steckt viel Phantasie. Die Straße von Schwetzingen endet im Osten an der Bergheimer Steige, die zum Kohlhof und ins Elsenztal, aber nur über den Umweg der Rohrbacher Chaussee nach Heidelberg führt. Die Verbindungen Heidelbergs nach Westen wären dagegen durch das Mammutschloss abgeschnitten gewesen. Wenn Alberti sich diesen Plan tatsächlich für die Pfalz erdacht hätte, dann

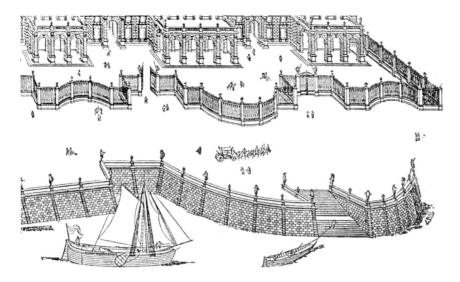

Abb. 2: Detailansicht: Ein Boot wird von der Strömung nach links getrieben.

wäre die Überlegung gedanklich von Schwetzingen ausgegangen und hätte die Interessen der Residenzstadt ignoriert. Ludwig Merz hat völlig Recht, von einem ‚absurden Plan' zu sprechen. Nicht auszudenken ist, was 1803, was 1840, was in den letzten Jahrzehnten mit dem Rest des Riesenschlosses in Heidelberg geschehen wäre. Mit diesen Einschränkungen könnte der Plan aber doch den Interessen Johann Wilhelms in der Wiederaufbauphase entsprochen haben.

Jörg Gamer meint nun, neben den historischen Erwägungen Anhaltspunkte auch in der Staffage des Plans selbst heranziehen zu können:

„Bei genauem Hinschauen lässt sich außerdem feststellen, dass die Strömung des Flusses im Vordergrund von links nach rechts verläuft, was für eine Lage am Südufer des Neckars, nicht aber auf der Westseite des Rheins zutrifft."[13]

Gamer sagt nicht, woran er die Fließrichtung erkannt haben will; weitere Verwirrung stiftet er mit den Himmelsrichtungen: Düsseldorf liegt am Ostufer des Rheins; ein Düsseldorfer Schloss hätte demnach einen Fluss vor sich, der vom gegenüber gelegenen Ufer aus gesehen von rechts nach links strömte; für Heidelberg gälte umgekehrt, dass ein Blick von Neuenheim auf das Riesenschloss einen Fluss mit Richtung links nach rechts strömen ließe. In seiner Dissertation schreibt Gamer:

„Will man der Perspektive in allen Einzelheiten vertrauen, so kann man beobachten, daß, die Stromrichtung von links nach rechts führt. Dies ist unmöglich, wenn das Schloß auf der rechten Rheinseite läge, trifft aber für eine Situation auf dem südlichen Neckarufer zu."[14]

Vertrauen ist gut, sehen ist besser. Wer wie der Verfasser in der Schulzeit gerudert hat, weiß ungefähr, wie sich Boote in fließendem Wasser verhalten. Gamer hat vielleicht die gekräuselten Wellen entlang der Neckarschiffe im Auge gehabt. Wer jedoch den Menschen studiert, der am rechten Planrand ein Boot an der Leine hält, kann keinen Zweifel haben, dass der Fluss im Vordergrund von rechts nach links strömt (Abb. 2). Dabei ist daran zu erinnern, dass es sich nicht um eine Fotografie handelt, sondern um eine Architektenzeichnung, in der jedes Detail eine bestimmte Aussage trifft. Heidelberg scheidet demnach als Ort dieses Schlossplans aus.

Denkbar wäre allenfalls, dass das abgebildete Boot nachgetragen wurde. Jan Will-lem habe seinem Hofarchitekten, nachdem die Heidelbergpläne obsolet geworden waren, empfohlen, den Düsseldorfbezug seines großen Schlosses planerisch deutlich zu machen; daraufhin könnte die Bootstaffage entstanden sein. Aber das wäre schiere Spekulation, und ohne das Original ist diese Frage sowieso nicht mehr zu klären. Es reicht festzuhalten, dass die große Architekturzeichnung Matteo Alberti einen Schloss-plan zeigt, der an einem Fluss gedacht ist, der von rechts nach links fließt.

Es handelt sich um einen Architektenplan, um ein Luftschloss gewissermaßen, das nicht wirklich einen Ort braucht, sondern ein barockes Ideal darstellt und utopisch bleibt.

Anmerkungen

1   Karl Lohmeyer: Geplante Umbauten und Verlegungen des Heidelberger Schlosses in der Barockzeit, Mitteilungen zur Geschichte des Heidelberger Schlosses 4, 1912, S. 1 – 20, hier S. 4, 9.
2   Richard August Keller: Ein Heidelberger Schlossplan aus der Barockzeit. Das schönste Schloß der Welt, Kurpfälzer Jahrbuch 4, 1926, S. 183 – 190, hier S. 190.
3   Ebd., S. 183.
4   Jörg Gamer: Matteo Alberti. Oberbaudirektor des Kurfürsten Johann Wilhelm von der Pfalz, Herzogs zu Jülich und Berg etc. (Die Kunstdenkmäler des Rheinlandes, Beiheft 18), Düsseldorf 1975, S. 115 – 118.
5   Jörg Gamer: Das barocke Heidelberg. Wiederaufbau nach den Zerstörungen 1689 und 1693, Der Heidelberger Portländer 3, 1971, S. 11 – 27; ein Teil der Texte stammt auch von Peter Anselm Riedl.
6   Ludwig Merz: Ein junger Stadtteil auf historischem Boden, in Heidelberg-West. Entwicklung eines Stadtteils. Festbuch zum 90-jährigen Bestehen des Vereins West-Heidelberg, hg. von Wilfried Milte, Heidelberg 1982, S. 17 – 21, hier S. 20.
7   [Waldemar] Wa[gner]: Eine neue Residenz. Fürstenwunsch kontra Bürgerwille, in 1225 Jahre Bergheim 769 – 1994, hg. vom Verein West-Heidelberg, Heidelberg 1994, S. 179.
8   Arnold Scheuerbrandt: Heidelbergs Aufstieg und Niedergang in kurpfälzischer Zeit, in Elmar Mittler (Hg.): Heidelberg. Geschichte und Gestalt, Heidelberg 1996, S. 48 – 87, hier S. 77.
9   Bernd Müller stellte am 7.7.2006 beim Verein West-Heidelberg eine auf Gamers Erwägungen fußende genaue Verortung des Albertischen Plans vor.
10   Gamer: Alberti (wie Anm. 4), S. 138.
11   Ebd., S. 120 – 122, zur Sofienstraße S. 122.
12   Ebd., S. 122.
13   Der Heidelberger Portländer (wie Anm. 5), S. 16.
14   Gamer: Alberti (wie Anm. 4), S. 120f.

Hans-Martin Mumm

Ewald Keßler

Die Niederlegung der Trennmauer in der Heiliggeistkirche[1]

Nach Weltkrieg, Revolution, Inflation und einem halben Jahrzehnt wirtschaftlicher Erholung konnte man auch in Heidelberg 1928 wieder an kulturelle Investitionen denken. Am 14. Februar 1928 hatte das Bezirksamt mit einem Brief an den Heidelberger Oberbürgermeister die Initiative für die Beseitigung der Scheidemauer in der Heiliggeistkirche ergriffen.[2] Bald wurde auch öffentlich dieser Wunsch ausgesprochen.[3] Diese Kirche war auch damals neben dem Schloss das wichtigste Wahrzeichen der Stadt und galt als „ältestes Baudenkmal" der Stadt[4]. Sie hatte unter der Ungunst der Verhältnisse besonders gelitten: Seit Jahrhunderten war sie zu einem Brennpunkt und Symbol des geistigen Unfriedens, zu einem Zentrum und Zankapfel des konfessionellen Streits geworden. 1557 hatte sich Kurfürst Ottheinrich mit einer Sänfte hierher tragen lassen, um sich aktiv an der Reinigung des Gotteshauses vom „Götzenwerk" zu beteiligen, um mit seiner Präsenz den Erlass vom Februar dieses Jahres zur Abschaffung von Bildern und Altären zu unterstreichen.[5] Bald darauf, nach dem Regierungsantritt von Kurfürst Friedrich III., brach hier der Streit über das Abendmahl zwischen Diaconus Wilhelm Klebitz und Tileman Heshusen aus, der zur Orientierung der Kurpfalz am Calvinismus führte.[6] Auf dem Marktplatz vor der Kirche wurde 1572 Johann Sylvanus wegen der Ablehnung der Gottheit Christi und des Heiligen Geistes enthauptet.[7]

Nach weiteren konfessionellen Streitigkeiten schien die Pfalz am Ende des 16. Jahrhunderts innerlich zur Ruhe zu kommen und vor dem Dreißigjährigen Krieg ist an den überlieferten Akten der Universität deutlich der Ansatz zu einer beginnenden Blütezeit zu sehen. Der Krieg mit der Wegführung der Bibliotheca Palatina aus der Heiliggeistkirche ließ dann alle Blütenträume verwelken. Mit viel Elan gab es nach dem Westfälischen Frieden von 1648 einen Neuanfang, bis mit dem Pfälzischen Erbfolgekrieg und der Zerstörung Heidelbergs alle Anstrengungen umsonst wurden.

1. Die Trennmauer von 1706 und der Streit von 1720

Die Heiliggeistkirche wurde 1698 bis 1705 wieder aufgebaut[8], aber die wittelsbachischen Kurfürsten, die seit 1685 der katholischen Konfession angehörten, waren nicht mehr bereit, das reformierte Bekenntnis ihrer Untertanen zu respektieren. Die Heiliggeistkirche wurde zum Zankapfel zwischen Katholiken und Reformierten. Im Jahr 1706 wurde entsprechend der Religionsdeklaration des Kurfürsten Johann Wilhelm vom Vorjahr eine Trennwand zwischen Chor und Langhaus der Kirche eingezogen. Das Kirchenschiff wurde den Reformierten zugesprochen, der Chor kam an die Katholiken, nachdem das Simultaneum vom 26. Oktober 1698,[9] das die gemeinsame Nutzung der Kirche vorgesehen hatte, zu zahlreichen Unzuträglichkeiten geführt hatte.[10] Der Turm und das Geläute gehörte nun beiden Teilen gemeinsam. Baupflichtig für das Kirchenschiff waren die Reformierten, für Turm und Glocken die Pfälzer Katholische Kirchenschaffnei und für die Chorkirche später der katholische Chor-Kirchenfonds.[11]

Der Bruder und Nachfolger des Kurfürsten, Karl Philipp, der nicht mehr in Düsseldorf, sondern in Heidelberg residieren wollte, war mit diesem Zustand nicht zufrieden. Er versuchte mehrmals, den Reformierten Kirchenrat zur Abtretung des Kirchenschiffs zu bewegen und hatte sogar den Bau einer neuen Kirche für die Reformierten in unmittelbarer Nähe der Heiliggeistkirche angeboten. Doch der misstrauische Kirchenrat war darauf nicht eingegangen.[12] Daraufhin besetzten Soldaten am 4. September 1719 die Kirche und „in Anwesenheit des kurpfälzischen Oberpräsidenten, Freiherrn von Hillesheim, schlugen Tiroler Maurer mit großen Pickeln die Scheidewand ein".[13] Doch hier war der Kurfürst zu weit gegangen, er brachte damit die Protestanten im Reich und darüber hinaus[14] gegen sich auf und schon am 29. Februar 1720 musste er das Kirchenschiff an die Reformierten zurückgeben, und am 11. Mai war auch die Trennmauer wieder aufgerichtet.[15] Dabei blieb es bis zum Ende des alten Reiches.

2. Der Umzug der katholischen Pfarrei in die Jesuitenkirche

Durch die Säkularisation, der zwischen 1801 und 1803 sechs Klöster mit ihren Kirchen zum Opfer fielen, wurde der Raum der als Pfarrkirche übrig gebliebenen Chorkirche für die etwa 4.000 Heidelberger Katholiken zu klein. Zuerst versuchten die Katholiken, die Jesuitenkirche zu gewinnen. Da diese Kirche nach der Säkularisation neu eingerichtet werden musste, wollte man dazu den Erlös aus dem Verkauf der Chorkirche an die Reformierten verwenden.

Abb. 1: Chor der Heiliggeistkirche, Feder-, Tuschezeichnung laviert von Philibert Graf Graimberg, um 1850.

Ewald Keßler

„Die Reformierten zeigten sich jedoch zu diesem Zeitpunkt am Erwerb nicht interessiert. Daraufhin schlug die katholische Gemeinde ein Tauschprojekt vor: Die Reformierten sollten die Jesuitenkirche mit Kollegium erhalten; die Katholiken im Gegenzug das Langhaus der Heiliggeistkirche.“[16]

Doch auch dieser Vorschlag wurde nicht angenommen.

Der neue Landesherr Kurfürst Karl Friedrich von Baden wies am 11. April 1804 den Katholiken die Jesuitenkirche als Pfarrkirche zu, aber nun bewarb sich auch die Universität um Kirche und Kollegium der Jesuiten.[17] Als Kompromiss wurde vorgeschlagen:

„Die Katholiken sollten die Jesuitenkirche erhalten; die Universität das Kollegium. Als Platz für die Universitätsbibliothek wollten die Katholiken der Alma mater die Chorkirche zum heiligen Geist verkaufen. Diese sei ‚trockener und heller‘ als die Jesuitenkirche. Außerdem sei die Bibliothek ‚in alten Zeiten bekannter Maßen in den noch vorfindlichen Gallerien des Langhauses aufbewahrt worden‘. Die Reformierten könnten dagegen keine Einwände machen, da sie selbst den Kauf der Chorkirche abgelehnt hätten.“[18]

Die napoleonischen Kriege und die fehlende Akzeptanz durch die Bevölkerung verhinderten diese Pläne.

Erst 1808 konnte der katholische Kirchenvorstand mit landesherrlicher Erlaubnis die Jesuitenkirche ausbauen, doch wollte nun die Kirchengemeinde nicht mehr auf die Chorkirche verzichten. Die Regierung hingegen wollte „die Chorkirche in ein Magazin oder eine Fruchthalle“ umwandeln.

„Sie befürchtete, daß sonst de facto zwei katholische Pfarreien in Heidelberg entstehen könnten, mit Anspruch auf einen weiteren Geistlichen sowie auf einen geistlichen Fonds. “

Die Pfarrei durfte die Chorkirche nur als „Nebenkirche“ behalten. Die Kirchengemeinde musste sich verpflichten,

„für die Baulast der Chorkirche und die Bedürfnisse deren Kultus selbst aufzukommen; weiterhin sollte sie nur für Privatandachten dienen. Es durften keine Gottesdienste gehalten werden, die den Pfarrgottesdienst beeinträchtigten. Auch durften in der Chorkirche weder Kommunionen ausgeteilt noch das Allerheiligste ausgesetzt werden. Ihre gesamte Ausstattung sowie der Titel ‚ad Sanctum Spiritum‘ waren auf die Jesuitenkirche zu transferieren.“[19]

Die Chorkirche sollte für die Bruderschaften, die für die Seelsorge im achtzehnten Jahrhundert eine überragende Rolle gespielt hatten, als Versammlungsort dienen.

Das Inventar der Chorkirche wurde nun in die Jesuitenkirche verbracht. An Allerheiligen 1809 wurde das Allerheiligste in einer feierlichen Prozession in die neue Pfarrkirche übertragen. Die Regierung stellte für die neue Ausstattung der Chorkirche Altäre und Gerätschaften aus der aufgehobenen Kapuzinerkirche zur Verfügung und die drei Bruderschaften, die „Akademische Marianische Kongregation“[20], die „Marianische Bürgersodalität“[21] und die „Josephsbruderschaft“[22] steuerten aus ihrem Besitz weitere Ausstattungsstücke bei, darunter die Akademische Marianische Kongregation die Orgel aus der Seminarkirche, „die 65 Jahre später noch die Gemüter erhitzen sollte“[23]. Ein eigener Chorkirchenfonds wurde errichtet und die Bruderschaften besoldeten einen eigenen Kirchendiener. Die Bruderschaftsgottesdienste wurden von zwei ihrer geistlichen Mitglieder, den Gymnasialprofessoren Pazzi und Mitzka bis Ende der 1840er Jahre gehalten. Mitzka errichtete mit Hilfe ihm nahestehender katholischer Familien und 1.000 Gulden der Akademischen Marianischen Kongregation das „Beneficium ad Sct. Annam“. Daraus wurde ab 1857 „ein Geistlicher bezahlt, der regelmäßig Gottesdienst in der Heiliggeist- und St. Anna-Hospitalkirche halten, in der Pfarrseelsorge aushelfen sowie Religionsunterricht an der höheren Bürger- und der Volksschule erteilen mußte.“[24]

3. Das Unfehlbarkeitsdogma von 1870 und die Gründung der Alt-Katholischen Gemeinde

Mit dem „Kulturkampf", der „in Baden 1864 wegen der Einführung des Simultanprinzips in der Schule" offen ausbrach,[25] wurde die politische Spaltung der badischen Katholiken in Liberale und Ultramontane deutlich sichtbar.[26] Ein bedeutender Teil der liberalen Katholiken lehnte in der Folgezeit die am 18. Juli 1870 von Papst Pius IX. verkündeten Dogmen von der Unfehlbarkeit und dem Jurisdiktionsprimat des Papstes ab. Sie wurden vom Papst mit dem kirchlichen Anathem belegt und von den Sakramenten ausgeschlossen.[27] Der badische Minister Jolly beschwichtigte. „In Erinnerung an den Deutschkatholizismus gab er einer Separation keine großen Chancen."[28]

Um weiter als Katholiken leben zu können, mussten die Verfolgten sich in eigenen Gemeinden organisieren. Der Plan, einen eigenen alt-katholischen Gottesdienst zu halten, wurde in Heidelberg erstmals in der Sitzung des Altkatholikencomites am 26. November 1872 erörtert. Professor Friedrich Michelis war in Brausberg beurlaubt worden und plante sich in Heidelberg niederzulassen, „da der acad. Senat ihm venia legendi hospitaliter erteilt hat." Deshalb schlug Amtsrichter Franz August Beck vor:

> „Um Gottesdienst durch Michaelis [sic] halten zu können solle Antrag an das kath. Pfarramt gestellt werden, in zu vereinbarenden Zeiten uns die Benützung der Kirche zu überlassen."

Beck wurde sofort mit dem Entwurf eines entsprechenden Schreibens beauftragt[29]. Schon zwei Tage später wurde dieser Beschluss zurückgenommen und beschlossen, ein „Schreiben an das ev. Pfarramt der Pfarrei zu St. Peter" zu richten[30]. Drei Wochen später kam die Antwort, „wonach die Benützung v. St. Peter bewilligt ist."[31] Als erster deutscher Staat erließ Baden am 15. Juni 1874 ein Altkatholikengesetz[32] in dem Gottesdiensträume und Pfründen der Katholiken zwischen römischen Katholiken und Alt-Katholiken aufgeteilt wurden. Der Papst hatte bereits am 13. März 1873 „jede gemeinsame Benutzung einer Kirche von [römischen] Katholiken und Altkatholiken" verboten[33]. Als Begründung wurde vom Münchener Nuntius geschrieben, dass

> „jede Duldsamkeit gegenüber den Altkatholiken als Gleichgültigkeit und Mangel an Festigkeit angesehen werden könne, da Einfältigen dadurch ein Aergerniß gegeben und für Schwankende die Gefahr des Abfalls vom Glauben nahe gelegt würde"[34].

Nachdem im April 1874 mit Johannes Rieks ein neuer Seelsorger für Heidelberg gewonnen werden konnte, wurde am 21. April 1874 auf Antrag von Stadtrat Bilabel beschlossen: „Es sollen sofort die bezügl. Schritte zur Erlangung der Heiliggeistkirche gethan werden."[35] Doch Bischof Reinkens, an den man sich offenbar zuerst gewandt hatte, schrieb, „daß noch einige Wochen bis zur Erlangung der Kirche vergehen können."[36] Nach dem Erlass des Altkatholikengesetzes wurde am 21. Juli 1874 beschlossen, „bei großh. Ministerium um staatliche Anerkennung der Gemeinde und um Mitbenutzung der Heiliggeistkirche nachzusuchen."[37] Am 20. August 1874 wurde die Heiliggeistchorkirche den Alt-Katholiken zur Mitbenützung zugewiesen.[38] Schon zuvor hatte es ein Gerücht gegeben, dass der römisch-katholische Pfarrer Wilms

> „die Heiliggeistchorkirche an die Protestanten zu verkaufen willens gewesen sei, um dafür im westlichen Statteile eine Kirche zu bauen und den Altkatholiken die Mitbenützung unmöglich zu machen."[39]

Ewald Keßler

4. Die zweite Niederlegung der Trennmauer zum Universitätsjubiläum 1886

Im Januar 1876 bekam Franz Köbel für eine Initiative, die Scheidemauer niederzulegen, 247 Unterschriften von Heidelberger Bürgern, doch die Sache verlief im Sande. Als er 1885 als Stadtverordneter wieder darauf zurückkam hatte die Regierung bereits gehandelt.[40]

> Zum 500-jährigen Universitätsjubiläum 1886 entwickelte
> „die badische Regierung den Plan, die Scheidemauer in der Heiliggeistkirche niederzureißen, um einen repräsentativen Raum für die Festivitäten zu schaffen. Die Regierung versicherte, nach dem Fest die Mauer wieder aufzuführen, sofern eine der drei Konfessionen dies verlangen sollte.“[41]

Der alt-katholische Kirchenvorstand befasste sich erstmals am 28. November 1884 mit diesem Plan, konnte aber vorerst nur abwarten, da er noch keine offizielle Nachricht hatte.[42] Erst am 28. Januar 1885 verlas der Vorsitzende, Oberbürgermeister Bilabel, eine Zuschrift des Ministeriums an den alt-katholischen Bischof Reinkens, woraufhin der Kirchenvorstand beschloss:

> „Wir sind gerne bereit zur Erhöhung der Feier beizutragen und geben deshalb zu der Entfernung der Mauer unsere Zustimmung, erwarten aber, daß alsbald nach der Feier – der Versicherung des Ministeriums entsprechend – die Kirche wieder zur Abhaltung unseres Gottesdienstes hergestellt werde.“[43]

Auch die evangelische Gemeinde war sofort einverstanden. Aufgrund der Regierungszusage, die Mauer wieder aufzubauen, stimmte auch die römisch-katholische Seite zu. Die Freude darüber ist noch im „Rückblick eines 75 jährigen“ vom Pfarrer Hermann Maas zu spüren, der „einstens als Neunjähriger“ von seinem Vater hineingeführt die Kirche „in ihrer ursprünglichen Herrlichkeit“ gesehen hatte, als die Mauer wegen des Universitätsjubiläums herausgenommen worden war, „um freilich einige Jahre danach aus unbegreiflichen Gründen wieder errichtet zu werden.“[44] Da seit Anfang der 1880er Jahre die Renovierung der Sakristei[45] der Chorkirche anstand, überlegte man, ob man die Sakristei nicht nach der Entfernung der Scheidemauer abreißen könne, da dann für den einen Kirchenraum eine gemeinsame Sakristei genügen würde. Dieser Gedanke wurde jedoch verworfen, da diese Sakristei zum alten Baubestand der Heiliggeistkirche gehörte. Man wollte nur die hässlichen Fenster im alten Stil erneuern.[46]

> „Entgegen ihrem Versprechen weigerte sich die Regierung nach dem Jubiläum jedoch, dem Wunsch der [röm.-]katholischen Kirche nach Wiederaufrichtung der Mauer nachzukommen. In letzter Instanz konnten am 20. Oktober 1891 die [röm.] Katholiken vor dem Reichsgericht ihr Recht durchsetzen. Zwischenzeitlich hatte die evangelische Kirche versucht, wegen der Chorkirche mit dem [röm.-]katholischen Stiftungsrat in Kaufverhandlungen zu treten. Dieser ließ jedoch das Ansuchen an überzogenen Preisvorstellungen und Sonderwünschen scheitern.“[47]

Schon bald nach der Niederlegung der Mauer wurde zum Gedenken an das Ereignis in der Chorkirche ein Gedenkstein angebracht, den 1893 die Erzbischöfliche Bauinspektion wieder entfernte[48].

5. 1892: Die erneute Wiedererrichtung der Trennmauer

Protestanten und Alt-Katholiken schlossen am 12. August 1886 einen Vertrag über „den Simultangebrauch der Heiliggeistkirche“[49]. Der alt-katholische Bischof Reinkens wandte sich mit Brief vom 15. November 1886 gegen diesen Vertrag und kündigte an, sich an die Regierung wegen der Wiederaufrichtung der Mauer zu wenden. Der Kirchenvorstand verteidigte gegenüber dem Bischof sein Vorgehen und bat das Ministerium, die Mauer nicht wieder aufzubauen.[50] Mit dem Vorschlag, die Chorkirche zu verkaufen, befasste sich der alt-katholische Kirchenvorstand erstmals am 7. Dezember 1888 und beauftragte den Vorsitzenden Leimbach, mit der Regierung in Karlsruhe darüber zu verhandeln,[51] doch wurden hier offenbar keine Fortschritte erzielt. Am 17. April 1892 fragte das Bezirksamt erneut wegen der Scheidemauer an. Professor Buhl, Mitglied des Kirchenvorstands, wurde gebeten, ein Rechtsgutachten für eine Antwort zu erstellen.[52] Am 6. Mai berichtete Buhl, „daß das ihm vorgegebene Material ihn nicht instand setze, ein Gutachten über die der Altkatholikengemeinschaft an der Heiliggeistchorkirche zustehenden Rechte zu erstatten."[53] So bat das Bezirksamt am 20. Mai, „ein Mitglied zu einer mündlichen Erörterung aus den Vertretern der verschiedenen Betheiligten bezüglich der Wiedererrichtung der Mauer der Heiliggeistkirche abzuordnen." Von alt-katholischer Seite wurde Bilabel ernannt, als dessen Stellvertreter Stadtrat Josef Keller.[54] Endlich machte das Bezirksamt den Vorschlag, „daß anstatt einer Mauer nur ein eisernes Gitter in der Heiliggeistkirche errichtet" werde und „den [röm.] Katholiken die Benützung des Chors der Heiliggeistchorkirche und eine Geldsumme bewilligt werden, während den Altkatholiken zur Entschädigung außer dem Mitbenutzungsrecht an der St. Annakirche[55] auch in widerruflicher Weise die Mitbenutzung der St. Peterskirche zugestanden werden soll." Dieser Vorschlag scheiterte aber schon am Widerstand der Universität.[56]

Die Trennwand wurde nun gegen den Wunsch der direkt Betroffenen wieder aufgerichtet. „Letztendlich hatte das ‚Klima der Kulturkampfzeit' eine Verständigung unmöglich gemacht."[57] Das Bezirksamt und das Erzbischöfliche Bauamt teilten im Juni mit, dass die Arbeiten an der Mauer bald beginnen würden. Das erzbischöfliche Bauamt fügte hinzu, „daß der Erzbisch. Bau-Inspector zur Wiederaufstellung der Orgel keinen Auftrag habe."[58] In der alt-katholischen Gemeindeversammlung am 2. Juli 1893 berichtete Josef Keller als Vorsitzender,

> „daß die Mauer z. Zeit wieder aufgerichtet werde. In den Verhandlungen, welche zur Abwendung dessen geführt worden seien, sei von römischer Seite immer darauf hingezielt worden, die Altkatholiken aus dem Benützungsrecht der Kirche herauszuweisen, in einem Falle, denselben die Annakirche zu Gunsten der Römlinge zu entziehen."

Weiter wurde protokolliert:

> „Die [alt-kath.] Gemeindeversammlung gibt über die Wiederaufrichtung der Scheidemauer in der Hlg. Geistkirche ihrer tiefsten Entrüstung einstimmigen Ausdruck."[59]

6. Weitere Streitigkeiten

1913 musste der Verputz der neuen Scheidemauer „wegen fortwährenden Abbröckelns" abgekratzt werden, damit die Mauer neu getüncht werden konnte.[60] Angesichts der schwierigen politischen Verhältnisse am Ende des Ersten Weltkriegs und der drohenden finanziellen Konsequenzen wurde in der alt-katholischen Kirchenvorstandssitzung vom 1. Dezember 1918

> „vertraulich erörtert, ob nicht die Wiedererlangung der St. Anna-Kirche (unter Aufgabe der Hlgeistkirche) anzustreben sei, um Unterhaltungskosten zu sparen und bei unsicheren Rechtsverhältnissen an der jetzigen Kirche ein gesichertes, zugleich in der Stadtmitte gelegenes zahlentsprechendes kirchliches Heim mit Orgel zu haben."[61]

Ewald Keßler

Die römisch-katholischen Verwalter des katholischen Kirchenvermögens hatten natürlich kein Interesse daran, zu den Kosten für die Unterhaltung der Heiliggeistchorkirche beizutragen, auch wenn die Alt-Katholiken nicht viel von den Erträgen dieses Kirchenvermögens bekamen[62]. Zum Streit kam es 1916 wegen der Reparatur des Dachreiters auf dem Chor. Die Steuereinnahmen der alt-katholischen Gemeinde waren „durch Sterbefälle kapitalkräftiger Mitglieder" erheblich zurückgegangen und die Gemeinde stellte sich auf den „Rechtsstandpunkt", „wonach die Kosten ‚anteilig' von beiden K. Gemeinden zu tragen sind".[63] Nach einer Entscheidung des Bezirksrates vom 26. Juli 1917 fielen auf die Alt-Katholiken 217,93 Mark der Kosten von etwa 1.000 Mark[64]. Nach dem Ersten Weltkrieg wurden die Schäden am Dach der nordöstlichen Chorwand der Kirche so groß, dass Ende 1923 der Direktor des Kurpfälzischen Museums sich an den Stadtrat wandte, weil er befürchtete, Passanten könnten dadurch gefährdet werden[65]. Die Stadt Heidelberg entschloss sich am 11. Januar 1924, die Schäden selbst zu beseitigen und die Kosten vorzuschießen[66]. Die alt-katholische Gemeinde beteuerte, sie habe schon lange erfolglos das erzbischöfliche Bauamt, das die Baulast nach einem bezirksrätlichen Urteil vom 26. Juli 1917 treffe, gemahnt. Der Katholische Oberstiftungsrat in Karlsruhe lehnte eine Kostenbeteiligung ab.[67] Daraus entwickelte sich ein Prozess, für den unter dem 22. November 1925 ein ausführliches Gutachten erstellt wurde, nach dem die römisch-katholische Seite schließlich einem Vergleich zustimmte.[68]

Damit war aber die Heiliggeistkirche noch lange nicht in einem befriedigenden Zustand. 1928 bildeten herunterfallende Gesteinsbrocken am Turm „eine ständige Gefahr"[69]. Das Bauamt sah die römisch-katholische Kirchengemeinde als baupflichtig an und meinte, die alt-katholische Gemeinde „ist faktisch nicht in der Lage, zu den Unterhaltskosten etwas beizutragen." Die Kosten wurden auf etwa 20.000 Mark geschätzt.[70] Die Heidelberger Stadtverwaltung wies „Vertreter der evangelischen Kirchengemeinde und des Katholischen Stiftungsrates auf den unhaltbaren äußeren Zustand" der Kirche hin. „Die [röm.-]katholische Gemeinde erklärte daraufhin, für eine Bausanierung keine Mittel zu haben."[71]

7. 1928: Neue Initiativen von Hermann Maas

Im Protokoll einer Sitzung der Beteiligten am 22. April 1928 steht: Pfarrer Maas sagte,

> „dass dieses hervorragende Bauwerk durch eine Trennungsmauer verunstaltet ist und dem Fremden wenig zugänglich gemacht werden kann. Es sollte zwischen den beteiligten Kirchengemeinden ernsthaft die Frage erwogen werden, ob nicht die Rechtsverhältnisse von Grund auf geändert werden und die Mauer fallen könnte."[72]

Im Mai 1929 begannen dann von evangelischer Seite Kaufverhandlungen wegen des katholischen Kirchenteils. [73] Für den Verzicht auf die Heiliggeistchorkirche boten die Protestanten an, den Alt-Katholiken „an der Peterskirche ein Simultaneum einzuräumen". Der alt-katholische Kirchenvorstand lehnte das am 1. Mai 1929 ab.[74] Im Protokoll einer Sitzung von Stadt, römisch-katholischer und evangelischer Kirchengemeinde vom 4. Oktober 1929 steht:

> „Stadtpfarrer Maas wies darauf hin, dass der jetzige Zustand der Kirche mit der Trennungsmauer im Innern es unmöglich macht, die Schönheit des Bauwerks einer breiteren Öffentlichkeit zugänglich zu machen, um damit die Voraussetzungen einer stärkeren Interessennahme zu schaffen. Die Beseitigung der Trennungsmauer bedeutet aber zwangsläufig die nochmalige Aufnahme der in den 90er Jahren des vorigen Jahrhunderts abgebrochenen

Verhandlungen welche mit dem Ziele geführt wurden, die Eigentumsansprüche der Kathol. Kirche durch die Evangel. Kirche abzulösen. Die Möglichkeit, hier in absehbarer Zeit zu einer positiven Lösung zu kommen, veranlasste die Evangel. Kirchengemeinde, technische Arbeiten (Heizungseinrichtung) vorläufig zurückzustellen, da diese Arbeiten anders ausgeführt werden können, wenn das ganze Kirchengebäude in einer Hand ist.

Geistl. Rat Raab [röm.-kath.] weist darauf hin, dass er zur Zeit keine Vollmacht hat, in dieser Frage zu verhandeln, da bisher der Kathol. Stiftungsrat sich nicht entschliessen konnte, hierzu positive Stellung zu nehmen, ausgehend von der Annahme, dass die jetzt für den [röm.-]kathol. Teil ganz unbefriedigende Sachlage durch den Rückgang der Mitgliederzahl der altkathol. Kirche in Zukunft gebessert werden könne."[75]

Man war sich einig, dass eine Entscheidung nur durch die kirchlichen Oberbehörden getroffen werden könne. Maas machte auf Ausgleichmöglichkeiten auf Landesebene aufmerksam. Heidelbergs Oberbürgermeister Neinhaus „wies darauf hin, dass die aufgeworfene Frage auch die Stadt und die breite Öffentlichkeit interessiere und er deshalb gerne bereit sei, von seiner neutralen Stellung aus den Beteiligten die guten Dienste der Stadt zur Verfügung zu stellen."[76] Am 26. Februar 1930 schrieb das Pfarramt der Jesuitenkirche – Geistl. Rat Raab – an den Oberbürgermeister: „Eine Abtretung des der katholischen Kirchengemeinde gehörigen Chores kommt nicht in Frage."[77] Maas begann daraufhin eine Artikelserie im Gemeindeboten seiner Gemeinde[78] über die Geschichte der Trennmauer, in der er seiner Enttäuschung freien Lauf ließ.[79]

Abb. 2: Hermann Maas (1877–1970) in den 20er Jahren. Er kam 1915 als Pfarrer an die Heiliggeistkirche und initiierte die 1936 erfolgte Niederlegung der Trennmauer.

Ewald Keßler

Kurz nach der „Machtergreifung" 1933 bemühte sich Oberbürgermeister Neinhaus erneut, „die Tennwand ... zum Verschwinden zu bringen." Er sagte: „Die allgemeine Auflockerung sämtlicher Lebensverhältnisse hat auch auf diesem Gebiet den Weg zu einer erfolgreichen Verhandlung geebnet."[80]

8. Die Vorbereitung des Universitätsjubiläums von 1936

Ein bedeutendes Hindernis für die Wiederaufnahme ernsthafter Gespräche bildete die städtische St.-Anna-Kirche.[81] Stadtrat Otto Höchst betonte am 23. Juni 1933: „Die [röm.-]katholische Gemeinde legt allergrößten Wert darauf, dass die St. Annakirche nicht den Altkatholiken zur Benutzung übergeben wird."[82] Eine Anfrage des „Kath. Gesamtstiftungsrates wegen weiterer Zuschüsse zur Kirchendachreparatur" wurde von alt-katholischer Seite „wegen der schwierigen finanziellen Lage" am 29. Juni 1933 negativ beantwortet.[83] Nach langwierigen Verhandlungen, an denen auch die kirchlichen Oberbehörden beteiligt waren, signalisierte die römisch-katholische Seite am 23. Dezember 1933 „die grundsätzliche Zustimmung zur Veräußerung des Heiliggeistkirchenchores an die Evangelische Kirche".[84] Ausschlaggebend waren nicht zuletzt wirtschaftliche Gründe: „Die hohen Kosten für die anstehenden Sanierungsmaßnahmen im Chor und am Turm des Gotteshauses hätte die [röm.-]katholische Kirche tragen müssen und nur die Altkatholiken hätten davon profitiert."[85]

Die Verhandlungen schienen am 20. Juli 1935 vor dem Abschluss zu stehen. Doch nun stellte die alt-katholische Gemeinde, die ihren Gottesdienstraum zu verlieren drohte, am 25. September 1935 den Antrag, die St.-Anna-Kirche in der Plöck[86] so wie 1876 wieder zur Mitbenutzung zu erhalten.[87] Der Erzbischöfliche Oberstiftungsrat in Freiburg schrieb, man sei „mit dem Ev. Oberkirchenrat Karlsruhe über die Überlassung der Hl. Geistkirche" einig.

> „Wenn die Katholiken ihre eigene Anhänglichkeit an die Hl. Geistchorkirche, die jahrhundertelang die Kath. Hauptkirche der Pfalz war, zurückgestellt haben, so geschah es um dem Frieden und der Einheit der Bekenntnisse zu dienen. Wir glauben aber, dass wir zum Schutze der Lebensinteressen des eigenen Bekenntnisses das Eigentum an der Chorkirche nicht preisgeben können, ohne dafür ein anderes dingliches Recht [sic], das Gebrauchsrecht an der St. Annakirche und den Verzicht der Altkatholiken auf die Mitbenützung einer anderen katholischen Kirche auf alle Zeiten zu erhalten. Die letztere Bedingung müssen wir stellen, weil das Bad. Altkatholikengesetz vom 15. Juni 1874 – GVBl. 274 – noch besteht, vermöge welchem der Herr Minister des Kultus und Unterrichts das Recht hat, kathol. Kirchen den Altkatholiken zur Mitbenützung zu überweisen."[88]

Die Stadt ging auf die römisch-katholischen Wünsche ein und der Erzbischöfliche Oberstiftungsrat nahm am 21. Dezember 1935 „mit Befriedigung davon Kenntnis", nicht ohne nochmals „den ungeheuren ideellen Wert herauszustellen, den die Heiliggeistchorkirche durch ihre schicksalhafte Verbundenheit mit den Geschicken der Stadt Heidelberg, mit dem pfälzischen geschichtlichen Raum und der katholischen Religion für den katholischen Volksteil Heidelbergs und Badens überhaupt in sich trägt."[89] Hier wird so getan, als ob die Alt-Katholiken ihre Eigenschaft, Katholiken zu sein, mit der Exkommunikation durch Rom verloren hätten[90] und als ob man als Katholik auf die Unterdrückung der reformierten Pfälzer in der Zeit der Gegenreformation stolz sein könnte. Am 3. und 12. Februar 1936 fanden im Heidelberger Rathaus die entscheidenden und abschließenden Verhandlungen zwischen dem alt-katholischen

Pfarrer Keussen und dem Evangelischen Oberkirchenrat mit dem Heidelberger Oberbürgermeister statt.[91]

Am 16. Februar 1936 hielten die Alt-Katholiken letztmals in der Heiliggeistchorkirche ihren Gottesdienst. Pfarrer Keussen betonte,

> „die Trennungsstunde, die nun geschlagen habe, verkläre der versöhnende Gedanke, daß mit dem Fallen der Trennungsmauer der Zwiespalt der Konfessionen beseitigt sein möge. Aus diesem Grund hätten die Altkatholiken als eine Konfession, die den Frieden unter den Christen wolle, sofort freudig die Änderung begrüßt, obwohl die Trennung aus dem liebgewordenen schönen Gotteshaus schwerfalle"[92].

Oberbürgermeister Neinhaus teilte die frohe Botschaft vom Fall der Mauer am 14. Januar 1936 den Stadträten mit.[93] Der Evangelische Oberkirchenrat hatte aber nicht so viel Geld zur Verfügung, dass er die vordringliche Außenrenovierung der Kirche und die Niederlegung der Trennmauer neben dem Kauf gleichzeitig finanzieren konnte. Deshalb vermittelte Oberbürgermeister Neinhaus einen Kredit.[94] Er gab dazu am 18. Februar 1836 in einer nichtöffentlichen Sitzung des Stadtrats eine Erklärung ab und bezog sich dabei auf Veröffentlichungen in den Heidelberger Zeitungen, dass es nicht möglich wäre,

> „die Trennungswand in diesem Sommer niederzulegen, es müsste vielmehr zuerst der Turm instand gesetzt werden und erst in den kommenden Jahren wäre es dann möglich, auch die Trennungswand niederzulegen und das Schiff der Heiliggeistkirche instand zu setzen."

Diese Veröffentlichung war offenbar vom Evangelischen Oberkirchenrat in Karlsruhe ausgegangen. Der Oberbürgermeister meinte, es habe „fast ausgesehen, als ob von kirchlicher Seite Wert darauf gelegt wurde, in diesem Fall die Stadt ins Unrecht zu setzen", die aufgrund der Verhandlungen angekündigt hatte, dass die Trennwand fallen würde. Der Oberkirchenrat wolle als verantwortlicher Eigentümer des Turmes „in erster Linie den Turm in Ordnung bringen, um diese Gefahrenquelle zu beseitigen." Die Kosten würden auf 50.000 bis 80.000 RM geschätzt, weitere 40.000 RM erfordere der Chor.

> „Die Unterhaltsverpflichtung für den Chor oblag bisher der römisch-katholischen Kirche. Seit 1874 wird der Chor jedoch von den Altkatholiken benutzt. Infolgedessen hatte die römisch-katholische Kirche kein Interesse daran, viel Geld für Instandsetzungen aufzuwenden. Sie hat dadurch nicht alles getan, was notwendig war. Es ist deswegen anzunehmen, dass der Chor und die Gewölbe sich in sehr schlechtem Zustand befinden."

Dazu kämen noch Malerarbeiten und Fensterreparaturen und auch die Orgel sei nicht mehr zu gebrauchen. Deshalb habe die Stadt der evangelischen Kirche ein Darlehen besorgt, für dessen Verzinsung die Stadt aufkomme, und stelle einen technischen Beamten.

Die römisch-katholische Kirche habe die St.-Anna-Kirche für gottesdienstliche Zwecke gefordert. Dafür sollte eine Grunddienstbarkeit eingetragen werden, aber schließlich habe die Kirche „sich mit einer einfachen vertraglichen Zurverfügungstellung bescheidet." Den Alt-Katholiken habe die Stadt die frühere englische Kirche in der Plöck zur Verfügung gestellt.

> „Das bedeutet für die Stadt ein Opfer, da in Zukunft die Klassen der Mädchenrealschule ihren technischen Unterricht in der Friedrichstrasse in zwei Räumen, die der Stadt gehören, abhalten müssen".

Der alt-katholischen Gemeinde werde die englische Kirche nur so lange zur Verfügung gestellt, wie sie „gegenüber der römisch-katholischen Kirche Ansprüche auf Zuweisung von Kirchenraum hat." Weiter habe der Oberbürgermeister sich

Ewald Keßler

Abb. 3 und 4: Die Heiliggeistkirche vor und beim Festgottesdienst am 24. Juni 1936.

„bereit erklärt, der altkatholischen Gemeinde insofern behilflich zu sein, als die Stadt die Trennungswand in der englischen Kirche niederlegt und die bauliche Instandsetzung übernimmt. Die Kosten hierfür werden im ganzen 1.500 RM betragen. Die übrige Instandsetzung des Kirchenraums und Ausschmückung übernimmt die evangelische Kirche mit einer kleinen Beihilfe der Altkatholiken. Glücklich bei dieser Regelung ist das eine, das[s] die Altkatholiken in kirchlicher Gemeinschaft mit der englischen Kirche stehen[95] und dass die Engländer in Deutschland in den Gotteshäusern der Altkatholiken ihre Gottesdienst[e] abhalten. Wenn wir auf diese Weise eine stärkere Verbindung mit England bekommen, ist es für uns nur angenehm.[96] Die Unterhaltung der St. Annakirche und der englischen Kirche bleibt, was das Äußere angeht, bei der Stadt, die innere Instandsetzung und was dazugehört, bleibt den Katholiken und Altkatholiken überlassen."

Der Oberbürgermeister begrüßte es, dass nun jede der drei Konfessionen ihren eigenen Kirchenraum habe.

„Ich möchte dazu noch sagen, dass von meinem persönlichen Standpunkt gesehen, es sehr erwünscht ist, dass die Altkatholiken einen eigenen Kirchenraum haben. Die Altkatholiken sind ein Teil der nicht protestantischen Kirchen, eine Religionsgemeinschaft, die im allgemeinen dem heutigen Staat gegenüber eine Haltung eingenommen hat und einnimmt, die vorsichtig ausgedrückt[,] freier ist von den Spannungen, die sich zwischen der römisch-katholischen Kirche und dem Staat ergeben haben. Tatsache ist, dass in manchen Teilen des Reiches eine nicht unerhebliche Übertrittsbewegung von der römisch-katholischen Kirche zur altkatholischen Seite im Gange ist, weil für überzeugte Katholiken der Übertritt zum Protestantismus schwerer zu vollziehen ist. Eine Reihe Parteigenossen in den rheinischen Industriegemeinde hat ihren Übertritt zur altkatholischen Gemeinde bereits vollzogen. ... Wir haben also Interesse daran, die altkatholische Gemeinde in der jetzigen Zeit am Leben zu erhalten und eine weitere Existenz zu ermöglichen.

Das weitere Interesse, das wir haben, ist, dass tatsächlich im Sommer zum Universitätsjubiläum die Trennungswand in der Heiliggeistkirche gefallen sein wird. Es wird sehr schnell gearbeitet werden." Die Instandsetzung des Heiliggeistchors sei im Mai abgeschlossen, „dann

Niederlegung der Trennmauer

wird die Trennungswand niedergelegt und anschließend die Ausmalung ausgeführt werden. Zum Universitätsjubiläum wird die Heiliggeistkirche in ihrer zukünftigen Form dastehen."

Abschließend berichtete der Oberbürgermeister:

> „Ich hatte gestern in Berlin eine längere Sitzung mit den Reichsstellen, die sich mit der Universitätsfeier befasste. Dabei habe ich den Eindruck gewonnen, dass die Reichsministerien ausserordentlich grossen Wert auf diese Universitätsfeier legen."[97]

Die Universität Heidelberg war die erste, „bei der nach der Machtergreifung ein herausragendes Jubiläum anstand." Hier sollten die „Feierlichkeiten eine große Kundgebung des Kulturwillens im nationalsozialistischen Deutschland gegenüber der ganzen Welt werden".[98] Auf eine entsprechende Frage bezifferte der Oberbürgermeister die „Arbeitsbeschaffung" durch die Arbeiten im Zusammenhang mit dem Fall der Trennmauer auf 150 – 170.000 RM.[99]

9. Der Vertrag von 1936

Der Kaufvertrag über die Heiliggeistkirche zwischen römischen Katholiken und Evangelischen wurde am 11. Mai 1936 abgeschlossen. In einer Anlage zur Kaufurkunde wurde „die Ablösung der Gemeinschaftsverhältnisse an der Hl. Geistkirche in Heidelberg" geregelt. Hier heißt es:

> „I. Die Hl. Geistkirche in Heidelberg ist nach § 18 der Kurpfälzischen Religionsdeklaration vom 21. November 1705 durch eine Trennmauer geteilt. Der Chor mit besonderem Eingang ist den Katholiken, das Schiff den Protestanten zu Eigentum und ausschließlicher Benutzung zugewiesen; Hauptturm und Geläute sind im gemeinsamen Gebrauch beider Bekenntnisse."

Durch Entschließung des Ministeriums des Innern vom 20. August 1874 Nr. A 12205 wurde die Hl. Geistchorkirche der Altkatholikengemeinschaft Heidelberg zur Mitbenutzung überwiesen. Seither haben die Katholiken unbeschadet ihres Eigentums die Benutzung der Hl. Geistchorkirche bis auf den heutigen Tag unterlassen.

Die Hl. Geistchorkirche ist im Grundbuch Heidelberg Band 29 Heft 6 Lgb. Nr. 171 als Eigentum der kathol. Kirchengemeinde Heidelberg eingetragen. Baupflichtig zu Turm und Glocken ist die Pfälzer Kathol. Kirchenschaffnei Heidelberg, zur Chorkirche der katholische Chor-Kirchenfonds.

Die vertragsschließenden Parteien sind sich darüber einig, dass die Hl. Geistkirche in das ausschließliche Eigentum und in die ausschließliche Benutzung der evang. Kirchengemeinde Heidelberg übergehen, dass alle Rechte und Pflichten anderer Rechtspersonen an der Hl Geistkirche aufhören und ferner jegliche Mitbenutzungsrechte der Altkatholiken an einer dem röm.-kathol. Gottesdienst gewidmeten Kirche auf Gemarkung Heidelberg aufgehoben werden sollen.

An der Auflösung des Gemeinschaftsverhältnisses beteiligen sich:

1. Die Stadt Heidelberg, vertreten durch den Herrn Oberbürgermeister;
2. die röm.-kathol. Kirchengemeinde Heidelberg, vertreten durch den kathol. Stiftungsrat der Jesuitenkirche Heidelberg;
3. der kathol. Chorkirchenfond Heidelberg, vertreten durch den kathol. Stiftungsrat der Jesuitenkirche Heidelberg;
4. die röm.kathol. Gesamtkirchengemeinde Heidelberg, vertreten durch den kathol. Gesamtstiftungsrat Heidelberg:
5. die Pfälzer Kathol. Kirchenschaffnei Heidelberg, vertreten durch den Erzbischöfl. Oberstiftungsrat Freiburg i / Br.;

Ewald Keßler

6. die evang. Kirchengemeinde Heidelberg, vertreten durch den evang. Kirchengemeinderat Heidelberg;

7. der Unterländer evang. Kirchenfonds, vertreten durch den Evang. Oberkirchenrat Karlsruhe;

8. die altkathol. Kirchengemeinde Heidelberg, vertreten durch den altkathol. Kirchenvorstand in Heidelberg.

II. Diese Parteien beschließen folgenden Vertrag:

1. Die Kathol. Kirchengemeinde Heidelberg verpflichtet sich, die Hl. Geistchorkirche nebst Sakristei und Zubehör auf die evang. Kirchengemeinde Heidelberg zu übertragen. Mit dem Eigentum am Grundstück gehen auch die gesamten Fahrnisse, insbesondere auch die Orgel, Altar, Kruzifix und die Sakristeieinrichtung nebst gottesdienstlichen Geräten in das Eigentum der evang. Kirchengemeinde über. Soweit die evang. Kirchengemeinde die Fahrnisse nicht in Anspruch nimmt, ist sie bereit, diese der kathol. Kirchengemeinde[100] unentgeltlich zu überlassen.

2. Die kathol. Kirchengemeinde verzichtet für alle Zukunft auf jegliches Mitbenutzungsrecht am Turm und Geläute der Hl. Geistkirche.

3. Mit der Übergabe der Chorkirche geht jegliche Baupflicht der Schaffnei und des kathol. Chorkirchenfonds und der kathol. Gesamtkirchengemeinde Heidelberg auf den Unterländer evang. Kirchenfonds über.

4. Der Unterländer evang. Kirchenfonds verpflichtet sich, als Ablösung für die von der kathol. Kirchengemeinde Heidelberg zu bewirkenden Leistungen an die Kathol. Gesamt-Kirchengemeinde Heidelberg den Betrag von 100.000 GM – Einhunderttausend Goldmark – ... zu entrichten. ...

5. ...

6. Die Stadt Heidelberg verpflichtet sich, der altkathol. Kirchengemeinde Heidelberg die sogenannte englische Kirche solange zur Verfügung zu stellen, als die altkatholische Kirchengemeinde ohne den in Absatz 2 dieses Paragraphen ausgesprochenen Verzicht aufgrund des Altkatholikengesetzes vom 15.6.1874 einen Anspruch auf Benützung einer dem römisch-katholischen Gottesdienst gewidmeten Kirche und im besonderen aufgrund des Erlasses des Ministeriums des Innern vom 28.8.1874 Nr. A 12205 einen Anspruch auf Benutzung der Hl. Geistchorkirche erheben könnte. Die altkatholische Kirchengemeinde Heidelberg verzichtet gegenüber der Evang. Kirchengemeinde Heidelberg auf jegliches Mitbenutzungsrecht an der Hl. Geist-Chor-Kirche und der römisch-katholischen Gesamt-Kirchengemeinde Heidelberg gegenüber auf jegliche Mitbenutzung einer dem römisch-katholischen Gottesdienst gewidmeten Kirche auf Gemarkung Heidelberg, soweit ein solcher Anspruch aufgrund des Altkatholikengesetzes vom 15.6.1874 erhoben werden könnte.

   Durch die Abmachungen in Abs. 2 werden die aufgrund des Altkatholikengesetzes und aufgrund des Erlasses des Ministeriums des Innern vom 16. Dezember 1875 Nr. 18931 begrüdeten Rechte der Altkatholiken am St. Anna-Benefizium nicht berührt.

7. Die Stadt Heidelberg überlässt der römisch-katholischen Gesamt-Kirchengemeinde Heidelberg die St. Anna-Hospitalkirche (Teilstück von Lgb. Nr. 753 Grundbuch Band 52 Heft 18) für den römisch-kathol. Gottesdienst unwiderruflich zum ausschliesslichen kirchlichen Gebrauch. ...

8. Die Stadt Heidelberg erkennt die Baupflicht des katholischen Spitalfonds Heidelberg an der St. Annakirche an. Die kathol. Gesamt-Kirchengemeinde Heidelberg wird wie bisher die Kosten der laufenden Instandsetzung im Innern selbst tragen.

9. Die Baupflicht für die der altkatholischen Kirchengemeinde überlassene englische Kirche obliegt für das Aeussere der Stadt Heidelberg, für das Innere der altkathol Kirchengemeinde.

10. ...

Heidelberg, den 11. Mai 1936

Niederlegung der Trennmauer

Diese Abmachungen unterzeichnete für die Stadt Heidelberg Josef Fr. Amberger, von römisch-katholischer Seite Msgre Raab, G. Rat, für die Kirchengemeinde, den Chor-Kirchenfonds und die Gesamtkirchengemeinde und Dr. Ehret für die Kirchenschaffnei, von evangelischer Seite D. Th. Oestreicher, Stpfr., für die Kirchengemeinde und Karl Münch für den Unterländer Kirchenfonds und für die altkatholische Kirchengemeinde N. Keussen, Stdtpfr. und Jean Jakobi.[101]

Die Bauarbeiten in der Heiliggeistkirche hatten zu diesem Zeitpunkt schon lange begonnen. Schon anderthalb Monate später konnte das wiedervereinigte Kirchengebäude mit einem festlichen Gottesdienst in Gebrauch genommen werden. Die Predigt von Pfarrer Maas zum Fall der Mauer am 24. Juni 1936 ist geprägt von der Freude am Licht, das vom Osten kommt, von dem die evangelische Gemeinde im westlichen Teil der Kirche durch die Trennwand, die sie vom Ostchor abtrennte abgeschnitten war.[102] „Die Kirche faßte die Menschenmenge nicht. Lautsprecher übertrugen Maas' Predigt auf den benachbarten Marktplatz."[103] Programmatisch schrieb Maas in der Festschrift, die zu diesem Tag herausgegeben wurde als Bekenntnis, das sich wohl auch gegen die Vereinnahmung durch den damaligen Zeitgeist wandte: Die Heiliggeistkirche

> „soll uns lieb sein wie eine Mutter, die durch viele Schicksale gegangen ist. In ihr wollen wir immer wieder das suchen, was allein unsere Zeit und unsere Gemeinde, unser Volk, die Völker erlösen kann von aller Not und aller Schuld: das lebendige Gotteswort, das ewige Evangelium von dem Heiland Jesus Christus! In ihr wollen wir uns immer mehr zu einer Gemeinde zusammenschließen, in der Eines des Anderen Last trägt. In ihr wollen wir warten auf den, der kommen will, alle Geschichte von unheimlichen Gewalten zu erlösen und allem Streit ein Ende zu machen. Hier in der Heiliggeistkirche will sich der Heilige Geist auf uns senken, wenn wir nur immer wieder aufrichtig und herzinnig beten: Nun bitten wir den heiligen Geist, um den rechten Glauben allermeist!"[104]

Anmerkungen

1 So lautet der Titel der Erklärung des Heidelberger Oberbürgermeisters Neinhaus am Ende der entscheidenden Verhandlungen am 18.2.1936 (StAH, AA 211/14).

2 StAH 211/14.

3 Heidelberger Tageblatt, 2.5.1928: „Die Heiliggeistkirche wird renoviert!"

4 StAH, 211/14, Bezirksamt an römisch-katholische Kirchengemeinde 7.4.1928. Hier wird fälschlich von einer Bauunterhaltspflicht der Alt-Katholiken ausgegangen.

5 Markus A. Maesel: Die katholische Gemeinde in der Heidelberger Chorkirche zum heiligen Geist im 18. und 19. Jahrhundert. Ein Überblick, in Werner Keller (Hg.): Die Heiliggeistkirche zu Heidelberg 1398 – 1998, Heidelberg [1999], S. 54 – 67, hier S. 54; Ludwig Häusser: Geschichte der rheinischen Pfalz, Bd. I, Heidelberg 1845, Neudruck 1925, S. 600f.

6 Gottfried Seebass: Im Spannungsfeld der Konfessionen. Von der Reformation Ottheinrichs bis zum Vorabend des Dreißigjährigen Krieges, in Keller: Heiliggeistkirche (wie Anm. 4), S. 43 – 47, hier S. 43; Häusser (wie Anm. 4), Bd. II, S. 9 – 15.

7 Seebass: Im Spannungsfeld (wie Anm. 6), S. 44f.

8 Werner Keller, 300. Jahrestag der Zerstörung Heidelbergs. Zerstörung der Heiliggeistkirche am 22. Mai 1693, in Keller (Hg.): Heiliggeistkirche (wie Anm. 4), S. 48 – 50, hier S. 50.

9 Dieses Simultaneum, das die Reformierten gezwungen hatte, überall, wo Katholiken oder Lutheraner lebten, ihre Kirchen zum gemeinsamen Gebrauch zur Verfügung zu stellen, verstieß gegen den Westfälischen Frieden und damit gegen geltendes Reichsrecht. Dagegen protestierten Preußen, Holland und England (J. Rieks: Der Altkatholizismus in Baden, Heidelberg 1883, S. 146; Dieter Sievermann: Absolutismus und Aufklärung, in Meinrad Schaab, Hansmartin Schwarzmaier (Hgg.): Handbuch der Baden-Württembergischen Geschichte, Bd. I/II, Stuttgart 2000, S. 368 – 370, und Meinrad Schaab: Kurpfalz, ebd., Bd. II, Stuttgart 1995, S. 318 – 321).

Ewald Keßler

10 Volker Sellin: Der Streit um die Heiliggeistkirche, in Keller (Hg.): Heiliggeistkirche (wie Anm. 4), S. 51 – 53, hier S. 51; Maesel: Die katholische Gemeinde (wie Anm. 4), S. 55; Sievermann: Absolutismus und Aufklärung (wie Anm. 9), S. 371. So nahmen die Katholiken schon am 15.11.1698 „Besitz" von der Heiliggeistkirche.

11 StAH, AA 211/14, Anlage zur Urkunde vom 11.5.1936, Abschnitt I, erster und dritter Absatz.

12 Sellin: Streit (wie Anm. 10), S. 52; Marlis Keller: Die Heiliggeistkirche. Ein Spaziergang zum Kennenlernen, in Keller (Hg.): Heiliggeistkirche (wie Anm. 4), S. 124 – 138, hier S. 135.

13 Sellin: Streit (wie Anm. 10), S. 51.

14 Preußen, Hessen, Hannover, Holland und England protestierten und ergriffen Repressalien gegen die Katholiken (Rieks: Altkatholizismus (wie Anm. 9), S. 146).

15 Sellin: Streit (wie Anm. 10), S. 52f.

16 Maesel: Die katholische Gemeinde (wie Anm. 4), S. 59.

17 Ebd.

18 Ebd., S. 60.

19 Ebd.

20 Die Akademische Marianische Kongregation existierte in der zweiten Jahrhunderthälfte „nur noch dem Namen nach" (Ebd., S. 61).

21 Die Marianische Bürgersodalität hatte um 1835 eine eigene Krankenkasse für ihre Mitglieder, die 1864 in eine „Sodalitätskranken- und Sterbekasse" umgewandelt wurde, zu der auch Graf Philibert von Graimberg, Prof. Rosshirt und der Politiker Jakob Lindau gehörten (ebd.).

22 Die Josephsbruderschaft blieb zwar organisatorisch selbständig, unterschied sich aber in den Mitgliedern und Zielen kaum mehr von der Marianischen Sodalität (ebd., S. 61f.).

23 Ebd., S. 60 und 62f., wo es auch heißt: „Die altkatholische Gemeinde mußte später die zurückgebrachte Orgel der Marianischen Bürgersodalität abkaufen". Als die Alt-Katholiken 1874 die Chorkirche für ihren Gottesdienst benützen durften, wurde die Orgel von römisch-katholischer Seite widerrechtlich entfernt, und die Täter erhielten Gefängnisstrafen (Zu diesem Streit auch Rieks: Altkatholizismus (wie Anm. 9), S. 135 – 139; Bernd Panizzi, Ewald Keßler: Alt-Katholiken in der Heiliggeistkirche (1874 – 1936), in Keller (Hg.): Heiliggeistkirche (wie Anm. 4), S. 77 – 80, hier S. 78; Harald Pfeiffer: Zur Kirchenmusik und zu den Orgeln in der Heiliggeistkirche, in Keller (Hg.): Heiliggeistkirche (wie Anm. 4), S. 143); anlässlich der vorübergehenden Entfernung der Trennmauer 1886 protestierte die Marianische Bürgersodalität nochmals gegen die Wiederaufstellung der Orgel nach der geplanten Wiederherstellung der Mauer, hatte damit aber keinen Erfolg (Alt-kath. Gemeindearchiv Heidelberg, Nr. 98 (Protokollbuch 1884 – 1897), S. 29f.).

24 Maesel: Die katholische Gemeinde (wie Anm. 4), S. 60f.; dieses Benefizium erhielten am 15.12.1875 die Alt-Katholiken (Rieks: Altkatholizismus (wie Anm. 9), S. 138 und 148 – 154; ebd. S. 139 zu den Erträgnissen dieses Fonds).

25 Maesel: Die katholische Gemeinde (wie Anm. 4), S. 62, dazu auch Panizzi, Keßler: Alt-Katholiken (wie Anm. 23), S. 77.

26 Siehe dazu auch Günter Eßer: Politik und Glaube. Ein Beitrag zur Gründungsgeschichte der altkatholischen Kirche in Baden, Bern 1997, bes. S. 93 – 119; Ewald Keßler: Anfänge und Ziele der alt-katholischen Bewegung in Baden, Kirchliches Jahrbuch für die Alt-Katholiken in Deutschland 1968, 67. Jg., S. 35f.; ders.: Die Gemeinschaftsschule in Heidelberg – ein altkatholischer Erfolg, in: 125 Jahre unterwegs ..., Katholische Pfarrgemeinde der Alt-Katholiken Heidelberg-Ladenburg, Festschrift zum 125jährigen Gemeindejubiläum, 1999, S. 58 – 77; ders.: Mittermaier – nicht nur ein alt-katholischer Straßenname, ebd., S. 80 – 83; ders. Amtsrichter Beck und sein Aufruf, ebd., S. 84 – 90.

27 Maesel: Die katholische Gemeinde (wie Anm. 4), schreibt S. 63: „Die Pfarrei verlor dadurch einen großen Teil ihrer besser Situierten und vor allem ihrer gebildeten Glieder", und weiter, Emil J. Vierneisel zitierend: „Es gab fast zwei Menschenalter kaum einen Katholiken unter den ordentlichen Professoren. Die Universität hörte faktisch auf, eine paritätische zu sein." Maesel spricht hier von der „Ghetto-Zeit der katholischen Kirche", sieht aber nicht, dass Alt-Katholiken bis heute von römisch-katholischer Seite auch beruflich diskriminiert werden.

28 Meinrad Schaab: Baden 1860 – 1918, in Hansmartin Schwarzmaier u.a. (Hg.): Handbuch der Baden-Württembergischen Geschichte, III. Bd., S. 172.

29 AKGemArchiv HD, Nr. 120 (Protocollbuch des Heidelberger Altkatholikencomites N 2, enthaltend d. Sitzungen vom 26ten Juli 1872 – 31. März 1874; das erste Protokollbuch scheint verloren zu sein), Sitzung 26.11.1872; Bernd Panizzi: Die Anfänge der Katholischen Gemeinde der Alt-Katholiken in Heidelberg, in: 125 Jahre unterwegs ... (wie Anm. 26), S. 14 – 33, hier S. 16.

30 AKGemArchiv HD, Nr. 120, Sitzung vom 28.11.1872.

31 AKGemArchiv HD, Nr. 120, Sitzung vom 20.12.1872; Panizzi: Die Anfänge (wie Anm. 29), S. 16. Der erste alt-katholische Gottesdienst fand am 26.2.1873 in St. Peter statt (ebd., S. 18).

32 Abgedruckt in Johann Friedrich von Schulte: Der Altkatholizismus, Gießen 1887, S. 42f., und Rieks: Altkatholizismus (wie Anm. 9), S. 130f.; Eßer: Politik und Glaube (wie Anm. 26), S. 162 – 172 und 378 – 379; von der Regierung sollte damit „die Bewegung nicht gefördert werden; die Regierung wollte die Altkatholiken nur in ihren Rechten schützen." (Schaab: Baden (wie Anm. 28) 1860 – 1918, S. 173).

33 Maesel: Die katholische Gemeinde (wie Anm. 4), S. 62, Zusatz in eckigen Klammern vom Verf. Maesel grenzt durchweg „Katholiken und Altkatholiken" voneinander ab. Das entspricht zwar der umgangssprachlichen Übung, ist aber insofern falsch, als sowohl römische Katholiken wie Alt-Katholiken sich zu Recht als Katholiken sehen. Minister Jolly schrieb am 7.7.1874 an die badischen Amtsvorstände: „Nach dem ... in unserem Lande geltenden Recht haben die Altkatholiken als solche nicht aufgehört, rechtlich Katholiken zu sein, sie müssen also auch in ihren Rechten als Katholiken geschützt werden." (zitiert nach Rieks: Altkatholizismus (wie Anm. 9), S. 132). Der Münchener Nuntius schrieb, dass „zur Vermeidung von Gefahren und Aergernissen der Simultangottesdienst mit den Neuketzern in derselben Kirche weder zuzulassen noch zu dulden" sei, und wenn „die bürgerliche Behörde irgend eine katholische Kirche gegen den Willen des Bischofs den Neuketzern zuzuweisen sich herausnimmt" sei vom Bischof „die den Neuketzern überwiesene Kirche zu interdiciren." (zitiert nach Maesel: Die katholische Gemeinde (wie Anm. 4), S. 62).

34 Rieks: Altkatholizismus (wie Anm. 9), S. 153.

35 AKGemArchiv HD, Nr. 121 (I. Buch, altkath. Gemeinde Heidelberg), Sitzung vom 21.4.1874, Punkt 1.

36 AKGemArchiv HD, Nr. 121, Sitzung vom 12.5.1874, Punkt 2.

37 AKGemArchiv HD, Nr. 121, Protokolleintrag nach der Sitzung vom 12.5.1874.

38 AKGemArchiv HD, Nr. 121, Sitzung vom 11.9.1874. Gleichzeitig wurde auch die alt-katholische Gemeinde staatlich anerkannt. Hier auch protokollarische Schilderung der Kirchenübergabe, die sich bis zum 25.9.1874 hinzog. Im Dankschreiben an das Ministerium vom 5.10.1874 wurde dann auch um eine Kaplaneipfründe, das St. Annabenefizium und Mitbenützung und Mitgenuss der Fonds der Heiliggeistkirche gebeten. Siehe auch Rieks: Altkatholizismus (wie Anm. 9), S. 133f.; Max Kopp: Der Altkatholizismus in Deutschland (1871 – 1912), Internationale kirchliche Zeitschrift 1912 / 13, S. 69; StAH, AA 211 / 14, Anlage zur Urkunde vom 11.5.1936, Abschnitt I, zweiter Absatz; Panizzi, Keßler: Altkatholiken (wie Anm. 23), S. 77f.

39 Rieks: Altkatholizismus (wie Anm. 9), S. 134. Dieses Gerücht, das die Heidelberger Zeitung am 9.10.1871 gemeldet hatte, wird von Maesel: Die katholische Gemeinde (wie Anm. 4), nicht erwähnt.

40 StAH, AA 210 / 10, S. 141f.

41 Maesel: Die katholische Gemeinde (wie Anm. 4), S. 63; siehe auch Panizzi. Keßler: Altkatholiken (wie Anm. 23), S. 79; Wilhelm Sigmund: Die Heiliggeistkirche in Heidelberg, Beilage zur Karlsruher Zeitung Nr. 189 vom 15.8.1928, der besonders auf die Bedeutung der Kirche für die Universität eingeht.

42 AKGemArchiv HD, Nr. 98, S. 9.

43 AKGemArchiv HD, Nr. 98, S. 10f.

44 Werner Keller u.a. (Hgg.), Matthias Riemenschneider (Bearb.): Leben für Versöhnung. Hermann Maas. Wegbereiter des christlich-jüdischen Dialogs, Karlsruhe 1997, S. 16f. und 138f.

45 Zur Baupflicht für die Sakristei siehe StAH, AA 210 / 10, S. 57f.

46 StAH AA 210 / 10, S. 137 – 139.

47 Maesel: Die katholische Gemeinde (wie Anm. 4), S. 63; statt von der Stadt geschätzten 91.200 und von den Evangelischen gebotenen 120.000 Mark verlangte der Stiftungsrat 240.000 Mark. Außerdem sollte als Käufer nicht die evangelische Kirchengemeinde, sondern der evangelische Unterländer Kirchenfond (Pflege Schönau) auftreten (ebd. S. 67, Anm. 65).

Ewald Keßler

48 AKGemArchiv HD, Nr. 98, S. 218, Kirchenvorstandssitzung (KV) vom 16.12.1893, Punkt 5, siehe auch ebd. S. 221: der Stein „soll in die städt. Sammlung verbracht werden".

49 AKGemArchiv HD, Nr. 98, S. 51, KV vom 13.10.1886, gleichzeitig wurde wegen der Wiederaufrichtung der Orgel eine Eingabe an das Ministerium gerichtet und festgestellt, dass sich die Mitbenützung der protestantischen Orgel als „unthunlich erwies", weshalb man ein Harmonium aufstellte (ebd. S. 52 f.; das Harmonium hatten die Freimaurer zur Verfügung gestellt, später wurde von der Firma Schlimmbach ein Instrument gemietet, ebd. S. 215, 13.10.1893).

50 AKGemArchiv HD, Nr. 98, S. 68, KV vom 21.11.1886. In der Sitzung vom 23.2.1887 genehmigte der Kirchenvorstand das Gesuch des Direktoriums des evangelischen Kirchengesangsvereinsfestes, das 4. Landeskirchengesangsfest am Fronleichnamsfest, 2.6.1887, in der Heiliggeistkirche abzuhalten (ebd. S. 76).

51 AKGemArchiv HD, Nr. 98, S. 156.

52 AKGemArchiv HD, Nr. 98, S. 187, (KV) vom 26.4.1892.

53 AKGemArchiv HD, Nr. 98, S. 190.

54 AKGemArchiv HD, Nr. 98, S. 192, (KV) vom 23.5.1892.

55 Die St.-Anna-Kirche gehörte zum Katholischen Hospitalfonds, den die Stadt seit seiner Säkularisation nach dem Gesetz vom 5.5.1870 verwaltete. Das zugehörige Benefizium war durch erzbischöfliche Urkunde vom 9.8.1850 errichtet worden. Der alt-katholische Pfarrer Stubenvoll hatte mit der evangelischen Gemeinde vereinbart, dass am 1. und 3. Sonntag und am 2. Feiertag alt-katholischer, sonst protestantischer Gottesdienst gehalten werden solle (AKGemArchiv HD, Nr. 98, S. 185, (KV) vom 15.11.1891, Punkt 2, siehe auch ebd. S. 213). Außerdem benützte die englische Gemeinde samstags um 11 Uhr und abends um 5 Uhr die St.-Anna-Kirche (ebd., S. 94, (KV) vom 18.9.1887).

56 Panizzi, Keßler: Altkatholiken (wie Anm. 23), S. 79, nach Universitätsarchiv Heidelberg, Theol. Fak. 54, fol. 131 – 133, ähnlich reagierte der alt-katholische Kirchenvorstand, der die entsprechende Zuschrift des Bezirksamts vom 25.6.1892 nach einem Vorschlag des Vorsitzenden Bilabel einstimmig abwies (AKGemArchiv HD, Nr. 98, S. 195).

57 Maesel: Die katholische Gemeinde (wie Anm. 4), S. 63, wo 1894 als Jahr der Wiedererrichtung angegeben ist.

58 AKGemArchiv HD, Nr. 98, S. 205, (KV) vom 18.6.1893. Der Kirchenvorstand machte deshalb eine Eingabe an das Ministerium und beschloss „dabei nach dem Antrag des H. Prof. Buhl dem lebhaften Bedauern der altkath. Gemeinde über die Aufrichtung der Mauer Ausdruck zu geben" (ebd. S. 206). Die Orgel war inzwischen von der Marianischen Bürgersodalität an den Staat (d.h. die Universität, s. AKGemArchiv HD, Nr. 99, S. 123, Punkt 4 und S. 132, Punkt 6) verkauft worden, wozu die Alt-Katholiken nur unter Vorbehalt zustimmten (ebd. Nr. 98, S. 208 f. und 212); Orgel und Empore wurden schließlich vom Ministerium wieder installiert (ebd. S. 215, 217, 219 f. und 225).

59 AKGemArchiv HD, Nr. 98, S. 210 f., 2.7.1893.

60 AKGemArchiv HD, Nr. 99, S. 94, (KV) vom 24.4.1913 und ebd. S. 96.

61 AKGemArchiv HD, Nr. 99, S. 129, Punkt 3, siehe auch ebd. S. 130, (KV) vom 6.1.1919, Punkt 2, S. 132, (KV) vom 24.3.1919, Punkt 2.

62 Siehe dazu und zum Chorkirchenfonds: Rieks: Altkatholizismus (wie Anm. 9), S. 139 – 143. Ministerium an Bezirksamt, 4.12.1876, Abschrift AKGemArchiv HD, Nr. 79.

63 AKGemArchiv HD, Nr. 99, S. 122, (KV) vom 15.10.1916. Besonders erwähnt wird hier der Tod von Prof. Vincenz Czerny am 3.10.1916.

64 AKGemArchiv HD, Nr. 99, S. 124, Punkt 4.

65 StAH, AA 211/15, Schreiben vom 3. und 20.11.1923. Es fehlten einzelne Schieferplatten und von der Dachpappe darunter waren nur mehr einzelne Fetzen vorhanden. Weitere Schäden wurden im Frühjahr anlässlich der Reparaturen festgestellt und behoben, siehe ebd. 23.4., 31.5. und 1.11.1924. Auf eine Anfrage des römisch-katholischen Pfarramts hatte der alt-katholische Kirchenvorstand am 14.3.1923 beschlossen, „daß die alt-katholische Gemeinde nicht in der Lage ist, ihren Pflichtanteil bei der Kostendeckung der Dachreparaturen zu überschreiten" (AKGemArchiv HD, Nr. 99, S. 215, Punkt 2).

66 StAH, AA 211/15, Beschluss 11. Jan. 1924.

67 StAH, AA 211/15, Schreiben der alt-katholischen Gemeinde vom 15.1.1924 und des Katholischen Oberstiftungsrates vom 18.1.1924. Das Bezirksamt Heidelberg sah am 10.3.1924 die römisch-

katholische Gesamtkirchengemeinde als Eigentümerin für die erfolgten Reparaturen als zahlungspflichtig an, dagegen erhob das erzbischöfliche Bauamt am 23.4.1924 Rekurs, siehe ebd. S. 373 und 385.

68 Das Gutachten StAH, AA 211/15, S. 429 – 509. Siehe auch AKGemArchiv HD, Nr. 99, S. 258, Kirchenvorstandssitzung vom 5.7.1926, wonach die Alt-Katholiken etwa 500 Mark zu leisten hatten.

69 Maesel: Die katholische Gemeinde (wie Anm. 4), S. 64; Oberbürgermeister Neinhaus erklärte am 18.2.1936: „Seit Jahrzehnten ist der Turm nicht richtig unterhalten worden und es besteht die Gefahr, dass sich eines Tages ein Stein loslöst und auf der Strasse oder auf dem freien Platz ein Unglück verursacht." StAH, AA 211/14, wo auch berichtet wird, dass am 25.12.1928 durch die Heizung ein Brand im evangelischen Teil der Orgelempore ausbrach (Heidelberger Tageblatt, 27.12.1928). Die Orgel musste renoviert werden und am 4.5.1929 wurde sie mit einem Konzert von Albert Schweitzer wieder in Betrieb genommen (siehe zu Albert Schweitzer auch Marlis Keller: Spaziergang (wie Anm. 12), S. 136, und Pfeiffer: Kirchenmusik (wie Anm. 23), S. 143; Bericht des Organisten Willi Betzinger im Heidelberger Tageblatt, 4.5.1929).

70 StAH, AA 211/14, 10.12.1928, wo es auch heißt, „die altkatholische Kirchengemeinde ist so verarmt, dass die Kirchensteuer nur ca. 4.000 M einbringt, was für die gekürzten Gehälter von Pfarrer, Organist und Diener lange nicht ausreicht." Das Bauamt schlug vor, Stadt und Staat sollten je ein Viertel der Baukosten beisteuern, was die Stadt bis zur Höchstgrenze von 5.000 M am 20.12.1928 genehmigte.

71 StAH, AA 211/14.

72 Oberbürgermeister Neinhaus bemerkte dazu am Rand: „Die Beseitigung der Trennmauer sollte gefördert werden." In einem Brief vom 11.5. sondierte er dann, ob die katholische Seite dazu verhandlungsbereit sei (StAH, AA 211/14; zur Finanzierung der Maßnahme wurde eine Lotterie angeregt, siehe Protokolle ebd. vom 2.4. und 11.5.1929).

73 StAH, AA 211/14, Briefe vom 14. und 22.5.1929 und Bitte um Antwort an den Geistlichen Rat Raab vom 1.7.1929, der am 27.7.1929 ausweichend antwortete.

74 AKGemArchiv HD, Nr. 29, S. 275f., Punkt 3 mit dem Beschluss: „Das beabsichtigte Simultaneum an der Peterskirche ist für die altkath. Gemeinde sowohl aus finanziellen wie aus Gründen des Ansehens unannehmbar. Darum erwartet die altk. Gemeinde vorab weitere Vorschläge seitens der Interessenten."

75 StAH, AA 211/14. Auch Oberbürgermeister Neinhaus meinte noch in der Stadtratsitzung vom 20.9.1935: „Für die Altkatholiken, etwa 400 – 600 Seelen, deren Entwicklung sehr stark rückläufig ist und die in kurzer Frist mehr oder weniger ausgestorben sein werden, wird es leicht sein, eine Regelung zu finden" (StAH, AA 210/10).

76 StAH, AA 211/14, Protokoll vom 8.10.1929.

77 StAH, AA 211/14; Maesel: Die katholische Gemeinde (wie Anm. 4), S. 64, berichtet: „Im Oktober 1929 fühlte der Pfarrer der evangelischen Heiliggeistgemeinde, Hermann Maas vor, ob die [röm.] Katholiken bereit seien, den Chor abzutreten. Er fand zunächst kein Entgegenkommen, da für die katholische Seite ein endgültiger Verzicht auf den Chor nicht zuletzt ‚eine Frage des Gemütes' war."

78 Das „Evangelische Gemeindeblatt für Heiliggeist I" wurde von Maas 1921 gegründet und bis 1939 wöchentlich herausgegeben. Es war nach 1933 seine einzige Publikationsmöglichkeit in Deutschland (Keller (Hg.): Hermann Maas, S. 20 und 22).

79 Vgl. den Brief von Maas vom 18.7.1930 an Neinhaus; die entsprechenden Nummern des Gemeindeboten sind im Akt eingebunden, den letzten Artikel der Reihe, der in den Akten fehlt, übersandte Maas mit einer Grußkarte an den Oberbürgermeister (StAH, AA 211/14).

80 Stadtarchiv HD, AA 210/10, Stadtratsitzung am 20.9.1935.

81 Die Stadt fertigte dazu ein Gutachten an (Stadtarchiv HD, AA 211/14, 12.Jun.1933).

82 Stadtarchiv HD, AA 211/14, Gesprächsnotiz und Briefe des Erzbischöflichen Ordinariats Freiburg vom 20.7. und 20.8.1933. Erst am 21.3.1898 war die Kirche widerruflich ausschließlich den römischen Katholiken übergeben worden (StAH, AA 211/14, Notiz vom 18.9.1935). Die Alt-Katholiken hatten in der Gemeindeversammlung am 26.9.1897 beschlossen: „Wir verzichten zur Wahrung des unsererseits nicht gestörten religiösen Friedens auf die Ausübung des uns am 3.5.1876 städtischerseits eingeräumten Mitbenützungsrecht[s] an der St. Anna Kirche so lange, bis der zur Zeit geplante Bau einer neuen römisch-katholischen Kirche in der Weststadt in Benützung genommen sein wird, unter der Voraussetzung, daß uns Hohe Großh. Regierung

Ewald Keßler

zusichert, die bisherigen Einkommensbezüge des St. Anna-Beneficiums, sowie auch verehrlicher Stadtrath Heidelberg den bisherigen Beitrag vom Hospital-Fond uns ungeschmälert zu belassen." (AKGemArchiv HD, Nr. 98, S. 282, s. a. ebd. S. 279 – 281, Nr. 99, S. 1 – 3). Die Erlaubnis der Stadt zur Mitbenützung der Kirche wurde mit Schreiben vom 24.11.1897 zurückgezogen (AKGemArchiv HD, Nr. 99, S. 4f., Nr. 36 und 40, (KV) vom 12.12.1897).

83 AKGemArchiv HD, Nr. 99, S. 298, Punkt 2.

84 Die Beteiligten waren am 31.10.1935 zur entscheidenden Sitzung auf den 13.11. eingeladen worden, die Sitzung musste um eine Woche verschoben werden, fiel damit aber auf den Buß- und Bettag (20.11.) und entfiel dann (StAH, AA 211/14, Einladung vom 31.10.1935).

85 Maesel: Die katholische Gemeinde (wie Anm. 4), S. 64.

86 Die St.-Anna-Kirche wurde 1714 von Kurfürst Johann Wilhelm als Teil des Spitals erbaut, das ursprünglich für alle Bürger gedacht war, aber nach Errichtung eines lutherischen und eines reformierten Spitals diente es nur mehr den katholischen Armen. Nachdem der St.-Anna-Fonds am 16.12.1875 von der Regierung den Alt-Katholiken überwiesen worden war, wurde Pfarrer Rieks im Frühjahr 1876 auf dieses Benefizium installiert (siehe auch AKGemArchiv HD, Nr. 70, Brief 3.5.1876 Stadtrat an alt-katholische Gemeinde). „Da auf dem Beneficium die Verpflichtung ruht, in der St. Anna und Heiliggeistchorkirche Gottesdienst zu halten und der neue Beneficiat sich dieser Pflicht nicht entziehen wollte, musste die städtische Verwaltung, welcher das Spital wie die Spital- oder St. Annakirche untersteht, um Einräumung des Mitbenutzungsrechts ersucht werden." Der Stadtrat beschloss am 13.9.1876 dem Ersuchen statt zu geben (vgl. AKGemArchiv HD, Nr. 57 – 59, 70, 74). Die römischen Katholiken verließen nun das Spital und übersiedelten „in ein von Prof. Lossen und Hofrat Chelius neubegründetes Hospital in der Hauptstraße, in dem auch eine sog. Notkirche eingerichtet wurde" (Rieks: Altkatholizismus (wie Anm. 9), S. 147 – 152; Panizzi, Keßler: Altkatholiken (wie Anm. 23), S. 78) Diese „Notkirche" beherbergt heute das Deutsche Verpackungsmuseum.

87 Der alt-katholische Pfarrer Keussen hatte am 28.8.1935 über den Stand der Verhandlungen dem Kirchenvorstand berichtet (AKGemArchiv HD, Nr. 99, S. 305, Punkt 4). Am 20.9.1935 beschloss der Kirchenvorstand, „an den Herrn Oberbürgermeister heranzutreten wegen Überlassung der St. Annakirche" (ebd. S. 306). Die alt-katholische Gemeinde schrieb am 25.9.1935: „Wie uns durch den Evangelischen Oberkirchenrat in Karlsruhe mündlich mitgeteilt wurde, ist der Katholische Oberstiftungsrat in Freiburg an die Stadt Heidelberg herangetreten, um Eintragung des alleinige Benutzungsrechts der St. Annakirche für ewige Zeiten in das Grundbuch. ... Die altkatholische Gemeinde hat ... auf das mündliche Ansuchen des Oberbürgermeisters Wilckens auf die weitere Mitbenutzung der St. Annakirche freiwillig verzichtet, weil damals die römisch-kath. Kirche in der Weststadt noch nicht errichtet war und für die etwa 12000 Seelen zählende römisch-kath. Gemeinde nur die Jesuitenkirche zur Verfügung stand ... Unsere Akten berichten darüber, dass die altkath. Gemeinde zur Wahrung des religiösen Friedens bis zur Fertigstellung der römisch-kath. Kirche im Westen auf die Ausübung des uns eingeräumten Mitbenutzungsrechts an der St. Annakirche unter folgenden Bedingungen verzichtete.

- Sicherstellung der bisherigen Bezüge des St. Annabenefiziums und des Hospitalfonds.

- der Verzicht besteht ausserdem nur solange zu Recht, als uns das Mitbenutzungsrecht der Heiliggeistchorkirche zusteht.

- der Verzicht besteht nur solange zu Recht, als der zur Zeit geplandte Bau einer neuen römisch-kath. Kirche in der Weststadt in Benutzung genommen sein wird. Am 8.10.1935 ergänzte die alt-kath. Gemeinde: „Im Jahre 1875 bewarb sich die altkath. Gemeinde um die St. Annapfründe und die Überlassung der St. Annakirche, weil die Heilggeistchorkirche baulich sehr vernachlässigt war und die Eigentümerin, die röm. kath. Gemeinde, kein Interesse zeigte, dafür aufzukommen, nachdem die Altkatholiken in diese Kirche eingewiesen worden waren. ... Sinngemneäss hört die Verzichtleistung in dem Augenblick auch auf, in dem die röm. kath. Gemeinde die Heiliggeistchorkirche an die Evangelischen verkaufen will. Ausserdem obliegt der röm. Kath. Gemeinde Heidelberg bei Verkauf der Chorkirche die Pflicht uns einen gleichwertigen Ersatz anzubieten. Wenn die Stadt Heidelberg ihre Hand zu einer allseitig befriedigenden Lösung der Angelegenheit bieten will, so sind wir dafür recht dankbar. Die Bereitstellung der früheren englischen Kirche in der Plöck wäre vielleicht die ideale Lösung." (Schreiben vom 25.9. und 8.10.1935, StAH, AA 211/14) Anlässlich eines Besuchs des

Niederlegung der Trennmauer

alt-katholischen Bischofs Erwin Kreuzer bekräftigte der Kirchenvorstand, die Verhandlungen „in dem Sinne weiter zu führen, daß uns die St. Annakirche oder die engl. Kirche zugewiesen wird." (AKGemArchiv HD, Nr. 99, S. 307, Punkt 10).

88 StAH, AA 211/14, Schreiben vom 6.12.1935.

89 StAH, AA 211/14, Beschluss 16.12.1935 und Schreiben vom 21.12.1935.

90 So heißt es in einem offenbar von einem römisch-katholischen Autor verfassten Artikel im Heidelberger Tageblatt vom 18.1.1936: „Das katholische Ostchor ist nicht, wie irrig angenommen wird, an die Altkatholiken vermietet, sondern wurde diesen staatlicherseits zugewiesen, ohne daß sie dafür eine Entschädigung an die Katholiken zahlen mußten. Im Gegenteil, sie sind heute noch im Besitz einer Pfründe von St. Anna. Durch die Zuweisung der Chorkirche an die Altkatholiken war es den Katholiken unmöglich, diese zu verwenden. Es ergibt sich also die eigenartige Tatsache, daß die katholische Gemeinde für die Heiliggeist-Chorkirche wohl bau- und unterhaltspflichtig ist, diese aber nicht benützen darf."

91 Keussen berichtete darüber am 7.2.1936 dem alt-katholischen Kirchenvorstand, und die Gemeindevertretung genehmigte das Ergebnis am 11.2.1936 (AKGemArchiv HD, Nr. 99, S. 308f.). Vgl. Stadtarchiv HD, AA 211/14, Brief des Evangelischen Oberkirchenrats Karlsruhe von 14.2.1936 an den Heidelberger Oberbürgermeister, in dem die Ergebnisse dieser Besprechung festgehalten sind. Danach sollten die Alt-Katholiken die englische Kirche in der Plöck bekommen, die vom evangelischen Unterländer Studienfonds für den Gottesdienstgebrauch herzurichten war, eine neue Orgel erhalten und mit dem notwendigen Inventar aus der Chorkirche ausgestattet werden sollte. Für die Eintrittsgelder zur Besichtigung der Heiliggeistchorkirche, die bisher der alt-katholische Messner eingenommen hatte, bzw. für die erhöhte Belastung sollte die alt-kath. Gemeinde mit 4.000 RM entschädigt werden. Für Heizung und Beleuchtung der Kirche in der Plöck wollte die Stadt Heidelberg sorgen. Die Alt-Katholiken sollten weder an die evangelische, noch an die röm.-katholische Kirche weiterhin Ansprüche stellen. Schließlich wollte die Stadt Heidelberg die Bauabteilung des Evangelischen Oberkirchenrats bei der Beschaffung eines Kredits und personell unterstützen, damit die Instandsetzungsarbeiten in der Hl. Geistkirche möglichst umgehend beginnen konnten.

92 Heidelberger Nachrichten vom 17.2.1936. Die Einrichtung der Heiliggeistchorkirche verblieb den Alt-Katholiken, das große Altarkreuz, ein weiteres Kreuz, drei Bilder, der Orgelprospekt und die Kirchenbänke sind noch in der heutigen Erlöserkirche in der Plöck vorhanden.

93 Die Nachricht wurde von der Presse stark beachtet. Im StAH sind dazu folgende Artikel dokumentiert: Heidelberger Tageblatt, 15. und 18.1.1936; Volksgemeinschaft, 16.1.1936; Neueste Nachrichten, 16. und 23.1.1936; Karlsruher Tagblatt, 16.1.1936; Stuttgarter Neues Tagblatt, 17.1.1936; Wiesbadener Tageblatt, 17.1.1936; Kölnische Zeitung, 18.1.1936; General Anzeiger, 18.1.1936.

94 StAH, AA 211/14, Nichtöffentliche Sitzung am 28.1.1936.

95 Anglikaner und Alt-Katholiken hatten am 2.7.1931 in Bonn eine Übereinkunft über eine Interkommunion abgeschlossen, der die zuständigen kirchlichen Autoritäten alsbald zustimmten, siehe Urs Küry, Die altkatholische Kirche, hg. von Christian Oeyen, Stuttgart 1978, S. 110f.

96 Die Engländer standen allerdings der politischen Entwicklung in Deutschland kritisch gegenüber. Als Cosimo Gordon Lang, Erzbischof von Canterbury, im April 1935 eingeladen wurde, einen Bischof zur Weihe des erwählten deutschen alt-katholischen Bischofs Erwin Kreuzer zu entsenden, sagte er ohne Zögern ab. Er fürchtete, dass die deutschen Alt-Katholiken „in trüben Wassern fischten". (Carlotte Methuen: The Bonn Agreement and the Catholization of Anglicanism, Internationale kirchliche Zeitschrift 2007, 1, S. 20). Auf der anderen Seite führte Pfarrer Maas die Tatsache, dass er relativ unbehelligt sein Amt ausüben konnte „auf das Eingreifen englischer Freunde zurück" (Keller (Hg.), Hermann Maas (wie Anm. 44), S. 82). Die Universität hatte 1935 in ihrem Ferienkurs für ausländische Studenten erstmals sogar „einen zusätzlichen englischsprachigen Kurs" mit dem Thema „Das moderne England – Innenpolitik, Wirtschaft, Empire" mit drei englischen Dozenten veranstaltet (Werner Moritz, Die Außenbeziehungen der Universität, in: Werner Moritz, Kleine Schriften, Heidelberg u.a. 2007, S. 134 mit Anm. 39.

97 StAH, AA 211/14.

98 Moritz: Außenbeziehungen, S. 134f.

99 StAH, AA 211/14.

100 Hier ist offenbar die alt-katholische Kirchengemeinde gemeint.

Ewald Keßler

101 Abschrift StAH, AA 211 / 14, Anlage zur Urkunde vom 11.5.1936, V.H.261 / 36.

102 Die Predigt ist abgedruckt in Keller (Hg.): Heiliggeistkirche, (wie Anm. 4), S. 90 – 95 unter dem Titel: Zum Johannisfest 1936 fiel endgültig die Trennwand in der Kirche. Predigt am 24. Juni 1936.

103 Keller (Hg.): Hermann Maas (wie Anm. 44), S. 72.

104 Ende der Festschrift, S. 42. Bilder aus der Heiliggeistkirche zu Heidelberg. Festschrift zum 24.7.1936. Von Hermann Maas. Heidelberg 1936, zitiert nach Werner Keller: Hermann Maas. Heiliggeistpfarrer und Brückenbauer, in Keller (Hg.) Heiliggeistkirche (wie Anm. 4), S. 114; der letzte Satz ist der Beginn eines alten Kirchenliedes.

Gedichte aus der Schweiz

Hans Thill (Hrsg.) **Das verborgene Licht der Jahreszeiten**

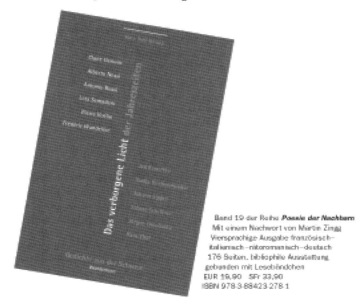

Band 19 der Reihe *Poesie der Nachbarn*
Mit einem Nachwort von Martin Zingg
Viersprachige Ausgabe französisch–
italienisch–rätoromanisch–deutsch
176 Seiten, bibliophile Ausstattung,
gebunden mit Lesebändchen
EUR 19,90   SFr 33,90
ISBN 978-3-88423-278-1

Die Schweiz, das ist eine Welt für sich mit verschiedenen Kulturen und Sprachräumen, mit mächtigen Banken und einfachen Bergdörfern, mit südlichem Flair und grandiosem Alpenpanorama, internationaler High Society und Eidgenossen.

Aus den romanischen Sprachräumen waren Dichter in Edenkoben zu Gast, um von ihren deutschen Kollegen übersetzt zu werden, diesmal aus drei Sprachen: dem Französischen, dem Italienischen und dem Rätoromanischen. Der neunzehnte Band der Reihe »Poesie der Nachbarn – Dichter übersetzen Dichter« wäre somit ein Novum, zum ersten Mal präsentiert die Anthologie eine mehrsprachige Nation.

Gedichte von: **Claire Genoux, Alberto Nessi, Antonio Rossi, Leta Semadeni, Pierre Voélin, Frédéric Wandelère**
Übersetzt von: **Jan Koneffke, Nadja Küchenmeister, Johann Lippet, Sabine Schiffner, Jürgen Theobaldy, Hans Thill.**

Fordern Sie unser Verlagsverzeichnis an:
Verlag Das Wunderhorn · Rohrbacher Straße 18 · 69115 Heidelberg
www.wunderhorn.de

Hans-Martin Mumm

Tore, Türme, Tiere, Tafeln

Gestaltungen und Zeichen städtischer Selbstdarstellung.
Zur Vor- und Frühgeschichte des Stadtmarketings

1460 war das einzige Exemplar der Zunftordnung der pfälzischen Holzschuhbruder-
schaft bei der Belagerung von Mainz verloren gegangen. In der 1478 erneuerten Fassung steht neben anderen die Bestimmung:

> „Item die bruderschafft solle alle jare zu Heydelberg uff Montag nach sant Michelstag be-
> gangen werden mit messen für die dotten und lebendigen."[1]

Die Zunft der Holzschuhmacher war nicht örtlich verfasst, sondern territorial. Die jähr-
lichen Versammlungen hatten außer der Abhaltung von Gottesdiensten die Aufgabe,
die Zunftordnung vorlesen zu lassen. Der Montag nach St. Michael (29. September) bot
im übrigen Gelegenheit zu Beratungen und Geselligkeit.

Ein Quellenbefund wie dieser eignet sich in höchst unterschiedlicher Weise als
Gegenstand von Deutungen. Organisationsgeschichtlich wäre zu fragen nach dem Verhältnis der städtischen zu den territorialen Zunftverfassungen; die Tarifbestimmung,
„ein knecht der knechtlone nympt, solle sinem meister hauwen siebenhundert par
holtzschue für ein Gulden",[2] wäre sozialgeschichtlich auszuwerten; mediengeschicht-
lich wäre der Zwang zur persönlichen Anwesenheit bei der Tradierung von Gesetzes-
texten zu betonen; ritualgeschichtlich ließe sich die Bedeutung solcher Zunfttage für
das Leben im späten Mittelalter herausarbeiten. Mir ist diese Quelle wieder eingefal-
len, als ich im Zusammenhang eines rezenten ‚Event-Marketings' immer wieder auf
den Terminus ‚Ereignisse schaffen' gestoßen bin, zumal der Montag nach St. Michael
sehr nahe am heutigen Heidelberger Herbst liegt.

Einen Absatz lang sei unterstellt, der moderne Marketingbegriff eigne sich als
Leitthema für eine historische Untersuchung: Als Zielgruppe wären die Holzschuher
sicherlich nicht im Zentrum des Interesses der Marketingleute am Hof Friedrichs des
Siegreichen gestanden. Deren Kaufkraft war gering; sie zahlten vielleicht den Brücken-
zoll, brachten aber den Wein mit, den sie tranken, typische Tagestouristen eben. Aber
die jährliche Zunftversammlung unterstrich das ‚Alleinstellungsmerkmal' Residenzstadt, und ein paar Gulden Umsatz ließen wenigstens die Meister in den Wirtshäu-
sern.

Der heutige Begriff des Marketings als „die bewußt marktorientierte Führung des
gesamten Unternehmens, die sich in Planung, Koordination und Kontrolle aller auf die
aktuellen und potentiellen Märkte ausgerichteten Unternehmensaktivitäten nieder-
schlägt,"[3] ist auf vormoderne Epochen freilich nicht übertragbar, in denen die Produktion von Waren und ihr Verkauf auf Märkten zwar schon eine große Bedeutung, aber von
der noch weit verbreiteten Naturalwirtschaft sowie von religiösen und dynastischen
Werten überlagert und konterkariert wurden.

Und trotzdem: Entscheidend für das Verständnis modernen Marketings ist, dass
es nicht nur die Distribution von Produkten erforscht und beeinflusst, sondern auf die
Produktion einwirkt, diese marktgerecht ausrichtet und die Produkte kundenorientiert
gestaltet.[4] Damit ließe sich eine Brücke schlagen zu den Vormarketings-Epochen, de-

nen eine auf Außenwirkung bedachte Gestaltungslust nicht fremd ist. Als Ansatz für eine historische Untersuchung ergibt sich daraus die Fragestellung, welche Merkmale der Stadtgestaltung sich als Vorläufer heutigen Stadtmarketings ausmachen lassen. Bei der Auswahl der folgenden Beispiele stehen städtebauliche und emblematische Gestaltungen und – je näher der Gegenwart – auch touristische Angebote im Mittelpunkt des Interesses.

1. Tore und Türme

Eine Befestigung der Stadt ist für Heidelberg erstmals 1235 belegt.[5] Ihr Verlauf ist im Grundsatz gesichert: Grabengasse, Seminar- und Zwingerstraße, Plankengasse, Neckar; im Detail gibt es Unklarheiten, und über ihr Aussehen ist nichts bekannt. Im weiteren 13. Jahrhundert wurde die Stadtbefestigung ausgebaut. Der Hexenturm, die Brückentürme in ihrer Substanz und die Nordwestseite der Heuscheuer sind aus dieser Zeit heute noch als aufgehendes Mauerwerk zu sehen.

Im alltäglichen Gebrauch markierte die Ummauerung der Städte einen gesicherten Rechtsbezirk; dieselbe Aussage hatten auch die Galgen an der Siedlungsperipherie: Hier herrscht Recht, hier haben Hühnerdiebe und andere Verbrecher keine Chance. Zugleich dokumentierte das Mauerwerk den Reichtum der Bewohner und schreckte vor Eroberungen ab. Insoweit hatte die Stadtummauerung die Bedeutung eines Qualitäts-

Abb. 1: Die älteste Ansicht von Heidelberg: die Neckarstadt zwischen Köln und Mainz; Druckwerkstatt Johann Prüss, Straßburg 1485 (Volker Rödel, Red.: Der Griff nach der Krone, Regensburg 2000, S. 209).

Hans-Martin Mumm

zeichens, mit dem sich die Stadt vom Dorf abhob, ähnlich der modernen Sternenzahl an den Hotels. Da es um militärische Zweckmäßigkeiten ging, variierten die Türme und Tore der Städte kaum untereinander, sondern wurden vielfach kopiert.

Eine Ausnahme machten schon früh die Doppelturmtore. Zur Verteidigung ergab der zweite Zwillingsturm keinen Mehrwert und ließ sich im Innern allenfalls als Verlies nutzen. Er entsprach vielmehr dem ästhetischen Wunsch nach Symmetrie und diente der Selbstdarstellung der Stadt. In demselben 15. Jahrhundert, in dem die Lübecker ihr Holstentor bauten, war der Heidelberger Doppelturm an der Brücke bereits zu einem Stadtemblem geworden, zu einem ‚Alleinstellungsmerkmal', wie das im Fachjargon heutigen Stadtmarketings lautet. Auf der nach jetzigem Forschungsstand ältesten Ansicht Heidelbergs, entstanden 1485 (Abb. 1), sind die drei rheinischen Kurstädte dargestellt: Köln, Mainz und in der Mitte Heidelberg. Die Flusslandschaft, zwei Burgen, eine Brücke und ein Doppelturmtor können jeweils für sich keine Ähnlichkeit mit Vorbildern beanspruchen; am genauesten ist das Tor getroffen. Aber eben diese Elemente reichten damals und reichen heute aus, um Heidelberg erkennbar zu machen. Den Stadtbaumeistern des ausgehenden 13. Jahrhunderts darf daher unterstellt werden, dass sie mit dem Doppelturmtor am Neckar mit Bedacht und Kühnheit Heidelberg eine Schauseite von Norden geschaffen haben, die bis heute ihre Qualität bewahrt.

Damit beginnt aber erst die Geschichte der Heidelberger Türme und ihr Dialog untereinander. 1508 – 15 wurde der Turm der Heiliggeistkirche vollendet.[6] Das auf einen quadratischen Grundriss aufgesetzte Oktogon war ein in der Gotik häufig gewähltes Stilmittel, die Wucht des Vierkants nach oben hin in zierratreiche und filigranere Formen aufzulösen. Als Baumeister nennt die ältere Forschung Nikolaus Eseler d. Ä.[7] Mit der Vermutung, Lorenz Lechler habe am Heiliggeistturm mitgewirkt,[8] kommt die Bauhütte des Schlosses ins Spiel. In der Zeit Kurfürst Ludwigs V. (1508 – 1544) wurde das Schloss massiv wehrhaft ausgebaut und allenfalls im Innenhof repräsentativ. Zur Stadt bot es bis 1544 eine abweisende, nahezu fensterlose Sicht. Es war Ludwigs Bruder und Nachfolger Friedrich II., der mit dem Gläsernen Saalbau die Renaissance ins Schloss holte. Bislang nicht gewürdigt ist, dass ein unbekannter Baumeister gleichzeitig an der Nordostecke den noch der Gotik verpflichtete Glockenturm mit oktogonen Obergeschossen errichtete[9] und damit den Heiliggeistturm zitierte. Es war eine Revolution in der Beziehung zwischen Stadt und herrschender Burg, dass eine städtische Gestaltung ein Pendant auf der Burg fand, ein halbes Jahrhundert, bevor der Friedrichsbau seine Nordfassade mit einer verzierten Fassade zur Stadt öffnete. Da der Nordostturm des Schlosses auch eine Glocke erhielt, entsprach er nicht nur visuell, sondern auch akustisch seinem städtischen Vorbild.

Auf den Stadtansichten ist die Entwicklung ablesbar: Auf dem emblematischen, seitenverkehrten Holzschnitt Sebastian Münsters von 1526, dessen Mittelpunkt das Doppelturmtor einnimmt, ist der Heiliggeistturm fertig, Münsters große Stadtansicht von 1550, wohl schon einige Jahre vor ihrer Veröffentlichung aufgenommen, kennt den Glockenturm des Schlosses noch nicht. Dieser wird erstmals 1580 im Thesaurus Picturarum Marcus zum Lamms abgebildet.[10] Beide Türme zeigt dann Matthäus Merian 1620 und lässt die oktogonalen Entsprechungen gut erkennen.

2. Im 18. Jahrhundert: 3 : 1 für die Türme der Stadt

Dieses turmbezogene 1 : 1 zwischen Stadt und Schloss hielt an bis 1693. Den Zerstörungen Ludwig XIV. hatten beide Türme in ihren achteckigen Stockwerken Stand gehalten. Beim Wiederaufbau ab 1697 erhielt der Heiliggeistturm eine barocke Haube. Für den Glockenturm des Schlosses war da noch nicht absehbar, dass er Ruine bleiben würde. Für die Stadt hatte ein Baumeister – zu vermuten ist, dass es Johann Jakob Rischer war – eine Idee. Die lutherische Providenzkirche sollte erstmals einen Turm erhalten, zugleich war das ausgebrannte Mitteltor zu renovieren. Die Idee bestand darin zu erkennen, dass die Position des Mitteltors jeweils 350 m Abstand (mit einer Toleranz von wenigen Metern) zu den Türmen von Heiliggeist und Providenz hatte. Die Umsetzung dieser Erkenntnis waren die neuen achteckigen Obergeschosse des Mitteltors (ab 1714) und des Providenzturms (ab 1717); an beiden Planungen war Rischer beteiligt.[11] Nun stand es turmbezogen 3 : 1 gegen das Schloss und für die Stadt, deren Teile – Alt- und Vorstadt – durch drei oktogone Turmobergeschosse ästhetisch in neuartiger Weise miteinander verzahnt wurden. Das Stadtpanorama sollte ein völlig neues Profil erhalten, noch bevor das Schloss 1720 definitiv verwaiste.

Peter Friedrich de Walpergens Stadtansicht von 1763 lässt uns in der Turmfrage etwas im Stich. Dank der perspektivischen Verkürzung erscheint der Glockenturm des Schlosses als vierter Achtkant im selben Abstand wie die drei anderen Türme – tatsächlich ist er rund 450 m vom Heiliggeistturm entfernt –, jedoch verschwindet bei Walpergen das Mitteltor im Gewirr von Hexenturm und Peterskirche und setzt keinen besonderen Akzent. Jüngere Ansichten jedoch zeigen ein lustiges Heidelberger Turmballett, dessen Choreografie – mal mit, mal ohne Schloss – viele Varianten aufweist (Abb. 2 – 5).

Abb. 2: Beim Heidelberger Turmballett ist mal das Schloss die Primaballerina … („Heidelberg … von der Morgenseite", Radierung von J. Rieger, 1787).

Abb. 3: … mal die Heiliggeistkirche … („Heidelberg von der Ostseite", aus Aloys Schreiber: Heidelberg und seine Umgebungen, 1811, nach S. XVI).

Abb. 4: … mal plustern sich die Türme auf … („Oestl. Ansicht von Heidelberg", kolorierter Kupferstich von H. Grape, um 1820).

Abb. 5: … mal machen sie sich klein, und das Schloss ist ganz versteckt. („Heidelberg vom Haarlas aus", Radierung von H. Grape, um 1820).

Hans-Martin Mumm

Außer den wenigen Künstlern haben die Heidelberger die Rischersche Turm-choreografie nicht erkannt. Jedenfalls wurde das Mitteltor 1827 ohne Not und ohne nennenswerte Proteste dem Moloch Verkehr geopfert. Studenten brachten am Vorabend des Abrisses auf der obersten Plattform dem Mittelalter ein Pereat dar,[12] nur das Brandpiquet murrte, weil die Feuerwache nun in den ungeliebten Heiliggeistturm ausweichen musste. Der heutige, aus einem Sechskant entwickelte und mit einem Türmchen bekrönte Erker an der Hauptstraße 126 – 128, Baujahr 1900 / 01, markiert zwar die Position des abgerissenen Turms, bietet aber keinen ernsthaften Ersatz.

Nach Rischer gab es keine weitere städtebaulich bedeutsame Turmplanung. Der Bau des Jesuitenturms und die Aufstockung des Peterskirchenstumpfes waren Manifestationen des Kulturkampfs und entsprachen mit ihren Standorten und mit ihren Formen nicht der seriellen Strenge des Barock. Die Türme des Historismus in der Weststadt, in Wieblingen, Handschuhsheim, Kirchheim und Rohrbach lassen noch eine die Orientierung erleichternde Bauauffassung, aber keine zwingende Systematik erkennen. Die Kirchtürme des 20. Jahrhunderts sind dem Sechskant gewidmet (Bergheim, Rohrbach) und verzichten auf jegliche Dominanz. Die Türme der Moderne – Menglerbau, Horten / Kaufhof, Print-Media-Academy und Science-Tower – sind solitäre Investorengesten, die über die Stadt nur aussagen, dass es auch hier solitäre Investorengesten gibt.

3. Tiere I: Adler und Löwe

Wenig bekannt ist, dass am Beginn der Heidelberger Wappentiere nicht der Löwe, sondern ein Vogel steht. Das älteste, nur halb erhaltene Stadtsiegel von 1255 zeigt einen Adler.[13] Dieses Tier im Wappen oder Siegel bedeutete wiederum keine Alleinstellung, sondern ein Qualitätsmerkmal: Der größte heimische Greifvogel symbolisierte das Reich und seinen König. Barbarossas Halbbruder Konrad erhielt 1156 die Pfalzgrafschaft als königliches Lehen, aber auch die Wittelsbacher hatten anfänglich den Adler zum Wappentier. Erst der Wittelsbacher Otto II., Pfalzgraf 1228 – 1253, führte 1229 ein neues Gütezeichen ein: den König der Tiere, den Löwen.[14] 1247, also wenig später, tauchten die bayerischen Wecken emblematisch auf. Weder der Löwe noch die Rauten sind anfänglich eindeutig territorial gebunden; es handelt sich vielmehr beidesmal um dynastische Zeichen der Wittelsbacher, wobei der Löwe viele Kollegen bei anderen Dynastien hatte, während die Rauten bis heute bayerisches Alleinstellungsmerkmal sind. In den folgenden Jahrhunderten neigten der Löwe eher zur Pfalz und die Rauten eher nach Bayern, traten aber auch in Heidelberg oft als gemeinsame Herrscherzeichen auf.

Die Heidelberger Siegelüberlieferung ist dünn. Das Stadtwappen, anfänglich mit einem reichsbezogenen Adler, übernahm später den Wittelsbacher Löwen, 1344 zum ersten Mal in einem Siegel belegt; ein Wappenschild an der Brust des Löwen zeigt die Rauten.[15] 1436 taucht am Fuß des Löwen erstmals der Dreiberg auf (Abb. 6). Hans Christoph Schöll kann zeigen, dass der Dreiberg in Wappen und auf Grabsteinen keineswegs selten ist und deshalb sicher nicht die drei Heidelberger Anhöhen – Gaisberg, Kleiner Gaisberg, Königstuhl – darstellt; seine Sonnenraddeutung von 1939, die auch einen Verweis auf das Hakenkreuz einschließt,[16] lässt uns heute wieder die ortsnahe

Abb. 6: Das Heidelberger Stadtwappen – mit stilisiertem Dreiberg – auf einem Siegel von 1436
(Schöll: Wappen, wie Anm. 15, S. 98).

Deutung passender erscheinen.

Haben nicht viele Siegel die Zerstörungen von 1689/93 überdauert, so überhaupt keine gemalten oder gehauenen Darstellungen des Heidelberger Wappens. Es hat den Anschein, als habe es vor 1700 außer auf Siegeln überhaupt keine öffentliche Präsentation eines Heidelberger Wappens gegeben.

4. Tiere II: Der „alte Affe zu Heidelberg"

Im 15. Jahrhundert schiebt sich vor den hoheitlichen Löwen ein anderes Tier, der Heidelberger Affe. Gesicherte Kenntnisse über ihn gibt es nicht viele.[17] Gottfried Keller erwähnt im ‚Grünen Heinrich' beiläufig Wahrzeichen,

> „wie die Handwerksburschen auf der Wanderschaft sie sich zu überliefern pflegen, hier einen steinernen Mann, dort einen schiefen Turm, anderswo einen hölzernen Affen am Rathaus".[18]

Solche Merkzeichen waren typisch für Mittelalter und frühe Neuzeit und gehören bereits in die Frühgeschichte des Stadtmarketings. Zu denken ist an die Rolandfiguren der Hansestädte, an den Schönen Brunnen in Nürnberg (14. Jahrhundert) oder an drei Hasen im Kreuzgang des Paderborner Doms (16. Jahrhundert), die jeweils zwei, in der

Hans-Martin Mumm

Summe aber nur drei Ohren haben.

Seit den Kreuzzügen gab es Abbildungen von Affen in großer Bedeutungsvielfalt; die Bandbreite reicht von den Schach spielenden Affen im Dom von Naumburg (13. Jahrhundert) bis zu den die herrschende Klasse allegorisierenden Affen in der Lüftlmalerei am Labermairhaus in Berchtesgaden (17. Jahrhundert). Die Vielfalt der Bedeutungen oszilliert zwischen dem anthropoiden Tier und einem faunisierten und dadurch ein wenig entmythologisierten Teufel. Wer immer sich mit der Deutung des Affenmotivs in Mittelalter und früher Neuzeit befasst, entdeckt, dass dieses dem Menschen ähnlichste Tier „eines der polysemantisch aufgeladendsten Tiersymbole überhaupt" ist.[19]

Die Deutung des Heidelberger Affen, unzutreffend heute meist „Brückenaffe" genannt, wird nur scheinbar durch den Umstand erleichtert, dass er durch den Griff mit einer Hand an den Hintern und mit dem Spiegel in der anderen Hand sich den Motivbereichen Sexualität und Eitelkeit zuordnen lässt (Abb. 7). Offensichtlich haben diese beiden Gesten getrennte Traditionen. Nur den Griff an den Hintern – ohne Spiegel – vollführt ein Affe an der äußeren Südseite des Regensburger Doms (13. Jahrhundert); am Turm der Marktkirche in Halle / Saale meine ich einen onanierenden Affenwasserspeier erkannt zu haben (16. Jahrhundert). Beispiele für Affen mit Spiegel ohne obszöne Gestik gibt es weitaus mehr. Beide Figurationen zusammen weisen nur der wunderschön emporturnende Affe an der Wertheimer Kilianskapelle (um 1490) und eine Affenfigur an einem Tor in Burrweiler / Pfalz[20] auf.

Hans-Joachim Zimmermann hat nur zwei Heidelberger Brückenansichten gefunden, die einen Affen am Nordturm zeigen, eine bei Dominicus Custos (1608), eine bei Merian (1620)[21]. Alle weiteren Ansichten haben keinen Affen an dieser markanten Stel-

Abb. 7: Der Heidelberger Affe auf einem Flugblatt von 1620 (Zimmermann: Der alte Affe, wie Anm. 17, S. 16).

le. Zimmermann schließt daraus, „dass es eine bekannte Affenfigur in Heidelberg gab, dass diese aber nicht am Brückenturm angebracht war"[22]. Unterstellt ist damit, dass Custos wie Merian an die Stelle, wo in der Wirklichkeit ein Wappen oder ein anderes Herrschaftszeichen angebracht war, einen Affen, das zu ihrer Zeit weitaus bekanntere Stadtemblem, applizierten. Den großen Merianstich als Instrument des Residenzstadtmarketings des frühen 17. Jahrhunderts zu untersuchen, soll hier, wo es um Gestaltungen geht, als Forschungsaufgabe nur angedeutet werden. Auch nach dem, was über Affenfiguren in anderen Städten bekannt ist, spricht nichts für einen Standort an der Brücke.

Da den Bildern zu misstrauen ist, hat die literarische Überlieferung ein besonderes Gewicht. Erstmals erwähnt wird der Heidelberger Affe 1482 bei dem Nürnberger Dichter Hans Folz: „... zu heydelberg dem alten affen ...".[23] ‚Alt' bedeutet hier nicht mehr als in der Redewendung ‚alter Freund' oder ‚alter Schwede'. Trotzdem scheint der Heidelberger Affe am Ausgang des 15. Jahrhunderts bereits sprichwörtlich und allbekannt gewesen zu sein, als liege schon eine längere Überlieferung vor. Martin Zeiller teilt 1622 nach einem Heidelbergbesuch den Spruch zum Wahrzeichen mit:

„Was thustu mich hie angaffen?
Hastu nicht gesehen den alten Affen
Zu Heydelberg / sich dich hin unnd her /
Da findestu wol meines gleichen mehr."[24]

Die Orte, wo sich Affenabbildungen finden lassen, sind die Kirchen und Rathäuser der Städte. Die ältere Forschung nennt die Dome von Mainz und Münster und die Rathäuser von Hanau und Mons / Belgien, ohne Attribute aufzuzählen.[25] Neben dem Regensburger Fund habe ich verschiedene Rathausaffen gesehen, durchweg aus der ersten Hälfte des 16. Jahrhunderts: in Marburg als Wappenhalter, in Passau und in Goslar (Abb. 8) mit einem Spiegel in der Hand.

Affen oder affenähnliche Figuren finden sich auch an Brunnen. Am Trierer Hauptmarkt zeigt der Petrusbrunnen von 1595 u.a. zwei Affenfiguren, der eine diebisch, der andere obszön. Nach der örtlich angebotenen Deutung sind die Brunnenfiguren als kritisch gegen die Stadtregierung zu verstehen.[26] Nähe zum Heidelberger Affen zeigt der Narrenbrunnen in Ettlingen (16. Jahrhundert): Eine Narrenfigur zeigt ihr nacktes Hinterteil; die Inschrift lautet:

Abb. 8: Affe mit Spiegel am Goslarer Rathaus, 16. Jahrhundert? (Foto: Ildiko Mumm).

„Las mich vnveract.
Bedenck der Welt Weysheyt vnd Bracht
Ist vor Got ein Dorheit geacht."[27]
(Verachte mich nicht.
Bedenke, dass der Welt Weisheit und Pracht
Vor Gott nur als Torheit geachtet wird.)

Hans-Martin Mumm

Die Ettlinger Inschrift ist insofern der Heidelberger Überlieferung verwandt, als sie der Eitelkeit der menschlichen Existenz eine Absage erteilt; sie ist allerdings in ihrer Aussage biederer als der Heidelberger Spruch und findet eine religiös korrekte Pointe.

Beim Heidelberger Affen handelt e sich offenbar um eine bürgerliche Tradition, die in „abgefeimte[r] Vieldeutigkeit"[28] kultur- und obrigkeitskritisch auftrat, ohne beim Hof anzuecken; jedenfalls fanden Affe und Affenspruch emblematische Verwendung auch am Großen Fass Johann Casimirs von 1591.[29] Sein originaler Standort dürfte am oder beim Rathaus gewesen sein, möglicherweise war er eine Brunnenfigur. Der Heidelberger Affe geht parallel mit zahllosen ähnlichen Figuren in anderes Städten, aber nur in Heidelberg erhielt er eine Bedeutung, die über die des Stadtwappens weit hinaus ging. Wenn die Affenfigur nicht bereits im Verlauf des 17. Jahrhunderts verschwunden ist, dann wurde sie 1689 / 93 zerstört. Die Erinnerung an sie ist aber stets lebendig geblieben.[30] Der heutige Touristenaffe an der Alten Brücke, 1978 von dem Bildhauer Gernot Rumpf geschaffen, erfüllt seinen Zweck recht passabel, ohne auch nur irgendwie an die Bedeutung des historischen Affen heranzureichen.

5. Tiere III: Herkules, doppelter Löwenschweif, ein Logo und ein Pferd

1705 – 06 entstand mit der Herkulesskulptur am Marktbrunnen ein völlig neuartiges Stadtwahrzeichen. Diese Gestalt der antiken Sagenwelt hat nichts Äffisches – bis auf zwei Eigenschaften: Sie ist als Stadtrepräsentantin ebenso ‚abgefeimt vieldeutig' wie der alte Affe, und ihre linke Hand ruht am Hintern, wenn auch mit der geöffneten Seite nach außen (Abb. 8). In dieser Geste ist sicher mehr zu sehen als nur ein „leiser Spott des Künstlers"[31]. Der Bildhauer Johann Heinrich Charrasky wirkte seit 1685 in Heidelberg und konnte den alten Affen gesehen oder musste jedenfalls von ihm gehört haben. Mehr als einen ‚leisen Spott' bedeutet auch das Löwenfell: Herkules ist stärker als der (Pfälzer) Löwe und macht aus seinem Fell einen Bettvorleger resp. ein Kleidungsstück. Beide Symbole zusammen – Hinterngriff als Affenzitat und die Löwenbezwingung durch den antiken Helden – waren eine den Zeitgenossen verständliche Herrschaftskritik, die der Hof nicht erkannte oder aber irgendwie duldete.

Abb. 9: Rückseite des Herkules auf dem Marktbrunnen: Die Hand am Hintern wie beim alten Affen und der Löwe als Bettvorleger (Foto: Stefan Hohenadl).

Dass der Herkules für sich in Anspruch nahm, den alten Löwen und den alten Affen als Stadtsymbole zu ersetzen, zeigt auch das Selbstbewusstsein, mit dem er in der rechten Hand ein Schild mit dem Stadtwappen hält. Es ist dies heute das älteste Heidelbergwappen im öffentlichen Raum[32] und blieb es auf lange Zeit; am Rathaus wurde beileibe kein Stadt-, sondern ein kompliziertes fürstliches Allianzwappen angebracht, das auch von Charrasky gearbeitet wurde. Das nächstjüngere Stadtwappen findet sich 1777 am Karlstor.[33] Das drittälteste stammt von 1891 und ist am Kurfürst-Friedrich-Gymnasium angebracht. Das Heidelberger Wappen hat, außer auf Siegeln, erst im Historismus Verbreitung gefunden und entstammt insofern einer recht jungen Tradition. Was seine Verbreitung auf neuzeitlichen Siegeln, Innenstukkaturen, Fahnen, Münzen, Medaillen, Glasfenstern und Kanaldeckeln betrifft, gibt es offenbar eine Forschungslücke.

Der Löwe auf dem Herkulesschild schreitet ganz herkömmlich von rechts nach links (Abb. 10). Der Dreiberg zu seinen Füßen ist unstilisiert und eher naturalistisch dargestellt. Völlig neu ist, dass der Löwe zweischwänzig ist; auch die Löwenfigur am Brunnen vor der Neuen Universität hat zwei Schwänze. Dieser Befund ist bislang nicht gedeutet worden. Die Doppelschwänzigkeit könnte auf ein aus zwei Teilen zusammengefügtes Territorium verweisen; ebenso gut könnte – wie in rezenten Medikamentennamen – so etwas wie „Löwe forte" gemeint sein.

Zu denken ist zunächst an den doppelschwänzigen böhmischen Löwen, der die beiden Landesteile Böhmen und Mähren symbolisieren soll. Eine Übertragung auf Heidelberg ist aber angesichts der Ereignisse von 1622 und des Friedensschlusses von 1648 auszuschließen. Da der Doppelschwanz erst nach 1685 in Heidelberg auftritt, ist es wahrscheinlich, dass die Pfalz-Neuburger Wittelsbacher ihn mitbrachten. Als Landesherren des Herzogtums Berg könnten sie ihn von dort übernommen haben; denn seit 1223 hatte der bergische Löwe zwei Schwänze.[34] Im 19. Jahrhundert behielt der Heidelberger Löwe die beiden Schwänze, um sie später, mehr aus Unkenntnis als aus dynastiekritischer Sicht, wieder einzubüßen. Das heute gültige Wappen mit dem auf einen Schwanz kupierten Löwen findet sich noch auf dem Türschild des 1992 eingerichteten Kulturamts.

Die Geschichte des Wappens der Stadt Heidelberg ist detailreich, aber nicht wirklich spannend. Sie spiegelt im wesentlichen die Abhängigkeit der Stadt vom Landesherrn. Erst am Ende der badischen Zeit tritt das Heidelberger Wappen selbstständig auf. Das heutige Logo, 1996 zum Stadtjubiläum kreiert, ist ein reines Kunstprodukt und war nie als vollständiger Wappenersatz gedacht. Es zählt in drei Symbolen die Hauptelemente der Stadt auf und wirkt in Farbe recht lebendig. Dass die Brücke unter dem Flusssymbol steht, war nicht als Hinweis auf die Hochwassergefahr gedacht. Auch die Fehldeutung des Doppelbogens als „Brille der Gelehrsamkeit" durch die Redaktion einer großen Zeitung[35] würde eine Taucherbrille erfordern. Wer immer das neue Logo durch etwas Traditionelles ersetzt sehen möchte, sollte anstelle des Allerweltslöwen eher auf den alten Affen oder – noch besser – auf den Herkules am Marktplatz rekurrieren.

Neuerdings gibt es noch in Bahnhofsnähe ein Pferd, dessen Bedeutung als Wahrzeichen seinen Kunstwert schon nach kurzer Zeit überflügelt hat. Es dient als Postkartenmotiv, und es soll in Berlin eine Kopie erhalten. Ob es die Chance erhält, das „alte Pferd zu Heidelberg" zu werden, ist eher ungewiss. Zu schnell wechseln heutigentags die Marketingmoden und die Vorstandsvorsitzenden.

Hans-Martin Mumm

Abb. 10: Das Heidelberger Stadtwappen – mit naturalistischem
Dreiberg und zweischwänzigem
Löwen – auf dem Schild des Herkules (Prückner: Herkulesbrunnen, wie Anm. 31, S. 43).

6. Im 19. Jahrhundert: Die Begradigung der Stadt

Stets bleibt es verwirrend, von der St.-Anna-Gasse im schiefen Winkel von der Hauptstraße abzubiegen und rechtwinklig auf die Plöck zu stoßen: Verlaufen diese beiden
Altstadtachsen nicht parallel? Die Vorstellung, dass die Innenstadt aus rechtwinklig
geordneten Straßenzügen besteht, ist in den Köpfen fest verankert. Die Stadtgründung
zu Anfang des 13. Jahrhunderts schuf einen klar strukturierten Leitergrundriss mit drei
Hauptachsen und Quergassen.[36] Schon damals mussten jedoch Zugeständnisse an
bereits vorhandene Strukturen gemacht werden, die die Rechtwinkligkeit beeinträchtigten, viele der Seitengassen verliefen aus gestalterischen Gründen in krummen Trassen. Insbesondere die Vorstadt hatte anthroposophisch anmutende Umrisse, weil sie
sich, besonders an der Südseite, der Landschaft anpasste.

Die älteste schnurgerade Gasse, die dann auch modisch korrekt Straße heißt, ist die
1808 durch das ehemalige Seidenfabrikgelände angelegte Rigal-, dann Neue und heute
Friedrichstraße.[37] Einen die Orientierung erleichternden rechtwinkligen Rahmen schufen erst die Straßen- und Eisenbahnbauingenieure des 19. Jahrhunderts. Dokumente,
aus denen die leitenden Ideen zur Stadtbegradigung hervorgehen, habe ich bislang
nicht gefunden, aber die in Einzeletappen über viele Jahrzehnte verfolgte Strategie ist
eindeutig:[38] Um 1830, also noch ein Jahrzehnt vor dem Bau des Bahnhofs, wurde die

heutige Friedrich-Ebert-Anlage in ihrem westlichen Bereich begradigt. Sie nahm damit die Ausrichtung an einer offenbar vom Verlauf des Neckars und der Hauptstraße abgeleiteten Magistrale vorweg, der 1840 auch die Schienenanlage des Bahnhofs folgte. Ebenfalls um 1840 begradigte die Sofienstraße, rechtwinklig zu den Schienen, den Westabschluss der Vorstadt. In der Vorstadt entstanden die schnurgeraden Theater- (1853), Akademie- (1859) und Bienenstraße (1862). Die Neckartalbahn kappte 1862 die Ausbuchtung im Klingental nach Süden von der Vorstadt ab und schuf bis zur Einfahrt in den Königstuhltunnel eine gerade Südtangente. 1873 wurde die Bergheimer Straße östlich der Römerstraße im Sinne des Eisenbahnrasters begradigt; die Alte Bergheimer Straße zeugt heute noch von dem ursprünglich schlängelnden Verlauf dieser westlichen Achse. Den Schluss machte der Bau des Neckarstadens 1896 – 97, der das Neckarufer in das Prokrustesbett eines neuen rechtwinkligen Altstadtrahmens presste. Peter Anselm Riedl urteilt 1996:

> „Das 19. Jahrhundert hat ... durch Begradigung und Neubebauung der Westfront – also der Sophienstraßenflucht mit der Hauptstraßenmündung – und des westlichen Stücks des Neckarstadens den geschlossenen Charakter des gesamten alten Stadtbezirkes bekräftigt.“[39]

Zum Opfer fielen dieser Begradigungsstrategie mit der südwestlichen Stadtummauerung (um 1830), dem Mannheimer Tor (1856) und dem Petersfriedhof (1862) jedoch historische Substanz in nicht unerheblichem Ausmaß. Gewonnen war dafür eine – bald auch nicht mehr hinreichende – bessere Verkehrserschließung und eine auf Dauer leichter wahrnehmbare Orientierung des Stadtgefüges durch rechtwinklig und geradlinig angelegte Achsen.

7. Literarisierung im 20. Jahrhundert: Tafeln und Gedenksteine

Der stadtplanerischen Modernisierung bis zur vorletzten Jahrhundertwende kommt eine hohe gestalterische und insofern auch werbende Bedeutung zu. Heidelberg hätte allerdings auch ohne Begradigungskurs seine Bedeutung als Stadt der Wissenschaft und der Romantik betonen und darstellen können. Am Ende dieses Durchgangs sollen daher die überaus beachtlichen Erfolge des auf Kultur und Wissenschaft fokussierten Stadtmarketings seit Beginn des 20. Jahrhunderts gewürdigt werden.

1912 nahm das Heidelberger Adressbuch erstmals die Rubrik „Gedenktafeln in der Stadt und auf dem Schlosse Heidelberg“ auf und schrieb sie in den folgenden Jahrzehnten fort. Bis heute beachtlich ist, was im Zusammenwirken von Privatpersonen und Vereinen an historischem Gedenken erarbeitet und ohne Kitsch oder Lokalschmu gestaltet wurde. Stets handelt es sich um solide gearbeitete Tafeln, auf anderen die Namen und Lebensdaten der Juristen Mittermaier, Thibaut, Vangerow, der Mediziner Puchelt, Kußmaul, Friedreich, der Historiker Stark, Schlosser, Gervinus, der Dichter Goethe, Reuter, Lenau, Keller und der Maler, Grafiker und Sammler Boisserée, Fries, Rottman und Graimberg

Abb. 11: Die Goethebank von 1922 im Schlossgarten (Foto: Ildiko Mumm).

Hans-Martin Mumm

stehen, um nur die wichtigsten aufzuzählen. Bis 1932 waren noch Tafeln für die Namen Ebert, Schmitthenner, Schumann, Arnim und Brentano, Hebbel, Henriette Feuerbach, Kékulé und Wolfrum dazu gekommen. [40] 1922 wurde die Goethe-Bank (Abb. 11), entworfen vom ersten Architekten der Stadt Franz Sales Kuhn, im Schlossgarten aufgestellt, eine Gedenkanlage „frei von Peinlichkeit und sogar angenehm ruhespendend".[41] Von diesem Schatz an Gedenkzeichen zehren Heidelberg und seine Gäste bis heute ebenso wie die Gästeführer. Die orangen Tafeln des Verkehrsvereins und die blauen des Kulturamts treten dahinter an Menge und Bedeutung klar zurück.

Den größten Coup erzielte das Stadtmarketing, das damals noch nicht so hieß, für das 1927 eingemeindete Rohrbach. 1929 wurde die Bierhelder Straße in Kühler Grund umbenannt.[42] Das war ein raffinierter Zug, um ein Eichendorff-Gedicht topografisch nach Heidelberg zu holen. Die beiden ersten Strophen lauten:

„In einem kühlen Grunde,
Da geht ein Mühlenrad,
Mein' Liebste ist verschwunden,
Die dort gewohnet hat.

Sie hat mir Treu versprochen,
Gab mir ein'n Ring dabei,
Sie hat die Treu gebrochen,
Mein Ringlein sprang entzwei."[43]

‚Kühle Gründe' gab es an jedem Gebirgsabhang, Mühlen und zersprungene Ringe in jedem Dorf. Die Geschichte der „K." in Eichendorffs Tagebuch war da noch nicht recherchiert, aber dass es Rohrbach war, wo dieses Gedicht entstanden sein muss, leuchtete 1929 offenbar allen ein. Diese bewundernswert erfolgreiche Umbenennung zeigt Stadtmarketing auf höchsten Niveau – reiner Illusionismus, wie es kein Zauberer und keine Stadtführung vergleichbar hinkriegen. Ohne den Umweg über Qualitätsmerkmale werden so Alleinstellungen künstlich erzeugt: Ein Gedicht durch eine Straßenumbenennung, die fast nichts kostet, an eine Stadt zu binden, ist eine Steilvorlage für jede Halbbildung; aber auch Gelehrte wie Günther Debon sind dieser Blendung aufgesessen. Bei der Diskussion der Verortung des Eichendorffgedichts heißt es bei ihm:

„Einen ‚Kühlen Grund' gab es allerdings in Rohrbach, und wer das enge Tal, das der Rohrbach gegraben hat, durchwandert, wird den altüberlieferten Namen als treffend empfinden."[44]

Schon bei Merian finden wir das Phänomen des Fakes, wenn er den alten Affen am Brückenturm darstellt. Effektiver kann Stadtmarketing kaum arbeiten als mit der Bierhelder-Straßen-Neubenennung, aber es verlässt dabei auch den Boden der Information und setzt auf den Effekt von Illusionen. Hier trennen sich die Wege von qualitätvoller Stadtgestaltung und modernem Marketing

Anmerkungen

1   Mannheimer Geschichtsblätter 2, 1901, Sp. 136 – 139.
2   Ebd.
3   Hans Christian Weis: Marketing, Ludwigshafen 1983 4, S. 16.
4   Ebd. S. 33.
5   Arnold Scheuerbrandt: Heidelbergs Aufstieg und Niedergang in Kurpfälzischer Zeit. Gründung und Entwicklung von der „churfürstlichen Residentzstatt" zur „zweiten Haupt- und ehemaligen Residenzstadt", in Elmar Mittler (Hg.): Heidelberg. Geschichte und Gestalt, Heidelberg 1996, S. 48 – 87, hier S. 49.
6   Eberhard Zahn: Die Heiliggeistkirche zu Heidelberg. Geschichte und Gestalt (Veröffentlichungen des Vereins für Kirchengeschichte in der evang. Landeskirche Badens 19), Karlsruhe 1960, S. 12 – 15.
7   Ebd., S. 138.
8   Anneliese Seeliger-Zeiß: Lorenz Lechler von Heidelberg und sein Umkreis. Studien zur Geschichte der spätgotischen Zierarchitektur und Skulptur in der Kurpfalz und in Schwaben, Heidelberg 1967, S. 156.
9   Sigrid Gensichen: Das Heidelberger Schloss. Fürstliche Repräsentation in Architektur und Ausstattung, in Mittler: Heidelberg (wie Anm. 5), S. 130 – 161, hier S. 137f.
10 Frieder Hepp: Religion und Herrschaft in der Kurpfalz um 1600. Aus der Sicht des Heidelberger Kirchenrats Dr. Marcus zum Lamm (1544 – 1606) (Buchreihe der Stadt Heidelberg 4), Heidelberg 1993, Bildteil Abb. 31.
11 Karl Lohmeyer: Das barocke Heidelberg und seine Meister, Heidelberg 1927, S. 18, 22.
12 Karl Rosenkranz: Von Magdeburg bis Königsberg, Berlin 1873, S. 329.
13 Joachim Dahlhaus: Zu den ältesten Siegeln der Städte Heidelberg und Neustadt an der Weinstraße, ZGO 147, 1999, S. 113 – 143, hier S. 118.
14 Harald Drös: Heidelberger Wappenbuch. Wappen an Gebäuden und Grabmälern auf dem Heidelberger Schloß, in der Altstadt und in Handschuhsheim (Buchreihe der Stadt Heidelberg 2), Heidelberg 1991, S. 373.
15 Hans Christoph Schöll: Das Wappen der Stadt Heidelberg, Badische Heimat 1939, S. 96 – 112, hier S. 97f.
16 Ebd., S. 100 – 107, „Hakenkreuz" S. 101.
17 Waldemar Hoenninger: Der Brückenaffe zu Heidelberg. Ein Wahrzeichen vor 500 Jahren, Kurpfälzer Jahrbuch 1929, S. 49 – 62; Hans-Joachim Zimmermann: Der alte Affe zu Heidelberg. Quellen, Probleme und Bedeutungen, in Wilm Weber (Hg.): Der Heidelberger Brückenaffe. Beiträge zur Stadtgeschichte, Heidelberg 1979, S. 17 – 82.
18 Gottfried Keller: Der grüne Heinrich. Roman, Bd. 3, Kap. 10, in Kellers Werke Bd. 5, Berlin, Weimar 1980 8, S. 107.
19 Hartmut Böhme: Der Affe und die Magie in der „Historia von D. Johann Fausten", www.culture.hu-berlin.de / HB / volltexte / texte / faustaff, Aufruf Juli 2003.
20 Entdeckt von Michael Buselmeier.
21 Abbildungen bei Zimmermann (wie Anm. 17), S. 29, 26.
22 Ebd., S. 24.
23 Hoenninger (wie Anm. 17), S. 50.
24 Zimmermann (wie Anm. 17), S. 27.
25 Hoenninger (wie Anm. 17), S. 58.
26 www.moseltouren.de / 1-trier-bernkastel-kues / 1-01i-hauptmarkt-marktplatz, Aufruf Juli 2003.
27 www.scientific-news.de / geschi4a, Aufruf Juli 2003.
28 Zimmermann (wie Anm. 17), S. 82.
29 Hoenninger (wie Anm. 17), S. 52.
30 Belege ebd. S. 55 – 62.
31 Helmut Prückner: Der Herkulesbrunnen auf dem Marktplatz, in Peter Blum (Hg.): Heidelberger Altstadtbrunnen (Schriftenreihe des Stadtarchivs Heidelberg. Sonderveröffentlichungen 7), Heidelberg 1996, S. 38 – 61, hier S. 45.
32 Drös: Wappenbuch (wie Anm. 14), S. 248f.
33 Ebd., S. 311.

34 Drös nennt diesen Befund (ebd., S. 383), bezieht ihn aber nicht auf das Heidelberger Wappen.
35 SZ-Magazin in einer Rateserie vom 21.7.2002.
36 Siehe Jochen Goetze: Gassen, Straßen und Raster oder die Anfänge der Stadt Heidelberg, HJG 1, 1996, S. 103 – 120.
37 Herbert Derwein: Die Flurnamen von Heidelberg. Straßen, Plätze, Feld, Wald. Eine Stadtgeschichte (Veröffentlichungen der Heidelberger Gesellschaft zur Pflege der Heimatkunde 1), Heidelberg 1940, S. 135, 230.
38 Vgl. Hans-Martin Mumm: Rechte und linke Winkel im Stadtgrundriss. Feldflur, Wege und Hausgrundrisse vor und nach der Stadtgründung, HJG 6,2001, S. 187 – 202, hier S. 188.
39 Peter Anselm Riedl: Heidelbergs Altstadt. Gestalt, profane Bauwerke, denkmalpflegerische Probleme, in Mittler: Heidelberg (wie Anm. 5), S. 106 – 129, hier S. 114.
40 Adressbücher der Stadt Heidelberg, www.ub.uni-heidelberg.de / helios / digi / hdadressbuch.
41 Michael Buselmeier: Literarische Führungen durch Heidelberg. Eine Stadtgeschichte im Gehen, Heidelberg 1996, S. 201.
42 Vergleich der Adressbücher von 1929 und 1930 (siehe Anm. 40).
43 www.deutsche-liebeslyrik.de / eichen39, Aufruf 20.7.2007.
44 Günther Debon: Das Heidelberger Jahr Joseph von Eichendorffs, Heidelberg 1996, S. 127.

Christian Jansen

Mini-Max oder eigenständige Größe am Soziologenhimmel?

Zum Abschluss der Alfred Weber-Gesamtausgabe

Max und Alfred

Keine andere deutsche Familie ist wissenschaftlich so gut erforscht und durch Editionen erschlossen wie die des Berliner nationalliberalen Reichstagsabgeordneten Max Weber. Dies liegt einerseits an den vielfältigen Verbindungen, die dieser nicht sehr bedeutende Politiker mit anderen wichtigen bürgerlich-liberalen Familien des Kaiserreichs hatte (mit den Mommsens, den Fallensteins usw.[1]), sondern vor allem an seinen beiden Söhnen Max (1864 – 1920) und Alfred (1868 – 1958).

Max Weber gilt vielen als der bedeutendste deutsche Soziologe und Gesellschaftstheoretiker, wenn nicht als der wichtigste deutsche Geisteswissenschaftler überhaupt. In der deutschen Geschichtswissenschaft ist Max Weber der meistzitierte Theoretiker und fungiert als Säulenheiliger sowohl der klassischen Sozialgeschichte als auch der

Abb. 1: Alfred Weber, Ordinarius für Nationalökonomie, ca. 1920.

gemäßigten Richtung innerhalb der „neuen Kulturgeschichte". In den Zeiten des doppelten Deutschland entwarf eine illustre Runde arrivierter westdeutscher Geisteswissenschaftler das Projekt einer „Max-Weber-Gesamtausgabe" (MWG) als Gegenprojekt (wie schon der Name zeigt) zum Vorzeige-Projekt des Ostens, der „Marx-Engels-Gesamtausgabe": Max gegen Marx als Teil der geisteswissenschaftlichen Systemkonkurrenz! Zwanzig Jahre und viele Drittmittel später sind einige mustergültig edierte Bände erschienen – ein Ende ist allerdings noch nicht absehbar. Im vergangenen Jahr erschien auch eine voluminöse Max Weber-Biographie, die dank der hervorragenden Quellenlage das wissenschaftliche Werk psychohistorisch mit dem Leben, den Neurosen und sexuellen Irrungen und Wirrungen seines Schöpfers verband.[2]

Alfred Weber lehrte wie sein älterer Bruder Max als ordentlicher Professor in Heidelberg, bis Max 1919 nach München ging; beide gelten als Mitbegründer der deutschen Soziologie, sie hatten auch – wie seit langem bekannt ist, aber die neuesten Biographien noch einmal detailreich belegen – dieselben Geliebten. Dennoch nannte man Alfred Weber bereits vor dem Tod seines berühmteren Bruders spöttisch „Mini-Max", und er hielt auch selbst den älteren für den bedeutenderen und originelleren Denker. In der Zeit vor und nach dem Nationalsozialismus war allerdings Alfred Weber der weit bekanntere und einflussreichere Wissenschaftler, er prägte das berühmte Heidelberger „Institut für Sozial- und Staatswissenschaften" (InSoSta).[3] Der Siegeszug Max Webers begann (nach seinem frühen Tod 1920) in der Bundesrepublik erst in den Fünfziger Jahren auf dem Umweg über die USA, als neue, amerikanische Paradigmen sich in den Geistes- und Sozialwissenschaften durchsetzten. Dies bedeutete zugleich den endgültigen Niedergang einer originär „deutschen" Soziologie, für die neben Alfred Weber auch Namen wie Hans Freyer oder Eduard Heimann stehen können.

Abb. 2: 1927 zieht das 1924 auf Initiative Alfred Webers gegründete Institut für Sozial- und Staatswissenschaften mit Unterstützung der Portheim-Stiftung in das Palais Weimar (heute Standort des Völkerkundemuseums). Das Gruppenphoto zeigt die Teilnehmer der Einweihungsveranstaltung am 15. Mai 1927. Photo Universitätsarchiv Heidelberg.

Christian Jansen

Zum aktuellen Stand der Alfred-Weber-Edition

Eine kleine, aber sehr engagierte Gruppe von Wissenschaftlern unter der Federführung des Alfred Weber-Biographen Eberhard Demm bemüht sich aber seit Jahren darum, das Andenken an ihn, seine soziologischen Ansätze und Fragestellungen wachzuhalten, weil diese immer noch aktuell und fruchtbar seien.[4] Diesen Bemühungen verdanken wir eine Reihe neuerer Veröffentlichungen zu Alfred Weber sowie nun auch eine „Alfred Weber-Gesamtausgabe" (AWG)[5], die zumindest was das Veröffentlichungstempo (zehn Bände in sechs Jahren) und den Preis (die ganze Ausgabe kostet weniger als ein oder zwei Bände MWG) dank großzügiger Unterstützung durch den Alfred Weber-Schüler und Metallunternehmer Walter Witzenmann (1908 – 2004) den großen Bruder um Längen geschlagen haben.

Nach dem 1990 erschienenen ersten Band[6] hat Eberhard Demm, selbst ein wissenschaftlicher Grenzgänger und Außenseiter[7], 1999 den abschließenden Band seiner großen Alfred Weber-Biographie sowie 2000 seine gesammelten Aufsätze zu Alfred Weber und einen Band mit autobiographischen Zeugnissen von und zu Alfred Weber vorgelegt.[8] Im zweiten Band der Biographie fährt Demm mit seiner breit angelegten Lebensbeschreibung fort, die sich vom reichhaltigen Material, das Weber hinterlassen hat, und von den akribischen ergänzenden Recherchen des Autors tragen lässt. Das Ziel ist nicht so sehr leichte Lesbarkeit (obwohl Demm im Gegensatz zu Weber über eine klare, verständliche Darstellungsweise verfügt), sondern Vollständigkeit. Alles, wozu der Autor Material vorgefunden bzw. recherchiert hat, scheint auch in der Darstellung vorzukommen. Die übersichtliche Gliederung, die vorzüglichen Sach- und Personregister ermöglichen allerdings auch eine selektive Lektüre und das Überspringen allzu detailreicher Passagen. Besonders verdienstvoll ist, dass Demm den mehr als 13.000 Seiten umfassenden Briefwechsel zwischen Weber und seiner Geliebten und späteren Frau Else Jaffé ausgewertet hat. Nur wer je die Handschrift Webers gesehen hat, wird diese Leistung wirklich würdigen können. Die Zitate und Informationen aus den zahlreichen vertrauten Briefen (naturgemäß vornehmlich aus der Zeit, bevor Jaffé und Weber zusammenlebten, also aus den krisenhaften Anfangsjahren ihrer Liebe) geben der Darstellung Farbe und Frische und ermöglichen Blicke hinter die Kulissen eines ansonsten vornehmlich in Publikationen, Berichten über öffentliche Auftritte und universitären Akten überlieferten Gelehrtenlebens. Dies gilt nicht nur für das einleitende Kapitel über das persönliche Umfeld und die immer wieder frappierende Liebes- und Beziehungsgemengelage zwischen den Brüdern Alfred und Max Weber und dessen Ehefrau Marianne sowie den beiden gemeinsamen Geliebten der Brüder, Else Jaffé und Mina Tobler. Selbst nachdem sich die Lage durch Max's Tod vereinfacht hat, entzieht sich Else Jaffé ihrem Geliebten mit dem Argument, sie müsse sich nun um Max's Witwe kümmern! Erst nach einiger Zeit verschwindet der große Bruder aus den Liebesbriefen, die auch für das akademische Leben, die wissenschaftlichen Bemühungen und das politische Engagement Webers, die im Mittelpunkt von Demms Biographie stehen, wichtige und anschauliche Hintergrundinformationen geben.

Leider ist der Weber-Jaffé-Briefwechsel nicht in dem Doppelband „Ausgewählter Briefwechsel" innerhalb der Alfred Weber-Gesamtausgabe[9] berücksichtigt worden. Der frühere Leiter des Bundesarchivs, Friedrich Kahlenberg, plante eine Ausgabe dieser auch für die Alltags- und Mentalitätsgeschichte des deutschen Bildungsbürgertums im frühen 20. Jahrhundert hoch interessanten Briefe (wo sonst ist die Korrespondenz eines kultur- und wissenschaftsgeschichtlich so bedeutenden Paares derart dicht überliefert?) und hatte deshalb die Auswertung für die Alfred Weber-Gesamtausgabe unterbunden. Inzwischen hat er dieses Vorhaben aber wieder aufgegeben, so dass eine wissenschaftliche Edition dieses Briefwechsels ein Desiderat bleibt!

Zur Biographie Alfred Webers

Indem Demm sich nur einleitend mit den in Martin Greens Doppelbiographie über Else Jaffé und ihrer Schwester Frieda Lawrence[10] sowie jüngst auch in Radkaus Max Weber-Biographie ausgewalzten Liebesverhältnissen im Weber-Clan befasst, erweist er sich als ein klassischer – diskreter und nüchterner – Biograph, der seinen Voyeurismus zu zügeln weiß, damit aber auch auf die beim Publikum beliebten „psychohistorischen" Einblicke ins Gefühls- und Intimleben verzichtet. Dafür leistet Demm durch die Verknüpfung von Leben und Werk einen wesentlichen Beitrag zum besseren Verständnis Alfred Webers, sein Zugriff ist – wie der Untertitel zeigt – dezidiert politisch. Im Mittelpunkt steht nicht so sehr Webers wissenschaftliches Werk, sondern sein politisches Engagement, seine spezifische Verbindung von politischer Theorie und Praxis in der Weimarer Republik und in der frühen Bundesrepublik. Indem Demm nicht in den verbreiteten Fehler von Biographen verfällt, sich zu sehr mit seinem Helden zu identifizieren und auch der Kritik an Weber Argumente liefert, leistet er ihm den bestmöglichen Dienst – auch wenn die Frage strittig bleiben wird, ob Alfred Weber diese Mühe und dieses hohe Engagement wert war. Aber es zeigt sich auch: Nicht nur weil Max Weber bedeutender und bekannter als Alfred ist, sondern auch wegen der sensationellen Enthüllungen über Sex und Neurosen hat es Radkaus Buch in die Bestsellerlisten geschafft und Demms nicht!

Was ist nun die historisch-politische Bedeutung Alfred Webers im Lichte der neuen Biographie und der „Gesamtausgabe"? Hat er die Relevanz, die ihm in Demms Biographie und in den Einleitungen der zehn AWG-Bände zugeschrieben wird? Eine erste Antwort auf diese Fragen liegt in Demms politischem Zugriff auf die Weber-Biographie, denn seine wissenschaftliche Bedeutung allein rechtfertigt wohl kaum eine so eingehende Beschäftigung. Aber warum mussten dann seine wissenschaftlichen Werke wieder veröffentlicht werden, anstatt sie – wie Hans-Ulrich Wehler in einer seiner scharfrichterlichen Rezensionen schriebe – „in wohltätiger Vergessenheit" zu lassen?[11]

Alfred Webers Initiativen in Heidelberg. Das InSoSta

Alfred Weber lehrte nach einer ersten Professur in Prag seit 1907 in Heidelberg Nationalökonomie und Soziologie[12]. Hier genoss er den berühmten „Geist von Heidelberg", der von den beteiligten Zeitgenossen durch das „ewige Gespräch" charakterisiert wird, den ständigen Gedankenaustausch unter Professoren und Studenten, der in zahlreichen Diskussionszirkeln stattfand.[13] Weber war von dieser Atmosphäre begeistert, gründete selbst den „Janus"-Kreis und erneuerte die „Soziologischen Diskussionsabende", in denen sich Professoren und Studenten zu Vorträgen und hitzigen Debatten trafen. Auch in der Lehre stellte Weber das „diskutative Prinzip" des Seminars über das „Prinzip der reinen Wortgläubigkeit", wie es die traditionelle Vorlesung charakterisierte. Sein Ziel war dabei die „Niederreißung von Vorurteilen in den Köpfen der Studenten" und ihre „geistige Lebensverwandlung" „durch Kritik und Konfrontation der Standpunkte". Dies bezeichnete er in der ihm eigenen, von Lebensphilosophie und Expressionismus geprägten Begrifflichkeit als „Lebensgesetz der Hochschule". Insbesondere in den zwanziger Jahren hatte er zahlreiche Schüler, die später berühmt wurden und teilweise mit ihm zusammen das legendäre „InSoSta" geprägt haben: die Sozialwissenschaftler Karl Mannheim, Norbert Elias, Erich Fromm und Alexander Rüstow, die Politologen Carl Joachim Friedrich, Richard Löwenthal, Ossip K. Flechtheim, Arnold Bergsträsser und Eric Voegelin, die Nationalökonomen Emil Lederer, Jacob Marschak und Edgar Salin. Auch der Schriftsteller Carl Zuckmayer, der Germanist Benno von Wiese und die Historiker Georg Ostrogorski, Ernst Kantorowicz, Egmont Zechlin oder Jürgen Kuczynski haben bei ihm studiert. Weber war ein sehr kontaktfreudiger Mensch, und seine Beziehungen gingen weit über Heidelberg hinaus. Er kannte nicht nur zahlreiche auswärtige Fachkollegen, sondern stand auch in politisch-persönlichen Verbindungen mit Politikern wie Friedrich Ebert, Walther Rathenau und Hans Luther oder den Schriftstellern Thomas Mann, David H. Lawrence, Hermann Graf Keyserling und Max Brod.[14]

1924 übernahm Weber die Leitung des Instituts für Sozial- und Staatswissenschaften (InSoSta), wie es jetzt genannt wurde, und erwies sich als fähiger Wissenschaftsorganisator. Dass Alfred Weber hervorragend mit Geld umgehen konnte und auch in dieser Hinsicht keineswegs weltfremd war, zeigte sich etwa daran, dass er dank geschickter Devisenspekulationen sein Vermögen durch die Inflationszeit hindurch gebracht hatte. Nach Weggang und Tod seines Bruders und nach dem Tod des alteingesessenen Ordinarius für Volkswirtschaft, Eberhard Gothein, war Alfred Weber der unangefochtene Präzeptor der Sozial- und Wirtschaftswissenschaften in Heidelberg. Er bestimmte, wer berufen und habilitiert wurde; hemmungslos und wider viele gute Ratschläge protegierte er etwa den „Zeitungswissenschaftler" Hans v. Eckardt, der eine Tochter von Else Jaffé heiratete. Weber war seit den Zwanziger Jahren ein Großordinarius oder „Mandarin" (Fritz K. Ringer) klassischen Typs, wenn auch in politischer Hinsicht liberaler und mit einem außergewöhnlichen pädagogischen Impetus. Außerdem war Weber ein erfolgreicher Forschungsmanager, der nicht davor zurückschreckte, großzügige Spender mit Ehrendoktortiteln zu belohnen. Zu seinen innovativsten Projekten gehörte die Gründung des Heidelberger „Akademischen Austauschdienstes", des Vorläufers des DAAD, die Errichtung eines „Instituts für Zeitungswissenschaft" sowie ein großes von der Rockefeller-Stiftung gefördertes Forschungsunternehmen über die wirtschaftliche Verflechtung der europäischen Staaten, an dem u.a. der spätere Bundeswirtschaftsminister Karl Schiller mitarbeitete. Im Gegensatz zur national(istisch) beschränkten Weltsicht der meisten deutschen Hochschullehrer nach Erstem Weltkrieg und Versailler Vertrag, die die „deutsche Wissenschaft" nach außen abschotteten, war Weber bereits vor 1933 europäisch orientiert, setzte auf Austausch und wandte sich (partiell) der Erforschung moderner Phänomene wie der Medien zu.

Der „Fall" Gumbel

Das von Weber geprägte InSoSta war ein faszinierender Treffpunkt wissenschaftlicher Außenseiter[15], aber auch immer wieder Anlass für Konflikte mit der Universitätsleitung und der akademischen Öffentlichkeit. Für die heftigsten Auseinandersetzungen sorgte der am Institut Statistik lehrende Pazifist und Sozialist Emil Julius Gumbel. An den diversen „Fällen Gumbel" zeigten sich allerdings auch die Grenzen der Liberalität und Toleranz Alfred Webers wie des sprichwörtlich liberalen „Heidelberger Geistes" insgesamt. Denn Gumbel zog mit einigen provozierenden öffentlichen Äußerungen (allerdings nicht innerhalb der Universität, sondern bei politischen Veranstaltungen der Friedensbewegung!) reichsweite Empörung auf sich. Er sprach etwa bei einer Gedenkveranstaltung für die Opfer des Weltkriegs 1924 vom „Felde der Unehre", um den militärischen Topos „Feld der Ehre" zu denunzieren, oder er meinte, die Kohlrübe sei angesichts der Hungerwinter, die im Volksmund „Kohlrübenwinter" hießen, ein besseres Denkmal des Krieges als eine Jungfrau mit Siegespalme. Wenn Alfred Weber aufgrund solcher Bemerkungen schreibt: „dieser widerliche Gumbel – ich habe jetzt von dieser Sorte Menschen Kopfweh genug", so zeigt dies, wie stark auch sein Liberalismus nationalistisch geprägt war. Demm nennt ihn zu Recht einen „Nationalliberalen", meint aber trotzdem Alfred Weber verteidigen zu müssen gegen eine Literatur (vor allem meine Gumbel-Biographie[16]), die Gumbel als „schuldloses Opfer antisemitischer und antisozialistischer Umtriebe" betrachte und übersehe, „dass Gumbel vielfach durch taktloses Verhalten die Konflikte heraufbeschwört" habe (Demm, S. 55 und 425). Mussten sich Wissenschaftler jüdischer Herkunft besonders zurückhaltend („taktvoll") verhalten, um keine antisemitischen Ressentiments auf sich zu ziehen? Weber und andere Liberale meinten seit 1925, Gumbel aus taktischen Gründen opfern zu sollen. Dahinter stand eine realistische Einschätzung der instabilen politischen Gesamtlage der Republik. Die fatalen Konsequenzen jedoch, die es haben musste, wenn man der nationalsozialistischen Studentenbewegung nachgab, wurden entweder verkannt oder bewusst in Kauf genommen.

Alfred Webers wissenschaftliches Profil

Webers wissenschaftliche Veröffentlichungen sind ebenso umfangreich wie vielseitig, da er als einer der letzten Gelehrten mit universalem Anspruch zu den unterschiedlichsten Themen der Volkswirtschaft, Soziologie, Politik- und Geschichtswissenschaft publizierte. Manche seiner ökonomischen Ideen waren seiner Zeit voraus, etwa seine Anregung aus dem Jahre 1902, bei einer Rezession keine Entlassungen vorzunehmen, sondern die verbleibende Arbeit durch Umverteilung und Feierschichten gleichmäßig unter alle Arbeiter aufzuteilen, oder sein Vorschlag von 1912 über eine regelmäßige Arbeitsplatzrotation in der Industrie, um die Tätigkeiten abwechslungsreicher und interessanter zu machen.[17] Solche Ideen wurden seit den 1970er Jahren nicht nur in der Alternativökonomie verwirklicht, sondern auch als „Gruppenfertigung" in modernen Industriebetrieben – allerdings ohne dass ein Bezug auf Alfred Weber erkennbar wäre! In den Zwanziger Jahren nahm Webers Interesse an sozialpolitischen Themen und an „Arbeiterfragen" deutlich ab, er entwickelte mehr und mehr einen liberalen, bürgerlichen Klassenstandpunkt und setzte sich vor allem für die wirtschaftlichen Interessen der Professoren und höheren Beamten ein.

Der Standort der Industrien

Sein ökonomisches Hauptwerk „Über den Standort der Industrien"[18] begann Weber in seiner Prager Zeit und schloss es 1908 in Heidelberg ab. Darin untersuchte er, aus welchen Gründen Betriebe bestimmte Standorte bevorzugen. Fabriken, die schwere Rohstoffe verwenden deren Gewicht sie bei der Verarbeitung reduzieren, werden sich in der Nähe der Rohstoffproduzenten ansiedeln, um die Transportkosten niedrig zu halten (z. B. Zuckerfabriken). Absatzorientierte Betriebe, die überall vorkommende Rohstoffe verwenden, werden die Nähe von Ballungszentren suchen (z. B. Brauereien), für stark arbeitsorientierte Industrien ist wiederum die Verfügbarkeit der Arbeitskräfte wichtigstes Kriterium bei der Standortwahl (z. B. Textilindustrie). Webers Buch wurde besonders in der Sowjetunion sehr geschätzt. Es wurde als „eine wertvolle Erfahrung der deutschen Wissenschaft für den sowjetischen Aufbau" bezeichnet – die russische Übersetzung kam bereits 1926 heraus, die englische erst 1929 – und soll eine Rolle bei der Entstehung der riesigen sowjetischen Kombinate gespielt haben.

Kultursoziologie

Bereits 1909 wandte Weber sich der „Kultursoziologie" und damit seinem lebenslangen Hauptthema zu. Um Missverständnissen vorzubeugen: Ganz Kind seiner Zeit verstand Weber unter Kultursoziologie, Aussagen über das Lebensgefühl (modern gesprochen: die Mentalität) einer Zeit aus den bedeutendsten Kunstwerken abzuleiten, und ist damit kaum anschlussfähig an die heutige „neue Kulturgeschichte". In den zwanziger Jahren veröffentlichte Weber erste methodologische Untersuchungen sowie eine Modellstudie über Ägypten und Babylonien[19], der selbst Weber-Biograph Demm attestiert, dass sie in ihren Urteilen über „Banalitäten" nicht hinausgelangt und sich bei der Analyse der ägyptischen Kultur „mit einigen geistreichen Interpretationen begnügt, die nicht jeden überzeugen werden" (S. 245). Weshalb also ein solches Werk im Rahmen der Gesamtausgabe neu auflegen? Erst nach seiner Emeritierung erschien 1935 in den Niederlanden ein Buch, in dem er seine Methode auf die Universalgeschichte anwandte, „Kulturgeschichte als Kultursoziologie", das er als „mein eigentliches Lebenswerk" bezeichnete. Wie in allen seinen „kulturgeschichtlichen" bzw. „kultursoziologischen" Werken geht Weber dezidiert anti-historistisch vor: es geht ihm nicht um Nationalgeschichte, und vergangene Epochen werden nicht aus sich selbst heraus interpretiert, sondern aktuelle Fragen – etwa nach der Bürokratisierung – werden in ihrer Genese in vergangenen Kulturen aufgesucht. Webers zentrale Frage lautet: „Wo befinden wir uns eigentlich im Strom der Geschichte, nicht als einzelnes Volk, sondern als von diesem Strom fortgetragene Menschheit? Was vollzieht dieser Strom mit uns?"[20] Das Buch enthält äußerst selektive Analysen der Hochkulturen unter dem Aspekt des jeweiligen Verhältnisses von Herrschaft und Freiheit. Es handelt sich um eine dezidiert eurozentrische Universalgeschichte – letztlich interessiert Weber der Aufstieg der abendländischen individuellen Freiheiten und dann ihre in den Massengesellschaften des 20. Jahrhunderts offenbar werdende Krise. Man wird dies als Historiker unbefriedigend finden, andererseits handelt es sich bei Weber immerhin um den (wie auch immer begrenzten) Versuch, Soziologie historisch / geistesgeschichtlich zu fundieren, also um einen Gegenentwurf zum rein empirischen und rein gegenwartsbezogenen

Positivismus. Geschichtsphilosophisch versucht Weber einen Mittelweg zu finden zwischen dem Fortschrittsglauben des Hegelianismus und des Marxismus und zyklischen Modellen wie bei Nietzsche oder Spengler. Modern ist sein Ansatz insofern, als er darauf verzichtet, der Geschichte einen wie auch immer gearteten Sinn zu unterstellen.

Das Konzept des „neuen Menschen"

Seit seiner Emeritierung und während seiner zurückgezogenen, aber letztlich unbehelligten Jahre im Dritten Reich verfasste Weber eine Reihe weiterer „kulturgeschichtlicher" Bücher. 1943 erschien „Das Tragische und die Geschichte", eher ein literarisches Werk, in dem er die Epen und Tragödien des klassischen Griechenland aus einem tragischen Daseinsbewusstsein heraus interpretierte, das sich dort als Konsequenz der Spannungen zwischen den seit 1200 v. Chr. eindringenden Reitervölkern und den Ureinwohnern entwickelt habe.[21] 1946 veröffentlichte er mit „Abschied von der bisherigen Geschichte" einen weiteren Ritt durch die Geistesgeschichte des Abendlandes, in dem er die Wandlungen des europäischen Habitus am Beispiel ausgewählter Schriftsteller und Maler von Dante bis Nietzsche darstellte. Dieser markierte für Weber das Ende der mit Humanismus und Renaissance begonnenen geistesgeschichtlichen Großepoche. In einer scharfen Abrechnung warf Weber Nietzsche Verrat an den „Mächten der aktiven Menschlichkeit in ihrer Verbindung mit Freiheit" vor und gab ihm Mitschuld am Heraufkommen des Nihilismus. Abschließend deutete Weber in diesem in den Fünfziger Jahren sehr populären Buch den Nationalsozialismus als Folge einer Persönlichkeitsformung, in der „dunkeldämonische Anlagen" in den Vordergrund traten. Weber empfahl die Schaffung eines demokratischen Menschentyps, zu dessen beherrschendem Charakterzug wieder „Freiheitsinstinkte" werden sollten.[22]

Die Schaffung eines „neuen Menschen", also das große Projekt der Moderne, das die geistigen Strömungen, denen sich Weber verpflichtet fühlte – Aufklärung, Nationalismus und Jugendbewegung, mit den totalitären Regimes des 20. Jahrhunderts verband, zieht sich durch Webers ganzes politisch-anthropologisches Oeuvre. Nur einmal (1926) jedoch hat Weber definiert, wie die „neuen Menschen" aussehen sollen: „Idealisten ganz ohne Pathos, Realisten aus dem Bewusstsein der Erdverbundenheit und doch frei vom Nur-Technischen des einseitigen Realismus, national bis in die Knochen und doch bewusst herausstrebend aus der bisherigen Enge". Demm charakterisiert diese typische Weber-Definition als „schönes Wortgeklingel ohne klare Konturen" und bemerkt, „dass er für sein Jugendideal immer noch nach einem deutschen Sonderweg gegenüber dem Westen sucht" (Demm, S. 87f.). So war der Liberalismus der Weimarer Republik: stark von Nietzsche geprägt, nationalistisch und kaum anschlussfähig für den westlichen politischen Diskurs. Auch wenn er wie bei Weber europäisch ausgerichtet war, ging es doch um ein vom „deutschen Geist" dominiertes Mitteleuropa, das Weber, Naumann und andere Liberale bereits im Ersten Weltkrieg propagiert hatten.

In seiner eigenwilligen (trotz aller historischen Beispiele vollkommen unhistorischen) Anthropologie folgt auf den „ersten" und „zweiten" Menschen der prähistorischen Zeitalter (die Unterscheidung bleibt diffus) der „dritte Mensch" der europäischen Hochkulturen. Seine Großepoche reicht von dem von Weber zum weltgeschichtlichen Wendepunkt stilisierten Einbruch der Reitervölker um 1200 v. Chr. bis in die Gegenwart, umfasst also Antike, Mittelalter und Neuzeit. Der Nihilismus und die totalitären Regime des 20. Jahrhunderts hätten nun einen „vierten Menschen" erschaffen: „unfreie [...] Roboter einer bürokratisch-autokratischen Terrormaschine" (AWG, Bd. 3, S. 264). Durch den Kampf zwischen diesen beiden Menschentypen sah Weber das 20. Jahrhundert geprägt. 1950 erschien „Kulturgeschichte als Kultursoziologie" erstmals in Deutschland, vermehrt um ein aktuelles Kapitel „Zur Gegenwartslage. Kommt der vierte Mensch?" Zwei Jahre später führte Weber in seinem Buch „Der dritte oder der vierte Mensch" seine Gegenwartsdiagnose weiter aus.

Alfred Webers Versuch der Etablierung einer soziologischen Schule

Kurz vor seinem Tode erschien ein Produkt aus Webers 1945 – mit fast 80 Jahren – wieder aufgenommener Lehrtätigkeit: eine gemeinsam mit seinen Schülern Nicolaus Sombart, Hanno Kesting, Heinz Markmann, Leonore Lichnowsky, Götz Roth, Hans-Joachim Arndt u.a. verfasste „Einführung in die Soziologie", in der die Weberianer den

Abb. 3: Unmittelbar nach dem Krieg nimmt Alfred Weber seine Lehrtätigkeit wieder auf und unterrichtet bis kurz vor seinem Tod. Auf dem Photo Alfred Weber (Mitte) mit seinen Assistenten Bernhard Vogel (rechts neben Weber) und Götz Roth (links neben Weber). Photo Universitätsarchiv Heidelberg.

„geschichts- und kultursoziologischen" Forschungsansatz gegen die in Deutschland sich allmählich durchsetzende, empirische Soziologie amerikanischer Prägung zu behaupten versuchten. Dieses Buch litt sehr unter einem polemischen Verriss durch René König, der dem Buch einerseits sein schlampiges Lektorat und allzu viele sachliche Fehler ankreidete, dem es aber andererseits darum ging, im Kampf um Meinungsführerschaft im Fach den greisen Nestor und seine Schule „wegzubeißen".[23]

Insgesamt erscheint nach der Lektüre des „kultursoziologischen" Oeuvres die höfliche Fundamentalkritik Talcott Parsons berechtigt, der einst bei Alfred Weber in Heidelberg studiert hatte und seit den Fünfziger Jahren maßgeblich beteiligt war an der Wiederentdeckung eines (amerikanisierten) Max Weber. Als Parsons Weber bei einem wissenschaftlichen Kongress scharf angegriffen hatte, fragte dieser: „Wollen Sie denn mein ganzes Lebenswerk in Zweifel ziehen?" „Keineswegs", soll Parsons geantwortet haben, „ich würde es nur nicht als Soziologie bezeichnen!"[24] Und als Erklärung dafür, warum Weber nicht Schule bildend war und heute für den wissenschaftlichen Diskurs weitgehend irrelevant ist, sollte man sich nicht mit der allzu personenzentrierte Argumentation Demms (S. 339ff.) begnügen, dass die wieder zu Einfluss gekommenen Nazis an der Heidelberger Fakultät (allen voran Helmut Meinhold und Johannes Kühn) die Habilitationen und teilweise sogar Dissertationen von Weber-Schülern verhinderten. Benjamin Ziemann hat die Hypothese aufgestellt, dass das „kognitive und methodische Profil" der von Weber inspirierten Forschungen „viel zu gering ausgebildet war, als dass es eine Schulbildung erlaubt hätte".[25]

Alfred Webers politisches Engagement

Weber ist nie ein weltfremder Gelehrter im Elfenbeinturm gewesen. Als Gelehrtenpolitiker (Demm schreibt immer „scholar-politician" – wohl um Weber als einen internationalen Gelehrtentypus vorzustellen – dabei war er ein typisches Produkt des deutschen Bildungssystems) war ihm politisches Engagement nicht nur selbstverständlich, sondern geradezu ein persönliches Bedürfnis. „Wir wollen wirken!" war ein Leben lang seine Devise. In der Novemberrevolution wurde Weber zum „Vernunftrepublikaner" und gründete im November 1918 zusammen mit dem Chefredakteur des „Berliner Tageblatts", Theodor Wolff, die linksliberale Deutsche Demokratische Partei (DDP), deren erster provisorischer Vorsitzender er wurde. Allerdings gelang es ihm nicht, seine Vorstellungen gegen die alten Berufspolitiker durchzusetzen. Nach einem Skandal, den er durch unüberlegte Äußerungen provoziert hatte, musste er bereits im Dezember 1918 von allen Ämtern zurücktreten. Im Januar 1919 organisierte er in Berlin noch eine Freiwilligenwerbung zur Unterstützung der Regierung gegen den Spartakusaufstand, beschränkte sich dann aber auf eine Mitarbeit in der erfolglosen zweiten Sozialisierungskommission sowie auf gelehrtenpolitische Interventionen durch Vorträge und Zeitungsaufsätze. Er schloss sich dem „Weimarer Kreis" republiktreuer Hochschullehrer an.[26] Außenpolitisch trat er als 2. Vorsitzender des „Europäischen Kulturbunds" für eine Gleichberechtigung des besiegten Deutschlands und die Zusammenarbeit der europäischen Intellektuellen ein.

Die Krise des modernen Staatsgedankens

In seiner bedeutendsten politischen Publikation aus der Zeit der Weimarer Republik, dem 1925 veröffentlichten Buch „Die Krise des modernen Staatsgedankens"[27], suchte Weber nach einer „Synthese zwischen dem geistig inhärenten Freiheitsbewusstsein der Massen [...] und der Notwendigkeit der Unterordnung unter eine hervorragende Führung" und propagierte als Lösung die „Führerdemokratie". Dies sollte eine „oligarchische Massenorganisation auf demokratischer Basis" sein, in der die politischen Führer zwar alle Entscheidungen treffen, auch durch ihre geistige Überlegenheit die Urteile und Einsichten der Massen beeinflussen, aber in letzter Instanz von der Bevölkerung durch eine „demokratische Revision des Vertrauens", d.h. durch demokratische Mehrheitsentscheidungen, gewählt und kontrolliert werden. In der Weimarer Republik sei der Staat durch Revolution und Inflation zu sehr in Abhängigkeit von „Wirtschafts-, Klassen- und Interessengruppen" geraten, ihm fehle „die Hälfte seiner äußeren Sou-

Christian Jansen

veränität" sowie eine Tradition. Das „unglückselige Wahlsystem" machte Weber für „die Verdeckung aller großen, einheitlichen Fragestellungen, vor die die Nation zu stellen wäre", verantwortlich. Weber beließ es nicht bei einer scharfen Kritik des politischen Systems, sondern ging einen Schritt weiter als die meisten Gelehrtenpolitiker, indem er versuchte, eine Perspektive aufzuzeigen, wie die Schwäche des Weimarer Staates überwunden werden könnte. In seiner typischen, vitalistisch-diffusen Sprache meinte er, die Republik brauche „ein Fluidum, das trotz der zersprengenden Einflüsse der material- und partialbedingten Kräfte, diesen Staatsleib durchströmend, ihn doch noch als Einheit trägt, das über dem interessenmäßigen Kerne der Parteien schwebend, zwischen und über den Interessengruppen sich hin und her bewegend, tatsächlich in allen für die Gesamtheit lebenswichtigen Fragen doch entscheidend wird, indem es den Mehrheitswillen letztlich formt, ein gemeinsames Etwas, als dessen Exponent der politische Führer auftreten muss."

Die „unegalitäre (Führer-)Demokratie" sollte als Gegenmodell zu Bolschewismus und Faschismus die Demokratie „entmechanisieren" und „entoligarchisieren", d.h. die Elemente des „direkten Masseneinflusses" sollten gegenüber dem Einfluss der Parteien und ihrer Apparate vergrößert werden (AWG, Bd. 7, S. 310 – 324). In seiner organizistischen Sprache und im Vorwurf, die parlamentarische Demokratie sei zu mechanisch, zeigen sich die starken konservativen Komponenten im Denken des Liberalen Alfred Weber. Konkret plädierte Weber für eine Stärkung der Macht des Kanzlers und für die Einführung des Mehrheitswahlrechts, das als „demokratische Führerauslese" die Macht der Parteiapparate beschränken sollte. Demm versteht deshalb die „Führerdemokratie" als ein „von der Repräsentativdemokratie englischer Provenienz" geprägtes Modell an, das „bereits 1925 die viel später (1942) von Joseph Schumpeter entwickelte ‚funktionale Demokratietheorie'" vorweggenommen habe. Weber hat sich in seiner öffentlichen Kritik an der Weimarer Republik immer zurückgehalten, wie seine wesentlich schärferen brieflichen Äußerungen zeigen, weil er nicht wollte, dass sie Wasser auf die Mühle der politischen Extremisten leiten könnte. Außerdem hat Weber versucht, seine Kritik mit konkreten Reformvorschlägen zu verbinden, die auf die Stärkung der Exekutive abzielten.

Webers Reaktion auf den Nationalsozialismus

Die Nationalsozialisten betrachteten den kämpferischen, bisweilen cholerischen, dezidiert antinationalsozialistischen Gelehrten, der sich öffentlich über Hitlers geringen ökonomischen Sachverstand lustig machte[28], als einen gefährlichen Widersacher. Noch nach der Machtergreifung versuchte Weber, die Freiheiten der Weimarer Republik zu bewahren und die Entwicklung der Kanzlerschaft Hitlers zu einer totalitären Diktatur zu verhindern. Als die SA nach dem Wahlsieg der NSDAP Anfang März 1933 auf öffentlichen Gebäuden Hakenkreuzfahnen hisste, ließ Weber die auf dem InSoSta gehisste Fahne mit den Worten „Nehmen Se' den roten Lappen da ‚runter" entfernen – ein Akt von Zivilcourage, der sogar die tobende SA-Meute vor seinem Institut beeindruckte. Als er jedoch feststellen musste, dass seine Initiative nichts nützte und die Universität sich ebenso gleichschalten ließ wie alle anderen Institutionen bzw. in vorauseilendem Gehorsam „dem Führer entgegenarbeitete" (Ian Kershaw), zog Weber unverzüglich die Konsequenzen. Er verweigerte sich den neuen Machthabern, ließ sich erst vom Dienst beurlauben, dann emeritieren und zog sich ganz ins Privatleben zurück. Während des Zweiten Weltkrieges stand er über seine ehemaligen Schüler Carlo Mierendorff und Theo Haubach in Kontakt mit dem „Kreisauer Kreis" und diskutierte mit ihnen und dem Heidelberger Fabrikanten Emil Henk die politische Neuordnung nach dem Krieg.

A Democrat and reported Non-Nazi

Nach dem Zusammenbruch des Dritten Reiches bekannte sich Weber als einer der wenigen Deutschen zu einer Mitschuld am Heraufkommen des Nationalsozialismus und erklärte 1946: „Das deutsche Volk ist verantwortlich. Daran besteht kein Zweifel. Es hat versagt, aufs schlimmste versagt."[29] Um endlich in Deutschland die Weichen für eine demokratische Entwicklung zu stellen, stürzte sich der nunmehr Achtzigjährige mit jugendlicher Leidenschaft wieder in die Politik. Da er als „Democrat and reported Non-Nazi" auf der „Weißen Liste" der Amerikaner stand und von ihnen als „Great Old Man of Heidelberg" verehrt wurde, genoss er das besondere Vertrauen der Militärregierung und wurde in politischen und wirtschaftlichen Fragen um Rat gefragt. So bestimmte er zum Beispiel gemeinsam mit Karl Jaspers die personelle Zusammensetzung der ersten provisorischen „Regierung", die die Amerikaner im Frühjahr 1945 in der Pfalz einsetzten. Außerdem erbat die Besatzungsmacht von Weber mehrere Memoranden zum wirtschaftlichen Wiederaufbau. Im Herbst 1945 trat Weber in die SPD ein, vielleicht unter dem Einfluss Henks, der bald darauf SPD-Vorsitzender in Heidelberg wurde und sich um eine Öffnung der Partei zum bürgerlichen Lager bemühte. Allerdings lag Weber nicht immer auf der Parteilinie und beklagte 1954 gegenüber Theodor Heuß das Fehlen einer sozialliberalen Orientierung in der deutschen Politik. Erster Schwerpunkt von Webers politischer Tätigkeit war die Entnazifizierung der Heidelberger Universität. Als Mitglied des „Dreizehnerausschusses" ließ er die führenden Nationalsozialisten von ihren Lehrstühlen entfernen und sorgte für die Neuberufung unbelasteter Kollegen.

Im November 1946 gründete er zusammen mit dem Publizisten Dolf Sternberger, dem Psychoanalytiker Alexander Mitscherlich und dem Verleger Lambert Schneider die „Aktionsgruppe Heidelberg", einen überparteilichen Kreis von Politikern und Honoratioren, zu denen u.a. der hessische Ministerpräsident Karl Geiler, der Berliner Bürgermeister Ferdinand Friedensburg, der spätere Außenminister Heinrich von Brentano und der SPD-Politiker Carlo Schmid gehörten.[30] Zweck dieser Gruppierung war es, „einen Beitrag zur Bildung einer echten öffentlichen Meinung in Deutschland zu geben". Hier wurden aktuelle Probleme wie die Wiedervereinigung Deutschlands oder die Wohnungsfrage diskutiert und Resolutionen ausgearbeitet, die die Öffentlichkeit politisch mobilisieren sollten.[31] Viele von Webers Nachkriegsprojekten sind als eine Reaktion auf die NS-Zeit zu verstehen. Im wirtschaftlichen Bereich suchte er nach einem dritten Weg zwischen Kapitalismus und Kommunismus und propagierte 1946 gemeinsam mit Alexander Mitscherlich den „Freien Sozialismus" (AWG, Bd. 9, S. 17 – 69), eine halbsozialistische Wirtschaftsordnung, in der Arbeiter und Angestellte in den Betrieben entscheidende Mitbestimmungsrechte erhalten, statt sozialistischer Planwirtschaft aber Marktwirtschaft und freie Konkurrenz eingeführt werden sollten. Durch eine solche Demokratisierung sowie durch eine Entflechtung der Großkonzerne hoffte Weber, die Gefahren wirtschaftlicher Macht zu neutralisieren. Gleichzeitig plädierte er bereits 1946 für eine ökonomische Integration Europas, das dadurch zur drittgrößten Wirtschaftsmacht der Welt nach den USA und der Sowjetunion würde. Weber betrachtete das Verhältniswahlrecht als eine entscheidende Schwäche der Weimarer Republik und engagierte sich in der „Deutschen Wählergesellschaft" erneut für ein Mehrheitswahlrecht nach englischem Vorbild (AWG, Bd. 9, S. 331 – 383).

Am meisten hat sich Weber in der deutschen Frage profiliert. Davon zeugen die meisten der scharfzüngigen Artikel und Aufsätze in Band 9 der „Alfred Weber-Gesamtausgabe". Kategorisch lehnte er Adenauers Politik der Westintegration ab, weil sie zur Spaltung Deutschland führe. Um diese Entwicklung zu verhindern, nahm er nach einigem Schwanken Anfang 1952 eine neutralistische Position ein: Das wiedervereinigte Deutschland sollte zwar eine Armee erhalten, aber aus den entstehenden Militärblöcken ausgeklammert werden. Durch den Verzicht der Bundesrepublik auf den Beitritt zur Europäischen Verteidigungsgemeinschaft (EVG) bzw. zum Nordatlantikpakt (NATO) sollte die Freigabe der DDR durch die Sowjets erkauft werden. In dieser Frage arbeitete er mit den SPD-Politikern Erich Ollenhauer, Fritz Erler und Wilhelm Mellies eng zusammen und gab der Politik der Opposition in dieser Zeit wichtige Impulse (AWG, Bd. 9, S. 274 – 330). Dieses Engagement war auch der Grund, warum ihn die KPD – angeblich ohne ihn vorher zu informieren – 1954 als Kandidaten für das Amt des Bundespräsidenten aufstellte (AWG, Bd. 9, S. 384). Er erhielt immerhin zwei Stimmen mehr, als die KPD in der Bundesversammlung hatte!

Versuch einer politischen Bilanz

Weber hat kaum eines seiner Ziele erreicht, und die restaurativen Tendenzen der Nachkriegszeit erfüllten ihn mit Sorge. „Haben wir Deutschen seit 1945 versagt?", überschrieb er 1949 deprimiert einen Artikel (AWG, Bd. 9, S. 91 – 102). Mit Verbitterung stellte er fest, dass die überkommenen sozialen und ökonomischen Strukturen kaum verändert wurden, dass ehemalige Nationalsozialisten wieder in Universität, Verwaltung und Schule zurückkehrten, sogar als Abgeordnete in den Bundestag einzogen und dass mit ihnen sich wieder die alte Untertanenmentalität breitmache. So attestiert ihm sein Biograph am Ende seines Lebens „zuweilen […] geradezu die Mentalität eines ewigen Verlierers". Doch Weber resignierte nie. Noch kurz vor seinem Tode, mit fast neunzig Jahren, demonstrierte er gegen die Stationierung von Atomwaffen in der Bundesrepublik (AWG, Bd. 9, S. 598 – 606). Mit diesem unbeirrten politischen Engagement demonstrierte Weber in der Praxis, was er als Reaktion auf den Nationalsozialismus theoretisch propagiert hatte: das Ideal des „dritten Menschen", eines selbstverantwortlichen, politisch engagierten und stets zum Widerstand gegen übermächtige Strukturen bereiten Individuums.

In der Nachkriegszeit hatte Weber noch einmal zahlreiche Studenten, die sich noch heute mit Begeisterung an seine Lehrveranstaltungen erinnern. Zu ihnen gehören der spätere rheinland-pfälzische und thüringische Ministerpräsident Bernhard Vogel, der Leiter des gewerkschaftlichen Forschungsinstituts Heinz Markmann, der Schriftsteller Nicolaus Sombart, der Webers letzter Doktorand war, die Professoren Harry Pross, Klaus von Beyme, Hans Joachim Arndt, Erwin Faul, die Publizisten Herbert von Borch (SZ) und Hugo Dechamps (Herausgeber der FAZ) und viele andere. Eberhard Demm sieht in Alfred Weber einen der „hervorragendsten Vertreter" einer demokratischen Gegenkontinuität zur dominanten autoritären Kontinuität in der deutschen Geschichte des

19. und frühen 20. Jahrhunderts. Mehr als die Biographie Demms zeigen die in der Gesamtausgabe enthaltenen Texte Webers, vor allem seine „wissenschaftlichen" Hauptwerke aber auch, wie fern uns die Liberalen und Demokraten der Weimarer Republik heute sind, wie fremd uns ihr ausgeprägter Nationalismus und ihr Sonderwegsdenken erscheint, wie schwer ihre Sprache und Argumentation zu verstehen sind. Vielleicht lag in der Verstiegenheit und nebulösen Unschärfe ihrer Terminologie auch ein Grund für ihren politischen Misserfolg?

Bei aller Sympathie für Eberhard Demms Recherchen und darstellerische Syntheseleistung fehlt es seiner Biographie doch an Zuspitzung. Was ist das Typische und Interessante an Alfred Weber? Dass er noch heute aktuelle Fragen aufgeworfen habe („Kulturgeschichte", Bürokratiekritik usw.), dass seine ökonomischen Ideen heute realisiert würden, dass er ein Vorläufer der Alternativszene sei, erscheint doch stark überinterpretiert und nicht plausibel. Zu weit sind Webers Fragen, Erkenntnisse und Terminologie von heutigen Debatten entfernt. Doch gerade darin liegt für mich das über den beeindruckenden Eigensinn, die Zivilcourage und den vorbildlichen und allzu seltenen Anti-Nazismus hinaus Interessante und Exemplarische an Alfred Weber und seinem Lebensweg: dass er ein typischer liberaler Gelehrter, ein typischer reformbereiter Mandarin (in Ringers unglücklicher Terminologie ein „Modernist"[32]) war und dass sich an ihm die Begrenztheiten des Weimarer Nationalliberalismus und die Unterlegenheit seiner Argumente gegen die Nationalsozialisten untersuchen ließen. Demms viel versprechendes Kapitel „Im Rollenzwang des politischen Mandarins" wirft solche Fragen auf, bleibt aber auf drei Seiten (220–222) an der Oberfläche. Auch am Ende kommt Demm auf solche generalisierenden Fragen. Doch sie werden nicht systematisch behandelt, auch weil Demm sich zu wenig auf bereits vorliegende Interpretationsversuche bezieht[33], Weber zu sehr als herausragenden Einzelnen und zu wenig als typischen Vertreter der damaligen liberalen Geisteswissenschaftler, seiner Generation, der deutschen Gelehrtenpolitiker usw. sehen will. Letztlich geht es Demm in traditioneller Biographenmanier eben doch darum, die historische Bedeutung und Größe Alfred Webers zu zeigen. Aber seine Größe und das exemplarisch Interessante an ihm liegen wohl eher in seinem Scheitern.[34]

Scheitern Webers?

In Ansätzen werden die Gründe für das Scheitern Webers in einem von Eberhard Demm und seiner Mitarbeiterin Nathalie Chamba herausgegebenen Band „Soziologie, Politik und Kultur. Von Alfred Weber zur Frankfurter Schule" behandelt. Vor allem Günter C. Behrmann und Volker Kruse werfen solche Fragen auf, behandeln sie aber letztlich in Kategorien der „Tragik" und der „Ungerechtigkeit" – Weber sei nach 1945 bereits zu alt gewesen, er sei im Streit der soziologischen Schulen personell unterlegen gewesen usw. Für Kruse war das Scheitern seiner Kultursoziologie außerdem nur „ein kleiner Ausschnitt aus einem viel umfassenderen Prozess, nämlich der Eliminierung geisteswissenschaftlicher Ansätze aus den Sozialwissenschaften in den fünfziger und sechziger Jahren".[35] Insgesamt krankt aber auch dieser Band daran, dass immer dieselben, inzwischen meist alt gewordenen Leute über Alfred Weber schreiben – auch dies ein Indikator für die fehlende Strahlkraft seiner Ideen. Die Alfred Weber-Forschung dreht sich zu sehr im Kreis, schmort gewissermaßen „im eigenen Saft".

Christian Jansen

So bleibt als Fazit: Alfred Weber hat als Sozialtheoretiker und als Soziologe sicher nicht den Rang seines großen Bruders – das haben auch weder er selbst noch diejenigen, die ihn vor dem Vergessen bewahren wollen, je behauptet. Aber er war ein bedeutender und in mancher Hinsicht typischer liberaler Gelehrtenpolitiker des frühen 20. Jahrhunderts. Durch die an klassischen Standards orientierte, zweibändige politische Biographie von Eberhard Demm ist diese politisch wichtige Persönlichkeit auf lange Sicht vor dem Vergessen bewahrt.

Was die Alfred Weber-Gesamtausgabe angeht, so ist die Dokumentation des politischen Wirkens in Band 7 („Politische Theorie und Tagespolitik 1903 – 1933") und 9 („Politik im Nachkriegsdeutschland") unbedingt zu begrüßen. Eine Vielzahl an entlegenen Orten gedruckter Aufsätze und Artikel, die von politischen Interventionen Webers und der politischen Kultur der ersten wie der zweiten deutschen Nachkriegszeit zeugen, sind so für wissenschaftliche Analysen leicht zugänglich gemacht worden.

Weit mehr als die relativ einfach herzustellenden Reprints von Webers Veröffentlichungen stellen die beiden Briefbände der Gesamtausgabe eine große editorische Leistung dar. Aus dem umfangreichen Nachlass wurden zahlreiche Briefwechsel transkribiert, die von hoher politischer oder kultureller Bedeutung sind – mit dem Bruder, mit Fachkollegen und Schülern, mit politischen Freunden und Gegnern; leider nur im Ausnahmefall mit der Geliebten (s.o.). Eigenwillig, aber durchaus überzeugend ist die Entscheidung der Herausgeber, die Briefe thematisch zu ordnen; unbedingt zu loben ist, dass Briefwechsel zusammengestellt wurden, dass man also nicht allein die Briefe Webers, sondern auch die Reaktionen seiner Briefpartner präsentiert bekommt. Man würde sich oft eine Kommentierung der Briefe wünschen, aber die Edition ist auch so eine wissenschaftliche Leistung, die Bestand haben wird. Mit einem im Vergleich zu Großprojekten wie der MEGA oder der MWG erstaunlich geringem Personaleinsatz wurde hier eine Vielzahl von interessanten Dokumenten zur politischen und Kulturgeschichte Deutschlands im frühen 20. Jahrhundert der wissenschaftlichen Öffentlichkeit zugänglich gemacht.

Man kann sicher Zweifel anmelden, ob das wissenschaftliche Oeuvre Alfred Webers auch derart vollständig wieder veröffentlicht werden musste – zumal seine Hauptwerke zwar, wie die AWG-Herausgeber vielfach betonen, nicht mehr auf dem Buchmarkt erhältlich, für den Interessierten jedoch in Bibliotheken und antiquarisch ohne Probleme zu bekommen waren. Auch innerhalb des wissenschaftlichen Oeuvres gibt es einzelne gewichtige Texte (wieder) zu entdecken: etwa den Aufsatz „Der Beamte" (AWG, Bd. 8, S. 98 – 117), der Kafka in seinem Bild der modernen Bürokratie beeinflusst hat, oder Webers hellsichtige Beobachtungen über die Veränderung der Gewerkschaftsbewegung und der Mentalität ihrer Klientel (mehrere Aufsätze in AWG, Bd. 5, u.a. „Die Bürokratisierung und die gelbe Arbeiterbewegung" (1913), S. 459 – 74). Alle Bände der Gesamtausgabe werden vom jeweiligen Herausgeber mit einem längeren Essay eingeleitet, der die einzelnen Texte vorstellt und in ihrer Bedeutung würdigt. Zudem sind die Bände derart preiswert und wurden (anders als die meisten vergleichbaren Editionen) ohne öffentliche Gelder in so kurzer Zeit produziert, dass man die Alfred Weber-Gesamtausgabe eine wissenschaftsorganisatorische Leistung von (Alfred) Weberschem Rang nennen kann. Welchen Erfolg sie hat und ob sie wirklich zur erhofften Renaissance von Webers wissenschaftlichen Fragen und Anliegen beiträgt, wird sich zeigen. Zu hoffen bleibt, dass der kleine Marburger Metropolis-Verlag über einen so langen Atem verfügt, dass Webers Werke lange auf dem Markt bleiben und dass sich in absehbarer Zeit noch ein edler Sponsor findet, der die wissenschaftliche Edition des Alfred Weber-Else Jaffé-Briefwechsels und die Erstellung von Gesamtregistern zur AWG finanziert!

Anmerkungen

1   Vgl. Guenther Roth, Max Webers deutsch-englische Familiengeschichte 1800 – 1950. Mit Briefen und Dokumenten, Tübingen 2001; dazu meine Besprechung und Ergänzungen „Bürgerliche Kulturgeschichte als Beziehungs- und Familiengeschichte", in: Heidelberg. Jahrbuch zur Geschichte der Stadt 7 (2002), S. 155 – 89.

2   Joachim Radkau, Max Weber. Die Leidenschaft des Denkens, München 2005. Vgl. die Rezension von Michael Greven „Radkaus Weber", in: NPL 50 (2005), S. 383 – 388, sowie den Schwerpunkt in Sehepunkte 6 (2006), Nr. 2 (www.sehepunkte.de).

3   Vgl. Reinhard Blomert / Hans Ulrich Eßlinger / Norbert Giovannini (Hg.), Heidelberger Sozial- und Staatswissenschaften. Das InSoSta zwischen 1918 und 1958, Marburg 1997; Reinhard Blomert, Intellektuelle im Aufbruch. Karl Mannheim, Norbert Elias, Alfred Weber und die Heidelberger Sozialwissenschaften der Zwischenkriegszeit, München 1999 (vgl. hierzu den Literaturbericht von Benjamin Ziemann, Die Soziologie der Gesellschaft. Selbstverständnis, Traditionen und Wirkungen einer Disziplin, in: NPL 2005, S. 43 – 67, insb. S. 52f.).

4   Vgl. neben den unten besprochenen Büchern vor allem Hans G. Nutzinger (Hg.), Zwischen Nationalökonomie und Universalgeschichte. Alfred Webers Entwurf einer umfassenden Sozialwissenschaft in heutiger Sicht, Marburg 1994; Volker Kruse, Soziologie und „Gegenwartskrise". Die Zeitdiagnosen Franz Oppenheimers und Alfred Webers, Wiesbaden 1990; Roland Eckert, Zivilisation und Gesellschaft. Die Geschichtstheorie Alfred Webers, Tübingen 1970.

5   Alfred-Weber-Gesamtausgabe, hg. von Richard Bräu, Eberhard Demm, Hans G. Nutzinger und Walter Witzenmann, 10 Bde., ca. 6.200 S., 255, Metropolis-Verlag, Marburg 1997 – 2003. Die bibliographischen Angaben zu den einzelnen Bänden finden sich unten in den Fußnoten.

6   Eberhard Demm, Ein Liberaler in Kaiserreich und Republik. Der politische Weg Alfred Webers bis 1920, 476 S., Harald Boldt Verlag, Boppard 1990. Vgl. meine Besprechung in: NPL 38 (1993), S. 201.

7   Vgl. zu seiner Vita und seinem Selbstverständnis: Eberhard Demm, Als Migrant zwischen universitären Welten, als download unter http://www.metropol-verlag.de/_ftp/zfg_heft_ 10_04_online.pdf.

8   Eberhard Demm: Von der Weimarer Republik zur Bundesrepublik. Der politische Weg Alfred Webers 1920 – 1958, 584 S., Droste Verlag, Düsseldorf 1999. Zwei weitere Bände zu Alfred Weber sind im Peter Lang Verlag erschienen: 1. Eberhard Demm, Geist und Politik im 20. Jahrhundert. Gesammelte Aufsätze zu Alfred Weber, Frankfurt / M. 2000. Hier hat Demm seine zahlreichen Aufsätze zu Weber wieder veröffentlicht (Inhaltsverzeichnis unter www.gbv. de / du / services / agi / 4288F998C3E8D53EC1256FDA0053839E / 420000038818). Sie gehen nicht wesentlich über die Biographie hinaus. 2. Eberhard Demm unter Mitwirkung von Nathalie Chamba (Hg.), Alfred Weber zum Gedächtnis. Selbstzeugnisse und Erinnerungen von Zeitgenossen, Frankfurt / M. 2000. Diese Quellenedition enthält sämtliche autobiographischen Texte Weber sowie die Erinnerungen Else Jaffés und Zeugnisse von Weber-Schülern und –Freunden wie Max Brod, David H. Lawrence, Erich Fromm, Norbert Elias, Jürgen Kuczynski, Dolf Sternberger, Harry Pross und Nicolaus Sombart. Außerdem hat Demm 2004 eine Ausstellung über Weber im Heidelberger Universitätsmuseum veranstaltet. Hierzu ist ein Katalog „Geist und Politik. Der Heidelberger Gelehrtenpolitiker Alfred Weber 1868 – 1958", 64 S., im Verlag Regionalkultur, Ubstadt-Weiher 2004 erschienen, der neben einer kurzen Einleitung Demms eine Zeittafel zu Webers Leben sowie Abbildung einiger Exponate enthält.

9   Alfred Weber, Ausgewählter Briefwechsel, hg. von Eberhard Demm und Hartmut Soell unter Mitwirkung von Nathalie Chamba und Volker Schober (=Alfred Weber-Gesamtausgabe, Bd. 10), 2 Halbbände, 942 S., Metropolis Verlag, Marburg 2003, insb. S. 34.

Christian Jansen

10 Martin Green, Else und Frieda – die Richthofen-Schwestern, München 1980.

11 Hans-Ulrich Wehler: Reiter- und Immerweitervölker. Alfred Weber hat den Aufgalopp zur modernen Kulturgeschichte verpasst, FAZ 14.10.1997, S. L36; die lesenswerte Replik von Volker Kruse (FAZ 28.11.1997; Leserbriefe) ist unter dem Titel „Zum Geschichtsverlust der heutigen Soziologie. Eine Erwiderung" erschienen in: Eberhard Demm / Nathalie Chamba (Hg.), Soziologie, Politik und Kultur. Von Alfred Weber zur Frankfurter Schule, 280 S., Peter Lang, Frankfurt / M. 2003, S. 273 – 275.

12 Über Alfred Webers Lebensweg bis 1920 informiert der erste Band der Biographie (Demm, Ein Liberaler).

13 Vgl. die ausführliche Schilderung in Christian Jansen, Professoren und Politik. Politisches Denken und Handeln der Heidelberger Hochschullehrer 1914 – 1935, Göttingen 1992, S. 31 – 34.

14 Von diesen und vielen anderen Beziehungen und Freundschaften zeugen die in Band 10 der AWG edierten Briefwechsel.

15 Vgl. Christian Jansen, Das Institut der Außenseiter – Inneruniversitäre Spannungen und Öffentlichkeit, in: Blomert / Eßlinger / Giovannini, S. 25 – 54.

16 Ausführlich dazu Christian Jansen, Emil Julius Gumbel – Portrait eines Zivilisten. Heidelberg 1991.

17 Diese Veröffentlichungen finden sich jetzt in: Alfred Weber, Schriften zur Wirtschafts- und Sozialpolitik (1897 – 1932), hg. von Hans G. Nutzinger (=Alfred Weber-Gesamtausgabe, Bd. 5), 574 S., Metropolis Verlag, Marburg 2000.

18 Jetzt in: Alfred Weber, Schriften zur Industriellen Standortlehre, hg. von Hans G. Nutzinger (=Alfred Weber-Gesamtausgabe, Bd. 6), 538 S., Metropolis Verlag, Marburg 1998.

19 1951 wieder veröffentlicht in Alfred Weber, Prinzipien der Geschichts- und Kultursoziologie, jetzt in: Alfred Weber, Schriften zur Kultur- und Geschichtssoziologie (1906 – 1958), hg. von Richard Bräu (=Alfred Weber-Gesamtausgabe, Bd. 8), 762 S., Metropolis Verlag, Marburg 2000, S. 119 – 252.

20 Alfred Weber, Kulturgeschichte als Kultursoziologie, hg. von Eberhard Demm (=Alfred Weber-Gesamtausgabe, Bd. 1), 546 S., Metropolis-Verlag, Marburg 1997, S. 61.

21 Jetzt: Alfred Weber, Das Tragische in der Geschichte, hg. von Richard Bräu (=Alfred Weber-Gesamtausgabe, Bd. 2), 393 S., Metropolis Verlag, Marburg 1998.

22 Vgl. Alfred Weber, Abschied von der bisherigen Geschichte. Überwindung des Nihilismus? / Der dritte oder der vierte Mensch. Vom Sinn des geschichtlichen Daseins, hg. von Richard Bräu (=Alfred Weber-Gesamtausgabe, Bd. 3), 671 S., Metropolis Verlag, Marburg 1997.

23 Alfred Weber, Einführung in die Soziologie, hg. von Hans G. Nutzinger (=Alfred Weber-Gesamtausgabe, Bd. 4), 389 S., Metropolis Verlag, Marburg 1997. Zur Kontroverse mit König vgl. die Einleitung von Nutzinger (ebd., S. 14ff.); Demm, Von der Weimarer Republik, S. 348ff., sowie Günter C. Behrmann, Der vergessene Nestor. Alfred Weber und die Reform der Sozialwissenschaften in der Bundesrepublik, in: Demm / Chamba, Soziologie, S. 175 – 207.

24 Vgl. Volker Kruses Sammelrezension zur AWG und Demms Weber-Büchern in: Kölner Zeitschrift für Soziologie und Sozialpsychologie 53 (2001), S. 593 – 98 (Zitat: S. 593; auch bei Demm, Von der Weimarer Republik, S. 90). Kruse würdigt Webers Bedeutung als Soziologe und geht genauer, als es mir hier möglich ist, auf seine wissenschaftlichen Schriften ein.

25 Ziemann, Soziologie, S. 53.

26 Vgl. Herbert Döring, Der Weimarer Kreis. Studien zum politischen Bewusstsein verfassungstreuer Hochschullehrer in der Weimarer Republik, Meisenheim 1975.

27 Jetzt in: Alfred Weber, Politische Theorie und Tagespolitik (1903 – 1933),hg. von Eberhard Demm unter Mitwirkung von Nathalie Chamba (=Alfred Weber-Gesamtausgabe, Bd. 7), 671 S., Metropolis Verlag, Marburg 1999, S. 233 – 346.

28 Vgl. „Examensfragen an Hitler. Vier Wissenschaftler führen sein Wirtschaftsprogramm ad absurdum" (Vossische Zeitung, 10.11.1930), in: AWG, Bd. 5, S. 555f. Vier führende liberale Wirtschaftswissenschaftler äußerten sich dort zu NS-Parolen wie „Brechung der Zinsknechtschaft" oder „Verbot des Börsenhandels".

29 Vgl. Alfred Weber, Politik im Nachkriegsdeutschland, hg. von Eberhard Demm (=Alfred Weber-Gesamtausgabe, Bd. 9), 709 S., Metropolis Verlag, Marburg 2001, S. 71. An anderer Stelle spricht Weber von persönlicher Verantwortung: „Wir, die Mitglieder der älteren Generation

[....] hätten das verhindern können und müssen, was geschehen ist". Vgl. auch ebd., S. 135ff., den Text „Die Neutralität Deutschlands und der Friede" (1947). Die Zitate bei Demm auf S. 285 entstammen diesem Text und nicht, wie in den Fußnoten angegeben, „Unteilbarkeit des Friedens" (AWG, Bd. 9, S. 152ff.).

30 Siehe hierzu die Rezension zu Katharina Hausmann: „Die Chance, Bürger zu werden". Deutsche Politik unter amerikanischer Besatzung: Die Heidelberger Aktionsgruppe 1946 – 47 in diesem Jahrbuch.

31 Ausgewählte Texte aus der Arbeit der „Aktionsgruppe" ebd., S. 125 – 203.

32 Vgl. Fritz K. Ringer, Die Gelehrten. Der Niedergang der deutschen Mandarine 1890 – 1933, Stuttgart 1983.

33 Vgl. etwa meine Versuche, den Verfall der liberalen Gelehrtenpolitik zu verstehen und zu erklären: Jansen, Professoren, S. 298 – 308; Christian Jansen, Politischer Opportunismus und moralische Indifferenz. Der Verfall liberaler Gelehrtenpolitik und seine Hintergründe am Beispiel der Universität Heidelberg, in: Wolfgang Bialas / Georg Iggers (Hg.): Intellektuelle in der Weimarer Republik. 2. durchgesehene Aufl., Frankfurt / M. 1997, S. 213 – 229; sowie Herbert Döring, Thesen zum fortschreitenden Zerfall der sozialhistorischen Voraussetzungen von „Gelehrtenpolitik" am Beispiel des sozialliberalen Flügels deutscher Hochschullehrer, in: Gustav Schmidt et al. (Hg.), Gelehrtenpolitik und politische Kultur in Deutschland 1830 – 1930, Bochum 1986, S. 147 – 166.

34 Vgl. zu dieser Fragestellung die instruktiven Aufsätze in: Stefan Zahlmann / Sylka Scholz (Hg.), Scheitern und Biographie. Die andere Seite moderner Lebensgeschichten, Gießen 2005.

35 Volker Kruse, Warum scheiterte Alfred Webers Kultursoziologie?, in: Demm / Chamba, Soziologie, S. 207 – 233 (Zitat: S. 229).

Christian Jansen

 Heidelberger
Dienste gGmbH

Soziale Dienstleistungen für
langzeitarbeitslose Menschen, z.B.

■ **AZUBI-FONDS**
Zusätzliche Ausbildungsplätze
für motivierte junge Menschen in
enger Kooperation mit Stadt,
Handwerk und gewerblicher Wirtschaft.

■ **FrauenPlus**
Beratung, Coaching und Vermittlung für
Frauen in verschiedenen Lebenssituationen.

■ **Personalservice**
Berufliches Training und Personal-
entwicklung für ältere Arbeitnehmer/innen.

**Perspektiven für Menschen! –
Heidelberger Dienste gGmbH**

 Arbeit

 Ausbildung

neue Chancen

HDD • Bergheimer Straße 26 • 69115 Heidelberg • info@hddienste.de • Telefon: 0 62 21 . 14 100

Pierre Mignard, Entführung der Europa –
Madame de Montespan mit ihren Kindern,
um 1675

Lust auf Museum?

Wir bieten nicht nur „Kurpfälzisches", sondern auch ...

**Kurpfälzisches Museum
der Stadt Heidelberg**
Hauptstraße 97
69117 Heidelberg
Tel.: 0 62 21-58 34 000/020
Fax: 0 62 21-58 34 900
kurpfaelzischesmuseum@
heidelberg.de

Kassenöffnungszeiten:
Di - So 10 - 18 Uhr
Mo geschlossen

 **Stadt Heidelberg**

- Von Spitzweg bis Slevogt – Malerei des 19. und 20. Jh.
- Gemälde und Skulpturen 15. – 18. Jh., darunter den „Zwölfbotenaltar" von Tilman Riemenschneider
- Mehr als 20.000 Aquarelle und Zeichnungen der Graphischen Sammlung
- Archäologische Funde von der Ur- und Frühgeschichte bis zur Römerzeit
- Kostbare Exponate aus den Bereichen Stadtgeschichte und Kurpfalz
- Kostümsammlung, historische Möbel und Frankenthaler Porzellan im barocken Ambiente des Palais Morass

Wilhelm Barth

10 Jahre Handschuhsheimer Geschichtswerkstatt

Geschichtswerkstatt? Was bedeutet das eigentlich?
Was ist darunter zu verstehen? Was verbirgt sich dahinter?

Nun, in dem zusammengesetzten Wortbegriff Geschichtswerkstatt sagt das Stammwort erklärend aus, daß hier eine unkonventionelle Werkstatt oder ein Arbeitskreis gemeint sein kann, zu deren Zweckdienlichkeit gleichwohl diskutiert, aufgezeigt, ausgearbeitet, bewirkt oder bewerkstelligt, d. h. auch etwas „produziert" wird. Ferner geht aus dem Bestimmungswort hervor, daß man sich dort mit einem Material oder Stoff, oder präzise gesagt mit Themen befaßt, die mit der Geschichte – und besonders der von Handschuhsheim – sehr wohl in Zusammenhang zu bringen sind.

Namhafte Handschuhsheimer Persönlichkeiten wie Pfarrer Mühling, Dr. Herbert Derwein, Emil Reimold oder Prof. Dr. Philipp Lenz haben in ihren lange schon zurückliegenden Veröffentlichungen über die dörflichen Gegebenheiten und die sprachlichen Eigenheiten hierbei Meilensteine gesetzt, die nicht zuletzt der Geschichtswerkstatt gewissermaßen als Nachschlagwerk dienen, aber auch als Anregung, weitere Entwicklungen, sichtbare Veränderungen als Ergänzungen festzuhalten.

Ins Leben gerufen wurde die Geschichtswerkstatt 1997, überwiegend von Jahrbuch-Autoren des Stadtteilvereins Handschuhsheim. Sie war gedacht als kooperative Interessengruppe ohne Vereins-Status, eingebunden in den Stadtteilverein, um sich über die anstehenden Jahrbuch-Themen abzusprechen. Dabei sollte eine Überschneidung gleicher Inhalte oder Doppelbelegungen in der Auswahl von Beschreibungen mit identischem Hintergrund vermieden werden. Aufgrund dieser außergewöhnlichen Konstellation war aber, unter Beibehaltung der unbedeutenden, gleichwohl angestrebten Eigenständigkeit, eine förderliche Zusammenarbeit mit dem Stadtteilverein nicht erreichbar. Die Geschichtswerkstatt war deshalb genötigt, auf sich selbst gestellt ihren eigenen Weg zu gehen.

Da sich diese lose Vereinigung knapp und bescheiden Handschuhsheimer Geschichtswerkstatt benennt, ließe das folgenden Schluß zu: Sie ist hier im größten Stadtteil von Heidelberg ansässig und befaßt sich vorzugsweise mit Handschuhsheimer Zeitgeschehen, mit historischer Orts-Chronik, mit heimatbezogenen Ereignissen und Zusammenhängen. Aber auch in Beziehung stehende regionale Gegebenheiten sind in diese Denkanstöße mit einbezogen, um sie in Referaten oder durch gezielte Führungen ebenfalls der Öffentlichkeit vorzustellen. Hierbei soll auch das Interesse der jüngeren Menschen für die traditionelle heimatkundliche Geschichte Handschuhsheims geweckt werden.

In fast regelmäßigen Abständen verkünden örtlich aushängende Plakate die Beflissenheit der Geschichtswerkstatt, nach außen hin ihre Tätigkeit kundzutun. Mit Vorträgen, Exkursionen usw. sind befähigte Mitarbeiter in Zusammenarbeit mit den verschiedenen zuständigen Institutionen bemüht, das konzipierte und umfangreiche Jahresprogramm umzusetzen. Der Zuspruch bei diesen Veranstaltungen bestätigt in allen Fällen das Interesse der Bevölkerung an den offerierten Themen. Der Blick in die Arbeit der Geschichtswerkstatt in den verflossenen zehn Jahren belegt weit über hundert Veranstaltungen, in der Form von Dia-Vorträgen, externen Besichtigungen, Exkursionen im Handschuhsheimer Wald und Feld, Ortsbegehungen zu noch erhaltenen Überbleibseln Handschuhsheimer Eigenständigkeit, fundierten Führungen mit historischem, naturkundlichem und ortsgeschichtlichem Hintergrund.

In diesem Zusammenhang dürfen ehemalige aktive Personen hervorgehoben werden, die leider nicht mehr unter uns weilen: Dr. Martin Jordan, der Verfasser des längst vergriffenen Orts-Sippenbuchs Die Handschuhsheimer vor 1900, Pfarrer Friedrich Wernz, dem wir wertvolle Mitteilungen und Überlieferungen aus dem Handschuhsheimer Dorfleben samt seiner persönlichen Mundartgedichte verdanken, ebenso Sophie Berlinghof mit ihrer umfangreichen Kenntnis des Dorflebens und letztlich Eberhard Schöll, dem Verfasser unzähliger Berichte. Sie alle haben mit ihrem großen Wissen die Arbeit der Geschichtswerkstatt unterstützt und viel zur Klärung offener Fragen beigetragen. Zum Teil waren sie ebenso Jahrbuch-Autoren des Stadtteilvereins.

Weiterhin soll nicht unerwähnt bleiben, daß im derzeitigen Gremium u.a. Künstler und Buchautoren, Träger der Bürger-Plakette und der Heimatmedaille des Landes Baden-Württemberg als höchste Auszeichnung für Brauchtum und Heimatforschung, sowie berufene Fachleute und Akademiker tätig sind, die durch aktives Engagement in Vorträgen und Führungen die Publikationen der Handschuhsheimer Geschichtswerkstatt begründen und mittragen.

Sei es eine Führung im Heidelberger Stadtwald zur Erkundung von Relikten einstiger Fertigung von Mühlenrädern, auf meist unbekannten und versteckten Lagerstätten, oder die jährlich stattfindende Führung zum Deutschen Mühlentag am Pfingstmontag im Handschuhsheimer Mühltal, die Begehung Handschuhsheimer Weinberge, Besichtigungen von Gärtnereien im Handschuhsheimer Feld, Exkursionen mit geologischsiedlungsgeographischem Hintergrund. Alle diese Veranstaltungen bedürfen umfangreicher Vorbereitungen mit hohem Zeitaufwand.

Dazu gehört auch die Entdeckung von entlegenen Grenzsteinen an der Handschuhsheimer Gemarkungsgrenze zu Neuenheim oder Dossenheim, die längst in Vergessenheit geraten sind und teilweise im Unterholz verborgen schon Jahrzehnte lang ihren Dornröschenschlaf halten. Das Auffinden solcher, von der Witterung bereits gekennzeichneter Quader gleicht einem Versteckspiel. Nur mit guter fachlicher Kenntnis der Gegebenheiten im ehemaligen Handschuhsheimer Forst und unter Zuhilfenahme entsprechender Karten und Pläne aus der Zeit vor der Eingemeindung unseres Stadtteils gelingt es, vermutete historische Grenzsteine sowie auch verborgene, ehemalige Waldwege ausfindig zu machen. Sowohl qualifizierte Forstleute, als auch ausgesprochene Kenner dieses Territoriums haben hier bereits ausgezeichnete Arbeit geleistet. Dabei ist das Forstamt Heidelberg oftmals unterstützend beteiligt.

Eine Bereicherung des vielseitigen Angebots an die interessierte Bevölkerung sind die spezifischen Fachvorträge und Führungen, mit kompetenten Persönlichkeiten, die jeweils für die erweiterte Gestaltung des Jahresprogramms gewonnen werden konnten. Die Initiatoren dieses umfassenden Angebots sind Ludwig Haßlinger und Dr. Peter Sinn, die als Impulsgeber der Geschichtswerkstatt ausdrücklich erwähnt werden müssen.

Wilhelm Barth

Die Fest-Veranstaltung in der Turnhalle der Tiefburgschule im Jahre 2003, anläßlich der 100-jährigen Eingemeindung, war ein großer Erfolg für die Handschuhsheimer Geschichtswerkstatt und ist so betrachtet der Lohn für immense Organisationsarbeit und große Zeitaufwendung aller Werkstatt-Mitarbeiter.

Rückblickend auf die vergangenen zehn Jahre kann festgehalten werden, daß der Versuch und das Resultat der Bemühungen sich als positiv erwiesen haben, in Vergessenheit geratene und der Bedeutungslosigkeit anheim gefallene Historien ins Gedächtnis zurückzubringen oder auch gänzlich unbekannte Geschehnisse aufzuzeigen. Natürlich wäre auch das Interesse jüngerer Menschen wünschenswert, sich an der Aufbereitung, Erhaltung und Weitergabe des wertvollen Kulturguts unseres Stadtteils aktiv zu beteiligen. Dabei möchte sich der Arbeitskreis Handschuhsheimer Geschichtswerkstatt als Bindeglied und tragender Pfeiler verstanden wissen. Hierbei wird auch die nützliche Zusammenarbeit mit allen Handschuhsheimer Vereinen als Selbstverständlichkeit betrachtet. Stets sind aufgeschlossene und am mittelbaren Stadtgeschehen Interessierte herzlich willkommen, damit sie die Ziele der Geschichtswerkstatt weitertragen können. Vielleicht gelingt es einmal einem befähigten Mitbürger, die noch unbeschriebene Lücke seit Derweins Handschuhsheim und seine Geschichte bis hin zur Gegenwart mit einer historischen Fortsetzung oder Ergänzung zu schließen.

Anmerkung
Auf Wunsch des Autors erfolgt der Druck dieses Beitrags nach der traditionellen deutschen Rechtschreibung.

Renate Ludwig, Einhard Kemmet

Funde und Ausgrabungen in Heidelberg 2005 – 2006

Im Berichtszeitraum wurden von der Archäologischen Abteilung am Kurpfälzischen Museum insgesamt 66 Bauvorhaben denkmalpflegerisch betreut. Davon erbrachten 31 Baustellenbeobachtungen keinen archäologischen Befund.

Mittelalter / Neuzeit

Heidelberg – Altstadt, Hauptstraße 216. Archäologische Ausgrabung März – April 2005

Abb. 1: Heidelberg – Neuenheim, Tiergartenstraße 55. Im Mittelbereich der historischen Rinne ist ein Schieber rekonstruiert, mit dem der Kanal gesperrt werden konnte. Hierzu wurde eine Bohle in einer Nut in den Kanal gestellt, bei deren Hochziehen das angestaute Wasser mit einem Schwall abfließen konnte. Durch diesen „Spülstoß" wurden Ablagerungen und Fäkalien im Kanal mitgeschwemmt (Kurpfälzisches Museum, E. Kemmet).

Die an Karlsstraße und -platz angrenzende Grabungsfläche umfasste ca. 500 m², von denen etwa ein Drittel, zum Platz hin gelegen, bis auf den gewachsenen sandigen Lössboden bis etwa 2 m unter dem heutigen Straßenniveau untersucht werden konnte. Dabei konnten mittelalterliche und frühneuzeitliche Siedlungs- und Baubefunde erhoben werden.

Konstruktiver Bestandteil eines ca. 12,50 m x 7 m messenden Gebäudes aus dem 16. / frühen 17. Jahrhundert war ein mit Buntsandsteinplatten gedeckter Steinkanal von 0,40 m lichter Weite und 0,80 m Höhe. Im Bereich unter der südwärtigen Raumeinheit war die Vorrichtung für einen Schieber zum Aufstauen des Abwassers erkennbar.

Ohne die Initiative von Herrn Fritz Hartmann aus der Altstadt wäre dieser Befund im Bauschutt verschwunden. Seine Anregung zum Bergen und zum Wiederaufbau der Rinne an anderer Stelle wurde von Herrn Ulrich Zwissler vom Abwasserzweckverband aufgenommen und mit Mitarbeitern des Abwasserzweckverbandes umgesetzt. Das Projekt wurde vom Kurpfälzischen Museum der Stadt Heidelberg gefördert und historisch und wissenschaftlich begleitet. Heute ist der Befund, ergänzt durch eine bebilderte Informationstafel, in der Grünanlage des Klärwerks Nord wieder aufgebaut und kann dort (nach Voranmeldung) besichtigt werden (Abb. 1).

s. a. ausführlicher Bericht: M. Benner, F. Damminger: Archäologische Untersuchungen am Karlsplatz in Heidelberg, Archäologische Ausgrabungen in Baden-Württemberg 2005, 2006, S. 195ff.

Heidelberg – Altstadt, Peterskirche – Kirchhof. Archäologische Baubeobachtung September 2005

Im Zuge der Verlegung von Elektroleitungen anlässlich von Renovierungsarbeiten kamen südwestlich der Kirche ein neuzeitliches Steinfundament und Reste von Bestattungen des ehemaligen städtischen Hauptfriedhofes zu Tage.

Heidelberg – Altstadt, Heiliggeistkirche. Archäologische Baubeobachtung März 2006

Beim Einbau eines Aufzuges in das nördliche Seitenschiff wurde neben einer prähistorischen Grube und Skelettresten von Seuchengräbern auch ein 1,18 m breites Mauerfundament angeschnitten, dessen Sohle bei 1,95 m bzw. 3,05 m unter heutiger Oberfläche liegt. Der Befund steht in keinem Zusammenhang zum heutigen Kirchenbau und muss zu einem Vorgängerbau gehören (Abb. 2).

Heidelberg – Altstadt, Semmelsgasse 13. Archäologische Ausgrabung Januar 2005 / August 2006

Bereits im Rahmen von Sanierungsarbeiten im Osttrakt des Palais Nebel konnten Reste einer sicherlich mehrphasigen älteren Bebauung dokumentiert werden. Weitere Untersuchungen folgten 1 1/2 Jahre später im Nordteil der Nebel'schen Gärten

Abb. 2: Heidelberg – Altstadt, Heiliggeistkirche. Blick in die Baugrube nach Osten mit Fundament der Vorgängerkirche (Kurpfälzisches Museum, E. Kemmet).

Renate Ludwig, Einhard Kemmet

auf einer 8 m x 16 m großen Fläche. Der älteste Bau, ein ca. 5,5 m breites und 8 m tiefes Haus mit an die östliche Hauswand angesetzter Latrin, stammt aus dem 13./14. Jahrhundert. Mehrere Um- und Erweiterungsbauten datieren in das späte 15./16. Jahrhundert. Nach der Zerstörung 1693 wurde das Gelände endgültig einplaniert und als Garten des Nebel'schen Anwesens genutzt.

s.a. ausführlicher Bericht: F. Damminger: Neues aus Heidelberg „vor dem großen Brand" – Archäologische Untersuchungen im und um das Palais Nebel. Archäologische Ausgrabungen in Baden-Württemberg 2006, 2007, S. 207ff.

Heidelberg – Altstadt, Friedrich-Ebert-Anlage 23 / 27. Archäologische Baubeobachtung Juli 2006

Bei Kanalbauarbeiten wurde auf einer Länge von 3,50 m die Ost – West – Richtung verlaufende Vorstadtmauer angeschnitten.

Heidelberg – Wieblingen, Falkengasse 19. Archäologische Baubeobachtung Juni 2006

Beim Aushub für vier neue Reihenhäuser wurde das Fundament eines Kellers aus dem 17. Jahrhundert freigelegt und dabei wenige Glas- und Keramikscherben geborgen.

Bitte melden Sie archäologische Funde und Beobachtungen! Sie helfen damit, unersetzbare Zeugnisse der Vor- und Frühgeschichte des Heidelberger Raumes vor ihrer undokumentierten Zerstörung zu bewahren. Auskünfte und Beratung erteilen als Untere Denkmalschutzbehörde: Kurpfälzisches Museum der Stadt Heidelberg, Archäologische Abteilung, Schiffgasse 10, 69117 Heidelberg, Tel. 06221 / 58-34180 Fax 06221 / 58-49420.-

KURPFÄLZISCHER VERLAG
HEIDELBERG

seit 1996
> HEIDELBERG - Jahrbuch zur Geschichte der Stadt <

herausgegeben vom Heidelberger Geschichtsverein   Ladenpreis 18,- Euro.
Mitglieder des Vereins erhalten das Jahrbuch als Jahresgabe

Kurpfälzischer Verlag – Dr. Hermann Lehmann – Dreikönigstraße 10 – 69117 Heidelberg
T: 06221-20503   F: 06221-28695   eMail: kurpfaelzischer.Verlag@t-online.de

Hermann Weisert (†); Dagmar Drüll; Eva Kritzer (Hgg.): Rektoren – Dekane – Prorektoren – Kanzler – Vizekanzler – Kaufmännische Direktoren des Klinikums der Universität Heidelberg. Herausgegeben vom Rektor der Ruprecht-Karls-Universität, Kurpfälzischer Verlag, Heidelberg 2007, 192 S., Euro 19,80

Im Kurpfälzischen Verlag von Dr. Hermann Lehmann – gewissermaßen dem Hausverleger unseres Jahrbuchs – ist dieses 143 Seiten umfassende Register der Amtsträger der Heidelberger Universität erschienen, das auf einer Veröffentlichung des ehemaligen Archivleiters der Universität, Dr. Hermann Weisert von 1968 bzw. 1986 ruht. Weiserts „Rektoren und Dekane 1386 – 1968 / 1985" stellte eine archivartypische Fleißarbeit, die nur zu würdigen ist in ihrer unvermeidlichen Kombination mit Dokumentensammlungen und historiographischen Monographien, die an anderer Stelle entstehen. Für nicht mit Forschung beschäftigte sind solche Bücher eigentlich nur sonderbar, denn welche Relevanz mag die Mitteilung besitzen, dass Bonifacius a Sancto Wunibaldo (vulgo Franciscus Schnappinger) anno 1795 das Dekanat der Theologischen Fakultät inne hatte, und was teilt uns der Hinweis mit auf die segensreiche Tätigkeit von Oberamtsrat Hironymus Fieser von Oktober 1974 bis Mitte 1975 in der Verwaltungsdirektion des Universitätsklinikums. Als Hilfsmittel zur Erforschung der Universitätsgeschichte sind sie allerdings unverzichtbar. Im uferlosen Strom der Dokumente und Hinterlassenschaften markieren sie die kleinen Amtlichen Zäsuren, die oft erst korrekte Zuordnungen möglich machen. Ob in der Epoche elektronischer Datenträger dazu allerdings papierschwere Bücher in aufwändiger Herstellung gefertigt werden müssen, mag man bezweifeln.

Dem Weisertschen Grundmuster ist auch die jetzt vorliegende Namensdokumentation verpflichtet, die in ihrer Vollständigkeit eine Premiere in der deutschen Universitätslandschaft darstellt. Sie enthält 621 Universitätsjahre, an die tausend Semester, 16 doppelspaltige Seiten Namensregister, eine (mit römischen Zahlen paginierte) Zeittafel zur (Verwaltungs-)Geschichte der Universität 1386 – 2007 und neben den Rektoren und Prorektorenlisten auch jene der Wormser Dompröpste, die von 1387 / 8 bis 1803 das Kanzleramt inne hatten, der Verwaltungs-Kanzler (seit 1970) und der Fakultätsdekane. Wobei letzteres eine an Akribie kaum überbietbare Fleißarbeit erfordert haben muss angesichts des permanenten Wandels der Fakultätszusammensetzungen.

Der Gebrauchswert der Namensliste wird dabei durchaus dadurch angehoben, dass sie mit Hinweisen zur Verwaltungsgeschichte „durchschossen" sind. So wird auch der Wandel von Statuspositionen sichtbar und die ins Unüberschaubare sich ausdifferenzierende Administration des wissenschaftlichen Großbetriebs Universität.

Den Hauptteil der Arbeit, also neben zahlreichen Korrekturen und Auswertungen von Aktenfunden die Fortführung der Listen von 1985 bis 2006 leisteten Eva Kritzer und Dagmar Drüll-Zimmermann vom Universitätsarchiv. Dagmar Drüll ergänzt damit ihre archivalischen Publikationen, die in zwei des auf drei Bände angelegten Heidelberger Gelehrtenlexikons vorliegen und 2008 komplett vorliegen werden.

Zu erwähnen ist noch das Umschlagfoto, das einen Ausschnitt des Festzugs der Honorationen bei der 575. Jahresfeier am 31. Mai 1961 zeigt. Brave applaudierende Bürgerkinder links und rechts im Spalier, die Pedelle mit den Szeptern, der mit Amtskette behängte Rektor und Ministerpräsident Kiesinger, ihnen folgend jener schier endlose Strom an Amtsträgern, den wir, mit etwas Phantasie, über den oberen Bildrand hinaus nunmehr wieder zuverlässig zurückverfolgen können bis zu jenem Marsilius von Inghen, der am 17. November 1386 als erster das Rektorenamt angetreten hatte.

Norbert Giovannini

Wolfgang Seidenspinner, Manfred Benner: Heidelberg, hg. vom Regierungspräsidium Stuttgart, Landesamt für Denkmalpflege; vom Regierungspräsidium Karlsruhe, Referat 25; von der Stadt Heidelberg (Archäologischer Stadtkataster Baden-Württemberg 32), Esslingen 2006, Bd. 1, 358 S., Bd. 2, 10 Karten, Euro 40

Der Spaten und alle anderen Sorten von Grabinstrumenten sind das eigentliche Arsenal der Archäologie. Damit es aber zu nachlesbaren Ergebnissen kommt, heißt es, statt frische Luft zu atmen, Aktenstaub und Bildschirmstrahlen auszuhalten. Anzuzeigen ist ein Werk, das eine Zwischensumme zieht aus 130 Jahren Heidelberger Archäologie und das als Hilfsmittel so unverzichtbar zu werden verspricht wie Herbert Derweins Flurnamen-Buch (1940) und seine Stadtgeschichte in der Amtlichen Kreisbeschreibung (1968), wie Arnold Scheuerbrandts Heidelberg-Karte im Historischen Atlas von Baden-Württemberg (1976) und sein Heidelberg-Beitrag (Mittler 1996), wie Meinrad Schaabs Kurpfalzbände (1988/92) und seine Aufsätze zu den Anfängen Heidelbergs (1958, 1998), wie Adolf von Oechelhäusers Kunstdenkmäler (1913), Peter Anselm Riedls Universitätsbauten (1986) und Bernd Müllers Architekturführer (1998). Einschränkend ist darauf hinzuweisen, dass die vorliegende Edition mit den Bereichen Altstadt und Bergheim zwar die Kernbereiche der Siedlungsgeschichte Heidelbergs, damit aber nur einen Teil der Gesamtgemarkung umfasst. Während es zum Heiligenberg jüngere archäologische Veröffentlichungen gibt und Einhard Kemmet eine Übersicht über die Funde zum Neolithikum vorgelegt hat (HJG 10, 2005), lassen sich zumindest eine Gesamtübersicht über die Römerfunde in Neuenheim und über die Mittelalterfunde im übrigen Stadtgebiet vermissen.

Um das Archäologische Stadtkataster verstehen und nutzen zu können, ist zunächst seine Gliederung vorzustellen. Zur Altstadt und zu Bergheim gibt es in Band 2 jeweils fünf Karten mit folgenden Inhalten: 1. Archäologisch relevante Bereiche, 2. Archäologische Fundstellen, 3. Historische Topografie, 4. Überlagerung der aktuellen Liegenschaftskarte mit dem badischen Gemarkungsatlas 1871 – 81, 5. Bodeneingriffe. Der Textband enthält zwei Beiträge, einen erläuternden und einen kondensiert stadtgeschichtlichen, weiterhin Einzelerläuterungen zu den Karten 2, 3 und 5 sowie eine Konkordanz für die Karten 2 und 3.

Die Kartierung der archäologisch relevanten Bereiche teilt die beiden Stadtteile in 10 Sektionen auf und ordnet diese drei Kategorien zu. Zu den wichtigsten Flächen gehören die beiden Burgen und der Schwemmkegel des Klingenteichbachs als die Schlüsselgebiete zum Verständnis der Anfänge der Stadt. In die dritte Kategorie sind der Schlossberg, die Jakobsvorstadt und Bergheim-West eingestuft. Der Rest ist von mittlerem Interesse. Zusammen mit dem klar formulierten Einzelfallsvorbehalt lässt sich mit dieser Einteilung leben. Die in den Karten 1 ebenfalls eingetragenen archäologischen Fehlstellen, also die Kartierung der ausgeräumten Flächen, doppelt sich mit den Angaben in den Karten 5, Bodeneingriffe. Vor wenigen Jahren hatte das Landesdenkmalamt noch eine Karte verbreitet, auf der für die Heidelberger Altstadt alle ohne wissenschaftliche Grabung ausgeräumten Flächen markiert waren: eine scharfe Kritik am Umgang mit der Archäologie in Heidelberg. In den Karten 1 und 5 sind nun die entsprechenden Flächen denjenigen gleichgeordnet worden, an denen wissenschaftlich gegraben wurde; im Text wird zwar auf den unterschiedlichen Status, etwa zwischen Kornmarkt und Triplex, verwiesen, die Karten treffen aber nur Aussagen über künftige Fundmöglichkeiten und meiden den Streit um die restriktive Archäologiepolitik in der Vergangenheit. Wünschenswert wäre gewesen, die archäologischen Grabungsflächen, etwa durch Schraffuren, zu kennzeichnen. Immerhin sind diese auf den Karten 2, Archäologische Fundstellen, dargestellt; eine Übersicht über die ohne Untersuchung ausgebaggerten Flächen fehlt jedoch.

Die jeweiligen Bodeneingriffe sind nach Tiefe klassifiziert: bis 1 m, 1 – 3 m, über 3 m alt und über 3 m modern. Außerdem sind Gewölbekeller durch Bögen gekennzeichnet. Erkennbar wird so, dass in der westlichen Altstadt und in Bergheim große Flächen ausgeräumt und für künftige Grabungen uninteressant sind. Bei den Flächen, auf denen Baumaßnahmen nicht tiefer als 1 m reichen, sind, so wird unterstellt, noch Funde zu erwarten. Da die Bodeneingriffe nur nach den

Bauakten kartiert sind, bleibt eine Fülle von Fragezeichen: Die Altstadtkirchen sind, soweit über-haupt, mit Bodentiefen von weniger als 1 m kartiert; angesichts der historischen Grabanlagen und der modernen Heizungseinbauten sowie der Grabungen in der Heiliggeistkirche ist das nur schwer vorstellbar; jedenfalls ist die zugängliche Gruft auf der Ostseite der Jesuitenkirche tiefer als 3 m, hier aber nicht eingetragen. Außerdem bleibt der Straßenraum ausgespart, wo es doch sicher Akten über Ver- und Entsorgungsleitungen beim Tiefbauamt und bei den Stadtwerken gibt. Im Text wird dieser Mangel nur ganz beiläufig erwähnt (S. 26); kommentarlos weggelassen sind die Tunneleinfahrten, der Bergbahneinschnitt und der Luftschutzkeller am Schlossberg; letzterer ist deshalb von bauhistorischem Interesse, weil dessen unterer Zugang ein älterer Verbindungs-gang zur Kaserne Schlossberg 4 sein könnte. Durch diese Aussparungen lassen die Karten zu den Bodeneingriffen die noch bestehenden Untersuchungsmöglichkeiten optimistischer erscheinen (S. 22 – 26), als sie sind. In der Heidelberger Innenstadt – wie in allen Städten mit vergleichbarer Nutzungsdichte – sind die Aussichten auf neue archäologische Aufschlüsse tatsächlich weitaus geringer, als im vorliegenden Stadtkataster dargestellt.

Mit der Kennzeichnung der Gewölbekeller liegt eine eigene, äußerst detailreiche Kartierung vor. Während in Bergheim dadurch die in etwa vorgründerzeitlichen Gebäude erfasst sind, handelt es sich in der Altstadt überwiegend um Kelleranlagen älter als 1689. Allerdings kann die Haspel-gasse 12 noch ihren wunderschönen Kreuzgratgewölbekeller, Baujahr 1735, für die 2. Auflage des Stadtkatasters anmelden. Ansonsten sind die Keller allenfalls in aufwändigen Einzelunter-suchungen datierbar. Soweit Haus- und Kellergrundrisse inkongruent sind, ergeben sich jedoch aus den Karten 5, Bodeneingriffe, für jedes Quartier und jede Parzelle erste Anhaltspunkte zur Bauge-schichte. Eine besondere Rolle haben dabei die Keller, die in den Straßenraum vorragen. Hier kom-men die Autoren zu vorschnellen Urteilen, wenn sie die Beispiele im Bereich der Heiliggeistkirche den Begradigungen beim Wiederaufbau nach 1693 zuordnen (S. 24, 71). Die Keller unter dem Fischmarkt westlich der Heiliggeistkirche sind eher einer Baufluchtänderung des 15. Jahrhunderts zuzuordnen, um Platz für die Strebepfeiler des Heiliggeistturms zu schaffen, während die Keller vor Marktplatz 4 und 5 aus Platzmangel erst nachträglich unter dem Straßenraum angelegt wor-den sein könnten. Allgemein ist zu bemerken, dass es zum Wiederaufbau nach 1693 bislang weder archäologische noch baugeschichtlich hinreichende Untersuchungen gibt; die zahlreichen, aber überprüfungsbedürftigen Arbeiten von Karl Lohmeyer fehlen überdies im Literaturverzeichnis des Stadtkatasters.

Mit Ausnahme der Kellerkartierung richten sich die Aussagen der Karten 1 und 5 vornehmlich an Bauträger, Architekten und Verwaltungen und erfüllen mit den genannten Einschränkungen ihren Zweck. Für alle Stadtforscher sind die Karten 4, Überlagerung der aktuellen Liegenschafts-karte mit dem badischen Gemarkungsatlas, von unschätzbarem Wert. Für Heidelberg in den Jahren 1871 – 81 angelegt, zeigt der Vergleich für Bergheim und die mitdargestellte nördliche Weststadt die bauliche Entwicklung um 1880; für die Altstadt werden viele Straßenbegradi-gungen und -erweiterungen erkennbar, wie überhaupt die Jahre um 1900 die ungünstigsten für die historische Bausubstanz waren. Durch die Anpassung des Urkatasters an die Konturen des heutigen Parzellenplans ist die Darstellung der Grundstückswinkel, die 1871 / 81 nur ungenau erfasst und für das Innere der Straßenblöcke allenfalls geschätzt wurden, erheblich verbessert. (Für Schiefwinkligkeiten von weniger als fünf Grad, wie ich sie zum Beispiel an den Bodenbret-tern meines Arbeitszimmers in der Haspelgasse 12 ablesen kann, ist aber auch die heutige Lie-genschaftskarte immer noch zu ungenau. So ist auf Karte 4 Altstadt die leichte Verschwenkung der Haspelgasse kaum auszumachen, auf die ein anderes Mal zurückzukommen sein wird.) Das schmälert aber nicht den Erkenntniswert des Kartenvergleichs, der archäologisch nachrangig, stadttopografisch aber höchst aufschlussreich ist. Zu bedauern ist, dass in den Kartenvergleich nicht auch das Urkataster von 1770 einbezogen wurde (erwähnt S. 18). Die in den Erläuterungen zur Topografie S. (191 – 264) wiedergegebenen Ausschnitte aus diesem ältesten Kataster sind von schlechter Bildqualität; die zweite Auflage des Stadtkatasters sollte als Karte 11 den Plan von 1770 in einer kontrastreichen Version aufnehmen.

Herzstück des Archäologischen Stadtkatasters Heidelbergs sind die Karten 2 und 3 mit den Fundstellen und einer stadttopografischen Übersicht. An dieser Stelle können nur kleine Appetizer mitgeteilt werden, die die Fülle des zusammengestellten Materials, zugleich aber auch kleinere Mängel in der Deutungskoordination erkennen lassen. Die Funde in Bergheim betreffen alle archäologischen Epochen; den Schwerpunkt bildet die römische Gewerbesiedlung im Bereich des Klinikums mit den kartierten Römerstraßen, die ja teilweise noch dem heutigen Straßennetz entsprechen. Das Zentrum des mittelalterlichen Bergheim bildet die schon vor über 100 Jahren ergrabene Kirche am Nordende der Kirchstraße (Fundstelle Nr. 14); im Westen wurde auf dem Landfriedgelände ein Keller, vielleicht von einem Adelssitz stammend, gefunden, im Osten vor wenigen Jahren in der Baugrube der Alten Glockengießerei die Spuren bäuerlicher Siedlung. Die Kartierung unterstreicht sehr sinnfällig die Größe des mittelalterlichen Dorfes, das 1392 nach Heidelberg umgesiedelt wurde. Die Geschichte Bergheims ist im Text nach dem aktuellen Stand des Wissens dargestellt (S. 35 – 39, 57 – 59). Erstaunen lösen die Umstände aus, unter denen die jüngeren Funde gemacht wurden. Bei drei großen öffentlichen Bauvorhaben wurde der Erdaushub ohne vorherige archäologische Grabung vorgenommen, sodass nur noch der Blick auf die Baugrubenwände möglich war: beim Polizeipräsidium (1989, Nr. 29), bei der Tiefgarage im Klinikum (1996, Nr. 54, 56) und bei der Alten Glockengießerei (2000, Nr. 30). Der „Wendepunkt... für eine stärkere Berücksichtigung stadtarchäologischer Belange... in den Jahren 1986/87" (S. 11) hat offenbar nicht auf Bergheim ausgestrahlt.

Für die Altstadt waren die drei großen Grabungen von 1986/87 auf dem Kornmarkt (Nr. 185), im Innenhof der Universität (Nr. 130) und beim Kurpfälzischen Museum (Nr. 94) ein Neuanfang, der ein gestiegenes Interesse der Öffentlichkeit und eine größere Aufgeschlossenheit bei Land und Stadt als Bauherren zur Voraussetzung hatte und beide Bedingungen wiederum durch die Präsentation der Ergebnisse bestärkte. Die erste flächenhafte Grabung nach der Freilegung der Augustinerfundamente 1912 (Nr. 132) fand 1977 am Karlsplatz statt (Nr. 206); da sie vorzeitig abgebrochen werden musste, sind ihre Ergebnisse bis heute unausgewertet geblieben. Mit dem Friedensschluss zwischen Bauverwaltung und Archäologie, den die Veröffentlichung des Stadtkatasters dokumentiert, dürfte jetzt einer Aufarbeitung nichts mehr im Weg stehen.

Die große Zahl von Fundstellen (245) ergibt sich aber nicht aus der überschaubaren Menge systematischer Grabungen, sondern aus vielen Kleinfunden, Notbergungen und Baugrubenbeobachtungen. Die hier wiedergegebenen Akten beschreiben die Funde und Befunde, verzichten aber meist aus guten Gründen auf eine Deutung. An der Ecke Sandgasse zur Plöck wurde 1975 an der Ostseite eine Grube mit Brandschutt, Keramik und Teilen eines Pferdeskeletts angeschnitten (Nr. 121), Deutung: keine. Im Jahr davor wurde auf der Westseite vor dem Eingang zur Schule eine Ansammlung neolithischer Scherben gefunden (Nr. 122), Deutung: Hinweis auf prähistorische Siedlung; wenige Meter nördlich fand sich gleichzeitig ein süd-nord-ausgerichtetes Skelett und ein weiterer Schädel, jeweils undatiert, Deutung: „Zugehörigkeit der Bestattungen zu dem westlich benachbarten alten jüdischen Friedhof... ist nicht auszuschließen"; Bestattungen neben einem Friedhof ergeben frelich keinen Sinn, und jüdische Gräber waren im Mittelalter mit Sicherheit nach Osten gerichtet; der Verzicht auf eine Deutung wäre hier angemessen gewesen. 1992/93 wurden in der Märzgasse Kanalerneuerungen durchgeführt (Nr. 85); beobachtet wurden dabei im Abschnitt südlich der Plöck angeschnittene Fundamente, die einer unbestimmten Bebauung vor 1620 zugeordnet werden; auf der topografischen Karte ist für diesen Bereich das lutherische Spital, entstanden nach 1741, ausgewiesen; die Redundanz des Stadtkatasters verknüpft diese beiden Befunde nicht auf den Karten und ihren Erläuterungen, sondern bedient sich einer speziellen Konkordanz zwischen beiden Kartenwerken; so führt der Hinweis auf S. 328 doch noch zu der Vermutung, dass diese Mauerzüge einem Spitalgebäude zuzuordnen sind, das, wie zu ergänzen ist, nach der Säkularisation dem Theologen und Pädagogen Schwarz als Wohnhaus und Internat diente.

Die Karten 3, Historische Topografie, schreiben die Heidelbergkarte des Historischen Atlasses für Baden-Württemberg nicht fort, sind weniger filigran angelegt, bieten aber mit dem kleineren

Maßstab und dem unterlegten heutigen Lageplan sehr viele, auch über den Bereich der Archäologie hinaus stadtgeschichtlich wichtige Informationen; sie bilden insofern einen Neuansatz für einen historischen Atlas der Stadt. Bei den Kartierungen fällt ins Auge, dass für Bergheim die Römerzeit ausgespart bleibt und eine Rekonstruktion des mittelalterlichen Dorfs auch nicht im Ansatz versucht wird. Die Altstadt dagegen ist über die Hälfte ihrer Fläche eingefärbt. Da die Betrachtung 1693 endet, fällt das Problem der Nutzungswanderungen und der Ungleichzeitigkeit baulicher Befunde weniger auf. Zu bemängeln an der Anlage der Altstadtkarte sind die Positionen der Stadtbefestigung: Der blaue Turm (Nr. 21) stand nicht im Straßenraum der heutigen Ebert-Anlage, sondern auf der Grünfläche des Stadtgartens; die Stadtmauer entlang der Zwingerstraße verlief nicht auf deren nördlicher Bauflucht, sondern auf der Straßenmitte; der durch Quellen belegte Graben zwischen Altstadt und Jakobsvorstadt ist nicht dargestellt. Zu vermissen ist auch die Eintragung der historischer Wege, insbesondere des Plättelswegs, der zwischen Friesenweg und Alter Burg im Gelände noch sichtbar ist und oberhalb der Molkenkur in zwei Trassen bis zur Höhe des Königstuhls verläuft. Die Hohlwege im Stadtwald bedürfen als Bodendenkmäler des Schutzes, nicht weil sie durch Überbauung, wohl aber durch das schwere Gerät der Waldwirtschaft gefährdet sind. Ebenso zu vermissen sind die Schanzen von 1622 und 1692 / 93, die nicht weniger bedroht sind.

Die Erläuterungen zu den Karten 3 dagegen sind, auch dank des beigefügten Bildmaterials, eine richtige Fundgrube für alle stadttopografisch Interessierten. Die Gliederung nach Funktionsbereichen erlaubt dabei, etwa die Odysseen der Schul- und der Pfarrhausgebäude nachzuvollziehen, die sie – oft innerhalb kurzer Zeit – im Stadtgebiet durchlaufen haben. Die Adelshäuser, die Höfe auswärtiger Bischöfe und Klöster, die Zunfthäuser, die Spitäler – sie alle bekommen einen Ort, mitunter auch eine beigegebene Ansicht, Bauzeichnung oder zumindest eine ungefähre Ortsangabe. Gelegentlich fehlt es an einer abschließenden Bearbeitung der aus verschiedenen Quellen zusammengestellten Angaben. Zum jüdischen Friedhof des Mittelalters heißt es in der Erläuterung der Fundkarte, er sei „dem Herrengarten zugeschlagen" worden (S. 134); entsprechend ist er auf der topografischen Karte unter Theaterstraße 7 – 11 eingetragen; in der Erläuterung dazu ist allerdings von einem noch im 18. Jahrhundert vorhandenen „Universitätsgarten" die Rede, also dem Anatomiegelände und späteren Voßschen Garten an der Plöck.

Die beiden dem Textband vorangestellten Beiträge werfen redaktionelle Fragen auf. Das Stadtkataster hat mit Wolfgang Seidenspinner und Manfred Benner zwei gemeinsam auftretende Autoren. Die beiden Ausätze unterscheiden sich in Gestus und Stil sowie in der Zahl der Anmerkungen so deutlich voneinander, dass die jeweiligen Autoren auch hätten genannt werden können. Die Sache wird auch nicht dadurch transparenter, dass der zweite Aufsatz sehr häufig aus einem unveröffentlichten Skript von Manfred Benner zitiert, verfasst 2005. Positiv gewendet sei diese Zitierweise als Ankündigung einer größeren Veröffentlichung zur Frühgeschichte Heidelbergs verstanden.

Dieser zweite Aufsatz, der sich Manfred Benner zuschreiben lässt, ist eine komprimierte, gut lesbare und, mit Ausnahme der unveröffentlichten Eigenzitate, auch gut belegte Stadtgeschichte mit den Schwerpunkten Siedlungsgeschichte und Stadtbild. Am ausführlichsten fällt die Argumentation dort aus, wo es um die Vorgeschichte und die Anfänge der Stadt geht. Fair werden die anders gerichteten Theorien Meinrad Schaabs und Jochen Goetzes referiert und Deutungskompromisse gesucht. Die Hauptthese Benners und seines häufigen Mitautors Achim Wendt ist, dass es kein Urdorf um die Peterskirche gab, sondern nur den frühestens seit 1156 entstandenen Burgweiler mit repräsentativen Bauten, der um 1220 von einer wittelsbachischen Gründungsstadt überlagert wurde. Gerade im Zusammenhang eines Fundkatasters fällt jedoch auf, dass immer wieder in kosmetischer Sprache Befunde so gedeutet werden, dass sie zur Theorie passen. Richtig komisch ist das Verwirrspiel, selbstironisch mit Eigenzitaten inszeniert, um die Frage, welchem Jahrzehnt des 12. Jahrhunderts die Funde im Universitätsinnenhof zuzuschreiben sind; natürlich kommt Benner am Schluss wunschgemäß auf die 2. Jahrhunderthälfte (S. 42). Überhaupt lässt das Kataster erkennen, dass es zum 12. Jahrhundert nur drei Fundbereiche gibt: die Lesefunde unterhalb der Alten Burg, die Steinbauten und Scherben vom Universitätsinnenhof und einen Topf aus Glimmerware, 1956 beim Wormser Hof gefunden. Weder in noch an der Peterskirche ist je archäologisch gegraben worden und das Gelände zwischen Graben- und Sandgasse ist ausgeräumt. Wie bei einer derartigen Fundarmut der Wormser Hof „die größte Ausdehnung der Vorgängersiedlung... nach Westen" markieren soll (S. 133), bleibt unerfindlich. Auch die Bezeichnung des Bereichs im Universitätsinnenhof als „zentraler Teil des Siedlungskerns" (S. 59) ist eher ein Archäologenwunsch; Zentrum war die Peterskirche und ihre unmittelbare Umgebung. Auch die Behauptung, die Vorgängersiedlung habe keine Feldgemarkung besessen, (S. 42) ist nicht belegt; zu diskutieren wäre, ob sich nicht in der heutigen Parzellenstruktur zwischen Graben- und Sandgasse, die schiefwinklig zur Hauptstraße und rechtwinklig zur Plöck verläuft, die historische Feldflur der Peterskirchensiedlung abbildet, deren Ausdehnung nach Westen nicht mehr zu ermitteln ist. Zu erinnern ist auch daran, dass Herbert Derwein den Namen Jettenbühl von Geltenpogel mit der Bedeutung von Jungviehweide ableitet; wenn diese Deutung richtig ist, dann spricht dieser Flurname für eine agrarische Nutzung der Altstadt über einen längeren Zeitraum als nur ein paar Jahrzente. Siedlungs- und verkehrsgeschichtlich muss im Auge bleiben, dass der Heidelberger Taltrichter mit den Gründungen der Klöster Neuburg (1130), Schönau (1142) und Lobenfeld (1145) schon in der 1. Hälfte des 12. Jahrhunderts an Bedeutung gewonnen hatte. Kurzum, das letzte Wort zur Siedlung um die Peterskirche wird noch lange auf sich warten lassen.

Der archäologische Stadtkataster Heidelberg trägt mit seinen Kartierungen, stadtgeschichtlichen Beiträgen und Einzelerläuterungen erheblich dazu bei, die Kenntnisse über die Archäologie und frühe Topografie der Stadt zu verbessern. Es wird sich als gern herangezogenes Hilfsmittel schnell etablieren. Die Mängel im Detail lassen den Wunsch aufkommen, die Herausgeber hätten sich noch ein Jahr Zeit gelassen und ein paar Augenpaare mehr über die Texte und Karten wandern lassen. Denn eine zweite Auflage wird es nach aller Erfahrung so schnell nicht geben.

Hans-Martin Mumm

Ilona Scheidle, Heidelbergerinnen, die Geschichte schrieben. Frauenporträts aus fünf Jahrhunderten, Heinrich Hugendubel Verlag, Kreuzlingen / München 2006

Mit ihrem 180 Seiten starken Büchlein hat Ilona Scheidle ein kleines, informatives Werk vorgelegt, das den Leser / in mit Aspekten der Heidelberger Geschichte bekannt macht, die sich dem Blick der Frauengeschichtsforschung verdanken. Scheidle legt eine Zusammenstellung von biographischen Skizzen bekannter Frauen vor und weniger neue Forschungsergebnisse zu den einzelnen Personen. Sie portraitiert u.a.Frauen, die Ikonen der Gelehrsamkeit waren und dadurch aus der üblichen Sphäre des weiblichen Geschlechtes hervorstachen wie Olympia Fulvia Morata, Schriftstellerinnen, die heute nicht mehr gelesen werden, wie Augusta Bender oder Caroline Rudolphi, eine bedeutende Lyrikerin wie Hilde Domin, Briefschreiberinnen wie Liselotte von der Pfalz und Henriette Feuerbach, Frauenrechtlerinnen, wie Marianne Weber, Camilla Jellinek, Marie Baum oder Frauen, die durch die Beziehungen zu Männern der historischen Erinnerung erhalten blieben, wie die Dorothea Delph, eine Freundin Goethes. Frauen werden vorgestellt, die in der Mädchenbildung eine Rolle spielten wie Gräfin Graimberg, die sozial und politisch Handelnde Anna Blum oder die Oberbürgermeisterin Beate Weber.

Mit Heidelberg haben diese Frauen in sehr unterschiedlicher Intensität zu tun. Fulvia Morata wird mit mehr Recht von Schweinfurt oder Ferrara als Aushängeschild beansprucht denn von Heidelberg, wo sie nur ein Jahr – bis zu ihrem Tod – verbrachte. Einfluss auf die Stadtgeschichte hatten die Portraitierten vom 18. bis zum 20. Jahrhundert primär in der Kulturgeschichte Heidelbergs. Anna Blum als Mäzenatin und Beate Weber als Oberbürgermeisterin wirkten unmittelbar auf die Entwicklung Heidelbergs ein.

Rezensionen

Die Auswahl der dargestellten Personen versucht die Autorin unter einen für die Frauengeschichtsschreibung charakteristischen Ansatz zu bringen. Die Tatsache, dass die Porträtierten Frauen sind, unterstellt zunächst ein „typisches" Schicksal, die zugeschriebene, weibliche Rolle. Durch ihr Herausgehobensein aus dem historischen Vergessen unterstellt die Autorin, dass sie „...sowohl innerhalb gesellschaftlicher Konventionen als auch offen gegen die Vorstellungen" ihrer Zeit handelten. „So durchbrachen sie variationsreich von kämpferisch bis subversiv den festgelegten Rahmen, um eine menschlichere Gesellschaft aufzubauen." Dieses Postulat ist allerdings schwierig bei allen der beschriebenen Frauen nachzuvollziehen. Weder lässt Amalie von Baden in ihrer ständisch- feudalen Weltsicht, diesen Aspekt erkennen, noch die Handelsjungfer Dorothea Delph als mögliche geheime Agentin für antihabsburgische Regierungsbündnisse am Ende des l8. Jahrhunderts. Wenn Liselotte von der Pfalz die weibliche Rolle beklagt und sie betont, als Kind lieber mit Degen als mit Puppen gespielt zu haben, so bleibt dies ohne weitere Konsequenzen. Sie füllte die Rolle der „Madame" aus, auch wenn sie das Leben am Hof des Sonnenkönigs kritisch kommentierte. Die Kurzbiographien weisen vielmehr auf die individuellen Eigenschaften hin und die Entfaltungspotentiale, die der soziale Status den Frauen jeweils bot – innerhalb gesellschaftlicher Beschränkungen. Grenzüberschreitungen waren partiell möglich ohne dass die beteiligten Frauen stets zielgerichtet gegen bestehende Barrieren ankämpften mussten. So war die Gelehrsamkeit der Fulvia Morata ein Erbe der italienischen Renaissance, in der klassische Bildung für die Frau der höheren Stände selbstverständlich war. Die Definition dessen, was jeweils bedeutete, den „festgelegten Rahmen" zu durchbrechen, ob „subversiv" oder kämpferisch, blieb die Autorin schuldig.

Die sehr allgemein gehaltene Ausgangsthese der Autorin trifft daher auf jene Frauen zu, die sich in den Auseinandersetzungen um die Mädchenbildung Ende des l8. Jahrhunderts positionierten und jenen, die von der „sozialen Frauenfrage" bewegt und in der frauenemanzipatorischen Aufbruchstimmung an der Wende vom 19. zum 20. Jahrhundert erfasst wurden. So zeigen die Portraits von Augusta Bender, Marianne Weber, Marie Baum und Camilla Jellinek sehr viel präziser Frauen als Handelnde – im politischen engeren Bereich, wie im literarischen und wissenschaftlichen, um die soziale und rechtliche Situation der Frauen zu verbessern. Aber auch hier hätten noch viel deutlicher die Vorstellungen der aktiven Frauen von einer „menschlicheren Welt" dargestellt werden können. Der Streit z.B. um die „neue Ethik" seit 1905 innerhalb der bürgerlichen Emanzipationsbewegung liefert dafür genug Anschauungsmaterial.

Anders als die aktiven Frauen um die Jahrhundertwende brauchte die ehemalige Oberbürgermeistern Beate Weber nicht mehr um formale Rechtsgleichheit zu kämpfen oder um Zugang zu Abitur und den Universitäten. Probleme, wie die Vereinbarkeit von Beruf und Familie, kinderfreundliche Umwelt und Chancengleichheit von Frauen beim Aufstieg in die Berufshierarchie sind die frauenspezifischen Themen von heute. Weber hat dies erkannt, aber auch, dass sich solche Probleme sehr gut zur Mobilisierung von Wählerinnen eignen können. Nicht zuletzt die Einrichtung der Zukunftswerkstätten in der ersten Wahlperiode Webers war ein Beitrag, über die Teilhabe von Frauen an den Entscheidungen in den Stadtteilen auch deren Interesse an gesamtstädtischer Politik zu erreichen. Eine Analyse dieser Politikfacetten steht noch aus.

Alles in allem bietet die Arbeit von Ilona Scheidle mit ihren biographischen Skizzen eine vielseitige und anregende Lektüre – gewissermaßen eine Stadtführung zwischen Buchdeckeln.

Barbara Greven-Aschoff

Konrad Pflug, Ulrike Raab-Nicolai, Reinhold Weber (Hgg.): Orte des Gedenkens und Erinnerns in Baden-Württemberg (Schriften zur politischen Landeskunde Baden Württembergs, Bd. 35), hg. von der Landeszentrale für politische Bildung Baden-Württemberg, 2007 (zu beziehen durch die Landeszentrale für politische Bildung.)

Erinnerungskultur ist ein Begriff, der in den letzten Jahren in der öffentlichen Diskussion sehr an Bedeutung gewonnen hat. Damit er aber kein leerer Begriff bleibt, ist viel – manchmal auch sehr schmerzliche und anstrengende – Erinnerungsarbeit nötig.

Das Buch, das hier vorgestellt werden soll, zeigt, dass auf diesem Gebiet bereits viel geleistet worden ist, und es bietet Hilfen an, wie weiterhin solche Arbeit geleistet werden kann.

70 „Orte des Gedenkens und Erinnerns" werden vorgestellt, jeweils von Verfassern, die direkt in die Arbeit der Institution eingebunden sind oder ihr nahe stehen. Die meisten Orte sind verbunden mit Geschehnissen in der NS-Zeit, sind also entstanden an „Schreckensorten" (Peter Steinbach, S. 29). Meistens sind dies ehemalige Synagogen und Außenstellen von Konzentrationslagern. Aufgenommen sind aber auch Erinnerungsstätten des Widerstandes (Georg Elser und Graf von Stauffenberg z.B.) sowie Orte, die herausragenden Persönlichkeiten der Demokratiegeschichte des 20. Jahrhunderts gewidmet sind (Matthias Erzberger und Theodor Heuss z.B.). Vollständig ist die Liste natürlich nicht, wie man auch am Beispiel Heidelbergs sehen kann.

Die Artikel sind in ähnlicher Weise gestaltet: Einer kurzen historischen Beschreibung (z.B. des Jahrhunderte langen jüdischen Lebens in einer südwestdeutschen Landgemeinde) folgt die Darstellung des Gedenkortes selbst, auch die Geschichte seiner – manchmal sehr schwierigen – Entstehung. Literaturhinweise und Informationen zur Kontaktaufnahme schließen die Texte ab.

Aus Heidelberg berichtet Ulrich Graf über die Reichspräsident-Friedrich-Ebert-Gedenkstätte und Silvio Peritore über das Dokumentations- und Kulturzentrum Deutscher Sinti und Roma. Graf hebt neben der Entstehungsgeschichte der Gedenkstätte („1989 als ein Symbolort deutscher Demokratiegeschichte...eröffnet", S. 174) vor allem ihren Charakter als Lernort hervor. Durch die Präsentation von Friedrich Eberts Leben und die Einbindung in die Geschichte des deutschen Kaiserreiches, der Revolution von 1918 und der Weimarer Republik empfiehlt sie sich besonders als außerschulischer Lernort für Schulklassen. Die im Juli 2007 erneuerte Form der Darstellung mit audiovisuellen Medien und interaktiven Angeboten dürfte die ständige Ausstellung noch attraktiver machen.

Das Dokumentations- und Kulturzentrum Deutscher Sinti und Roma versteht sich sowohl als „Museum zur Zeitgeschichte sowie als Ort der Erinnerung, der Begegnung, des Dialogs und der kritischen Auseinandersetzung mit aktuellen gesellschaftlich-politischen Fragestellungen" (S. 168). Die Bildungsangebote der Institution werden neben der kurzen Beschreibung der ständigen Ausstellung eigens genannt. Auch wird über die heute gebräuchlichen Begriffe Sinti und Roma lexikonartig informiert. Beiden Artikeln sind – wie bei den übrigen Artikeln auch – Fotos beigefügt.

Nicht zu finden ist in dem Buch eine Darstellung des Heidelberger Synagogenplatzes. Da ein vergleichbarer Gedenkort aus Tübingen mit seiner Geschichte und seinem jetzigen Aussehen durchaus beschrieben ist, wäre es nicht unbillig, auch diesen Heidelberger Platz in die Darstellung aufzunehmen. Dabei würde sich eine nicht uninteressante Parallele zeigen: an beiden Plätzen stand eine Synagoge, die 1938 verwüstet und dann zerstört wurde; eine Überbauung mit einem Wohnhaus (Tübingen) und die Verwendung als Parkplatz (Heidelberg) sowie unzulängliche, weil verharmlosende Texte waren die frühen Formen des „Gedenkens". Erst durch die Arbeit von Bürgerprojektgruppen bekamen beide Plätze eine informative und würdige Gestaltung.

Bürgerinitiativgruppen sind ohnehin auffallend häufig die Initiatoren bei der Gestaltung von Erinnerungs- und Gedenkstätten gewesen. Ihre Arbeit ist der beste Beleg dafür, dass Erinnerungskultur in der Tat kein leerer Begriff mehr ist.

Rezensionen

Das Buch ist allen Lehrern zu empfehlen, die mit ihren Schülern einen geeigneten außerschulischen Lernort aufsuchen wollen. Es hilft bei der Auswahl und enthält alle notwendigen Informationen für die Vorbereitungen. Es ist aber auch ein sehr aufschlussreiches Lesebuch für alle, die an lokaler Geschichte interessiert sind. Man erfährt vor allem, welch reges jüdisches Leben in vielen südwestdeutschen Landgemeinden über Jahrhunderte vorhanden war. Geblieben sind meist nur die leeren Synagogen.

Ingrid Moraw

Robert Jany: Heidelberg im 17. Jahrhundert. Ausgewählte Beispiele zur Entwicklung des städtebaulichen Erscheinungsbildes und der Sozialtopographie dokumentiert an historischen Quellen und virtuellen dreidimensionalen Modellen, Diss. phil. Heidelberg 2005, XVII, 183 S., 1 CD-ROM, Universitätsbibliothek Heidelberg: 2006 U 452. Im Internet (Nur der Text, ohne Inhalt der CD): http://www.ub.uni-heidelberg.de/archiv/5977

Noch haben es nicht papieren, sondern in elektronischen Datenbanken veröffentlichte wissenschaftliche Arbeiten schwer bekannt zu werden; in der Regel werden nur Insider auf sie aufmerksam, so auch in diesem Falle. Die 2005 abgeschlossene Dissertation von Robert Jany hätte einen größeren Bekanntheitsgrad verdient, weniger ihrer unzweifelhaften inhaltlichen Qualität wegen, vielmehr weil die Interaktion von wissenschaftlichen Ergebnissen und moderner medialer Umsetzung als Zukunftsperspektive allgemein nur zögerlich akzeptiert zu werden scheint.

Janys Dissertation ist auf der Grundlage des vom European Media Laboratory (EML Heidelberg, Villa Bosch) in Zusammenarbeit mit dem Fraunhofer Institut Graphische Datenverarbeitung (ZGDV) innerhalb des BMBF-Projektes GEIST (Bundesministerium für Bildung und Forschung) entwickelten IT-Programms eines historischen Rundgangs durch Heidelberg entstanden. Demzufolge stellt die graphische Darstellung der erarbeiteten Inhalte für den IT-Gebrauch oder für Wearable Computer mit GPS gut die Hälfte der Arbeit dar. Im Kapitel 4 stellt Verf. das Forschungsprojekt GEIST ausführlich vor.

Auf der der Dissertation beiliegenden CD sind die graphisch erarbeiteten Rekonstruktionen von zerstörten Gebäuden des historischen Heidelberg enthalten: überaus sorgfältige Darstellungen, vielfach aus verschiedenen Perspektiven gesehen. Leider ist die Navigation unübersichtlich, zum Teil sind die Dateien nur mit Hilfe von Fremdprogrammen zu öffnen.

Der Titel „Heidelberg im 17. Jahrhundert" lässt Umfängliches erwarten, der Untertitel schränkt die Erwartungen jedoch ein: Lediglich ausgewählte Beispiele für die virtuellen dreidimensionalen Modelle sind bearbeitet. Der inhaltliche Schwerpunkt der Arbeit liegt dementsprechend weniger in den historischen Quellen und den Ergebnissen archäologischer Untersuchungen, obgleich auch diese ausreichend herangezogen werden, als viel mehr in geographischen, sozialgeographischen und geoinformatorischen Aspekten.

Dabei muss allerdings festgestellt werden, dass trotz der salvatorischen Klausel des Verfassers, keine neue historische Quellen- und Forschungsarbeit leisten zu wollen und zu können, die herangezogenen Quellen (S. 25 – 31 und passim) nicht in der Weise ausgewertet worden sind, wie es zu erwarten wäre, bedauerlich. Manche Fehlinformation wird hier weitergegeben – so S. 106: das Stegzinsenbuch von 1607 gibt nicht, wie dargestellt, die anhand des verzeichneten Arealzinses zu errechnende Grundstücksgröße wieder, sondern allein die absolute Summe der zu zahlenden Steuer, aus der die Grundstücksgröße nicht errechnet werden kann. Auch die Gerichtszugehörigkeit der im Stegzinsbuch aufgelisteten Bewohner ist darin nicht verzeichnet, sie findet sich allein im Bevölkerungsverzeichnis von 1588. Die Liste der kleinen Mängel ließe sich fortsetzen, dennoch hat die Arbeit unbestreitbare Qualitäten, nämlich in der Rekonstruktion verlorener historischer Gebäude wie sie wohl nur in dieser Form augenfällig dargestellt werden können. Überraschend eindringlich, da man sie sich in den historischen Details und trotz genauer Betrachtung des Merianstiches von 1620 kaum so komplex vorgestellt hatte, fällt die Rekonstruktion aus, allein ihretwegen wünscht man der Arbeit einen großen Bekanntheitsgrad.

Jochen Goetze

Stephan Engemann, Bernd Leicht: Heidelberg 1620 und heute, Rheinzabern und Hassloch 2005, Film-DVD, Laufzeit: ca. 63 min. 2-seitige DVD, Seite 1: PAL, Seite 2: NTSC. ISDN-3-00-017523-7, Euro 29,90, www.zeitreisen.de

Virtuelle 3D-Rekonstruktionen von historischen Gebäuden zu den verschiedensten wissenschaftlichen, gestalterischen oder demonstrativen Zwecken sind dank immer raffinierterer Programme bekannt und werden vielfach angewendet. Dass jedoch wie hier eine ganze Stadt auf der Grundlage einer historischen bildlichen Darstellung als virtuelles Modell rekonstruiert wurde, ist neu.

In mehrjähriger Arbeit haben die beiden Verfasser auf der Grundlage von Matthias Merians Großem Panorama von Heidelberg aus dem Jahre 1620 eine überzeugende Darstellung Heidelbergs veröffentlicht, die in den von Stephan Engelmann gesprochenen Erläuterungen bis auf wenige Einzelheiten historisch absolut stichhaltig ist. Engemann, selbst gelernter Historiker, hat sich außerordentlich gründlich nicht nur in die Baugeschichte der Stadt Heidelberg eingearbeitet, sondern auch selbst an entferntesten Stellen befindliches Material aufgespürt und für die Darstellung herangezogen. Gelegentlich, eher selten, haben sich kleinere Fehler eingeschlichen, angesichts des immensen Aufwandes bei der wissenschaftlichen Aufarbeitung des Themas für eine derartige Darstellung von immerhin 63 Minuten Laufzeit nachsehbar. Dezent und nie aufdringlich untermalt und kommentiert wird der virtuelle Rundgang (und Rundflug) durch das Heidelberg des Jahres 1620 durch die Musik der Heidelberger Ciarlatani.

Wer indessen an interaktive, vom Benutzer steuerbare Rundgänge durch Heidelberg denkt, wird enttäuscht sein: Es handelt sich um eine Film-DVD. Dennoch sind die erfreulich langsam gestalteten Rundgänge durch die Gassen der Stadt und die Rundflüge über die Dächer dank der kenntnisreichen Kommentare inhaltsreich und detailgenau, zeugen von einer intensiven Beschäftigung mit den historischen und gesellschaftlichen Bedingungen einer Stadt dieser Zeit. Aufgelockert wird der historische Rundgang durch Video-Sequenzen aus dem aktuellen Leben der Stadt, weniger um eine Gegenüberstellung von Gegenwart und Geschichte zu geben, vielmehr wohl um die historische Konsequenz des Lebens in einer alten Stadt zu verdeutlichen, auch dieses sehr gelungen.

Die Oberflächengestaltung der Bauelemente, der Strassen, Gassen und der Landschaft wirkt ein wenig steril, ist aber bei derartigen CAD-basierten Darstellungen nur mit unangemessen großem Aufwand detaillierter zu gestalten.

Die Navigation ist systemgemäß einfach gestaltet: Man lässt den Film vom Start an ablaufen oder man schaltet sich an einem der Wegpunkte Stadt, Schloss oder Hortus Palatinus ein, die ein- oder ausblendbare Navigationsleiste ermöglicht dieses. Leider sind die Unterabschnitte pauschal als Kapitel 1 etc. bezeichnet, nicht mit einer Inhaltsbezeichnung, so verbergen sich hinter Kapitel 10 der Marstall und das Zeughaus – insofern bedauerlich, da die Navigation es erlaubt, auch einzelne Kapitel auszuwählen.

Insgesamt eine gelungene, inhaltlich absolut zufrieden stellende Visualisierung, nicht nur für Touristen und Heidelbergliebhaber, auch für den historisch Interessierten.

Jochen Goetze

Ursula H. Meier: Hawai'i's Pioneer Botanist Dr. William Hillebrand. His Life and Letters, Bishop Museum Press, Honolulu 2005, 133 S., Dollar 14,95

Aus den Studierenden der Universität sind in sechs Jahrhunderten Pioniere aller Art hervorgegangen. Einzelne bekamen den Nobelpreis, andere immerhin eine Fußnote in der Wissenschaftsgeschichte. In dem hier angezeigten Fall kommt der Ruhm eines Abenteurers und Gelehrten, dessen Weg ihn dreimal nach Heidelberg führte, als antipodisches Echo vom Pazifik nach Heidelberg.

Wilhelm Hillebrand, 1821 in Westfalen geboren, studierte Medizin und verfolgte dabei zugleich botanische Interessen. Zwischen Göttingen und Berlin war Heidelberg vom Sommer 1842 bis Herbst 1843 nur eine dreisemestrige Zwischenstation. Nach vier Jahren als praktischer Arzt in Paderborn entschloss sich Hillebrand im Herbst 1848 zur Auswanderung nach Australien. Ursula H. Meier nennt dafür gesundheitliche Gründe: Eine chronische Tuberkulose habe ihn stets nach einem guten Klima suchen lassen. Die nahe liegende Frage, ob es im Herbst 1848 auch politische Gründe für eine Luftveränderung gegeben habe, stellt sie nicht.

Nach kurzen Probeansiedlungen in Australien, auf den Philippinen und in Kalifornien erreichte Hillebrand 1850 Honolulu auf den Sandwich-Inseln, deren größte die Einheimischen Hawaii nannten. Hier ließ er sich als Arzt nieder und heiratete die aus Neu-England stammende Anna Post, die Stieftochter seines Praxiskollegen. Er lernte die Landessprache und trat politisch für eine Landreform zugunsten der Landarbeiter und Kleinbauern ein. In der Hierarchie des Inselreichs stieg er auf, übernahm Regierungsaufträge und wurde Leibarzt der Könige Kamehameha IV. und V. 1860 gab ihm der Hof den Auftrag, ein Hospital zu gründen, das er auch leitete. Die größte medizinische Herausforderung war die grassierende Lepra-Epidemie. Seinen botanischen Interessen ging er nach, indem er nicht nur die Pflanzenwelt Hawaiis erforschte, sondern sich auch in der Landwirtschaftlichen Gesellschaft des Inselstaats für die Zucht und den Import verbesserter Nutzpflanzen einsetzte. Besonders interessierte ihn die Einfuhr von Chinarindenbäumen, aus denen sich das Malariamittel Chinin gewinnen ließ. Von einer zweijährigen Ostasienreise brachte er 1866 ertragreichere Bananensorten, neue Kenntnisse in der Lepra-Therapie und die ersten chinesischen Plantagenarbeiter nach Hawaii mit.

Trotz großer Anerkennung verließ Hillebrand nach 21 Jahren seine Wahlheimat, um seinem älteren Sohn ein Chemiestudium in Deutschland zu ermöglichen. Ein wenig scheint auch der Enthusiasmus über die Reichsgründung eine Rolle gespielt zu haben. So kam die Familie 1872 für drei Jahre nach Heidelberg. Während er im Botanischen Institut seine Forschungen weiterführen konnte und mit Robert Bunsen, dem Botaniker Eugen Askenasy und dem amerikanischen Eisenbahnkönig Henry Villard (eigentlich Heinrich Hilgard aus der Pfalz) Freunde fand, tat sich Anna mit der Gesellschaft der Professorengattinnen schwer, die in ihren Augen nur gewöhnliche „hausfraus" waren (S. 60).

1875 war eine erneute Luftveränderung angesagt, da Annas Tuberkulose wieder aufbrach: Madeira und Montreux waren die nächsten Stationen. 1885 entschied sie sich für New York, während er wieder nach Heidelberg musste, um sein Hauptwerk zur Veröffentlichung vorzubereiten. Er bezog eine Wohnung in der Bergheimer Straße 18 in der Nähe des Klinikums, auf dessen Hilfe er bald angewiesen war. Hillebrand starb 1886, die Todesanzeige in der Zeitung unterzeichnete Prof. Askenasy. Das Wohnhaus musste der Erweiterung des Klinikums weichen, seine botanische Sammlung fiel in Berlin den Bomben des II. Weltkriegs zum Opfer, und das Grab auf dem Bergfriedhof ist längst aufgelöst.

Hillebrand hatte Zeit seines Lebens mit den weltweit führenden Botanikern korrespondiert. Aus diesem verstreuten Nachlass teilt Meier eine Auswahl von Briefen an die Direktoren der Royal Botanical Gardens in Kew, London, aus den Jahren 1857 – 1886 mit, gewissermaßen als Ersatz für ein Tagebuch. In seinem letzten Brief vom 30. März 1886, dem einzigen aus Heidelberg, erkundigt er sich nach der üblichen Mindestauflage für englischsprachige wissenschaftliche Veröffentlichungen und fragt, ob die „Hillebrandia sandwicensis", deren Samen er verschickt hatte, in London schon blühe (S. 129 f.). Neben dieser pazifischen Begonienart, die er entdeckt und benannt

hatte, bleibt als Lebenswerk das zwei Jahre nach seinem Tod erschienene Buch „Flora of the Ha-
waiian Islands". Das bis heute sichtbarste und blühendste Denkmal für William Hillebrand sind
die von ihm gegründeten „Foster Botanical Gardens" in Honolulu, Hawaii.

Hans-Martin Mumm

**Regine Wolf-Hauschild (Hg.): Bücher, Bauten, Begegnungen. 100 Jahre Stadtbücherei
Heidelberg 1906 – 2006,** zahlreiche Abb., Heidelberg 2006, 123 S., Euro 5,00

Mit der Festschrift zum 100jährigen Bestehen hat die Stadtbücherei Heidelberg sich selbst sowie
ihren Freunden und Lesern ein feines, lesenswertes Geschenk gemacht. Hier wird die wechselvolle
Geschichte einer der wichtigsten Kulturinstitutionen unserer Stadt dokumentiert und damit ein
Beitrag zur Lokalgeschichte geleistet.

Was macht diese Festschrift schon beim ersten Durchblättern so bemerkenswert? Zum
einen vermitteln die zahlreichen Abbildungen – vor allem Fotos, aber auch gedrucktes Material – viel von der Atmosphäre in den drei bzw. vier Standorten der Bibliothek. Die Räume in der
Seminarstraße 1 und der Hauptstraße 197 (an der Stelle des heutigen Rathausanbaus) wirken
feierlich-überladen in ihrem wilhelminischem Stil. 1933 erfolgte der Umzug in das Gebäude des
ehemaligen Waisenhauses Plöck 2a. An diese Räume können sich ältere Heidelberger noch gut erinnern; denn hier blieb die Stadtbücherei bis 1966. Die Bilder vermitteln einen guten Eindruck von
der „Lesewut" der Benutzer inmitten drangvoller Enge und altem, dunklen Mobiliar. Umso krasser
ist der Unterschied zum Neubau, in dem es Licht und Platz gab und die nüchterne „moderne"
Sachlichkeit des Mobiliars der 1960er Jahre bis heute zu erkennen ist. Auch manchen Personen
aus der Nachkriegsgeschichte der Bibliothek begegnet der (ältere) Leser wieder: Nur beispielhaft
seien die Leiterin Maria Gress und der Literaturfachmann Hans Bergmann genannt.

Schon beim Durchblättern fällt eine weitere Besonderheit dieser Schrift auf. Immer wieder
wird der fortlaufende Text- und Bildteil durch Textseiten unterbrochen, die sich durch Papiersorte
und verkürztes Format deutlich hervorheben, aber in Abständen mit eingebunden sind – in Eigen-
arbeit der Stadtbücherei. Auf diese Weise ist ein höchst unterhaltsamer „Geburtstagsstrauß" von
etwa 20 Erinnerungen und Glückwünschen entstanden. Auf einfallsreiche Weise ist hier das dritte
Wort des Titels „Begegnungen" eingelöst. Einige Beispiele sollen dies verdeutlichen. Erica Jong
(„Angst vorm Fliegen") beschreibt, wie sie den durch Klebestreifen „entnazifizierten" Büchern auf
den Grund ging. Für Michael Buselmeier „blieben die kargen Zimmer der Stadtbücherei... ein Ort
der Selbstfindung im Lesen". Heide Seele berichtet über ihre Lektüre-Erfahrung im Haus Plöck, „für
mich als Kind eine gute Adresse". Wieder anders Jörg Burkhard: „sommers las ich bälle auf dem
tennisplatz winters Karteikarten in der stadtbücherei – ich war ein bücherkind". Bernhard Vogel
erinnert an das gemeinsam mit Frolinde Balser organisierte „Politische Gespräch": „Die beschei-
denen Räume in der Plöck waren unmodern und altmodisch, aber sie hatten Atmosphäre. Um uns
herum standen Regale voller Bücher... Jahrzehnte später bleibe ich dankbar für diese praktische
Schule der Demokratie". Werner Fuld schließlich erinnert sich an schwierige Übergänge: „Die
Enid-Blyton-Serien hatte ich verschlungen, Karl May sowieso, aber der Übergang zur Literatur der
Erwachsenen erwies sich als problematisch".

Die historische Darstellung ist von Regine Wolf-Hauschild und Beate Frauenschuh verfasst
und in vier Kapitel gegliedert. Die Gründung der „Städtischen Volkslesehalle und Volksbibliothek"
im Jahre 1906 wurde möglich durch eine anonyme Spende über 30 000 Goldmark, die allem
Anschein nach von dem Ehepaar Dr. Wilhelm und Anna Blum stammte. Für 35 Jahre wurde die
Bücherei von ihrem ersten Leiter Georg Zink und seiner Vorliebe für Volksbildung, Literatur und
Theater geprägt. Der konservativ-national ausgerichtete Zink trat 1933 in die NSDAP ein und
führte ohne Zögern die „Säuberung" der Bibliothek im Sinne des Nationalsozialismus durch, die

von OB Neinhaus in vorauseilendem Gehorsam schon Anfang April 1933 angeordnet worden war. Wer sich über die Person von Georg Zink und die Entwicklung der Stadtbücherei von 1906 bis 1941 ausführlicher informieren möchte, dem sei nachdrücklich der Aufsatz von Joachim Heimann in Jahrgang 11, 2006 / 07, S. 95 – 132 dieses Jahrbuchs zur Lektüre empfohlen. Die auf Aktenstudium beruhenden Ausführungen beweisen, dass Zink aktiv an der „Arisierung" der Bibliothek mitwirkte; die Darstellung in der Festschrift (S. 24 – 26) erscheint eher geschönt. Das Verhältnis Zinks zur staatlichen Aufsichtsbehörde für das Volksbüchereiwesen, die schließlich 1941 seine vorzeitige Pensionierung durchsetzte, war nicht durch ideologisch-politische Gegensätze, sondern durch persönliche Animosität und praktische Meinungsverschiedenheiten belastet.

Nach Kriegsende erfolgte 1945 die zweite „Säuberung" des Buchbestandes. War seit 1933 die Masse der Bücher in die „Reservebibliothek" aussortiert worden und damit der normalen Ausleihe entzogen, so wurde jetzt etwa ein Drittel des Bestandes wegen nationalsozialistischer oder militaristischer Tendenzen ausgeschieden. Bei vielen Büchern genügte es, das NS-geprägte Vorwort zu entfernen oder entsprechende Stellen zu überkleben (S. 30). Trotz der räumlichen Enge in der Plöck 2a wurde die Stadtbücherei in den 1950er und 1960er Jahren zu einem wichtigen kulturellen Zentrum der Stadt, das nicht nur Bücher bereitstellte, sondern ein reichhaltiges Kulturprogramm mit Autorenlesungen, Vorträgen, Diskussionen und Kinderveranstaltungen anbot.

Die jahrelange Diskussion um einen Neubau zeigt typische Züge Heidelberger Lokalpolitik: „Braucht Heidelberg eher ein modernes Hallenbad und keine Bücherei? Was ist mit der Volkshochschule, die auch unter Raumnot leidet?.. 'Erhaltet die Grünfläche' forderte eine Gruppe" (S. 50). Dass 1963 der erste Spatenstich durch OB Robert Weber erfolgte und 1966 der Neubau in der Poststraße bezogen wurde, grenzte schon fast an ein Wunder. Der neue OB Reinhold Zundel (seit Herbst 1966), der als Haushaltssanierer antrat, kritisierte den Bau als „viel zu großes und teures Gebäude" (S. 49), der „so viel Geld gekostet, dass man keine neuen Bücher mehr anschaffen könnte" (Fuld S. 55). Zum Glück erweiterten bald einige Bücherspenden den Bestand.

„40 Jahre im Park" – unter dieser poetischen Kapitelüberschrift werden die Aktivitäten der Stadtbücherei seit 1966 beschrieben, die immer mehr von der Randlage in den kulturellen Mittelpunkt rückte. Hier hätte sich der Leser einige wenige gut erkennbare Baupläne gewünscht, die die Struktur des Gebäudes von 1966 und nach dem Umbau 1988 / 89 im Vergleich verdeutlichen. Sicherlich sind die Mitarbeiter der Stadtbücherei zu Recht stolz auf den Platz 1 im Bibliotheksindex des Jahres 2001 (unter dem unglücklich gewählten Titel des 4. Abschnitts: „Die Klassenprima wird hundert"). Eine erhellende Statistik über die zahlenmäßige Entwicklung von Buchbestand, Benutzer- und Ausleihzahlen sucht man aber vergeblich.

Die mehr als drei Jahrzehnte mit dem Amtsantritt der jetzigen Leiterin Wolf-Hauschild werden leider nur in wenigen kurzen Passagen als zusammenhängender Text präsentiert. Als „chronologische Schlaglichter" angekündigt, sind die Ereignisse eines Jahres jeweils in Form eines summarischen Terminkalenders zusammengestellt – auf über 40 Seiten nur mühsam lesbar und ohne Gewichtung, gleichgültig, ob es sich um Zweigstellen, Projekte, Ausstellungen, Tagungen oder Auslandsaufenthalte einzelner Mitarbeiterinnen handelt. Sollte diese rein chronologische Darstellungsart einer vorgeblichen „Objektivität" dienen? Wie gut hätte sich der Titel „Bücher, Bauten, Begegnungen" für eine thematisch gegliederte Darstellung der Aktivitäten seit 1975 geeignet!

Trotz dieser Einschränkungen ist ein empfehlenswertes Erinnerungsbuch zum Heidelberger Kulturleben entstanden. Interessenten sollten deshalb den Weg in die Stadtbücherei und einige hartnäckige Nachfragen nicht scheuen, um sich in den Besitz dieser Festschrift zu bringen.

Reinhard Riese

Katharina Hausmann: „Die Chance, Bürger zu werden" Deutsche Politik unter amerikanischer Besatzung: Die „Heidelberger Aktionsgruppe" 1946 – 47. Schriftenreihe des Stadtarchivs Heidelberg, Heft 8. Edition Guderjahn im verlag regionalkultur, Heidelberg 2006, 128 S., Euro 14,90

„In der „Heidelberger Aktionsgruppe" zur Demokratie und zum freien Sozialismus" kamen Politiker und Intellektuelle zusammen, die das „Dritte Reich" im Widerstand oder in der inneren Emigration überdauert hatten. Über vielfältige Kontakte miteinander verbunden, trafen sie sich 1946 in der Überzeugung, die Chance zu einem demokratischen Neuanfang nutzen zu müssen." (26)

So knapp und bündig stellt Katharina Hausmann in ihrer vorzüglich recherchierten und exzellent formulierten Magisterarbeit diese einzigartige, 1946/47 von Heidelberg ausgehende Initiative vor, die unmittelbar nach Kriegsende Umrisse einer politischen Neuordnung Deutschlands debattierte. Was Alfred Weber, Alexander Mitscherlich, Dolf Sternberger, Hans von Eckardt, der damalige südwürttembergische Minister Carlo Schmidt, die Sozialforscherin Marie Baum, der Verleger Lambert Schneider und der Verfassungsjurist Karl Geiler im Blick hatten, sollte mehr sein als eine akademische Anstrengung von „Professoren aus Heidelberg". Entstehen sollte ein Konzept für Deutschlands Nachkriegsgesellschaft und Nachkriegspolitik, der Aufklärung, der demokratischen Teilhabe und der Moderne verpflichtet.

Befreit vom lähmenden Druck des NS-Regimes und der überlebensnotwendigen Vorsicht der „inneren Emigration" entstand 1946 in Heidelberg so ein lebhafter, manchmal stürmisch und immer kontrovers debattierender intellektueller Focus, der sich nicht weniger vornahm als die Gestaltung der wieder gewonnenen Demokratie.

Ausgehend von der Zeitschrift „Die Wandlung", für die Alfred Weber, Dolf Sternberger, Karl Jaspers und Romanist Werner Krauss verantwortlich zeichneten, wurden Umrisse einer partizipatorischen, aufgeklärten Bürgergesellschaft entworfen. Der politische Neuanfang sollte auf der Basis von Selbstreflexion stattfinden, getragen von einem diskursiven Prozess. Und gerade dadurch bewahrt bleiben vor Beschwörung und Anknüpfen an scheinbar unbeschädigte traditionelle Werte. Erst im Rückblick auf die prägende Nachkriegsära, die „Ära Adenauer", wird die gedankliche Innovation der Heidelberger Aktionsgruppe fassbar. Die neue Republik sollte eben nicht den „Wiederaufnehmern und Wiederanknüpfern" überlassen bleiben, die sich – wie Hausmann richtig feststellt – oft keine Rechenschaft über die intime Beziehung und innige Verbundenheit ihrer Wertewelten und Ideale mit dem Nationalsozialismus geben wollten.

Deshalb auch wurde keine der Zukunftsfragen, vor denen das befreite und besetzte Deutschland stand, in den Heidelberger Debatten ausgelassen. Sozialismus und Sozialisierung, die Neutralität Deutschlands im europäischen Kontext, der Beitrag Deutschlands zu einer neuen Friedensordnung und die Unteilbarkeit des noch in vier Zonen geteilten Deutschlands, der Entwurf einer künftigen deutschen Gesamtverfassung einschließlich der heiß umstrittenen Frage eines neuen demokratischen Wahlrechts.

In allem der Rührigste und Umtriebigste war Alfred Weber, der in seinem typischen Überschwang postulierte, dass das Heidelberger Aktionskomitee für sich in Anspruch nehme, eine repräsentative Vertretung des deutschen Volkes zu sein. In jeder Hinsicht eine krasse Fehleinschätzung. Weder die neue politische Elite noch die Bevölkerung zeigte Neigung und Interesse, etwa an dem von Weber und Alexander Mitscherlich entworfenen und – im Sinne eines Dritten Wegs – von stalinistischem Staatssozialismus und Kapitalismus gleichermaßen abgegrenzten Freien Sozialismus.

„Freier Sozialismus", das signalisierte auch Abgrenzung zu passageren Sozialismus-Sympathien der CDU (Ahlener Programm) und zu den auf Schlüsselindustrien beschränkten Verstaatlichungsprogrammen der SPD. Was Weber und Mitscherlich 1946 in zwei getrennten Beiträgen formulierten, war eher geprägt von der Suche nach einem Neuen Menschen und der Vision eines Sozialismus, dem die Postulate des Liberalismus, Freiheit, Individualität und Autonomie zugrunde lagen. Beide nahmen so ihre eigene Prägung durch sozialen Liberalismus, Idealismus und Romantik (und bei Weber auch Lebensreform- und Jugendbewegung) als Fundament eines Gesell-schaftsentwurfs, den man mit Recht als „Sozialismus des entfalteten Individuums" bezeichnen kann. Verantwortung, Selbstkontrolle, Autonomie, heute würden wir noch „Kommunitarismus" und „Nachhaltigkeit" als Kernvokabel hinzufügen, kombinierten sich zu einem modernisierten, allerdings auch wenig konturierten Frühsozialismus.

Von Kurt Schumacher bis zu den lokalen SPD-Größen (und dem kommunistischen Redakteur der Rhein-Neckar-Zeitung (RNZ), Rudolf Agricola) erntete die „Aktionsgruppe" nur Kopfschütteln und Unverständnis. Ende 1946 sah die RNZ in der Initiative sogar eine „Gefährdung der Jugend", da sie nur an die „Opposition" der jungen Generation appelliere. Selbst Carlo Schmidt brauchte noch Jahre, bis er in der SPD ernst genommen wurde. Und Karl Geilers Tätigkeit als (parteiloser) hessischer Ministerpräsident verschaffte der Aktionsgruppe im Nachhinein keine Autorität.

Als die Debatten 1947 und 1948 von Ernst Mugdan bei Lambert Schneider veröffentlicht wurden, hatten sich überdies die politischen Windrichtungen deutlich gewendet. Im Vorfeld der Gründung der die drei westlichen Zonen umfassenden Bundesrepublik waren Neutralismus- und Sozialismusideen vollkommen obsolet geworden. Damit waren die tragenden Pfeiler der Aktions-gruppe aus dem politischen Diskurs ausgeschieden.

Dass sie überhaupt Resonanz hatte, war nicht zuletzt dem Umstand zu verdanken, dass sie unter der wohlwollenden Ägide amerikanischer Besatzungsoffiziere stand. So war es die Infor-mation Control Division, die der amerikanischen Militärorganisation in Berlin unterstand, die die verordnete Kontaktdistanz zu den Deutschen beweglich handhabe und mit Lucius D. Clay einen starken Befürworter der Demokratiebewegung hatte, der sich der Dominanz des Antikommu-nismus nicht unterordnen wollte. Hier wurde die Erziehung der Deutschen zur Demokratie ins Zentrum gestellt und aufmerksam registrierte man die Initiativen unbelasteter Deutscher für eine neue gesellschaftliche Ordnung. 1947/48 war dieses Konzept aber bereits abgelöst durch die aktuelle Frontstellung der Westzonen und der späteren westdeutschen Republik gegen den kommunistischen Block.

Komplementär dazu hatte die Heidelberger Aktionsgruppe weder Resonanz noch politische Hausmacht in den sich neu formatierenden Gefügen der Nachkriegspolitik. Das allerdings lag nicht zuletzt an ihr selbst und dem eklatanten Mangel an politischer Bodenhaftung, der ihre Protagonisten auszeichnete. Prototypisch dafür war Alfred Weber selbst, der ungestüme Mentor der Aktionsgruppe. Über Webers Temperament und seine nur schwer zu zügelnde Neigung, jeden und alles vor den Kopf zu stoßen, ist vielfach berichtet worden (Siehe hierzu die Rezension der aktuellen Weber-Literatur von Christian Jansen in diesem Jahrbuch). Auch waren außerhalb des Zeitungswissenschaftlichen Instituts am Universitätsplatz und des Schwarzen Schiffs in Neu-enheim, wo die Aktionsgruppe ihre Tagungen abhielt, der akademische Duktus und die sprach-mächtigen Verdrechselungen in den Resolutionen und Debatten kaum vermittelbar. Das bestätigt auch Heiner Markmann, der letzte Assistent Alfred Webers und Mitwirkende der Tagung, dessen Erinnerungen an die NS-Zeit wir in diesem Jahrbuch abdrucken.

Aber das allein erklärt nicht die zeitgebundene Wirkungslosigkeit der Aktionsgruppe. Stellte sie nicht die richtigen Fragen, thematisierte die fundamentalen Probleme, wies sie nicht auf die Essentials eines wirklichen Neuanfangs hin?

Katharina Hausmanns Untersuchung bleibt in dieser Hinsicht noch auf die unmittelbare Wirkungsgeschichte beschränkt. Betrachten wir aber die gesamt Wirkungsgeschichte Webers, so ist doch unübersehbar, dass seine Inspirationen Jahrzehnte später Widerhall und modifizierte Wirkung in SPD und Gewerkschaften gewonnen haben und nicht zuletzt vieles, was Weber nach dem Krieg formulierte, wie eine Vorwegnahme der sozial-liberalen Reformvorhaben der Ära Brand/Scheel erscheinen muss.

In langer Sicht ist die Bilanz der Heidelberger Aktionsgruppe also dann doch vielleicht nicht so dürftig, wie es in den fünfziger Jahren scheinen möchte. Nur hatten in den fünfziger Jahren die kühnen Entwürfe der „Professoren aus Heidelberg", in denen sich Liberalismus und Sozialismus verbündeten, keine politische Basis.

Katharina Hausmann, die in Heidelberg, Mannheim und Sevilla studierte und derzeit als Stipendiatin der Heinrich-Böll-Stiftung über Demokratisierungsprozesse im Spanien der 70er-Jahre promoviert, hat mit ihrer kompetenten und gut lesbaren Studie das innovative Potential der Heidelberger Aktionsgruppe und ihrer Protagonisten wieder sichtbar gemacht. Es wäre nicht ohne Interesse, die ober- und unterirdischen Weiterwirkungen dieser Denkimpulse aus Heidelberg weiter zu verfolgen. Auch und nicht zuletzt, weil dort Umrisse einer zivilen, selbstbestimmten und autonomen Bürgerschaftlichkeit formuliert wurden, die – mit etwas mehr machtpolitischem Kalkül – der Nachkriegsgesellschaft eine durchaus andere Richtung hätte geben können.

Norbert Giovannini

Claudia-Anja Kaune, Willy Hellpach (1877 – 1955). Biographie eines liberalen Politikers in der Weimarer Republik, 441 S., Peter Lang, Frankfurt / M. 2005

Zu den interessantesten Figuren in der liberalen Gelehrtenpolitik der Weimarer Republik gehört Willy Hellpach, der (wie Alfred Weber) der „linksliberalen" Deutschen Demokratischen Partei (DDP) angehörte und dessen Lebensweg als vielfaches Scheitern beschrieben werden kann, gegen das sich Hellpach immer wieder mit enormer Lebensenergie stemmte. 1922 wurde er badischer Kultusminister, ein Amt, das er bis Ende 1925 behielt und in dem er 1924 / 25 turnusmäßig badischer Staatspräsident wurde. Nach dem Tod Eberts war Willy Hellpach im Frühjahr 1925 Reichspräsidentschaftskandidat der DDP. Zwar war seine Nominierung eine Verlegenheitslösung, nachdem Animositäten Stresemanns die Aufstellung von Reichswehrminister Geßler als bürgerlich-republikanischen Einheitskandidaten verhindert hatten. Dennoch machte Hellpach sich Hoffnungen, ein Kompromisskandidat für den zweiten Wahlgang sein zu können und eventuell gar gewählt zu werden. 1930 spielte er noch einmal mit dem Gedanken, als Parteiloser für das höchste Staatsamt zu kandidieren. Solche Überlegungen zeugen von dem unerschütterlichen Selbstbewusstsein Hellpachs, das ihm half, über alle persönlichen und politischen Niederlagen und Misserfolge hinweg seinen Weg zu verfolgen.

Hellpachs wissenschaftliches Grundmotiv war es zeitlebens – auch darin stand er Alfred Weber nahe – die romantische Lehre von den Volkscharakteren auf eine rationale, sozialwissenschaftliche Basis zu stellen, wobei er immer ein erklärter Gegner biologistischer Erklärungen (und damit auch des Rassismus) blieb. Vielmehr sah Hellpach – auch in seinen Publikationen aus dem Dritten Reich – den Charakter „der Einzelnen und der Sippen, der Völker und der Rassen" durch ein vielfältiges Bündel sowohl angeborener als auch erworbener, biologischer, geomorphologischer, sozialer und ökonomischer Faktoren bestimmt. Seine Forschungen zum Zusammenhang von Klima und menschlicher Psyche finden sogar wieder stärkere Beachtung.

Hellpachs äußerst umfangreiches publizistisches Oeuvre verdeutlicht die seit der Jahrhundertwende zunehmende Bereitschaft der bürgerlichen Eliten zu grundlegenden Veränderungen und politischen Experimenten. An der Publizistik des Psychologieprofessors aus der Endphase der Weimarer Republik lässt sich außerdem exemplarisch die politische Radikalisierung der bürgerlichen Mitte studieren, die sich zunehmend gegen die liberale und parlamentarische Substanz der Weimarer Reichsverfassung wandte.

Diese Abkehr von der parlamentarischen Demokratie war eine der notwendigen Voraussetzungen für die Machtübernahme der Nationalsozialisten und die Stabilisierung der nationalsozialistischen Herrschaft. Hellpach war nach eigener Überzeugung Republikaner und konservativer Demokrat und bediente dennoch (bzw. vielleicht gerade deshalb) antiliberale, antiparlamentarische und antiwestliche Klischees. Die Anerkennung des demokratischen Mehrheitsprinzips brachte ihn sogar dazu, die nationalsozialistische Bewegung, weil sie auf so massenhafte Zustimmung stieß, in einem positiven Licht zu sehen und manche ihrer Ziele bzw. deren „guten Kern" zu verteidigen. Hellpachs politische Positionen stießen unter Anhängern der DDP wie auch unter denjenigen, die sich seit ihrem großen Wahlsieg von 1919 wieder von der Partei abwandten, auf so großen Widerhall, dass die Frage nahe liegt, ob die gängige Bezeichnung der DDP als „linksliberal" den ideologischen Kern der Partei und die Anschauungen ihrer Anhänger trifft. Die Wahlerfolge der Nationalsozialisten, ihre weitgehend ungehinderte Machtübernahme sind nicht ohne die antiliberale Prägung des Bürgertums in der Weimarer Republik zu erklären. Das Wesen der nationalsozialistischen Herrschaft liegt weniger in einer spezifischen „Ideologie" oder im Charisma einer Clique verbrecherischer (Ver)Führer als in der Bereitschaft zahlloser Deutscher, insbesondere aus den Bildungs- und Funktionseliten, an der Überwindung des Parlamentarismus und der westlichliberalen Verfassungssubstanz mitzuwirken.

Eine politische Biographie Hellpachs, die diese Ambivalenzen herausarbeitet und ihn als Idealtypus auffasst, der den mangelnden Rückhalt der Weimarer Reichsverfassung und den Anklang des Nationalsozialismus im deutschen Bildungsbürgertum erklären kann, ist also ein Desiderat der zeitgeschichtlichen Forschung, zumal es wenige Politiker jener Zeit gibt, deren Nachlass so reichhaltig überliefert ist. Leider kann die nun als Buch vorliegende Mainzer Dissertation von Claudia-Anja Kaune, die von dem Frühneuzeitler Peter Claus Hartmann und Michael Kißener betreut wurde, diese Lücke nicht schließen. Es zeigt sich einmal mehr, dass biographische Themen Doktoranden in der Regel überfordern: Zu komplex ist das Material, zu vielfältig die Themenbereiche, die berührt werden, zu breit infolgedessen die Forschungslandschaft, die überschaut werden muss, zumal wenn es sich um eine so vielfältig engagierte und schillernde Persönlichkeit wie Willy Hellpach handelt, deren aktives Leben vom Kaiserreich bis in die Bundesrepublik sich in vier Epochen und politischen Systemen abgespielt hat. „Hellpach war eine vielschichtige Persönlichkeit, der ein oberflächliches Urteil nicht gerecht wird" (S. 359).

Dabei hat Kaune sehr breit recherchiert und gelesen. Sie hat nicht nur den umfangreichen Hellpach-Nachlass und die Akten der badischen Regierung im Generallandesarchiv Karlsruhe ausgewertet, sie hat zahlreiche weitere Archive durchforstet und befindet sich auch, was die Sekundärliteratur angeht, auf dem aktuellen Stand der Forschung. Davon zeugen 80 Seiten Literaturverzeichnis – davon allein fast 20 mit den Publikationen Hellpachs. Aber ihre Darstellung bleibt überwiegend in dem überreichen Material stecken, verliert sich in Details – es fehlt die pointierte Zuspitzung, der Mut, Dinge wegzulassen, um die großen Linien oder typische Züge der Persönlichkeit Hellpachs betonen zu können. Wenn Kaune versucht, Hellpach historisch einzuordnen und abschließend zu würdigen, zeigt sich besonders deutlich, dass sie mit einer so schillernden Person überfordert war. Das Ergebnis sind unverständliche oder unsinnige Aussagen wie: „Das Regierungssystem Hellpachs ist sein politisches Lebenswerk, das er auf der Grundlage der Weimarer Reichsverfassung konzipierte, das aber in der Theorie verhaftet blieb." (S. 359) „Die Eigenständigkeit der WRV gegenüber der Reichsverfassung von 1871 erkannte Hellpach an." (S. 360) Wer tat das nicht? „Die Erhaltung des Parlamentarismus war seine demokratische Position, Hellpach präsentierte sein präsidentielles Regierungssystem als Alternative innerhalb dieser Position." Dass solche Sätze im Fazit einer Dissertation stehen, ist nicht allein der Autorin, sondern auch den Gutachtern anzulasten, die sie durchgehen ließen oder nicht einmal das Fazit genau gelesen haben – und den Verlagen, die so Unfertiges veröffentlichen! Unsinnige oder unverständliche Aussagen finden sich an vielen Stellen des Buches. Sie zeigen, dass die Autorin die häufig verstiegenen Positionen Hellpachs und ihren komplexen theoretischen und geistesgeschichtlichen Hintergrund nicht hinreichend durchdrungen hat, und sie bei ihren Bemühungen offenbar auch von ihren Betreuern allein gelassen wurde. Der Eindruck, ein unfertiges Buch vor sich zu haben, das verlegerisch unzureichend betreut wurde, wird dadurch bestätigt, daß es keinerlei Register gibt.

Durch den Text ziehen sich (häufig redundante) Ausführungen zum Konservativismus in der Weimarer Republik, ohne dass Kaune die nahe liegende Pointe und das terminologische bzw. politische Problem erkennt, die sich daraus ergeben, dass ein führender Kopf der „linksliberalen" DDP als Konservativer charakterisiert wird und seine eigenen politischen Bemühungen als konservativ betrachtet. Terminologische Unsicherheiten und Widersprüche zeigen sich auch in der

Einordnung der konservativ-nationalistischen Parteien. Kaune schreibt etwa, „für eine ‚Partei der Mitte' kamen für ihn [Hellpach] weder nationalistische noch alte konservative Kreise in Frage", um im folgenden Satz fortzufahren: „Hellpach wollte die Teile der DNVP und DVP an die DDP binden, die ‚uns eigentlich nahe stehen'" (S. 266). Waren DNVP und DVP nicht nationalistisch? Und die DDP? Jeder DDP-Politiker wäre beleidigt gewesen, wenn man ihm seinen Nationalismus bestritten hätte!

In sehr vielen Fußnoten setzt sich Kaune mit meinem Aufsatz über Hellpachs Beitrag zur Delegitimierung des liberalen Parlamentarismus und der Weimarer Reichsverfassung auseinander – sie verteidigt ihren Helden fast durchgängig und kann mir auch einige falsche Belege nachweisen (z. B. S. 283). Letztlich aber gehen ihre Gegenargumente am Kern meiner Argumentation vorbei. So schreibt Kaune zu Recht (S. 241): „Die Schlussfolgerung, Hellpach sei ‚antiparlamentarisch' gesonnen gewesen, lässt sich bei einer Gesamtschau seiner Veröffentlichungen bis 1928 nicht aufrecht erhalten." Aber mein Aufsatz bezieht sich auf die Jahre 1925 bis 1933, wie schon die Überschrift zeigt. Mehrfach unterstellt Kaune mir, ich würde Hellpach als „Antidemokraten" bezeichnen – mir geht es aber darum, dass Hellpach den liberalen Parlamentarismus mit demokratischen Argumenten angriff und vom „volkstümlichen" Charakter und dem Massenanhang der NSDAP begeistert war. Am Vorabend der Wahl vom 5. März 1933, also nach dem massiven Bruch der Verfassungsordnung und der Behinderung des Wahlkampfes aufgrund der Reichstagsbrandverordnung, zeigte Hellpach sich in einem Artikel für die „Neue Zürcher Zeitung" überzeugt: „Die Nationalsozialisten haben nun einmal die Mehrheitsideologie adoptiert. [...] Keinesfalls würde es für Hitler einfach sein, sich von der Mehrheitsideologie loszumachen. Der deutsche Nationalsozialismus [...] ist nicht bloß ‚volkstümlich' [...], sondern er zeigt einen ganz eminent demokratischen Einschuss, nicht im formalen Sinne, in dem er ja die Demokratie verwirft, aber im sehr realen Sinne, in dem sich eben seine immanente Demokratie schon als Mehrheitsstreben, als Wahlmehrheitsstreben durchgesetzt hat [...]. Dieses demokratische Fluidum (der Nationalsozialismus ist tatsächlich die erste klassenlose Volksbewegung in Deutschland, die Arbeiter und Prinzen, Bürger und Studenten, Reiche und Bettelarme einfach in Reih und Glied stellt) unterscheidet Hitler sehr wesentlich von Hugenberg, auch von Papen und von Seldte [...]. Die liberalen, demokratischen und sozialistischen Elemente in Deutschland können leicht und bald vor der Alternative stehen, zwischen einem volkstümlichen und einem honorationen Machtstaat die Wahl zu treffen." Kaune kommentiert, ohne den Artikel zu zitieren: „Hellpachs Ratlosigkeit ist nicht zu überhören. Freude über die neue Regierung kommt jedoch in diesem Beitrag nicht zum Ausdruck" (S. 318f.). Alfred Weber rief in dieser Situation öffentlich zur Wahl des Zentrums auf!

Kaune verlässt sich zu sehr auf Hellpachs umfangreiche Autobiographien, deren Behauptungen sie oft ungeprüft übernimmt, obwohl sie – in der Endphase des Nationalsozialismus und in der unmittelbaren Nachkriegszeit verfasst wurden und deshalb besonders quellenkritisch zu behandeln sind. Ähnlich ist es mit der Presse – in der Weimarer Republik standen so gut wie alle Zeitungen einer politischen Partei nahe. Deshalb zeugt es von mangelnder Quellenkritik, wenn die Berichte DDP-naher badischer Zeitungen im Indikativ zitiert werden, etwa: „Das Niveau der Wahlkampfrede Hellpachs hob sich von den üblichen ‚wohltuend' ab und vermittelte den Eindruck einer ‚in der Tat starken Führerpersönlichkeit' mit zielgerichtetem Handlungszugang [sic!]. Die Versammlung spendete ‚stürmischen Beifall' und dem Redner wurde ‚hingerissen gelauscht'." (S. 166) Kapitel 3.9.2 über „Reaktionen der Presse" auf den Rücktritt Hellpachs als Reichstagsabgeordneter enthält zahlreiche ähnlich unkritische Übernahmen.

Insgesamt krankt Kaunes Darstellung an dem verbreiteten Biographenproblem übermäßiger Identifikation mit ihrem Gegenstand. Ihr Buch ist von einem durchgängig apologetischen Ton durchzogen, der – man mag zu Hellpach stehen, wie man will – einer wissenschaftlichen Biographie unangemessen ist. Wenn Hellpach am 5.2.1933 in einem Zeitungsartikel „Herrschaftsfront des Nationalismus" über die Hitlerregierung schreibt „Vielleicht zum ersten Mal in seiner Geschichte unternimmt Deutschland ein bewegendes Experiment von schier lateinischer Einseitigkeit des Wagnisses!", wirkt die folgende zusammenfassende Bewertung angesichts der Klarheit von Hellpachs Aussage in ihrer Umständlichkeit verschleiernd: „Bei Hellpachs Kommentierung der politischen Situation 1933 scheint die nationalsozialistische Herrschaft teilweise unangemessen in eine neutrale Analyseebene gehoben, die zu einem verschobenen Bild der Hintergründe und Auswirkungen führte. Die Schrecknisse des Nationalsozialismus, die Hellpach zwar auch wahrnahm [hierfür gibt es keinen Beleg, C.J.], traten dabei unangemessen in den Hintergrund" (S. 317).

Das gelungenste Kapitel des Buches analysiert Hellpachs Arbeit als badischer Kultusminister. Dieses Kapitel ist auch separat erschienen: Claudia-Anja Kaune, Willy Hugo Hellpach (1877 – 1955). Liberaler Kultusminister in Baden in der Weimarer Republik, in: Heidelberg: Jahrbuch zur Geschichte der Stadt 10 (2005 / 6), S. 205 – 233. Hier wird ein bisher nicht beachteter Aspekt seiner politischen Tätigkeit erhellt, und Kaune kann zeigen, dass die drei Jahre von Hellpachs Amtszeit dauerhafte Ergebnisse hinterließen, so etwa mit der Einführung der dualen Berufsausbildung, die teilweise bis heute besteht. Auch gegen die rechtsextremistische Studentenschaft nahm der Minister couragiert Stellung und stiftete einen „Deutschen Freiheitspreis an der Universität Heidelberg", der nach dem führenden Kommentator der Weimarer Reichsverfassung (und gleichfalls DDP-Mitglied) „Gerhard Anschütz-Preis" hieß und studentisches Engagement für das republikanische System fördern sollte.

Man erfährt aus der ersten Hellpach-Biographie eine Menge über diesen prominenten Gelehrtenpolitiker, aber ein überzeugendes Bild seiner Persönlichkeit, seiner politischen Ziele und seines Scheiterns entsteht nicht. Die spannenden Fragen nach Ambivalenzen und Aporien werden nicht gestellt, über Widersprüche und unintendierte Wirkungen von Hellpachs politischen und publizistischen Interventionen geht die Autorin hinweg, anstatt sie herauszuarbeiten. Dabei liegt in diesen Bereichen das Typische und Exemplarische an Willy Hellpach.

Christian Jansen

Horst-Jürgen Gerigk: Die Spur der Endlichkeit. Meine akademischen Lehrer. Vier Porträts: Dimitrij Tschižewskij, Hans-Georg Gadamer, René Wellek, Paul Fussell, Universitätsverlag Winter, Heidelberg 2007, 100 S., Euro 16,00

Horst-Jürgen Gerigk, viele Jahre Professor für Russische Literatur und Allgemeine Literaturwissenschaft an der Heidelberger Universität, hat ein kleines Buch über vier seiner akademischen Lehrer geschrieben. Und alle vier haben eine Beziehung zu Heidelberg. Am engsten ist diese Nähe zur Stadt und ihrer Universität bei Tschižewskij und Gadamer. Beide haben Jahrzehnte hier gelebt und gelehrt. Gerigk hat bei Tschižewskij promoviert und war danach sein Assistent. Gadamer hat ihn sogar anerkennend seinen „alten Schüler und jüngeren Kollegen" (S. 71) genannt.

Paul Fussell war nur ein Jahr (1957 / 58) als junger amerikanischer Dozent in Heidelberg und las über amerikanische Literatur. Gerigk begann gerade mit seinem Studium, hatte schon viel amerikanische Literatur gelesen und war ziemlich verblüfft über die einführende Bemerkung des Dozenten, „im amerikanischen Roman lasse sich leider dem Zauberberg nichts an die Seite stellen" (S. 53). Auch später konnte sich Gerigk mit dieser Aussage nicht abfinden. Für den an Heidelberg interessierten Leser sind die Ausführungen Gerigks über Fussell bzw. dessen eigene Erinnerungen an diese Zeit sehr interessant. 1996 erschien Fussells Autobiographie, aus der Gerigk zitiert. Fussell war von seiner Tätigkeit an der Universität begeistert, „because the classes involved no discussion, only lecturing in the archaic style" (S. 60). Auch gefällt ihm, dass die deutschen Studenten ohne jede Bevormundung seitens der Universität leben und studieren können. „I began to see American colleges as little more than overgrown and pretentious high schools" (S. 76). Gerigk versäumt nicht, darauf hinzuweisen, dass vieles von dem, was Fussell damals an der deutschen Universität bewunderte, gerade in unserer Zeit verschwindet. Bei aller Freude an der deutschen

Universität hielt sich Fussell von den Deutschen selbst eher fern. Er litt traumatisch an einer Misshandlung, die ihm 1945 von Angehörigen der Wehrmacht zugefügt worden war und machte dies sogar zum Thema seiner Autobiographie: Doing Battle: The Making of a Skeptic.

Etwas großzügig zählt Gerigk auch René Wellek zu seinen akademischen Lehrern, obwohl er ihm erst als bereits Habilitierter bei Symposien der Internationalen Dostojewskij-Gesellschaft begegnet ist. Aber natürlich hat der Student Gerigk den berühmten Wellek-Warren gekannt, das Lehrbuch beim Studium der Literaturwissenschaft in der damaligen Zeit. (Es war 1949 in englischer Sprache erschienen und hatte neben Wellek auch Austin Warren zum Verfasser). Die Beziehung Welleks zu Heidelberg ist eher locker. 1923 war er, ein gebürtiger Tscheche, nach Heidelberg gekommen, um Germanistik zu studieren. Aber die Begegnung mit Gundolf („the aura of a solemn ceremony") (S. 74) brachte ihn schließlich davon ab. Ehrlicherweise gibt Wellek aber zu, dass er schon vorher Zweifel an seiner Studienwahl gehabt hatte. („I did not care for Gothic vocalism and consonantism". S. 74). 1981 hielt er auf Einladung Gerigks im Hörsaal 13 einen Vortrag als der berühmte Wellek, der er dann war. Das Thema war einem Gegenstand gewidmet, das auch zum Forschungsgebiet Gerigks gehört. Es lautete: Die Rezeption des russischen Romans in der englischen und amerikanischen Kritik.

Dimitrij Tschižewskij und Hans-Georg Gadamer sind die eigentlichen akademischen Lehrer Gerigks, und ihnen sind die beiden ersten Kapitel der Schrift gewidmet. Auf wenigen, sehr klar formulierten Seiten fasst Gerigk die Essenz ihres Lehrens und ihrer Lehre zusammen. An beiden zeigt er, was er für seinen eigenen Umgang mit Literatur und Philosophie als wesentlich betrachtet: Ablehnung jeder Dogmatik und Offenheit gegenüber dem Kunstwerk. In einem Kapitel, das er „Anekdotische Nachbemerkungen" nennt, erzählt er auch Begebenheiten, die die beiden Gelehrten im Alltag zeigen. Sogar die wissenschaftlichen Biographien (und im Anhang eine Zusammenstellung ihrer Werke) finden in dem kleinen Buch Platz. Trotz des geringen Umfangs also ein sehr informatives Werk, das sicher besonders diejenigen interessiert, die in etwa der gleichen Zeit wie Gerigk in Heidelberg studiert oder gelebt haben. Aber auch andere, die an der Geistesgeschichte dieser Stadt interessiert sind, können vieles entdecken.

Das Buch ist mit lockerer Hand geschrieben, daher gut lesbar. Nicht ganz einsichtig ist die Kapiteleinteilung. Man fragt sich z.B., warum die Anekdotischen Nachbemerkungen ein eigenes Kapitel darstellen, wenn sie thematisch doch weitgehend über Ähnliches berichten wie in den vier Hauptkapiteln davor.

Auch ein verblüffend vereinfachtes Urteil über die Studentenbewegung der 60er Jahre ist verwunderlich, ebenso die Reduzierung des Marxismus und Freudianismus auf „dogmatische Schulen". Die Heftigkeit, mit der Gerigk in beiden Fallen urteilt, fällt auf, ist aber nicht typisch für das ganze Buch.

Ingrid Moraw

Ilka Scheidgen: Hilde Domin, Dichterin des Dennoch, 248 Seiten, Verlag Ernst Kaufmann, Lahr, 2006. Euro 19,95

„Nun mag es für jedermann schwierig sein, unbefangen und natürlich von sich selbst zu sprechen. Die Situation der Schriftsteller ist jedoch in dieser Beziehung besonders heikel.", so schrieb Marcel Reich Ranicki 1974 in einer Rezension über Hilde Domins autobiografische Schriften „Von der Natur nicht vorgesehen".

Genauso schwierig scheint das Unterfangen, aus kritischer Distanz eine Biografie über einen lebenden Dichter zu verfassen, von dem man sich die Autorisierung für das Geschriebene wünscht. Und so paradox es klingen mag – die Fülle des autobiografischen Materials, das Hilde Domin zu ihren Lebzeiten veröffentlicht hat, muss deshalb zur Last werden: nur schwer kann man sich von den Vorgaben wegbewegen.

So wagt Ilka Scheidgen in ihrer 2006 erschienen „Biografie" diesen Versuch auch nicht, sondern begibt sich auf einen Spaziergang mit der Lyrikerin, nimmt ihre Worte und ihre Sicht: gemeinsam durchstreift man alte Wege, sprich: nimmt Hilde Domins eigene Texte auf, entdeckt am Wegrand hier und da Buntes, das vertraut, weil bekannt ist, d.h. Domins eigene autobiografische Schilderungen werden wie neu eingeflochten. Der Kunstgriff des fiktiven Gesprächs, den die Autorin wählt, ermöglicht es ihr, jederzeit auf biografische Details aus Hilde Domins eigenen Werken zurückzugreifen. Passagenweise finden sich Textübernahmen – leider fehlen Fußnoten, die auf die exzerpierten, nicht eigenen Textstellen verweisen, wie z.B. auf den Band „Gesammelte Autobiographische Schriften":

„Hilde wohnte im berühmten „Thibauthaus", das einen herrlichen Garten besaß, in dem sie beide ihre ersten Kaninchen hielten, ihren ersten gemeinsamen Besitz, bis zu ihrem Fortgehen aus Deutschland. In diesem Haus, in dem sie zur Untermiete bei dem Flötisten Schmiedel wohnte, hatte Goethe den „Thibautschen Singabenden" gelauscht. Und wahrscheinlich war er auch schon durch den wunderschönen Garten hinauf zum Schloss gegangen. Vielleicht waren sogar einige Gedichte des Diwanzyklus dort entstanden.",schreibt Ilka Scheidgen auf Seite 37 ihres Buches. Bei Hilde Domin liest sich die entsprechende Passage folgendermaßen:

„Daß der Flötist Schmiedel, dessen Untermieterin ich war, noch im gleichen Raum musizierte, in dem Goethe den Thibautschen „Singabenden" beiwohnte (...) und dass durch den Garten, der 1932 noch wunderbar imstande war und in dem wir unsere erste gemeinsame Erwerbung, zwei Kaninchen hielten, Goethe hinauf ins Schloss stieg, 1814 und 1815, und vielleicht sogar auf der Schmiedelschen Terrasse ein Gedicht des Divanzyklus entstanden war, habe ich vermutlich damals nicht recht realisiert." (Gesammelte Autobiographische Schriften, S. 66)

Beim Drehen und Wenden desselben Stoffes, kann es dann auch schon mal passieren, dass Inhaltliches eine andere Bedeutung erhält:

„Das selbständige Leben begann für mich hier, in Heidelberg. Von hier sehe ich sogar noch die ehemalige Pension, in der meine Mutter, nach gemeinsamer Zimmersuche, mich noch meiner Cousine ans robuste Herz legte, was diese nicht wenig entsetzte, worauf Mutter dann nach Köln zurückfuhr und die Schwimmleine durchgeschnitten war... Aber pünktlich gingen meine Wäschepakete hin und her und kamen nie ohne Extrageldscheine und ein gebratenes Hähnchen...oder den geliebten Tapiocapudding...oder sonst ein Schutzsignal zurück. (Hilde Domin: „Gesammelte Autobiographische Schriften", S.132)

Ilka Scheidgen verarbeitet diesen Auszug, missdeutet allerdings einen Bezug:

„...so war das eigenständige, selbstverantwortliche Dasein, das nun fern der Obhut der Eltern begann, doch etwas anderes. So glaubte die Mutter, vor ihrer Rückkehr nach Köln Hilde der Fürsorge ihrer Kusine empfehlen zu müssen, was Hilde nicht wenig entsetzte. Die mütterliche Fürsorge versiegte auch während ihrer Studienzeit nicht. Regelmäßig konnte Hilde ihre Wäsche nach Hause schicken und erhielt die Pakete nicht nur mit sauberer Wäsche, sondern immer noch zusätzlichen Geschenken in Form von Essen, Geld oder Süßigkeiten zurückgesandt" S. 32. Viele Vergleiche dieser Art ließen sich ziehen. In ihrem Gedicht „Ich will dich" schreibt Hilde Domin:

„nichts weiter sagt er
ist vonnöten
nennt
das Runde rund
und das Eckige eckig"

Die Ecken,die Hilde Domins Lebenslauf erschwerten, die ihre Persönlichkeit prägten und so angreifbar aber auch so verletzlich machten, hat Ilka Scheidgen nicht sichtbar machen können:

Das Kind, das die schwangere Hilde Domin in Santo Domingo nicht geboren hat, die große Depression, die durch Enttäuschungen in der jungen Ehe ausgelöst worden war, der dramatische Lebensweg ihres Bruders, die wirklichen Sterbeorte und letzten Ruhestätte der Eltern, die großen Anstrengungen der wirtschaftlichen Aufarbeitung des Exils in den Jahren 1954 – 1958, die Rezeption der Lyrikerin im Kontext der Dichter ihrer Zeit (z.B. das Zerwürfnis mit Rose Ausländer) u.a. dieser Lebenssituationen und -stationen bleiben unentdeckt und unerwähnt, bedürften einer intensiven Recherche.

Authentischer und persönlicher wird Ilka Scheidgen nur im letzten Teil ihres Buch, wenn sie die Aufzeichnungen aus ihren Unterhaltungen und Gesprächen mit Hilde Domin verarbeitet.

Wer Hilde Domin nicht kennt und ihre Lyrik, ihre theoretischen Schriften, ihre biografischen Stationen und die Interpretationsansätze vieler Gedichte nicht im Original lesen möchte, dem vermittelt Ilka Scheidgen eine Begegnung mit der Dichterin – zusammengetragen aus deren eigenen Werken, freundlich geglättet übernommen, ohne Kanten.

Ilka Scheidgens Portrait ist eine leicht lesbare, unterhaltende Annäherung an die Lyrikerin – wobei für die Literatur dasselbe gilt wie für das Leben: das frische Original ist würziger und mundet besser als das Wiederaufbereitete; das aber ist einfacher konsumierbar.

Die wirkliche Biografie Hilde Domins muss noch geschrieben werden.

Marion Tauschwitz

Sinfonie in Moll – elegisches Portrait der Einsamkeit, Zum Film:„Ich will dich – Begegnungen mit Hilde Domin" von Anna Ditges

Füße auf knirschendem Winterkies, frische Rosen dominieren den Blick – so nimmt die junge Filmemacherin Anna Ditges den Zuschauer mit auf den Weg, um die mehr als 70 Jahre ältere Lyrikerin Hilde Domin in Heidelberg kennen zu lernen, die „mit ihren Worten ausdrückt, was ich fühle."

Lebendige Neugier aufeinander von beiden Seiten ist bei der ersten Begegnung spürbar. „Sie sind Kölnerin, wunderbar, ich auch" – die Basis für eine beginnende Freundschaft ist geschaffen. Doch durch die Tür, die Domin der Freundschaft öffnet, schlüpft auch die Kamera: sie trotzt der Dichterin Einblicke in die Intimsphäre ab, die sie einer professionellen Regisseurin eher nicht gewährt hätte. Aufrichtige Freude über einen jungen Menschen, der jugendliche Momente der unverblühten Frische in den Alltag der welkenden Dichterin bringt, lässt die anfängliche Skepsis der alten Dame gegenüber einem Filmprojekt überwiegen. Mit wachsender Vertrautheit blättert die Scheu vor der Kamera und Domin verliert zunehmend ihre Wachsamkeit gegenüber dem Objektiv. Sie begibt sich in die freundschaftliche Unbekümmertheit und liefert so den Stoff zu einem intensiven Portrait, in dessen Verlauf die Rosen des Alltags welken, sich entblättern und zum Abschied voller Wehmut geküsst werden.

Der Film, der am 28. Juni auf dem Münchner Filmfestival Premiere hatte und in Heidelberg am 8. November in der „Kamera" anlaufen soll, eröffnet dem Zuschauer sehr private Einblicke in den Alltag der Dichterin; wehmütig wehen die Erinnerungen über die Leinwand, denn das Portrait zeigt Hilde Domin in typischen Alltagsszenen: sie sitzt nach dem Mittagsschlaf im Morgenmantel immer noch erschöpft am Kaffeetisch, schlurft ermattet durch ihren langen dunklen Flur – die filmtechnische Perspektive verstärkt den dusteren Blickwinkel- viele Bewegungen scheinen Anstrengung und äußerste Disziplin zu erfordern. Jede Aufgeregtheit bekämpft Domin mit Schokoladeknabbern – so nimmt es nicht wunder, dass nach dem Film eine Zuschauerin amüsiert feststellte: „Die hat ja ununterbrochen gegessen."

Dein Ort ist
Wo Augen dich ansehen.
Wo sich die Augen treffen
Entstehst du

schrieb Hilde Domin 1986 in ihrem Gedicht „Es gibt dich" und wusste, wie die subjektive Sicht auf einen Menschen das Bild formt. Die Augen hinter einer Kamera focusieren immer auch den künstlerischen Aspekt, können einen Menschen verklären oder entblättern. „Da ich Hilde Domin keinesfalls künstlerisch inszenieren wollte, habe ich mich den jeweiligen Gegebenheiten angepasst und die Protagonistin sich in ihrer Wohnung und ihrem Umfeld selbst inszenieren lassen.. Durch die Kunst der Montage wird der fertige Film ohne Offtext eine klare Aussage formulieren." „schreibt Anna Ditges im Exposee zu ihrem Film. Das scheinbare Nichtinszenieren erfährt durch Auswahl und Schnitt jedoch den künstlerischen Wert.

Gerade der scheinbar ungeplante Zugang eröffnet der Kamera Einblicke in das Innerste. Anna Ditges lässt das Bild einer Domin wachsen, die nicht weichgezeichnet ist – wörtlich und im übertragenen Sinn; die Dichterin scheint von Fragen der Regisseurin oft überrumpelt: „War Erwin ein guter Liebhaber?" –„Ich hatte nur einen, ich kann das nicht beurteilen – ich finde, ja." Auf das Nachfragen nach der Abtreibung gleich nach der Ankunft in Santo Domingo reagiert die alte Dame heftig. Doch immer wieder kommt in solchen Momenten des Sichverlierens die trainierte Disziplin wieder durch; Hilde Domin fasst sich und schlägt den Bogen zum Literarischen, weg vom Privaten und stellt klar, was ihr Leben bestimmt hat: „Die Kinder, die ich habe, das sind meine Gedichte." Sie beantwortet in den Sequenzen die Interview-Charakter haben, die Provokanz der Fragen mit der bekannten intelligenten Schlagfertigkeit: „Was braucht man, um Gedichte zu schreiben?" – „Einen Stift."

Domins Gesicht ist leinwandgroß gefaltet; den Aspekt des Alters, das Hilde Domin zeitlebens mit großer Energie und bewundernswerter Disziplin bekämpfte, fängt die Kamera im faltigen Gesicht und im mühsamen Bewältigen des Alltags ein und gipfelt dramatisch in der Friedhof-Szene: die alte Dichterin und die junge Filmemacherin suchen auf dem Heidelberger Bergfriedhof das Grab von Hilde Domins Ehemann Erwin Walter Palm; die Rose in der Hand ist keine Stütze, sie wird zur Last, denn sie verlangt, dass man sie ablegt. Bekämpft Domin am Anfang ihre verzweifelte Suche und immer stetiger wachsende Erschöpfung noch tapfer, so kapituliert sie letztendlich völlig erschöpft vor der Steilheit des Bergfriedhofs, der dem Alter seine Grenzen aufzeigt. Sie legt die Rose, kindlich behutsam ins Efeu einbettend, irgendwo ab, versucht aber auch dieser Szene, in der sie gegen das Alter verloren hat, noch Würde zu verleihen.

Filmtechnisch ist diese Szene spannend, beklemmend, doch sie kratzt durch ihre Nähe an der Wunde des Alters; die Lyrikerin wehrt sich vehement gegen diese Nähe, verbittet sich die taktlose Scharfzeichnung :„Dieses dauernde Gefilmtwerden hasse ich!". Die professionelle Kamera reizt die Freundschaft oft aus: „Du machst alles kaputt.", empört sich die Dichterin, weil die Kamera trotz Protest die Einwände zum Aufhören ignoriert; die Technik trickst den technisch nicht versierten Menschen Domin aus: sie geht scheinbar wie befohlen auf Distanz, der Zooms hebt die Distanz umgehend wieder auf – das Publikum ist amüsiert. Freunde werden bei dieser Szene mit einem Gefühl der Unbehaglichkeit zurückbleiben.

Wenn der Rezensent der Heidelberger „Rhein-Neckar-Zeitung" schreibt, dass es beeindruckend ist zu sehen, welche Energie die Mitneunzigerin in „den Schimpfszenen" mobilisieren kann, in den Auseinandersetzungen um das Gefilmtwerden, kommt Wehmut auf. Denn die Energie, die Hilde Domin mobilisieren konnte, zeigte sich mehr noch im bunten Alltag: bei Konzert- und Theaterbesuchen, bei lebhaften Diskussionen in Schulen, im Interesse an der Tagespolitik, die sie mit Freunden beim Essen besprach. Domin nahm ihre Kraft aus den vielschichtigen Begegnungen mit Menschen: „Die Gedichte haben doch die Domin sozusagen zu einem Treffpunkt gemacht. So können Menschen kommen und die kann ich auch lieb haben" erkennt die Lyrikerin im Film als Wert gebend für ihr Leben. Die elegische Dunkelheit und das Moll der Stunden des Alleinseins aber dominieren, die Farben der Melancholie überwiegen, durch die unterlegte melancholische Musik verstärkt.

Lichte Momente sind im Film die künstlerisch geschickt eingebauten, bisher noch nicht veröffentlichten Privatfotos Hilde Domins, die retrospektiv ihr Leben erhellen sowie die von Anna Thalbach einfühlsam gesprochenen Gedichte.

Anna Ditges hat während der Dreharbeiten, die sich über eine Phase von fast zwei Jahren hinzogen, unglaublich viele Stunden Filmmaterial gesammelt, die auf 95 Minuten reduziert werden mussten. Die Filmemacherin schaffte den Marathon, Drehbuchschreiberin, Regisseurin, Kamerafrau und Cutterin in Personalunion zu sein. Die Stärken der jungen Frau sind unübersehbar. Künstlerische und technische Zusammenarbeit sind perfekt. Zweifelsohne ist Anna Ditges ein großer, außergewöhnlicher, nahe gehender Film gelungen. Sie hat intensive, provokative Bilder einer Nähe zu Hilde Domin entwickelt, die beim Zuschauer aber andererseits das beklemmende Gefühl hinterlassen, auf einen Besuch mitgenommen geworden zu sein, der ihm nicht zusteht.

Durch unkonventionelle Kameraführung und Schnitttechnik schafft Anna Ditges eine inhaltliche Spannung, die die 95 Minuten wie im Flug vergehen lassen. In der Szene, in der der Darmstädter Künstler Thomas Duttenhoefer zupfend und zögernd das Wesen Domins in den Ton modelliert, reflektiert allein der gleitende Blick in die gespannten Gesichter der Anwesenden die Erwartung auf das Gelingen der Skulptur. Die Büste wurde mittlerweile von der Gemeinde Hirschberg erworben und ist im dortigen Rathaus zu bewundern.

Die Zuschauer erleben das Verwelken einer Rose. Wenn dann gegen Ende des Films wieder die Schritte auf dem Winterkies knirschen, so sind es diesmal die Sargträger, die Hilde Domin zu Grabe tragen und ähnlich große Mühe auf dem steilen, winterlichen Anstieg des Bergfriedhofs haben, wie Hilde Domin zu Lebzeiten. Doch die Rosen auf dem Sarg sind frisch – so frisch, wie die Gedichte der Lyrikerin. Sie werden weiterblühen.

Marion Tauschwitz

Neue Veröffentlichungen zur Stadtgeschichte

Selbständige Veröffentlichungen 2006 und Nachträge 2005

Ay, Karl-Ludwig; Borchardt, Knut (Hgg.): Das Faszinosum Max Weber. Die Geschichte seiner Geltung. Konstanz 2006

Behrens, Katja: Alles aus Liebe, sonst geht die Welt unter. Sechs Romantikerinnen und ihre Lebensgeschichte, Weinheim 2006

Borchardt-Wenzel, Annette: Karl Friedrich von Baden. Mensch und Legenden, Gernsbach 2006

Buselmeier, Michael (Hg.): Der Knabe singt´s im Wunderhorn, Heidelberg 2006

Codex Manesse: Hörspiel, Musik und Multimedia. Bamberg 2006 (CD)

Cser, Andreas; Wiltschko, Stefan: Die vier großen Fässer im Schloss Heidelberg. Zur Bau-, Kunst-, Verwaltungs- und Wirtschaftsgeschichte, Heidelberg 2006

Debon, Günther: Fragmente zur Heidelberger Romantik, Ubstadt-Weiher 2006

Düchting, Reinhard: Sibi et amicis. Erinnerungen, Kleine Studien, Schriftenverzeichnis. (Hg. von Jolanta Wiendlocha), Heidelberg 2006

Düchting, Reinhard: Die barocke Decke der Alten Aula von 1715 (Jahresgabe des Freundeskreis für Archiv und Museum der Universität Heidelberg e. V., Neujahrsblatt 2007). Heidelberg 2006

Eckart, Wolfgang U.; Sellin, Volker; Wolgast, Eike (Hgg.): Die Universität Heidelberg im Nationalsozialismus, Heidelberg 2006

Engehausen, Frank: Kleine Geschichte des Großherzogtums Baden 1806 – 1918. Hrsg. von der Landeszentrale für politische Bildung Baden-Württemberg, 2006

Engehausen, Frank; Richter, Susan; Schlechter, Armin (Bearb.): Georg Gottfried Gervinus 1805 – 1871. Gelehrter – Politiker – Publizist. Schriften von Archiv und Museum der Universität Heidelberg. Hrsg. Von Werner Moritz, Heidelberg 2005

Engemann, Stephan; Leicht, Bernd: Heidelberg 1620 und heute, Rheinzabern und Hassloch 2005, Film-DVD (www.zeitreisen.de)

Fink, Oliver: Zeitreise durch Heidelberg. Ausflüge in die Vergangenheit, Gudensberg-Gleichen, 2006

Gothein, Eberhard und Marie Luise: Im Schatten genießen. Der Briefwechsel der Kulturwissenschaftler Eberhard und Marie Luise Gothein (1883 – 1923). Hg. von Michael Maurer et al., Köln, Weimar, Wien 2006

Krischke, Roland: Das schriftstellerische Werk Emil Belzners (1901 – 1979). Darstellung – Analyse – Gesamtbibliographie, Heidelberg 2006

Hausmann, Katharina: „Die Chance, Bürger zu werden". Deutsche Politik unter amerikanischer Besatzung: Die „Heidelberger Aktionsgruppe" 1946 – 47 (Schriftenreihe des Stadtarchivs Heidelberg. Heft 8). Ubstadt-Weiher 2006

Heidelberger Geschichtsverein (Hg.): Heidelberg – Jahrbuch zur Geschichte der Stadt 2006 / 07, Heidelberg 2006 (HJG 2006 / 07)

Heidelberger Versorgungs- und Verkehrsbetriebe (Hg.): Die Heidelberger Bergbahnen – Stationen der Romantik, Ubstadt-Weiher 2006

Hensen, Andreas; Ludwig, Renate (Hgg.): Straße ins Jenseits. Die römischen Gräberfelder von Heidelberg. Begleitband zur Ausstellung im Kurpfälzischen Museum, Remshalden 2005

Hepp, Frieder (Hg.): Poesie und Realität. Der Ottheinrichsbau des Heidelberger Schlosses in der Frühzeit der Fotografie. Ausstellungskatalog für das Kurpfälzische Museum der Stadt Heidelberg, Heidelberg 2006

Himmelheber, Susanne, Hofmann, Karl-Ludwig (Hgg.): Friedrich Martinotto. Die Zeit in Heidelberg und Oviga 1960 – 1973, Heidelberg 2006

Hoffmann, Annette; Martin, Frank; Wolf, Gerhard (Hgg.): BücherGänge. Miszellen zur Buchkunst, Leselust und Bibliotheksgeschichte. Hommage an Dieter Klein, Heidelberg 2006 Hrsg. von der Landeszentrale für politische Bildung Baden-Württemberg, 2006

Huwer, Elisabeth: Das Deutsche Apotheken-Museum – Schätze aus zwei Jahrtausenden Kultur- und Pharmaziegeschichte, Regensburg 2006

Jany, Robert: Heidelberg im 17. Jahrhundert. Ausgewählte Beispiele zur Entwicklung des städtebaulichen Erscheinungsbildes und der Sozialtopographie dokumentiert an historischen Quellen und virtuellen dreidimensionalen Modellen, Diss. phil. Heidelberg 2005; Universitätsbibliothek Heidelberg 2006 U 452. Im Internet (Nur der Text, ohne Inhalt der CD): http://www.ub.uni-eidelberg.de/archiv/5977

Kühlmann, Wilhelm: Montpellier und Heidelberg. Poetische Konturen einer historischen Beziehung im 16. Jahrhundert, Heidelberg 2006

Kulturamt der Stadt Heidelberg; Germanistisches Seminar der Universität Heidelberg (Hgg.): Die Romantik und Alt Heidelberg. Ausstellungskatalog zur Dauerausstellung im Palais Boiserée, Heidelberg 2006Liebers, Andrea: Heidelberg. Stadtplan für Kinder, Heidelberg 2006 Magall, Miriam: Ein Rundgang durch das jüdische Heidelberg, Heidelberg 2006

Miltner, Walter (Bearb.): 50 Jahre Albert-Metzler-Kreis Heidelberg 1956 – 2006, Heidelberg 2006

Mühlhausen, Walther: Friedrich Ebert 1871 – 1925, Heidelberg 2006

Neff, Brigitte (Hg.): Die Heidelberger Bergbahnen – Stationen der Romantik. Hg. von den Heidelberger Versorgungs- und Verkehrsbetrieben GmbH,Ubstadt-Weiher 2006

Oberdörfer, Eckhard: Der Heidelberger Karzer, Köln 2006

Palatinatus Rheni nova et accurata descriptio. 1652 im Verlag von Nikolaus Visscher (Piscator) herausgegebener Kupferstich, am Rand der Karte Kartuschen mit Städteansichten von Mainz, Frankfurt, Speyer, Heidelberg und Worms] (Die Region Mittlerer Oberrhein in historischen Karten. Blatt 2. Reproduktion einer flächenkolorierten Karte, 48 x 58,9 cm. Hg. und kommentiert von Dieter Hassler, Ubstadt-Weiher 2006

Pape, Burkhard: Die Befestigungen am Heidelberger Schloss. Bau, Architektur und Funktion der Fortifikationen und die Geschichte der Belagerungen, Neckargemünd-Dilsberg 2006

Pelker, Bärbel (Hg.): Theater um Mozart, Heidelberg 2006

Pfeiffer, Harald: Klingende Kirche Heiliggeist, Leipzig 2006

Pflug, Konrad; Raab-Nicolai, Ulrike; Weber, Reinhold (Hgg.): Orte des Gedenkens in Baden-Württemberg. Hrsg. von der Landeszentrale für politische Bildung Baden-Württemberg, 2006

Przyrembel, Alexander; Schönert, Jörg (Hgg.): Jud Süss: Hofjude, literarische Figur, antisemitisches Zerrbild, Frankfurt 2006

Rink, Claudia (Hg.): „weder Kosmopolit noch Spießbürger" – Der badische Dichter und Heidelberger Professor der Ästhetik Aloys Schreiber (1761 – 1841). Begleitheft zur Ausstellung im Universitätsmuseum Heidelberg vom 7. Juni bis 15. Juli 2006. Archiv und Schriften der Universität Heidelberg, Schriften 10, hg. von Werner Moritz, Heidelberg 2006

Rödel, Volker (Hg.): 1806 Baden wird Großherzogtum. Begleitpublikation zur Ausstellung des Landesarchivs Baden-Württemberg/ GLA Karlsruhe und des Badischen Landesmuseums im Karlsruher Schloss, 20. Juni bis 20. August 2006, Karlsruhe 2006

Scheidgen, Ilka: Hilde Domin. Dichterin des Dennoch. Eine Biographie. Lahr 2006

Scheidle, Ilona: Heidelbergerinnen, die Geschichte schrieben. Frauenporträts aus fünf Jahrhunderten, Kreuzlingen und München 2006

Schlechter, Armin (Hg.): ,Ein Knab auf schnellem Ross'. Die Romantik in Heidelberg. Ausstellungskatalog der Universitätsbibliothek Heidelberg. Schriften der Universitätsbibliothek; Bd. 7, Heidelberg 2006

Seeliger-Zeiss, Anneliese: Evangelische Peterskirche Heidelberg, Regensburg 2006[2]

Sengré, Henri: Estats situés près & sur le Rhin & le Necre (1685). Die Region Mittlerer Oberrhein in historischen Karten. Blatt 1. Reproduktion einer altkolorierten Karte, 44 x 61,2 cm. Hg. und kommentiert von Dieter Hassler, Ubstadt-Weiher 2006

Stadtteilverein Handschuhsheim (Hg.): Jahrbuch 2006, Heidelberg 2006

Steiger, Renate (Hg.): Die Hochschule für Kirchenmusik der Evangelischen Landeskirche in Baden, Heidelberg, ehemals Kirchenmusikalisches Institut, 1931 – 2006, und ihr Gründer, Hermann Meinrad Poppen 1885 – 1956. Festschrift zum 75jährigen Bestehen, München Berlin 2006

Stein, Georg (Hg.): Die Insel im Wald. 300 Jahre Heidelberger Kohlhof, Heidelberg 2006

Schwier, Helmut (Hg.): Geöffnet. Raum und Wort in der Heidelberger Universitätskirche, Frankfurt 2006

Territorium seculare episcopatus Spirensis una cum terris adiacentibus. (Im Verlag Homanns Erben 1753 herausgegebene Karte). Die Region Mittlerer Oberrhein in historischen Karten. Blatt 3. Reproduktion einer kolorierten Karte, 48,5 x 55,5 cm. Hg. und kommentiert von Dieter Hassler, Ubstadt-Weiher 2006

Untermann, Matthias (Hg.): Universitätsmuseum Heidelberg. Begleitheft zur Ausstellung. Universitätsmuseum Heidelberg, Kataloge 2, korr. u. erg. Neuaufl., Heidelberg 2006

Verlag Das Wunderhorn (Hg.): Wunderhorn-Almanach, Heidelberg 2006

Weber, Reinhold; Wehling, Hans-Georg (Hgg.): Baden-Württemberg. Gesellschaft, Geschichte, Politik. Hrsg. von der Landeszentrale für politische Bildung Baden-Württemberg, 2006

Weber, Reinhold; Wehling, Hans-Georg (Hgg.): Geschichte Baden-Württembergs.

Weinfurter, Stefan (Hg.): Reinhart Koselleck (1923 – 2006). Reden zum 50. Jahrestag seiner Promotion in Heidelberg, Heidelberg 2006

Willemer, Marianne: Das Stammbuch der Marianne Willemer (hg. von Kurt Andiar). Frankfurt, Leipzig 2006

Wolf-Hauschild, Regine (Hg.): Bücher, Bauten, Begegnungen. 100 Jahre Stadtbücherei Heidelberg 1906 – 2006, Heidelberg 2006

Zajfert, Przemek; Walther, Burkhard (Hgg.): Camera obscura Heidelberg. Geleitwort von Hilde Domin, Essay von Michael Raffel., Stuttgart 2006

Artikel und selbständige Beiträge nach Epochen geordnet

Vor- und Frühgeschichte

Biegert, Susanne ; Helfert, Markus; Hensen, Andreas; Schneider, Gerwulf: Gräberfelder und Wirtschaftsarchäologie – Neue Untersuchungen zur Keramik aus Heidelberg. Rei Cretariae Romanae Fautorum Acta 39, Abingdon 2005, S. 39 – 52 Hensen, Andreas: „Auf der Straße ins Jenseits". Eine Heidelberger Ausstellung als Beitrag zum Römerjahr. Archäologische Nachrichten aus Baden 71 / 2005, S. 49 – 54

Hensen, Andreas: Die Medica von Heidelberg. Abenteuer Archäologie 2004 / 4, S. 76 – 79

Hensen, Andreas: Ein römisches Salbenreibkästchen aus Heidelberg, in: Ernst G. Jung (Hg.): Kleine Kulturgeschichte der Haut. Darmstadt 2007, S. 95 – 99

Hensen, Andreas: Neapolis Skythica: Die ukrainische Partnerstadt Simferopol in der Antike, in: JbHhm 2006, S. 53 – 56

Hensen, Andreas: The lamps of the Roman cemetery in Heidelberg, in: L. Chrzanovski (Ed.) Lychnological acts 1. Monographies instrumentum 31, Mergoil 2005, S. 157 – 159

Hensen, Andreas: Von Cambridge bis Kumamoto anno 100: Heidelbergs Partnerstädte zur Römerzeit, in: HJG 2006 / 07, S. 179 – 184

Hensen, Andreas; Ludwig, Renate (Hgg.): Straße ins Jenseits. Die römischen Gräberfelder von Heidelberg. Begleitband zur Ausstellung im Kurpfälzischen Museum, Remshalden 2005

Hensen, Andreas; Wahl, Joachim; Stephan, Joachim; Berszin, Carola: Eine römische Ärztin aus Heidelberg, in: in memoriam Jochen G. Garbsch. Archäologisches Korrespondenzblatt 34, 2004 / 1, S. 81 – 100.

Hensen. Andreas: Das ‚zweite' Mithraeum von Heidelberg, in: M. Martens / Guy de Boe (Ed.): Roman Mithraism : the Evidence of the Small Finds, Brussel 2004, S. 95 – 107

13. – 18. Jahrhundert

Codex Manesse: Hörspiel, Musik und Multimedia. Bamberg 2006 (CD)

Cser, Andreas; Wiltschko, Stefan: Die vier großen Fässer im Schloss Heidelberg. Zur Bau-, Kunst-, Verwaltungs- und Wirtschaftsgeschichte, Heidelberg 2006

Düchting, Reinhard: Die barocke Decke der Alten Aula von 1715 (Jahresgabe des Freundeskreis für Archiv und Museum der Universität Heidelberg e. V., Neujahrsblatt 2007). Heidelberg 2006

Ehrhard, Arno: Neue Urkunden zu Kloster Neuburg, in: HJG 2006 / 07, S. 185 – 190

Engemann, Stephan; Leicht, Bernd: Heidelberg 1620 und heute, Rheinzabern und Hassloch 2005, Film-DVD (www.zeitreisen.de)

Flegel, Christoph: Kurpfälzische Religionsdeklaration von 1705, in: Blätter für pfälzische Kirchenge-schichte und religiöse Volkskunde, 2006 (Hg. vom Verein für pfälzische Kirchengeschichte)

Hepp, Frieder (Hg.): Poesie und Realität. Der Ottheinrichsbau des Heidelberger Schlosses in der Frühzeit der Fotografie. Ausstellungskatalog für das Kurpfälzische Museum der Stadt Hei-delberg, Heidelberg 2006

Holl, Eugen: Auszüge aus der Dorfbeschreibung von 1701, in: JbHhm 2006, S. 39 – 41

Jany, Robert: Heidelberg im 17. Jahrhundert. Ausgewählte Beispiele zur Entwicklung des städte-baulichen Erscheinungsbildes und der Sozialtopographie dokumentiert an historischen Quel-len und virtuellen dreidimensionalen Modellen, Diss. phil. Heidelberg 2005; Universitätsbibli-othek Heidelberg 2006 U 452. Im Internet (Nur der Text, ohne Inhalt der CD): http://www.ub.uni-eidelberg.de / archiv / 5977

Koenemann, Friedrich F.: Allmendsteine – Straßenmarkierungen vor 250 Jahren, in: HJG 2006 / 07, S. 169 – 170

Koenemann, Friedrich F.: Zwei Ginkgos in der Heidelberger Altstadt. Lebende Zeugen aus kurfürst-licher Zeit, in: HJG 2006 / 07, S. 171 – 174

Kollnig, Karl: Die Briefe der Herzogin von Orléans, in: JbHhm 2006, S. 59 – 61

Kühlmann, Wilhelm: Montpellier und Heidelberg. Poetische Konturen einer historischen Bezie-hung im 16. Jahrhundert, Heidelberg 2006

Merkel, Gerhard: Johann Georg Mack aus Schriesheim in Diensten der Universität Heidelberg 1617 / 1618, in: Schriesheimer Jahrbuch 2006, Schriesheim 2006, S. 14 – 33

Palatinatus Rheni nova et accurata descriptio. 1652 im Verlag von Nikolaus Visscher (Piscator) herausgegebener Kupferstich, am Rand der Karte Kartuschen mit Städteansichten von Mainz, Frankfurt, Speyer, [Heidelberg und Worms] (Die Region Mittlerer Oberrhein in historischen Karten. Blatt 2. Reproduktion einer flächenkolorierten Karte, 48 x 58,9 cm. Hg. und kommen-tiert von Dieter Hassler, Ubstadt-Weiher 2006

Pape, Burkhard: Die Befestigungen am Heidelberger Schloss. Bau, Architektur und Funktion der Fortifikationen und die Geschichte der Belagerungen, Neckargemünd-Dilsberg 2006

Pelker, Bärbel (Hg.): Theater um Mozart, Heidelberg 2006

Sengré, Henri : Estats situés près & sur le Rhin & le Necre (1685). Die Region Mittlerer Oberrhein in historischen Karten. Blatt 1. Reproduktion einer altkolorierten Karte, 44 x 61,2 cm. Hg. und kommentiert von Dieter Hassler, Ubstadt-Weiher 2006

Territorium seculare episcopatus Spirensis una cum terris adiacentibus. (Im Verlag Homanns Erben 1753 herausgegebene Karte). Die Region Mittlerer Oberrhein in historischen Karten. Blatt 3. Reproduktion einer kolorierten Karte, 48,5 x 55,5 cm. Hg. und kommentiert von Dieter Hassler, Ubstadt-Weiher 2006

19. Jahrhundert

Baar, Regina: Victorie Gervinus – Leben und Wirken der Ehefrau und Witwe, in: Engehausen, Frank; Richter, Susan; Schlechter, Armin (Bearb.): Georg Gottfried Gervinus 1805 – 1871, S. 73 – 84

Behrens, Katja: Alles aus Liebe, sonst geht die Welt unter. Sechs Romantikerinnen und ihre Lebens-geschichte, Weinheim 2006

Borchardt-Wenzel, Annette: Karl Friedrich von Baden. Mensch und Legenden, Gernsbach 2006

Buselmeier, Michael (Hg.): Der Knabe singt´s im Wunderhorn, Heidelberg 2006

Cser, Andreas: Die Lehre von der „Politik" bei Dahlmann und Gervinus, in: Engehausen, Frank; Richter, Susan; Schlechter, Armin (Bearb.): Georg Gottfried Gervinus 1805 – 1871, S. 27 – 34

Debon, Günter: Fragmente zur Heidelberger Romantik, Ubstadt-Weiher 2006

Debon, Günther: Fragmente zur Heidelberger Romantik, Ubstadt-Weiher 2006

Decker, Elmar: Gervinus in Heidelberg, in: Engehausen, Frank; Richter, Susan; Schlechter, Armin (Bearb.): Georg Gottfried Gervinus 1805 – 1871, S. 41 – 48

Düchting, Reinhard: Zu den Sagen-Sammlungen, Alemannischen Gedichten und Übersetzungen von Neulateinischen Dichtern, in: Rink, Claudia (Hg.): „weder Kosmopolit noch Spießbürger", Heidelberg 2006, S. 26 – 29

Engehausen, Frank: Georg Gottfried Gervinus – Der politische Lebensweg eines liberalen Außenseiters, in: Engehausen, Frank; Richter, Susan; Schlechter, Armin (Bearb.): Georg Gottfried Gervinus 1805 – 1871, S. 9 – 26

Engehausen, Frank; Richter, Susan; Schlechter, Armin (Bearb.): Georg Gottfried Gervinus 1805 – 1871. Gelehrter – Politiker – Publizist. Schriften von Archiv und Museum der Universität Heidelberg. Hrsg. Von Werner Moritz, Heidelberg 2005

Heitmann, Klaus: Französische Romantiker zu Besuch in Heidelberg, in: HJG 2006 / 07, S. 27 – 40

Himmelheber, Susanne: „Was könnte die Kunst wieder werden für das Volk?", in: Rink, Claudia (Hg.): „weder Kosmopolit noch Spießbürger", Heidelberg 2006, S. 39 – 43

Kulturamt der Stadt Heidelberg; Germanistisches Seminar der Universität Heidelberg (Hgg.): Die Romantik und Alt Heidelberg. Ausstellungskatalog zur Dauerausstellung im Palais Boiserée, Heidelberg 2006

Machauer, Georg: Aloys Schreiber als Professor der Ästhetik in Heidelberg, in: Rink, Claudia (Hg.): „weder Kosmopolit noch Spießbürger", Heidelberg 2006, S. 15 – 20

Miller, Matthias: neben gelegentlichen Abbeugungen zu Bach und Mozart – Gervinus und Händel, in: Engehausen, Frank; Richter, Susan; Schlechter, Armin (Bearb.): Georg Gottfried Gervinus 1805 – 1871, S. 63 – 72

Mumm, Hans-Martin: Der Professor aus Heidelberg und die deutschkatholische Bewegung, in: Engehausen, Frank; Richter, Susan; Schlechter, Armin (Bearb.): Georg Gottfried Gervinus 1805 – 1871, S. 35 – 40

Mumm, Hans-Martin: Der Romantikerstreit 1807 – 1811, in: Rink, Claudia (Hg.): „weder Kosmopolit noch Spießbürger", Heidelberg 2006, S. 44 – 49

Räther, Hansjoachim: Aloys Schreiber (1761 – 1841), in: Rink, Claudia (Hg.): „weder Kosmopolit noch Spießbürger", Heidelberg 2006, S. 9 – 14

Richter, Susan: Der instrumentalisierte Schiller – Zum nationalliberalen Schillerbild Georg Gottfried Gervinus´, in: Engehausen, Frank; Richter, Susan; Schlechter, Armin (Bearb.): Georg Gottfried Gervinus 1805 – 1871, S. 49 – 62

Rink, Claudia (Hg.): „weder Kosmopolit noch Spießbürger" – Der badische Dichter und Heidelberger Professor der Ästhetik Aloys Schreiber (1761 – 1841). Begleitheft zur Ausstellung im Universitätsmuseum Heidelberg vom 7. Juni bis 15. Juli 2006. Archiv und Schriften der Universität Heidelberg, Schriften 10, hg. von Werner Moritz, Heidelberg 2006

Rink, Claudia: Aloys Schreiber als Landeshistoriker, in: Rink, Claudia (Hg.): „weder Kosmopolit noch Spießbürger", Heidelberg 2006, S. 59 – 62

Rink, Claudia: Die „Badische Wochenschrift", in: Rink, Claudia (Hg.): „weder Kosmopolit noch Spießbürger", Heidelberg 2006, S. 34 – 38

Rödel, Volker (Hg.): 1806 Baden wird Großherzogtum. Begleitpublikation zur Ausstellung des Landesarchivs Baden-Württemberg / GLA Karlsruhe und des Badischen Landesmuseums im Karlsruher Schloss, 20. Juni bis 20. August 2006, Karlsruhe 2006

Scheidle, Ilona: Die Mädchenschulgründerin Caroline Rudolphi (um 1750 – 1811) – ein „weiblicher Sokrates", in: HJG 2006 / 07, S. 41 – 55

Schlechter, Armin (Hg.): ‚Ein Knab auf schnellem Ross'. Die Romantik in Heidelberg. Ausstellungs-katalog der Universitätsbibliothek Heidelberg. Schriften der Universitätsbibliothek; Bd. 7, Heidelberg 2006

Scialpi, Julia: Aloys Schreiber als Reiseschriftsteller, in: Rink, Claudia (Hg.): „weder Kosmopolit noch Spießbürger", Heidelberg 2006, S. 54 – 58

Sondergeld, Ute: Aloys Schreiber und die Musik, in: Rink, Claudia (Hg.): „weder Kosmopolit noch Spießbürger", Heidelberg 2006, S. 30 – 33

Strack, Friedrich: Aloys Schreiber: Ein gelehrter Dichter, in: Rink, Claudia (Hg.): „weder Kosmopolit noch Spießbürger", Heidelberg 2006, S. 21 – 25

Willemer, Marianne: Das Stammbuch der Marianne Willemer (hg. von Kurt Andiar). Frankfurt, Leipzig 2006

Willems, Charis: Das „Heidelberger Taschenbuch", in: Rink, Claudia (Hg.): „weder Kosmopolit noch Spießbürger", Heidelberg 2006, S. 50 – 53

19. und 20. Jahrhundert

Ay, Karl-Ludwig; Borchardt, Knut (Hgg.): Das Faszinosum Max Weber. Die Geschichte seiner Gel-tung. Konstanz 2006

Bechtel, Alfred; Mutschler, Horst: Handschuhsheimer Familien Mutschler, in: JbHhm 2006, S. 85 – 93

Bühler, Ingrid: Der Grahampark und seine Bäume, in: JbHhm 2006, S. 33 – 37

Burger, Bert: Klosterruine St. Michael auf dem Heiligenberg. Beginn der Ausgrabungen durch Wil-helm Schleuning 1886, in: JbHhm 2006, S. 47 – 52

Cser, Andreas: Eberhard Gothein (1853 – 1923). Max Webers Nachfolger auf dem Heidelberger Lehrstuhl für Nationalökonomie. Aspekte seiner Wissenschaftsbiographie, in: HJG 2006 / 07, S. 57 – 82

Engehausen, Frank: Kleine Geschichte des Großherzogtums Baden 1806 – 1918. Hrsg. von der Landeszentrale für politische Bildung Baden-Württemberg, 2006

Gothein, Eberhard und Marie Luise: Im Schatten genießen. Der Briefwechsel der Kulturwissen-schaftler Eberhard und Marie Luise Gothein (1883 – 1923). Hg. von Michael Maurer et al., Köln, Weimar, Wien 2006

Gund, Ernst: Villa Orotava in Handschuhsheim, in: JbHhm 2006, S. 63

Mühlhausen, Walther: Friedrich Ebert 1871 – 1925, Heidelberg 2006

Perkow, Ursula: Eugenio di Pirani. Ein Südlandgast im "Villenviertel" Handschuhsheims, in: JbHhm 2006, S. 65 – 71

20. und 21. Jahrhundert

Barth, Wilhelm: Vom Waldspielplatz zum Wohngebiet „Im Neulich", in: JbHhm 2006, S. 43 – 45

Besier, Gerhard: Die Theologische Fakultät, in: Eckart / Sellin / Wolgast (Hgg.): Die Universität Hei-delberg im Nationalsozialismus, Heidelberg 2006, S. 173 – 260

Betz, Frank-Uwe: Goebbels in Heidelberg, in: HJG 2006 / 07, 133 – 146

Birkenheyer, Karsten; Ludwig, Renate: Der „Heidelbergmensch" aus Mauer und seine Besucher, in: HJG 2006 / 07, S. 191 – 201

Birkenmaier, Willy: Slawistik, in: Eckart / Sellin / Wolgast (Hgg.): Die Universität Heidelberg im Na-tionalsozialismus, Heidelberg 2006, S. 479 – 484

Brose, Jürgen: Ein offenes Haus für alle Handschuhsheimer. Das Caritas-Altenheim St. Michael feiert 50-jähriges Bestehen, in: JbHhm 2006, S. 103 – 105

Brose, Jürgen: Der Ernst war's, nicht der Fritz. Ein Nachtrag zu Fritz Löhner-Beda und dem Heidel-berger-Lied (Jahrbuch 2005), in: JbHhm 2006, S. 101

Burkhart, Christian: 50 Jahre Albert-Metzler-Kreis der Heimat- und Familienforscher Heidelberg, in: HJG 2006 / 07, S. 229 – 232

Chaniotis, Angelos; Thaler, Ulrich: Altertumswissenschaften, in: Eckart / Sellin / Wolgast (Hgg.): Die Universität Heidelberg im Nationalsozialismus, Heidelberg 2006, S. 391 – 434

Demm, Eberhard: Max Weber in psychohistorischer Beleuchtung. Anmerkungen zu Joachim Radkau, in: HJG 2006 / 07, S. 215 – 221

Eckart, Wolfgang U.: Die Universitätsleitung. Teil 3: Die Dozentenführer Stein, Schlüter und Schmidhuber 1933 – 1945, in: Eckart / Sellin / Wolgast (Hgg.): Die Universität Heidelberg im Nationalsozialismus, Heidelberg 2006, S. 30 – 55

Eckart, Wolfgang U.; Sellin, Volker; Wolgast, Eike (Hgg.): Die Universität Heidelberg im Nationalsozialismus, Heidelberg 2006

Engehausen, Frank: Akademische Feiern an der nationalsozialistischen Universität, in: Eckart / Sellin / Wolgast (Hgg.): Die Universität Heidelberg im Nationalsozialismus, Heidelberg 2006, S. 123 – 146

Gensichen, Sigrid: Das Heidelberger Schloss. Um 1900 Katalysator moderner Denkmalwerte – und heute?, in: Ingrid Scheurman, Hans-Rudolf Meier: Echt – alt – schön – wahr. Zeitschichten in der Denkmalpflege, München, Berlin 2006, S. 110 – 119

Giovannini, Norbert: Der Verein „Begegnung". Förderkreis zur Pflege der Beziehungen zu den früheren jüdischen Einwohnern Heidelbergs, in: HJG 2006 / 07, S. 225 – 227

Graf, Ulrich: Lernorte der Demokratie: Die Reichspräsident-Friedrich-Ebert-Gedenkstätte in Heidelberg, in: Konrad Pflug; Ulrike Raab-Nicolai; Reinhold Weber, (Hgg.): Orte des Gedenkens in Baden-Württemberg. Hrsg. von der Landeszentrale für politische Bildung Baden-Württemberg, 2006, S. 174 – 178

Hausmann, Katharina: „Die Chance, Bürger zu werden". Deutsche Politik unter amerikanischer Besatzung: Die „Heidelberger Aktionsgruppe" 1946 – 47 (Schriftenreihe des Stadtarchivs Heidelberg. Heft 8). Ubstadt-Weiher 2006

Heidelberger Versorgungs- und Verkehrsbetriebe (Hg.): Die Heidelberger Bergbahnen – Stationen der Romantik, Ubstadt-Weiher 2006

Heimann, Joachim: Georg Zink und die Heidelberger Volksbibliothek und Volkslesehalle, in: HJG 2006 / 07, S. 95 – 132

Himmelheber, Susanne, Hofmann, Karl-Ludwig (Hgg.): Friedrich Martinotto. Die Zeit in Heidelberg und Oviga 1960 – 1973, Heidelberg 2006

Jansen, Christian: Neues von der deutschen Gelehrtenrepublik: Bücher zu Alfred Weber, Willy Hellpach und einigen Universitäten in der ersten Hälfte des 20. Jahrhunderts, in: Neue Politische Literatur, Jg.51 / 2006, S. 17 – 47

Jüngling, Hanna: Vom Pensionärsheim zum Altenpflegeheim – 50 Jahre Haus Philippus in Handschuhsheim, in: JbHhm 2006, S. 109 – 111

Kaegi, Dominic: Philosophie, in: Eckart / Sellin / Wolgast (Hgg.): Die Universität Heidelberg im Nationalsozialismus, Heidelberg 2006, S. 321 – 350

Kempter, Klaus: „Die Leidenschaft des Denkens". Joachim Radkaus Max-Weber-Biographie, in: HJG 2006 / 07, S. 209 – 214

Kirchner, Thomas: Kunstgeschichte „(...) in völkichem Geiste betätigt (...)",in: Eckart / Sellin / Wolgast (Hgg.): Die Universität Heidelberg im Nationalsozialismus, Heidelberg 2006, S. 517 – 529

Krischke, Roland: Das schriftstellerische Werk Emil Belzners (1901 – 1979). Darstellung – Analyse – Gesamtbibliographie, Heidelberg 2006

Kühlmann, Wilhelm: Germanistik und Deutsche Volkskunde, in: Eckart / Sellin / Wolgast (Hgg.): Die Universität Heidelberg im Nationalsozialismus, Heidelberg 2006, S. 351 – 370

Lagrène, Ilona; Krausnick, Michail: Die Verfolgung der Heidelberger Sinti-Familien während der NS-Zeit. Vortrag zum 50. Gedenktag der Befreiung von Auschwitz, in: HJG 2006 / 07, S. 147 – 157

Miltner, Walter (Bearb.): 50 Jahre Albert-Metzler-Kreis Heidelberg 1956 – 2006, Heidelberg 2006

Moritz, Werner: Außenbeziehungen der Universität, in: Eckart / Sellin / Wolgast (Hgg.): Die Universität Heidelberg im Nationalsozialismus, Heidelberg 2006, S. 147 – 172

Mumm, Hans-Martin: Ein „projektierter Höhenweg" am Gaisberghang. Der Verkauf zweier Grund-stücke „Unterm Trutzbayer" 1925 und unveröffentlichte Briefe von Else Jaffé und Alfred Weber, in: HJG 2006 / 07, S. 203 – 207

Mußgnug, Dorothee: Die juristische Fakultät, in: Eckart / Sellin / Wolgast (Hgg.): Die Universität Heidelberg im Nationalsozialismus, Heidelberg 2006, S. 261 – 318

Neff, Brigitte (Hg.): Die Heidelberger Bergbahnen – Stationen der Romantik. Hg. von den Heidel-berger Versorgungs- und Verkehrsbetrieben GmbH,Ubstadt-Weiher 2006

Peritore, Silvio: Das Dokumentations- und Kulturzentrum Deutscher Sinti und Roma in Heidelberg, in: Konrad Pflug; Ulrike Raab-Nicolai; Reinhold Weber, (Hgg.): Orte des Gedenkens in Baden-Württemberg. Hrsg. von der Landeszentrale für politische Bildung Baden-Württemberg, 2006 S. 168 – 173

Pflug, Konrad; Raab-Nicolai, Ulrike; Weber, Reinhold (Hgg.): Orte des Gedenkens in Baden-Württ-emberg. Hrsg. von der Landeszentrale für politische Bildung Baden-Württemberg, 2006

Scheidgen, Ilka: Hilde Domin. Dichterin des Dennoch". Eine Biographie. Lahr 2006

Schipperges, Thomas: Musikwissenschaft, in: Eckart / Sellin / Wolgast (Hgg.): Die Universität Hei-delberg im Nationalsozialismus, Heidelberg 2006, S. 529 – 542

Schlechter, Armin: Die Universitätsbibliothek, in: Eckart / Sellin / Wolgast (Hgg.): Die Universität Heidelberg im Nationalsozialismus, Heidelberg 2006, S. 95 – 122

Schmitt, Wolfram: Karl Jaspers und die Psychotherapie. Grundlinien psychiatrisch-psychothera-peutischer Praxis, in: HJG 2006 / 07, S. 83 – 93

Schuchard, Margret: Angelistik, in: Eckart / Sellin / Wolgast (Hgg.): Die Universität Heidelberg im Nationalsozialismus, Heidelberg 2006, S. 459 – 478

Schultes, Kilian: Die Staats- und Wirtschaftswissenschaftliche Fakultät, in: Eckart / Sellin / Wolgast (Hgg.): Die Universität Heidelberg im Nationalsozialismus, Heidelberg 2006, S. 557 – 624

Sellin, Volker: Die Universitätsleitung. Teil 1: Die Rektorate Andreas, Groh und Krieck 1033 – 1938, in: Eckart / Sellin / Wolgast (Hgg.): Die Universität Heidelberg im Nationalsozialismus, Heidelberg 2006, S. 5 – 22

Sellin, Volker: Orientalistik, in: Eckart / Sellin / Wolgast (Hgg.): Die Universität Heidelberg im Natio-nalsozialismus, Heidelberg 2006, S. 485 – 490

Sellin, Volker: Romanistik, in: Eckart / Sellin / Wolgast (Hgg.): Die Universität Heidelberg im Natio-nalsozialismus, Heidelberg 2006, S. 435 – 458

Sinn, Peter: Der Handschuhsheimer Steinberg – ein heimatkundlicher Zeitungsbericht, in: JbHhm 2006, S. 95 – 97

Sinn, Peter: Eine 500m-Forschungsbohrung im Handschuhsheimer Feld und „Heidelberger Loch", in: JbHhm 2006, S. 99 – 100

Steiger, Renate (Hg.): Die Hochschule für Kirchenmusik der Evangelischen Landeskirche in Baden, Heidelberg, ehemals Kirchenmusikalisches Institut, 1931 – 2006, und ihr Gründer, Hermann Meinrad Poppen 1885 – 1956. Festschrift zum 75jährigen Bestehen, München Berlin 2006

Theo Sundermeier, Aufbruch zum Glauben. Die Botschaft der Glasfenster von Johannes Schreiter, Frankfurt 2005

Wachter, Rudolf (unter Mitarbeit von Amina Kropp): Allgemeine und vergleichende Sprachwis-senschaften, in: Eckart / Sellin / Wolgast (Hgg.): Die Universität Heidelberg im Nationalsozia-lismus, Heidelberg 2006, S. 371 – 390

Wapnewski, Peter: Mit dem anderen Auge. Erinnerungen 1959 – 2000, Berlin 2006

Weber, Reinhold; Wehling, Hans-Georg (Hgg.): Baden-Württemberg. Gesellschaft, Geschichte, Politik. Hrsg. von der Landeszentrale für politische Bildung Baden-Württemberg, 2006

Weber, Reinhold; Wehling, Hans-Georg (Hgg.): Geschichte Baden-Württembergs. Hrsg. von der Landeszentrale für politische Bildung Baden-Württemberg, 2006

Weinfurter, Stefan (Hg.), Reinhart Koselleck (1923 – 2006). Reden zum 50. Jahrestag seiner Promo-tion in Heidelberg, Heidelberg 2006

Wolber, Gerd: Der Schwimmverein Nikar Heidelberg 1906 – 2006, in: JbHhm 2006, S. 77

Wolf-Hauschild, Regine (Hg.): Bücher, Bauten, Begegnungen. 100 Jahre Stadtbücherei Heidelberg 1906 – 2006, Heidelberg 2006

Wolgast, Eike: Die Philosophische Fakultät, in: Eckart / Sellin / Wolgast (Hgg.): Die Universität Heidelberg im Nationalsozialismus, Heidelberg 2006, S. 319 – 320

Wolgast, Eike: Die Studierenden, in: Eckart / Sellin / Wolgast (Hgg.): Die Universität Heidelberg im Nationalsozialismus, Heidelberg 2006, S. 57 – 94

Wolgast, Eike: Die Universitätsleitung. Teil2: Das Rektorat Schmitthenner 1038 – 1945, in: Eckart / Sellin / Wolgast (Hgg.): Die Universität Heidelberg im Nationalsozialismus, Heidelberg 2006, S. 23 – 29

Wolgast, Eike: Mittlere und Neuere Geschichte, in: Eckart / Sellin / Wolgast (Hgg.): Die Universität Heidelberg im Nationalsozialismus, Heidelberg 2006, S. 491 – 516

Wolgast, Eike: Psychologie, in: Eckart / Sellin / Wolgast (Hgg.): Die Universität Heidelberg im Nationalsozialismus, Heidelberg 2006, S. 543 – 556

Wurm, Viktor: 75 Jahre Kleintierzuchtverein Handschuhsheim, in: JbHhm 2006, S. 73 – 75

Zajfert, Przemek; Walther, Burkhard (Hgg.): Camera obscura Heidelberg. Geleitwort von Hilde Domin, Essay von Michael Raffel, Stuttgart 2006

Zu mehreren Zeitabschnitten

Düchting, Reinhard: Sibi et amicis. Erinnerungen, Kleine Studien, Schriftenverzeichnis. (Hg. von Jolanta Wiendlocha), Heidelberg 2006

Engemann, Stephan; Leicht, Bernd: Heidelberg 1620 und heute, Rheinzabern und Hassloch 2005, Film-DVD (www.zeitreisen.de)

Fink, Oliver: Zeitreise durch Heidelberg. Ausflüge in die Vergangenheit, Gudensberg-Gleichen, 2006

Haßlinger, Ludwig: Die Geschichte des Obst- und Gemüseanbaus in Handschuhsheim, in: JbHhm 2006, S. 5 – 7

Haßlinger, Ludwig: Vom Allmendwald zum Gemeindewald, in: JbHhm 2006, S. 20 – 21

Hoffmann, Annette; Martin, Frank; Wolf, Gerhard (Hgg.): BücherGänge. Miszellen zur Buchkunst, Leselust und Bibliotheksgeschichte. Hommage an Dieter Klein, Heidelberg 2006

Huwer, Elisabeth: Das Deutsche Apotheken-Museum – Schätze aus zwei Jahrtausenden Kultur- und Pharmaziegeschichte, Regensburg 2006

Klumb, Gerhard: Historische Grenzsteine im Handschuhsheimer Wald, in: JbHhm 2006, S. 25 – 32

Liebers, Andrea: Heidelberg. Stadtplan für Kinder, Heidelberg 2006

Magall, Miriam: Ein Rundgang durch das jüdische Heidelberg, Heidelberg 2006

Mumm, Hans-Martin: Ein Haus ohne Putz erzählt viel, aber nicht alles. Zur Baugeschichte der Unteren Straße 31, Ecke Pfaffengasse, in: HJG 2006 / 07, S. 161 – 167

Oberdörfer, Eckhard: Der Heidelberger Karzer, Köln 2006

Petschan, Walter: Die Entwicklung des Wieblinger Ortssiegels, in: HJG 2006 / 07, S. 11 – 26

Pfeiffer, Harald: Klingende Kirche Heiliggeist, Leipzig 2006

Przyrembel, Alexander; Schönert, Jörg (Hgg.): Jud Süss: Hofjude, literarische Figur, antisemitisches Zerrbild, Frankfurt 2006

Scheidle, Ilona: Heidelbergerinnen, die Geschichte schrieben. Frauenporträts aus fünf Jahrhunderten, Kreuzlingen und München 2006

Schroeder, Klaus-Peter: Eine Universität für Juristen und von Juristen, in: Ruperto-Carola 2 / 2006 http:// www.uni-heidelberg.de / presse / ruca / ruca06-2 / 32.html

Seeliger-Zeiss, Anneliese: Evangelische Peterskirche Heidelberg, Regensburg 2006

Stadtteilverein Handschuhsheim (Hg.): Jahrbuch 2006, Heidelberg 2006

Stein, Georg (Hg.): Die Insel im Wald. 300 Jahre Heidelberger Kohlhof, Heidelberg 2006

Schwier, Helmut (Hg.): Geöffnet. Raum und Wort in der Heidelberger Universitätskirche, Frankfurt 2006

Untermann, Matthias (Hg.): Universitätsmuseum Heidelberg. Begleitheft zur Ausstellung. Universitätsmuseum Heidelberg, Kataloge 2, korr. u. erg. Neuaufl., Heidelberg 2006

Zajfert, Przemek; Walther, Burkhard (Hgg.): Camera obscura Heidelberg. Geleitwort von Hilde Domin, Essay von Michael Raffel., Stuttgart 2006

Elektronische Informationsmedien / Datenbanken

http://digi.ub.uni-heidelberg.de/cpa 848 (Vollständige Reproduktion des Codex Manesse, entstanden zwischen 1300 und 1340, enthält fast 6000 Strophen von 140 Dichtern, ganzseitige Abbildung von 137 Sängern; Bilder auch in PDF-Version verfügbar)

http://ejournals.uni-hd.de (Abrufadresse für elektronische Zeitschriften der Universitätsbibliothek Heidelberg)

http://palatina-digital.uni-hd.de (Universitätsbibliothek Heidelberg / 26 mittelalterliche Bilderhandschriften)

www.haidelberg.de (Homepage des Heidelberger Geschichtsvereins e. V.)

www.heidelberg.de/frauen/stadtspaziergang/startseite (Amt für Frauenfragen, Stadtspaziergänge)

www.kurpfalz-geschichte.de (Virtuelle Bibliothek zur Geschichte der Kurpfalz des Instituts für Fränkisch-Pfälzische Geschichte, der Universität Heidelberg und der Universitätsbibliothek)

www.lpb-bw.de/shop (Landeszentrale für politische Bildung, Veröffentlichungsangebote)

www.ub.uni-heidelberg.de/helios/digi/hdadressbuch.html (Vollständige Dokumentation der Heidelberger Adressbücher)

www.ub.uni-heidelberg.de/helios/digi/medhss.html (17 digitalisierte Handschriften aus der Bibliotheca Palatina mit medizinischem Inhalt)

www.begegnung.de (Homepage des Vereins Begegnung mit vollständiger Bilddokumentation der Gräber auf dem neuen jüdischen Friedhof

Verzeichnis der Autorinnen und Autoren

Wilhelm Barth, geb. 1929, technischer Betriebsleiter i.R., Autor und Mitarbeiter der Geschichtswerkstatt Handschuhsheim. Hans-Thoma-Straße 21, 69121 Heidelberg (p)

Dr. Norbert Giovannini, geb. 1948, Fachleiter am Staatlichen Seminar für Didaktik und Lehrerbildung Mannheim, Primarstufenlehrer an der Internat. Gesamtschule Heidelberg, 2. Vors. des Heidelberger Geschichtsvereins. Kirchstraße 63, 69221 Dossenheim (p)

Dr. Jochen Goetze, geb. 1937. Untere Neckarstraße 62, 69117 Heidelberg (p)

Dr. Barbara Greven-Aschoff, Politologin a.D. und Stadträtin, 69126 Heidelberg, Jaspersstraße 31

Patrick Heinstein, geb. 1964, Kunst- u. Wissenschaftshistoriker, Dipl. Designer, Promotion an der Bauhaus-Universität Weimar. Freudenbergstraße 18, 69469 Weinheim (p)

Prof. Dr. Christian Jansen, geb. 1956, seit 2004 apl. Professor für Neuere und Neueste Geschichte an der Ruhr-Universität, Fritschestraße 50, 10672 Berlin (p)

Einhard Kemmet, geb. 1951, Grabungstechniker an der Archäologischen Abteilung des Kurpfälzischen Museums. Heidelberg, Schiffgasse 10, 69117 Heidelberg (d)

Dr. Ewald Keßler, geb. 1940, Wissenschaftlicher Angestellter am Universitätsarchiv Heidelberg i.R., 69118 Heidelberg, In der unteren Rombach 14 (p)

Dr. Peter Koppenhöfer, geb. 1945, Lehrer. Integrierte Gesamtschule Mannheim, Herzogenriedstraße 50, 68169 Mannheim

Dr. Renate Ludwig, Leiterin der Archäologischen Abteilung / Untere Denkmalschutzbehörde am Kurpfälzischen Museum, Schiffgasse 10, 69117 Heidelberg (d)

Prof. Dr. Heiner Markmann, Jg. 1926, Studium der Wirtschafts- und Sozialwissenschaften, Neueren Geschichte und Psychologie in Heidelberg, Assistent von Alfred Weber, Mitarbeiter im Kuratorium unteilbares Deutschland, langjähriger Leiter des Wirtschafts- und Sozialwissenschaftlichen Instituts (WSI) des Deutschen Gewerkschaftsbundes in Düsseldorf. Seit 1989 im Ruhestand. 69121 Heidelberg, Pfarrgasse 2a

Ingrid Moraw, Lehrerin für Geschichte, Politik und Deutsch i.R., Robert-Stolz-Weg 8, 68181 Leimen-St. Ilgen (p)

Hans-Martin Mumm, geb. 1948, Kulturamtsleiter der Stadt Heidelberg, 1. Vors. des Heidelberger Geschichtsvereins. Kulturamt der Stadt Heidelberg, Haspelgasse 12, 69117 Heidelberg (d), Kaiserstraße 10, 69115 Heidelberg (p)

Dr. Reinhard Riese, geb. 1944, Lehrer für Geschichte, Latein und Politik am Bunsen-Gymnasium Heidelberg, Rohrbacher Straße 159, 69126 Heidelberg (p)

Bärbel Rudin M.A., geb. 1942, Verlegerin, Theaterhistorikerin, Windrose. Studienstätte für Theater-ForschungKultur, Am Bühlwald 3, 75249 Kieselbronn (d)

Ilona Scheidle, M.A. Historikerin. Mitarbeiterin von „Miss Marples Schwestern – Netzwerk zur Frauengeschichte vor Ort", Sektion Heidelberg. Promotion zur Biographie der Großherzogin Luise von Baden (1838 – 1923), Eichelsheimerstraße 51, 68163 Mannheim, ilonasscheidle@web.de (p)

Dr. Elisabeth Südkamp, Kunsthistorikerin, Birkenweg 56, 69221 Dossenheim (p)

Marion Tauschwitz, geb. 1953, freie Dozentin für Deutsch und Englisch, Freundin und Vertraute Hilde Domins. Sitzbuchweg 43, 69118 Heidelberg (p)